五四新文化

现场与诠释

复旦大学中外现代化进程研究中心

/ 编

近代中国研究集刊　·　第十辑

上海古籍出版社

《近代中国研究集刊》

10

复 旦 大 学 历 史 学 系
复旦大学中外现代化进程研究中心 编

目　录

编 者 的 话

作为传统的学界热点，五四新文化运动研究当前面临在"历久"之余能否"弥新"、如何"弥新"的问题。表面上看，经过不同背景论者与不同专业学者长达百年的持续挖掘，"五四"言说已难有剩义；但近年已陆续有人指出，若能充分利用后出材料，并对既有研究范式作出必要的反思，老树依然有望萌发新枝。就历史研究而言，现今的"五四"研究既在孕育范式更新，也有对于既存范式的强化与细化。这后一类取径固然在持续证明着早先范式的合理性与生命力，然而在某些情况下，也会诱使论者低估"五四"议题向其他方向或层面延展的潜力。

"现场"与"诠释"，可以成为估测"五四"议题之潜力的两个维度。首言"现场"。近年越来越多的学者强调，研究"五四"应当回到"历史现场"，这实际上是承认，早先看似已臻细密完备的现场再现，依然存在某些问题——这不单是指在再现的"画面"上还有空白值得填补，也指原先的"画法"本身，依然有值得反思之处。这里可以追问的是，此处所言，应是哪个"五四"？如所周知，五四运动一词的所指，长期以来广狭不定。这主要涉及现场的时间性与相应的人事内容差异。最狭义的五四运动应专指 1919 年 5 月 4 日发生在北京的反日爱国事件；由狭及广，可指 1919 年 5—6 月间的学生或民众运动；最广义的五四运动则指 1919 年前后数年内的运动（数年究竟是几年，也有诸多版本），可以既包括外交政治运动,又包括思想文化运动,也可倾向于指或专指其间的思想文化运动。在此突出思想文化运动的意义上,五四运动可以等同于所谓新文化运动,或连称五四新文化运动(当然这个词也叫意为"五四"时期的"新文化运动")。"五四"的不同定义,也便关涉不同的"现场",指向不同的人物、事件与语境脉络。流衍至今,狭义"五四"现场的某些风云人物,如全国学联开初的正副会长段锡朋、何葆仁等,在最广义的"五四"研究中已鲜少得到关注;而胡适、周氏兄弟这些对 1919 年春夏间爱国运动实际没有多少参与的人物,却几乎被公认为处于最广义之"五四"论述的中心位置。这一现象早被认作天经地义,多数论者处之泰然,唯基于"回归现场"的旨趣,或有一定"再问题化"的必要。这就需要探问,这些"五四"现场究竟是怎样"生成"的,多个"现场"的分化如何在整体的"现场"中产生;而反过来,我们也应探究各种不同定义下的"五四"所对应的"现场"之间,又是否存在关乎原初的整体性的联系。例如在"五四"爱国运动之前及期间,外交内政问题如何与思想文教问题有所区分又相互纠缠,政界、工商界与出版舆论界、文化教育界具体如何互动,这些"跨界"互动又如何影响了此后"思想""文化""社会"等运动的形成或发展。对于研究者而言,各个"现场"之间的门扉诚然存在,但无须保持锁闭;尤其是外交政治视野与思想文化视野下的"五四"现场研究,理应存在进一步交流对话的可能性。

"哪个'五四'"的下一个问题,是"'哪里'的现场"。这主要涉及现场的空间性。在地域空间的意义上,早先从最狭义到最广义的所谓五四现场,多半聚焦于北京,偶及上海等其他中心城市。直到近年,学者开始较多注意到不限于此类个别中心点的现场。第一种思路可称"放大",即在跨国区域(如"东亚")甚至全球这类更广阔的现场中定位中国"五四",析论"五四"新文化运动与世界性的政治或文化趋势,如欧战后国际关系、民族自决、文化思潮与社会主义运动等的更加具体的关联。第二种思路,可称"转移",在近年似乎更为多见,即将视线转向国内其他地方,而这类现场的呈现,也不能被简单处理为"五四"宏大叙事在该地的缩微复制版。这通常意味着考察"五四"时期的信息流通、书报流传、地方知识人的具体言动,也意味着提升"五四"前后地方自身历史节奏与脉络的重要性。换言之,地方自有其"现场",而若照向边缘地方的灯光依然只能由中心城市提供,则地方显现的明暗光影仍将为个别中心点所决定;不如在地方也依托该地情形布置灯光,成立属于地方的"问题意识",中心与边缘不仅可以在史料上实现拼合,在研究的方法思路上也有望相互补正。

除却地域空间,尚有社会文化意义上的场景空间。这两种意义上的空间当然无法判然两分,而无论是整体上被定性为中心还是被定性为边缘的地域内部,也都存在多元的社会文化空间,这些空间需要结合论题具体定性与分析。在此特地强调社会文化空间的意义在于,首先,就思想史视野下的"五四"研究来说,个别"思想家"思想文本的重要性无可否认,但尚须考虑思想赖以产生效用、引发变革的方式机制,不宜默认思想言说可以遵循思想者自身的意图,或某些研究者通过细密的文本分析得出的条理与系统性,自然而然地移风易俗。[①] 而进一步讲,五四新文化运动的面相,也非当时的纸墨论说可以总括。"五四"爱国运动,包含城市与郊野、校内与校外、官厅会所与书局报馆内外等诸多场景,对这些场景的描述及其来龙去脉的展示,亦可与书报言说本身相缀结。而新文化运动现场的呈现,也包含组织活动、表演(包括演说与演剧等)会议、社会网络、制度化等等方面的内容;这些内容诚然可被认

---

① 参见王汎森《思想是生活的一种方式:中国近代思想史的再思考》,北京大学出版社 2018 年版,第 7—13 页。

为关乎某些"思想史"论题，但不见得必以种种思想"论战"为中心，其本身也有成为相对独立之论题的价值。要之，"五四"时人呈现给后人的除却头脑，尚有脖颈以下直至连接地面的部分；思想与社会文化存在种种耐人寻味的衔接方式，这便需要我们针对思想史与社会史（或文化史）的结合部做更多的工作，不时脱出对于纯粹思维世界的执着，谋求提升对于历史空间之多维性的想象力。

次言"诠释"。围绕五四运动或新文化运动的意义诠释，或讲求系统条理，或流于只言片语，而对运动过程的梳理、运动之"史"的书写，自然也含有"诠释"之意味。其形式可以诉诸书报，也可诉诸宣讲、教育行为，及其他各种场景化的展示、定期纪念之类。这些诠释在"五四"现场即已发生，又在现场之后持续地生产或再生产，相当于围绕本体不断叠上影子，久而久之，本体与影子之间的界线也愈趋模糊。今人倡言回归"五四"历史现场，一个重要的原因，也是历来关于五四新文化的诠释太过纷繁，后加的诠释或遮蔽实相，或与实相相混，甚而可能弱化了不少论者深入追索实相的意识与动力本身。唯进言之，此处的"现场"与"诠释"，历来也无法一刀两断，时人及后人对于"五四""现场"之"所在"及其"边界"的认知，也一直存在五四"诠释"的重要影响。

从内容上讲，五四新文化的诠释长期以来聚讼纷纭、言人人殊，这种诠释多元化的程度，在整个中国近代史当中亦属罕见。近年且有海外学者径将"新文化运动"视作一个弹性极大的"时髦词"（buzzword），认为各方都可以近乎任意地使用这一词汇，兜售本方的思想理念。① 大致来说，除却"爱国""救亡""启蒙""文艺复兴"之类常见的整体定性，诠释可倾向于思想学术，也可偏于社

---

① Elisabeth Forster, "The Buzzword 'New Culture Movement': Intellectual Marketing Strategies in China in the 1910s and 1920s", *Modern Asian Studies*, Vol. 51, Iss. 5 (Sep. 2017).

会政治;可突出团体倾向,也可凸显个人主义;可主要指向国族主义,也可指向与国族主义不无抵牾的世界主义。而诠释者是否觉察到,或在何种意义上觉察到此类抵牾,也往往是个问题;彼此不无矛盾的诠释,甚至可以体现在同一方面或同一人前后相隔不久,甚或在同一时间点的诠释活动中。不过,如陈平原先生援引意大利学者艾柯(Umberto Eco)之言所指出的:"诠释活动潜在的无限性,并不意味着其无所归依,可以像流水一样毫无约束地随意蔓延。"①所谓"万变不离其宗",在尽力展示"万变"之余,也应意识到"宗"的存在,这里的"宗"首先关系到"五四""现场"的限制——尽管"现场"的人事与时空界限有相当的弹性,但这种弹性也绝非无限;其次关系到诠释者如何在有所偏向的同时,保留对于某种内容整体性或时代整体性的追求,这后一点亦有深论的空间。

姑举一例。学界普遍认为,(最广义的)五四新文化运动的核心诉求,可以归结为"民主"与"科学"(有时加上"道德伦理"改革,即在"德""赛"二先生之外加上"穆姑娘"之类);这一论断依据的关键文本之一,便是陈独秀1919年初发表于《新青年》的《本志罪案之答辩书》。② 不过,似已多少引起学者注意的是,既是"答辩"之词,通常援引的便应是在当时不甚特异的思想观念,否则无法引起同情,收到辩护效果;据此,"民主""科学"之类更像是其价值已为或一出口便易为举世所公认的褒义词汇,而不见得可用以彰显《新青年》的特出之处。只是,陈独秀力图将白话文与反对孔教等富于争议、故而实际上也更有资格作为刊物之"特色"的内容与"民主""科学"之类的理念建立"必然"的联系;而后来胡适对于陈独秀这段话的引用,实际也回避了"为何"民主、科学必然要求

---

① 陈平原:《触摸历史与进入五四》,北京大学出版社2010年版,第2页。
② 陈独秀:《本志罪案之答辩书》,《新青年》第6卷第1号(1919年1月15日)。

白话文、反对孔教这一问题，而径视之为不证自明。① 举这个例子无非是想提示，五四新文化运动的诠释屡见派系印记，但派性与共性在研究中不宜混同或默认其间存在天经地义的联系，而"五四"诠释事实上也从未为一方一系所垄断。在《新青年》同人以外，又有哪些力量参与了促使"民主""科学"之类观念成为（或曰被认作）时代共性的工作，并将本方特性与时代共性的互相形塑，以及各方特性的互动纳入"五四"诠释之中？这类问题已经引起、也值得引起更多重视。而多方诠释交织，固然显得喧哗，然而倘能贯彻历史化的思路，从喧哗的生成与演变过程切入，这也不会是一团无从解析的噪音。

以上既是对研究现状的概括，也有延伸性的展望与设想。本辑收入的十篇论文，可以说结合"现场"与"诠释"维度，给出了"旧锦新样"的若干可能性。首先是有综论性质的两篇文章。张仲民《新文化运动的"五四"起源——关于五四新文化运动研究的再思考》一文，指出既往"五四"研究较少关注的四个面向。前两个面向，提示两个外源性势力——天主教系统与基督教青年会在"五四""前史"与五四新文化运动之中所扮演的重要角色，这种重要性似乎长期为惯常的"五四"论述所遮蔽。之后，结合思想内容与媒介利用问题，再论新文化运动中所谓"新旧之争"的实质。复次，结合历史现场中人的理解与后续"五四"诠释的理路，强调应注意分析"五四"爱国运动"如何"再造新文化运动的过程。瞿骏《勾画在"地方"的五四运动》一文，则着重探讨"五四"地方史的径路。文章指出，不宜默认一种中心城市的"五四"光芒会自然而然地向别地辐散的图式，这就需要留意"五四"时期关乎书报本身的各个"具体方面"，以及地方读书人实际鲜活的生命历程。进而重

---

① 胡适：《新思潮的意义》，《新青年》第7卷第1号（1919年12月1日）。

点围绕以下三个问题,深究历史情境,以破除某些大而化之的想当然:地方感受、认知五四新文化的条件与方式;对地方读书人"主体性"的考察,如何能够进一步具体化;从地方"返观"中心如何可能。两篇综论侧重点不同,但其中都强调对于"五四""前史"的深入检视,进而对以往通常重"去脉"而相对轻"来龙"(或仅将"来龙"处理为某种模糊的"背景")的论述倾向提出反思。

接下来,是针对"五四运动"或"新文化运动"语词概念本身的三篇文章。语词概念史在近年已蔚为趋势,从某种意义上讲,这也是一种再现语词概念及"诠释"自身之"现场"的尝试。陈建守《重思"五四":"五四"的概念化与历史书写》,集中探讨了"五四"被概念化的历史,这关系到"五四运动""新文化运动"和"五四新文化运动"等语词表述如何出现并相互勾连,"五四"的"纪念政治"如何发生发展,以及"五四"在某些新运动(如所谓"新启蒙运动")中如何被进一步"政治化"的历史过程。而对语词概念的考察,尚须考虑其在空间意义上的流传接受情形,在此意义上,概念史亦可与"地方史"的关注点有所结合。周月峰《"五四"后思想界的转变与"新文化运动"一词的流行》,则细致梳理了"新文化运动"一词的兴起流变。"新文化运动"原初被各方各人用于指涉多元互歧的社会改造方案,通常既是描述现状,也是表达对于未来的期许;早先尚有不少人希望统合各方趋新的努力,然而未获成功,之后遂从"多合于一"趋向于各自"多中取一",在此过程中,胡适代表的中西新旧框架与中共代表的阶级分析框架脱颖而出,成为迄今两种最主要的关于"新文化运动"的叙述。徐佳贵《"五四运动"初期诠释史》一文,聚焦于"五四"爱国运动期间至1920年代前中期的较短时段,析论"五四运动"之诠释发生及演变的具体过程及逻辑,以及诠释与语词本身所指变迁的关联。其重点在探讨在国、共、自由主义知识分子等阵营壁垒尚不森严的早期,"五四运动"

是如何"被赋予"了在"思想史"中的重大意义的。

　　五四新文化研究向以人物研究为大宗，收入本辑的有三篇可归入这一大类的文章。彭春凌《近代思想全球流衍视野中的章太炎与"五四"》一文，讨论全球思想史视野中章太炎与"五四"的关系。"晚清"与"五四"在思想史意义上的连续性，可从基于科学革命与进化学说的近代宇宙观、社会观全球流播与衍变的角度予以检视。另外两文，则是围绕公认的"五四巨子"胡适，而分别聚焦于其赖以"暴得大名"的两项"事功"——文学革命与传扬杜威学说。袁一丹《重构文学革命的前史——以胡适叙事为底本》，考察胡适对于文学革命"发生史"的建构，通过勘探各文本内部及文本间的关联与裂隙，揭示此种建构本身的语境与观照、彰显与遮蔽；在反思经由"巨子"精心"打磨"的历史叙述之余，提示重构文学革命"前史"之可能。彭姗姗《以翻译"谈政治"："五四"时期杜威与胡适的政治哲学讲演论析》，通过对海内与海外史料、新发现与常见史料的细致比勘，揭示胡适翻译师说行为的"政治性"；翻译往往意味着整合作者与译者各自的思想倾向，以及各自关注或关涉的社会语境，但整合的努力依然难掩种种矛盾之处，具体到本文，"演说"这类媒介形式及与之相关的知识生产方式，对于矛盾的发生与处置有着重要影响。以上这些人物研究，讲求更加体贴入微的文本考察，同时也出入文本内外，对文本与其相关历史情境的互动有自觉而充分的展示。

　　最后是两篇围绕具体议题的研究。赵妍杰《家庭革命："五四"时期婚姻、家庭制度被问题化的思想倾向》，探讨"五四"时期作为全国性议题的"家庭革命"论。破弃既有家庭观的乌托邦论述一时蔚起而又互相竞争，在此，遭受质疑的婚姻及家庭制度不单是中国传统的，也可以是现代西方的。原本属于家庭的权责转而被不少人归于"社会"，但这又要面临在家庭伦理被毁弃之后，应当如何"凝聚社会"的问题。赵帅《龚自知与云南文化运动》一文，则聚焦地方议题，考察"五四"前后云南（主要指昆明）地方知识人主导的文化运动。尽管地处西南边陲，云南仍得参预时流，而其间也显现出地方自有的变迁脉络，尤其是地方政治与文化事业的纠葛，直接影响到了该地知识人自身的命运以及文化运动后续的在地演变。

"五四"已过百年，其间，"五四"研究也走过了绵长而斑斓多彩的路，然而并未抵达终点。本辑作为"五四"专辑，意欲通过展示某一些实践的可能性，参与提示未来"五四"研究的更多可能性。而深究"五四"的历史，也不见得如一些人忧虑的那般，必会倾向于消解"五四"的"意义"。毕竟，"意义"本不一定意味着凌空蹈虚，其在大多情况下理应尊重人间的运作逻辑；将这样一个剧变时代视作过往人世的一部分，使得剧变的发生机制、来龙去脉可被仍在探索前路、追求转型的今人更真切地理解感悟，或许已是在彰显一种为时代所需要的"意义"。

新文化运动的"五四"起源
——关于五四新文化运动研究的再思考[*]

张仲民

摘要：五四新文化运动史的研究成果虽然丰硕，但仍有四个面向值得关注和重视：第一是民国初年基督教会发起的反孔教运动，以及该运动的反孔教表述同之前章太炎及之后陈独秀、吴虞等的关联异同；第二是关于基督教青年会与新文化运动的关系，特别是基督教青年会主办的杂志及其所鼓吹的论述对于《新青年》和"五四"一代青年的影响情况；第三是胡适与新文化同人如何利用媒体制造话题，炒作、夸大新旧之争的问题；第四是关于五四运动如何影响和塑造《新青年》及新文化运动的问题。

关键词：《圣教杂志》，青年会，林纾，胡适

张仲民，复旦大学历史学系暨中外现代化研究中心教授

近年来，学界关于五四新文化运动史的研究又取得了长足进展，然而关于五四新文化运动前史的研究，特别是五四新文化运动

---

* 本文初稿曾发表于《广东社会科学》2019 年第 6 期，此次版本又进行了大规模的增补修正（篇幅增加一万多字），文章曾蒙上海社科院徐佳贵、华中师范大学周月峰、上海大学杨卫华、中国社科院彭春凌等学者指教，复蒙复旦大学历史学系博士生宫陈提供若干研究信息，特此说明和致谢。

与基督教的关系,以及五四运动对于塑造新文化运动历史的影响等相关问题,依旧较少为学者关注。① 十余年前,笔者在查阅新文化运动时期舒新城的资料时曾发现这一现象,一直想对此进行研究而力有未逮。此次利用纪念五四运动百周年的机会,不惮浅陋,特草此文,从阅读史的角度提出四个方面的问题和想法,算是笔者前些年阅读有关史料和研究成果时的一点心得,其中难免存在自以为是或言不及义之处,敬乞读者谅解,也期待大家的指教。

一、天主教会的反孔教努力

第一是关于五四新文化运动中的反孔问题。以往大家最为熟知的是陈独秀、易白沙、吴虞、鲁迅等人的反孔论述,但对于发端更早、声势更大、影响更广的基督教会特别是天主教会发起的反尊孔教运动,除个别学者外,学界少有关注。② 至于《新青年》反孔同天主教会反尊孔教之间的关联与异同,仍有待揭示。③

其实,天主教会的反尊孔教论述在其机关杂志《圣教杂志》上体现得非常明显。该杂志创刊于 1912 年 1 月,"专登教中信道学

---

① 曾有一些学者关注了"五四"发生后新文化运动同基督教的关系,特别是五四新文化运动对基督教的影响,还有个别论者关注到新文化运动要有对基督教的看法。参看杨剑龙《五四新文化运动与基督教文化思潮》,上海人民出版社 2012 年版;刘畅:《"五四"语境中的基督教新文化运动》,《江西社会科学》2012 年第 6 期;陈志华:《宗教视野中的文学变革(1915—1919)——以〈新青年〉为中心》,山东师范大学中文系博士学位论文,2015 年;等等。

② 惭愧的是,笔者最近(2020 年 5 月 1 日)才发现韩华的博士论文已经对此有所讨论。参看韩华《民初孔教会与国教运动研究》,北京图书馆出版社 2007 年版,第239—249 页。

③ 关于陈独秀等新文化运动派反孔论述与清末革命派及民初章太炎等人反孔教论述的关联异同,陈万雄、杨华丽、彭春凌等学者曾进行过一些讨论。参看陈万雄《五四新文化的源流》,三联书店 1997 年版,第 117—124 页;杨华丽:《"打倒孔家店"研究》,人民出版社 2014 年版,第 28—60 页;彭春凌:《儒学转型与文化新命:以康有为、章太炎为中心(1898—1927)》,北京大学出版社 2014 年版,第 266—287 页。

说、事实,凡不涉教事者,概不采入"。①早在 1913 年 5 月,面对一些民间团体与组织、个别媒体尊孔的言行以及呼吁定孔教为国教的声音,"非以孔教为国教,不足以正人心而维国本也","皖北曹司铎"特意撰文《论倡设孔教之非》,②对之进行反驳。但由于此时孔教是否能够成为国教一事尚未定论,故其反驳的方式更多的只是简单的类比归纳,认为孔教并无宗教性质,孔子也非宗教家,在当今"信仰自由之世","信仰乃个人之事",作为"真正宗教"的罗马"公教"之吸引力早为无数信徒证明,"今者吾国凡百建设,尽以欧美为则效",于宗教信仰上当亦遵奉罗马公教会。

当袁世凯以大总统身份在 1913 年 6 月 22 日颁布崇祀孔子的命令后,孔教会会员陈焕章等人又借机上书参、众两院,以信仰自由名义请愿,吁请制定新宪法时应该增加定孔教为国教的条文。相互关联的两件事情立即引发舆论的关注和讨论,一时之间,"风动全国而未有已"。③《圣教杂志》即对此特别关注,连续发表评论,认为袁世凯此令同约法中的信仰自由内容相悖:"而况命令中所引诸学说,悉出于康有为之《孔子改制考》,比附穿凿,久为名人所訾议,岂可定为孔教之定论耶?"④该论还认为,读孔子书和信奉孔子为教主者,仅仅是中国本部一部分人而已,周边民族则多信仰佛教、回教,即便中国本部的许多人,也多信仰佛老,如果强令这些人更改信仰,则有违信仰自由,假若不令更改,则失却孔教为国教

---

① 《甲简章》,《圣教杂志》第 1 年第 1 期(1912 年 1 月),第 2 页。2010 年,线装书局影印出版了《圣教杂志》,以下标注影印本页码。

② 皖北曹司铎求是稿:《论倡孔教之非》,《圣教杂志》第 2 年第 5 期(1913 年 5 月),第 168—170 页,影印本第 1 册第 386—388 页。

③ 南通张百禄司铎:《孔子非宗教家论》,《圣教杂志》第 2 年第 12 期,第 441 页,影印本第 2 册第 151 页。

④ 秉直:《崇祀孔子命令》,《圣教杂志》第 2 年第 9 期(1913 年 9 月),第 358 页,影印本第 2 册第 42 页。

本义；不惟如此，该评论还断言陈焕章等人请愿定孔教为国教的目的一旦达成后，"必至非奉孔教者不得为官吏，不得入学堂……阳以定国教为名，而阴以取消信教自由及任官考试之两大权利"。[①]当新约法草案公布后，其中第十九条规定"国民教育以孔子之道为修身大本"，这让天主教会方面非常不满，认为所谓的"孔子之道"实际是偷换概念后的"孔子之教"，"特欲巧避一'教'字，而易以一'道'字"，"直借宪法以行其愚民政策也"。[②]

除了不断刊出类似内容的文章进行反驳外，各地天主教会还多次发起"天主教中华全体公民"请愿运动，通电通告大总统袁世凯、参众两院、宪法起草委员会、各媒体，并加派各地代表入京请愿，同时上书或谒见各地地方都督、省长，据理力争，希望能阻止在正式的宪法条文中增添此条款，切实保障信仰自由。像马相伯这样著名的天主教信徒也公开呼吁，要维护信仰自由，反对尊孔教为国教。[③] 可以看出，天主教会反对尊孔教为国教的立足点在于他们认为袁世凯政府将孔教定为国教，会影响信仰自由和有违于政教分离原则，有妨于中国民众信仰天主教，不便于天主教会势力的扩张。

最后，孔教入宪法一事归于失败，[④]当不无包括天主教会及其会众在内的基督教势力的努力。[⑤] 如《新青年》的一个读者刘竞夫在致陈独秀的信中所言：

---

① 秉直：《请定孔教为国教》，《圣教杂志》第 2 年第 10 期（1913 年 10 月），第 397 页，影印本第 2 册第 89 页。

② 《天主教中华全体公民二次请愿书》，《圣教杂志》第 2 年第 12 期（1913 年 12 月），第 454 页，影印本第 164 页。

③ 马相伯属草、英敛之校订：《书请定儒教为国教等书后》，马相伯：《保持约法上人民自由权》，《圣教杂志》第 6 年第 1 期（1917 年 1 月），第 355—371 页。

④ 参看《专电》，《申报》1917 年 1 月 30 日，第 1 张第 3 页。

⑤ 有关天主教（公教）反对尊孔教的论述和实践，除了可以参考《圣教杂志》之外，也可以参考山西孔教会 1916 年 11 月编辑出版的《宗圣学报》，内中除收录尊孔者的言说外，还收录有天主教会和天主教徒诸多（也包括个别基督教青年会分会）反对尊孔的言论。

虽举孔子之天经地义,尽纳于中华民国宪法中,亦不能使全社会胥蒙利益也。孔子毕生未尝与平民一接触,而亦未尝有是心。彼耶稣则何如?耶稣之所以死,即以其专爱贫民而与在高位者抗也。耶教之盛,其真因不外乎此。欧史具在,可以证之,固非吾之谰言矣。[①]

对此读者的来信,陈独秀也表赞同,认为:"吾之社会,倘必需宗教,余虽非耶教徒,由良心判断之,敢曰推行耶教胜于崇奉孔子多矣。以其利益社会之量,视孔教为广也。"[②]

由上可知,到陈独秀、吴虞等人激烈倡导反孔论述之时,孔教和尊孔论者的势力实际已呈衰败之象,[③]表征之一即康有为当时请向持"营业主义"的商务印书馆代售"《不忍》杂志及其所著书",为友人张元济婉拒,大概张是鉴于其难有销路,加之康氏参与张勋复辟之故。[④]不但如此,康有为、陈焕章等人发起的孔教会运动在尊孔者内部也存在争议,如据胡适记载,辜鸿铭即尊孔却反对孔教会,"他遂崇拜孔子,却极瞧不起孔教会中人,尤恨陈焕章,常说'陈焕章'当读作'陈混账'"。[⑤]确实,正像最近学者从《新青年》读者反应角度所做的研究所揭示的:《新青年》反孔的影响也被之

---

①　刘竞夫来信,《新青年》第3卷第3号(1917年5月1日),第7—8页。

②　陈独秀:《通信》,《新青年》第3卷第3号(1917年5月1日),第8页。

③　萧公权教授也曾说胡适"未能见到'孔家店'已无多少顾客,要打倒它,无异是打一死老虎"。不过萧先生这里并没有讲出这样判断的依据何在。参看萧公权著、汪荣祖译《康有为思想研究》,联经出版公司1988年版,第374页。罗志田教授认为萧先生这个看法太君子,新文化人"立新必须破旧,革命要有对象,哪里还管老虎是死是活呢!"参看罗志田《林纾的认同危机与民初的新旧之争》,收入氏著《权势转移:近代中国的思想、社会与学术》,湖北人民出版社1999年版,第272页。

④　参看张元济1918年2月23日日记,张人凤编:《张元济全集》第6卷《日记》,商务印书馆2008年版,第334页。

⑤　胡适1921年10月12日日记,季羡林主编:《胡适全集》第29卷,安徽教育出版社2003年版,第482页。

后的支持者或批评者给有意夸大了，支持者是为了强调其反孔功绩，反对者则是为了强调其激进面向，即造成的破坏。[①] 可惜的是，当我们关注陈、吴等人的反孔论述时，却忽略了之前基督教会特别是天主教会所做的类似铺垫工作及其影响。

二、青年会的先导作用

除了天主教会外，当时反对孔教入宪法的还有创办于1895年的中国基督教青年会，由此牵涉到以下要谈的第二个问题，就是关于基督教青年会与五四新文化运动的关系。其实，陈独秀也好，胡适也好，《新青年》也好，他们倡导的新文化运动为什么能在青年中产生影响？这跟之前基督教青年会提倡的道德教育和打下的读者基础有很大关系。当时中国全国基督教青年会旨在借推广各种"文明"事业宣教，其经费比较充足，受到中国政府的干涉相对较少，除得到外方教会的资助支持外，又得到中国商人及名人的颇多臂助，故其活动面极广，在全国各主要城市和主要学校均设有分会，还办有各类培训学校和义务学校等，设有社会服务部、出版部、体育部等，直接作用于社会，影响很大。[②] 如舒新城所言："青年会虽亦为传教机关，但用社会教育的方法为传教之工具，故与各方面

---

① 参看李先明《五四批孔的影响及其限度（1916—1920）——以"〈新青年〉读者"的反应为切入点》，《复旦学报》（社会科学版）2020年第1期，第44—54页。

② 参看中华续行委办会调查特委会编《中华归主：中国基督教事业统计（1901—1920）》，中国社会科学出版社1987年版，第782—793页。关于基督教青年会在中国的情况，特别是上海基督教青年会的情况，可参看赵晓阳《基督教青年会在中国：本土和现代的探索》，社科文献出版社2008年版；张志伟：《基督化与世俗化的挣扎：上海基督教青年会研究（1900—1922）》，台湾大学出版中心2010年版；等等。但这些著作讨论的主要是青年会的"内史"。

之联络较多,而社会活动的范围亦较大。"①且青年会自我标榜为
"铸造国民之工厂",其宗旨"在养成青年道德、学问、体格之健全,
以平民的教育出以社交的团聚",希望会众"讲求德育""智育"和
"体育"。② 该会对于知识分子和青年学生尤具有诱惑力,1912 年
时已经在中国设分会 93 处,会员总数有 8 000 余人,到 1920 年时,
会员数已达 6 万余人③成员"强半为学界中人"——主要是学生。
像成立于 1916 年的长沙青年会,发展也很顺利,到 1920 年时,已
经有会员 2 626 人,长年预算经费 25 000 元。④ 五四新文化运动中
的众多积极分子均是基督教青年会会员,因青年会在许多学校均
建有支部,直接吸收学生会员,像当时的北京大学即是如此,有许
多学生按照省籍分别加入了各省的青年会。⑤

　　青年会上海总会办有两个杂志——一个是《青年》月刊,一个
是《进步》月刊,两刊均饶有名气,发行量广,影响很大,相当于基
督教青年会的机关刊物。旧官僚恽毓鼎即曾订购有《进步》杂志
及《东方杂志》,"一岁所费不过五元,而月得各一册阅之,大可知
所未知,以解劳闷"。⑥ 其中《青年》的销量非常之高,1908 年 3 700

---

　　① 舒新城著,文明国编:《舒新城自述》,安徽文艺出版社 2013 年版,第 122 页。
该书实即舒新城 1945 年由上海中华书局出版的回忆录《我和教育》一书。舒新城也自
言他对青年会和教会人士办学中体现出的"办事之热心毅力",颇为感动。参看丁文
江、赵丰田编《梁启超年谱长编》,上海人民出版社 2009 年版,第 604 页。

　　② 参看《北京基督教青年会之大发展》,《亚细亚日报》1912 年 11 月 24 日,第 2、
3 页。

　　③ 《青年会之二十五周年祝典》,《兴华》第 17 年第 7 册(1920 年 2 月 18 日),第
21 页。

　　④ 参看中华续行委办会调查特委会编《中华归主:中国基督教事业统计(1901—
1920)》,第 785—786 页。

　　⑤ 参看《直籍愿入青年会学生会员证已到》,《北京大学日刊》1919 年 12 月 5 日,
第 2 版。

　　⑥ 恽毓鼎 1916 年 3 月 2 日日记,史晓风整理:《恽毓鼎澄斋日记》第 2 册,浙江古
籍出版社 2004 年版,第 761 页。

册,1910 年 56 252 册,1911 年 69 977 册,1912 年 64 086 册。① 相比之下,后出的"不沾于宗教","发展其新知识与新道德"的《进步》杂志则一直比较稳定。如根据青年会的自谓,1912 年创刊的《进步》杂志共出版 64 期,"每回出版或四五千册,或二三千册,约其总数在二十万册以上"。② 1917 年 3 月,这两个杂志被合并为《青年进步》月刊继续出版,在第 1 期中,北洋政府要员如黎元洪、徐谦等皆曾为该刊撰写祝词,嘉许其以德、智、体三育并进的办会宗旨,以及在培养青年人才方面和为中国的"进步"事业方面所做的巨大贡献。③ 青年会上海总会更是期待作为全国青年会之机关报的《青年进步》发行后,"雄鸡一声天下白"。④ 该杂志出版以后,"甚为各界所欢迎,销数逐渐增加,其事业方兴未艾"。⑤ 在《教务杂志》所做调查中,《青年进步》也被列为学生最爱读的杂志,无论是在美国纽约公立图书馆,或是在京师图书馆和各校阅报室,"莫不有此种杂志"。⑥ 当敏感的商务印书馆当家人张元济发现自家《东方杂志》的吸引力与竞争力不如后来居上的《青年进步》等新思潮刊物后,立即计划将《东方杂志》减价发售,以与之竞争:"一面抵制《青年进步》及其他同等之杂志,一面推广印(疑缺字,引者注),藉以招徕广告。"⑦

---

① 参看赵晓阳《基督教青年会在中国:本土和现代的探索》,第 220 页。

② 参看硕海撰文《青年进步发刊辞》,《青年进步》第 1 册(1917 年 3 月),第 3 页。

③ 参看《青年进步》第 1 册,插页。

④ 同上书,第 10 页。

⑤ 来会理:《中华基督教青年会二十五年小史》,青年协会书局 1920 年版,第 17 页。后来据说该杂志销量达到 7 500 份,不知道这个销量是平均值,或是高峰时期的销售额。参看中华续行委办会调查特委会编《中华归主:中国基督教事业统计(1901—1920)》,第 789 页。

⑥ 参看赵晓阳《基督教青年会在中国:本土和现代的探索》,第 222 页。

⑦ 张元济 1918 年 12 月 25 日日记,张人凤编:《张元济全集》第 6 卷《日记》,第 458 页。引文标点有更改。

　　相较之下,陈独秀在上海创办的《青年杂志》,名字同基督教青年会办的《青年》相仿,当不无模仿攀附之意;饶是如此,不管是从销量(只有一千份),或是影响力方面,仍然相形见绌,稍后还引来青年会的抗议,群益书社和陈独秀才不得不将《青年杂志》更名为《新青年》。①

　　为后世所看重的新文化运动中的所谓主流论述,包括民主、科学、道德及其派生论述体育、讲求卫生、推行注音字母、反对缠足与早婚等,在《青年进步》及其前身的刊物还有其他基督教刊物中均常有出现。当然,这些教会刊物关注此类论题的主要意图是藉此传教和吸引青年人的注意力。后来参加新文化运动的很多青年中坚,像恽代英、舒新城、余家菊等,皆是基督教青年会会员。恽代英曾不断参加青年会的活动,并订阅《青年》《进步》《青年进步》等杂志。恽代英还经常给青年会的这几个杂志投稿,被录用后他觉得这是很大的荣幸,不仅可以拿到一些稿费和免费赠送的杂志、图书券,还有机会参与青年会的活动。

　　除了发行刊物,基督教青年会全国总会每年夏天还会在庐山定期举办夏令营活动,借以吸引来自全国的优秀青年参加——恽代英和舒新城等人就是一起参加 1917 年 8 月份的庐山夏令营时认识的。不愿意加入基督教会的恽代英特意于日记中记录了自己参加是次夏令营的感受以及对基督教的评价:"连日聚会颇有受益。彼辈虽宗教徒,终不失为善人,嘉言懿行,颇多可观感者。然谓耶教为惟一之真理,吾固不信,此中人亦不能自圆其说。"②稍

---

　　①　参看汪原放《亚东图书馆与陈独秀》,学林出版社 2006 年版,第 33—34 页;杨华丽:《〈青年杂志〉改名原因:误读与重释》,《湘潭大学学报》2016 年第 6 期,第 99—104 页。

　　②　恽代英 1917 年 8 月 25 日日记,中央档案馆、中国革命博物馆、中共中央党校出版社编:《恽代英日记》,中央党校出版社 1981 年版,第 136 页。

后，恽代英又在现场的"定志会"上表示："身心均受夏令会之益，凡非基督徒应互相勉励以胜过基督徒。"①舒新城后来也回忆说及他参加青年会的两次庐山夏令营情况，"对于他们办事的毅力与热忱颇为赞佩"，加之早前受到饶伯师的影响，"无意中对于基督徒及基督教发生一种微妙的好感。第二年夏，因他的多方劝导，卒加入其所属之长老会。我之一度服务教会学校，其渊源在此"。②舒新城回忆中屡次讲起他受到的长沙基督教青年会负责人美国牧师饶伯师(Roberts)的帮助，自谓他之所以入教会学校任职和一度加入基督教会，并曾得到美国教育学者桑戴克等人的英文著述来阅读和翻译，进一步增强从事教育学著述之决心，皆同饶伯师的影响密切相关："他那种治事锲而不舍的精神，与待人的诚恳态度……我对他有种不可言喻的崇敬。"③

此外，基督教青年会还出版有大量新学书报。舒新城即曾自谓其文字功夫深受谢庐隐(即谢洪赉)的《致今世少年书》影响，而谢氏此书系其发表在《青年月刊》上的"几篇通讯"汇集而成，由基督教青年会于1917年出版，"其中论及的大概为求学、处己、待人的诸方面，均系针对青年而发"。④舒新城这里表示因为谢的文章"本流利可读，而他又为教会中人，因而对于他更加崇拜，对于《青年月刊》看得特别仔细，对于基督教也发生好感。后来我一度与基督教发生关系，也是因他而来"。⑤舒新城还因为经常参与青年会的活动，同会中成员的接触，提高了英语能力和演讲水平——这对于他以后作为教育家、教育著作译者的职业生涯意义重大。

---

① 恽代英 1917 年 8 月 30 日日记，《恽代英日记》，第 140 页。
② 舒新城著，文明国编：《舒新城自述》，第 94 页。
③ 同上书，第 122 页。
④ 同上书，第 93 页。
⑤ 同上书，第 122—123 页。

不但如此,青年会还是中国近代体育事业的先导。[①] 清末开始,青年会即曾在上海发起举办运动会,还筹备创办中国第一次运动会,"首创""以西方之体育方法,教授华童",附设有健身房。其余如"华人之第一游泳池、中国第一商业夜校"也是青年会创办,"中国全国演说会及卫生会俱由青年会发起"。[②] 青年会也设立了体育部,"以提倡全国青年体育及运动事宜"。[③] 尤注重针对学生成员展开体育工作,要其"注重个人健康,矫正体格上之习惯,竭力提倡体育"。[④] 天津青年会还特设有体育专门高等练习班。故此,《青年》《进步》《青年进步》等青年会系杂志上倡导体育的论述非常之多,应当影响了不少读者(详后)。

当然,除了青年会外,教会学校也非常重视体育,流风所及,北京大学所办的预科也受到影响:"那时候预科中受了教会学校的影响,完全偏重英语及体育两方面;其他科学比较的落后……"为此曾引起校长蔡元培的不满,下决心要改变北大预科这种受到教会学校影响偏重体育及英语的特色。[⑤] 当然,这并不意味着蔡元培不重视这两门课程,而是因为他还要发展两门课程之外的高等学术研究。

这时还有专门的英文《体育》(*Physical Culture*)杂志在发行,其他一些中国人自办的杂志如《教育杂志》《妇女杂志》等受到教会的影响也有颇多倡导体育的论述。像恽代英就受到青年会与上述杂志中刊载的体育论述的影响,自己购阅这些杂志之外,

---

①　参看赵晓阳《基督教青年会在中国:本土和现代的探索》,第 191—216 页。

②　《上海青年会之大计画》,《时事新报》1918 年 6 月 10 日,第 3 张第 2 版。

③　《中华基督教青年会第七次大会组合之报告》,《青年》第 19 卷第 1 号(1916 年 2 月),第 8 页。

④　李琼阶:《青年会与学生之关系》,《青年进步》第 4 册(1917 年 6 月),第 8 页。

⑤　蔡元培:《我在北京大学的经历》,收入中国蔡元培研究会编《蔡元培全集》第 7 卷,浙江教育出版社 1997 年版,第 502 页。

还专门通过伊文思书馆去订购 *Physical Culture*，间或去写作谈体育的文章《学校体育之研究》在《青年进步》杂志上发表等，[①]并且身体力行去实践有关的理念，"近来体育太不讲究，殊属非是"。[②]

类似恽代英，毛泽东也受到青年会和教会学校倡导体育教育的影响。毛泽东(署名"二十八画生")在《新青年》杂志上发表的《体育之研究》一文，[③]即是明证。该文的独特价值与象征意义为后世不少研究者极力强调。实际上，该文主要是毛泽东受到基督教青年会倡导的德、智、体三育并进影响的产物，因为毛泽东在致黎锦熙的信中，曾把所谓中国古之"三达德"——智、仁、勇并举，并将之同德、智、体联系起来发挥："今之教育学者以为可配德、智、体之三言。诚以德、智所寄，不外于身；智、仁，体也，非勇无以为用。且观自来不永寿者，未必其数之本短也，或亦其身体之弱然尔。"毛泽东这里认为，个人的德智无论多高，"一旦身不存"，德、智将会随之而灭，他又援引古人"卫生"观念，劝诫"德、智美矣"的黎锦熙重视体育，"宜勤加运动之功"，紧接着毛泽东又以自己的经验来现身说法，向黎锦熙证明讲究体育的好处，其中还征引了三个外国名人讲求体育健身的例子："弟身亦不强，近以运动之故，受益颇多。闻之：至弱之人，可以进于至强。东西大体育家，若罗斯福，若孙棠，若嘉纳，皆以至弱之身，而得至强之效。"[④]毛泽东非但劝黎锦熙注重体育锻炼，自己更是身体力行，在湖南一师期间，非常重视锻炼

---

① 恽代英：《学校体育之研究》，《青年进步》第 4 期(1917 年 6 月)，第 1—6 页。
② 参看恽代英 1917 年 2 月 15、20 日日记，《恽代英日记》，第 34、37 页。
③ 二十八画生：《体育之研究》，《新青年》第 3 卷第 2 期(1917 年 4 月 1 日)，第 1—11 页。该文亦被收入中共中央文献研究室、中共湖南省委《毛泽东早期文稿》编辑部编《毛泽东早期文稿》，湖南出版社 1995 年版，第 65—78 页。
④ 《致黎锦熙信(1916 年 12 月 9 日)》，《毛泽东早期文稿》，第 59—60 页。

身体,积极进行各种体育活动,以此来锻炼自己的意志。①

　　与毛泽东相似,稍后黄醒等人也受到时人特别是青年会倡导体育论述的影响,联合湖南教育界的新派青年,1918 年底在长沙创办了一个名叫《体育周报》的杂志,宣传、倡导体育事业。② 该杂志在当时颇有影响,其广告也经常出现在《新青年》等新思潮刊物中,也曾被《新青年》和《晨报》等京沪报刊注意和推介。《新青年》中的介绍比较详细:

　　　　楚怡小学校有一个体操教员黄醒君,他的文学和思想,不仅在体操教员中间算出色的,就是一般小学教员及得他的也少。他看见新潮来了,体育上的见解、进步,也是不可不随世界潮流变迁的。并且当这欧战终了的时候,体育上到底应该如何设施、进行,都是很要紧,他就组织了一个《体育周报》。同时他又把他那个杂志社做了一个代派处,专门代买海内"新思潮"的杂志,借此介绍新思潮到湖南……他这个周刊,已经出了四十期,内容非常完善,销行也广,完全用白话的,并且是装订成册,篇幅也不少。③

稍后《晨报》上的介绍则更具体:

　　　　《体育周报》为黄醒君所创办,以研究人生问题、提起人

－－－－－－－－－－

　　① 参看中共中央文献研究室编《毛泽东年谱》上卷,中央文献出版社 2013 年版,第 24 页。还可参看埃德加·斯诺(Edgar Snow)著、董乐山译《西行漫记》,三联书店 1979 年版,第 123—124 页。
　　② 参看刘苏华《前言》,湖湘文库编辑出版委员会:《体育周报》影印本,湖南师范大学出版社 2010 年版,第 1—12 页。
　　③ 《长沙社会面面观——新文化运动》,《新青年》第 7 卷第 1 号(1919 年 12 月 1 日),第 103—104 页。

生观念、辟体育界之新纪元为宗旨。其内容：1. 个人支持；2. 主张自然平均的发育，排斥比赛的竞争；3. 以日常操作为自然之运动；4. 代发行各种最新书报。现已出至四十四期，拟自四十九期起增加材料，改善内容，并每季出增刊号一本。其四十九期纪念增刊号闻有蔡孑民、陈仲甫、沈玄庐诸先生著作。湘垣除极少数受京沪方面影响者外，为一般新思想之发源地，且已引起学校体育之注意，当推为湘中之先觉。①

之前蔡元培则亲自为之撰写周年祝词，进行表彰和祝贺：

> 近日得读黄醒先生之《体育周报》，乃举各种工作，而说明其裨益体育之条件；以体育专家而注意及此，其必能为体育界开一新纪元，可无疑也。故值《周报》有周年纪念之举，而敬致欢喜赞叹之忱。②

远在成都的吴虞也是该杂志的读者，他曾特意在日记中记录下了《体育周报》所言的"最佳经济食物"的名字。③ 因此，如果我们回到历史的脉络里，较为全面地了解当时的情况，或更容易定位毛泽东《体育之研究》一文的语境与价值。

青年会的影响如此之大，自然同其采取的在地化、世俗化战略有关，故此青年会全国协会先后两任总干事才能有华人王正廷（1915—1916 年在任，稍后王即去任北洋政府参议院副议长，后长

---

① H. C.：《长沙特约通信：湖南之文化运动观》，《晨报》1919 年 12 月 3 日，第 3 版。

② 《〈体育周报〉周年纪念祝词（1919 年 11 月 13 日）》，《蔡元培全集》第 3 卷，第 729 页。

③ 参看中国革命博物馆整理《吴虞日记》上册，四川人民出版社 1984 年版，第 524 页。

期在政界活动）、余日章（1917—1935 年在任）接任，"两君学识宏深，办事干练，其成绩足使青年会之全体中西干事莫不心悦诚服而相与庆幸中华基督教青年会总领袖之得人焉"，两人尤其是余日章在任期间，青年会的事业"大为全国人士所重视也"。[①] 如鉴于余日章"极活动于社会，甚有势力"，一向注重发展同大人物关系的商务印书馆经理张元济即曾试图挖角青年会，特意委托黄炎培（任之）说项，希望余日章能为商务"撰论说，或阅定所编英文书，或有演说稿交与本馆承印"；进而张元济又打算不惜重金礼聘余日章入馆工作，为此对之格外优待，月薪可以开到三百五十元或更多（余在青年会薪水为月薪二百五十元），"不必即时到馆，迟半年、一年亦无不可，如必不能，或在沪时赖此半日"。[②] 相比之下，商务印书馆同时给已经获得美国博士学位的蒋梦麟开出的待遇是月薪二百到二百五十元——这是留学生入商务任职的薪水最高阶。据稍后（1921 年 8 月前后）胡适所作调查，商务印书馆编译所为该馆最重要机构，有成员一百六七十人，其中一百零八人月薪在五十元以下，百元以上的也才三十七人，而月薪为二百五十元以上者仅三人。[③] 尽管商务如此求才若渴，又如此具有诚意，余日章最后还是没有应聘。由此情况，我们不难看出余日章的地位和能力之高，以及青年会吸引力之大。[④]

　　或许正是借鉴了基督教青年会的成功先例，1926 年 6 月，上海一批绅商陈炳阶、邓仲泽、彭兰史等四十余人也东施效颦，在上

---

① 来会理：《中华基督教青年会二十五年小史》，第 17 页。
② 张元济 1918 年 8 月 29、30 日日记，《张元济全集》第 6 卷《日记》，第 105、106 页。
③ 参看胡适《商务印书馆考察报告》，《胡适全集》第 20 卷，第 519 页。
④ 关于余日章的情况及其对青年会的贡献，可参看袁访赉《余日章传》，青年协会书局 1948 年版。

海开始发起组织孔教青年会。① 次年该会成立，"首办宣讲、音乐、游艺、体育各科，借符孔门六艺之旨，一俟办有成效，再设学校图书馆等，使我国青年皆得了解孔子之道，及得高尚学术之陶熔"。② 可以说，上海孔教会模仿基督教青年会的表现非常明显，尽管其成立之后，即遭舆论痛批。此外，武汉1923年还有所谓佛化新青年会的成立。凡此，当均是跟基督教青年会的启发与影响有关。③

以上案例，很大程度上可管窥基督教青年会的影响力。如时论对基督教青年会上海总会的评价："前后二十年，德、智、体三部事业于以大备，会员已达三千人，声誉所播，各界称扬，其渐移默化之力足以影响全沪，亦可为进步之速矣。"④无怪乎英美烟公司在为该会募捐所刊登的广告中声称："青年会为青年人得受良好［教育］唯一之机关，所以有青年会即有好青年，青年与国体有绝大之关系。凡青年人欲强盛国家，不可不使青年会发达……"⑤有意思的是，五四运动后，新文化运动蔚为大国，转而又影响到基督教青年会，该会也开始自觉回应和接受新文化运动的影响。到了1920年初，青年会计划在天津召开全国代表大会庆祝在中国立会25周年，北洋政府知晓此事后试图敦促英美领事阻止此会的召开，因其认为"青年会之人物多抱危险思想"，"所宣传之思想大不利于现政府"。⑥

---

① 《孔教青年会开始筹备》，《时报》1926年6月17日，第2张第4版。

② 《筹设孔教青年会宣言》，转见《语丝》第4卷第3期（1927年12月31日），第44页。

③ 参看张志伟《基督化与世俗化的挣扎：上海基督教青年会研究（1900—1922）》，第400—402页。

④ 《青年会二十年来之小史》，《时事新报》1918年4月21日，第3张第3版。

⑤ 《英美烟公司赠登》广告，《时事新报》1918年6月22日，第1张第4版。

⑥ 《青年会与政治》，《民心周报》第1卷第17期（1920年3月27日），第366—367页。

可惜的是,学界对基督教青年会的研究成果虽然很多,但对于青年会及其会员对于新文化运动的介入和影响,目前仍缺乏细致、深入的关注。① 同样值得注意的是,五四以后,青年会主动调适自己的立场与办会宗旨,将三育并进扩充为四育,特意增加了"群育":"近年来,复感于新文化之思潮,所贵者顺应时代之要求,而人类为好群之动物,社会以互助而进化,故于原有新道德、新智识、新体格之三育外,更增群育,合定为本会四大宗旨。"②而青年会受到的这个新文化运动的影响又进一步遮蔽了当初青年会对于新文化运动的促进作用,特别是它当初为新文化运动开发了相关议题及培养了青年运动人才的事实。

三、新旧之争的背后

第三个是关于新文化运动中新旧之争的建构及后续反应问题。当时所谓新旧两派之间的对立其实并没有多么严重,后来之所以被上升为新旧之争,同新派善于挑起话题、制造对手、利用大众传媒扩大自身影响很有关系。王奇生教授已经从传播学的视角讨论过陈独秀等人使用故意制造对手、利用炒作的方式激怒林纾以扩大《新青年》影响的问题。③ 即便如此,其销路仍难说有多广。包括《新青年》《每周评论》《新潮》在内的各杂志的品质在张奚若

---

① 已经有论者揭示了基督教青年会对于"五四"期间山东反日运动的介入情况。参看高莹莹《反日运动在山东:基于五四时期驻鲁基督教青年会即英美人士的考察》,《近代史研究》2017年第2期,第138—151页。

② 《青年会廿二周纪念征求大会开幕宣言》,《商报》1922年2月10日,第4张第3版。关于基督教青年会"三育"宗旨的由来及群育的加入情况,可参看张志伟《基督化与世俗化的挣扎:上海基督教青年会研究(1900—1922)》,第411—463页。

③ 参看王奇生《新文化是如何"运动"起来的——以〈新青年〉为视点》,《近代史研究》2007年第1期,第21—40页。

这样的留学生看来，甚至是颇为拙劣，其议论是"一知半解、不生不熟"，"不但讨厌，而且危险"，对于《新青年》采取的发言方式，张奚若认为是"好持一种挑战的态度——谩骂更无论了"，"又喜作一笔抹杀之论"，这样的立论属"不通之论"，并不容易获取读者的信任。张奚若这里还认为《新青年》的作者中只有胡适与陶孟和"还属学有根底，其余强半皆蒋梦麟所谓'无源之水'，李大钊好像是个新上台的……"进而，张奚若还对《新青年》因为一战协约国获胜便去鼓吹"公理战胜强权，以后世界将永远太平"的论调表示不满：

> 令人叹其看事太不 critical（批判的）。德、奥之败，谓败于 Bolsheviki 之公理或威尔逊之公理则可，谓败于英、法、日、意之公理则不可，以英、法、日、意之公理与德、奥之公理无大别也。至于世界以后果能太平与否，全视此次和平条约之性质如何……《新青年》等报谓世界将永久太平，未免蹈混事实与希望为一之弊。[1]

不仅张奚若这样的留学生不满《新青年》的炒作式发言方式，另外一个日本留学生读者在致胡适的信中也表达有类似不满，不过他却认可这样的做法有其必要性：

> 《新青年》《新潮》听说在内地各省奏效很大。此地的留学生都格外敬爱先生，因为先生所持的纯粹是学者的态度，不像钱先生（指钱玄同，引者注）他们常常怒骂。我以为钱先生

---

[1]　张奚若致胡适函（1919 年 3 月 13 日），收入中国社科院近代史研究所中华民国史组编《胡适来往书信选》上册，中华书局 1979 年版，第 30—32 页。

们也是少不得的：他并不是喜欢骂，实际是不得不骂。①

由此可见，对于不管是《新青年》的批评者还是赞同者来说，较之《新青年》的内容，其激进的言论和发言方式或许更加吸引人们的注意力，从传播效果上，这自然容易吸引读者与信众，当然也更容易招致或激怒反对者。

因此，时人对陈独秀和《新青年》杂志这样的炒作方式曾屡有批评，像任鸿隽通过好友胡适知道《新青年》编辑部伪造王敬轩之名伪造论题，即来信提醒胡适道："为保《新青年》信用计，亦不宜出此。……然使外间知《新青年》中之来信有伪造者，其后即有真正好信，谁复信之？又君等文字之价值虽能如旧，而信用必且因之减省，此可为改良文学前途危者也。"②《时事新报·学灯副刊》也有文章不点名批评《新青年》诸作者身为大学中人不足垂范教育界，为学生作"模范"：

> 最近大学中有一班乱骂派读书人，其狂妄乃出人意表，所垂训于后学者，曰不虚心，曰乱说，曰轻薄，曰破坏。凡此恶德，有一于此，即足为研究学问之障，而况兼备之耶？以此为模范，诚不如其无也。③

稍后还有论者视钱玄同、刘半农等"新派诸君"也沾染了旧时文人"佻薄""积习"，同其"以革除旧思想、旧恶习为己任"的标榜不符，与林纾之采取影射手段及借助"学术道理以外之势力相凌辱"的

---

① 张黄致胡适函（1919 年 5 月 23 日），《胡适来往书信选》上册，第 49 页。
② 任鸿隽致胡适函（1918 年 9 月 5 日），《胡适来往书信选》上册，第 15 页。
③ 好学：《模范》，《时事新报》1918 年 10 月 31 日，第 3 张第 1 版。

做法半斤八两，"实足以自作敌派反唇相讥之榜样也"。①

反观旧派，随着张勋复辟失败，以康有为为首的孔教会一派势力趋于式微，其他旧派多是暗中活动，处于守势，他们一般不愿意或不会采用在大众媒体上发言或宣示的方式。② 如为《新青年》中刘半农《复王敬轩书》一文所激怒的林纾借助媒体、小说对《新青年》、蔡元培等人展开攻击和回应的做法，③在旧派里面其实不太常见——被"王敬轩"（即钱玄同）点名的旧派文人不少，唯有"中了""文以载道""毒"的古文家林纾站出来进行了公开反击。这种情况颇值得注意，实际上，真正站出来批评《新青年》的多是被划入旧派行列的温和派，甚至是新派，如前引任鸿隽、张奚若之类，而旧派人物一般不太愿意借助大众媒体批评新思潮、白话文或进行辩论，他们对这种传播方式不够重视，反倒觉得有失身份与斯文，有什么不满和批评意见，私下里日记记录或相互间写信、聊天交流就可以了，不太倾向将之公诸于众。时论也曾指出这一情况："新派之主张多散见于新闻杂志之间，旧派之主张亦但见诸书函之内。"④以上这样大相径庭的发言和传播方式，自然使得颇有些危言耸听的新文化派论说较之于旧派的主张，更容易为读者所知，也更容易吸引读者的眼球。

当然，旧派也不是没有去创办一些杂志发声，但其内容也多半是跟国粹、国故、诗文雅集之类有关，完全属于同人性质的刊物，发

---

① 匿僧：《辩论者之态度》，《时事新报》1919 年 3 月 20 日，第 3 张第 3 版。

② 有关旧派在民初的一些表现与对白话文的反应，可以参看林志宏《民国乃敌国也：政治文化转型下的清遗民》，联经出版公司 2009 年版。

③ 有关刘半农、钱玄同该双簧以及林纾的反应情况，可参看罗志田《林纾的认同危机与民初的新旧之争》，收入氏著《权势转移：近代中国的思想、社会与学术》，第262—289 页。更详细的讨论可参看：江勇振《舍我其谁：胡适》第 2 部《日正当中（1917—1927）》上篇，浙江人民出版社 2013 年版，第 225—243 页；樽本照雄著，李艳丽译：《林纾冤案事件簿》，商务印书馆 2018 年版，第 1—209 页。

④ 《新旧思想冲突平议》，《民治日报》1919 年 4 月 1 日，第 2 版。

行量有限,影响力不大。饶是如此,这种举动也为新派所异常注意和警惕。如当坊间传出刘师培即将纠合旧派创办《国粹丛编》杂志同新派抗衡之时,鲁迅即出恶言痛骂刘师培及其打算主编的《国粹丛编》:

> 中国国粹,虽然等于放屁,而一群坏种,要刊《丛编》,却也毫不足怪。该坏种等,不过还想吃人,而竟奉卖过人肉的侦心探龙做祭酒,大有自觉之意。即此一层,已足令敝人刮目相看。而猗欤羞哉,尚在其次也。敝人当袁朝时,曾戴了冕帽(出无名氏语录),献爵于至圣先师的老太爷之前,阅历已久,无论如何复古,如何国粹,都已不怕。但该坏种等之创刊屁志,系专对《新青年》而发,则略以为异,初不料《新青年》之于他们,竟如此其难过也。然既将刊之,则听其刊之,且看其刊之,看其如何国法,如何粹法,如何发昏,如何放屁,如何做梦,如何探龙,亦一大快事也。《国粹丛编》万岁!老小昏虫万岁![1]

最后刘师培、黄侃等人联合部分北大教员、学生成立了国故月刊社,准备出版《国故月刊》杂志——该杂志是经由蔡元培首肯,由北京大学提供经费资助和办公场地,计划 1919 年 3 月 20 日出版第一期。即将出版之时,林白水主持的北京《公言报》发表了一篇评论《请看北京学界思潮变迁之近状》,文中除了标举陈独秀、胡适和代表新学界的《新青年》《每周评论》《新潮》之外,还特意举出以刘师培为首的北大教员中的"旧文学一派"联合学生创办《国故

---

[1] 参看鲁迅《致钱玄同(1918 年 7 月 5 日)》,人民文学出版社编:《鲁迅书信集》上册,人民文学出版社 1976 年版,第 17 页。

月刊》，以与新派对垒，"二派杂志，旗鼓相当，互相争辩"。看到此报道后，刘师培马上致函《公言报》（且将此文同时送登校内《北京大学日刊》）辩白，并让《国故月刊》也致函《公言报》进行解释，表示自己无意与新派争衡，只打算以保存国粹为宗旨："鄙人虽主大学讲席，然抱疾岁余，闭关谢客，于校中教员素鲜接洽，安有结合之事？ 又《国故》月刊由文科学员发起，虽以保存国粹为宗旨，亦非与《新潮》诸杂志互相争辩也。"①

　　较之刘师培及时的退却，早时被钱玄同、刘半农当作靶子的林纾却展示出另外一种文人意气。林纾面对《新青年》中的挑衅并未退却，不但进行反击，且以小说《荆生》《妖梦》影射北京大学和蔡元培、陈独秀、胡适、钱玄同等人以"禽兽自语"，为"无五伦之禽兽"。② 林纾这样的感情用事等于是主动授予新派把柄，在新派围击之下，林纾"名誉也一时扫地了"，于是"人人都有了骂林先生的权利"。③ 特别是鲁迅，更是屡次发表评论挖苦林纾，讽刺其"走了暗路"，"用了小说盛行人身攻击"，"以为小说是一种泼秽水的器具"，④稍后干脆称林纾（字琴南）为"禽男"。⑤ 陈独秀则回击林纾为"婢学夫人"。⑥ 而站出来抨击《新青年》的北大学生张厚载则被《新青年》诸同仁围击，最后甚至因为涉嫌"造谣"被开除。⑦

　　概言之，被动应战的林纾不管如何立论，其言论不可避免会被

---

　　① 参看万仕国《刘师培年谱》，广陵书社 2003 年版，第 270—272 页。
　　② 参看林纾《荆生》《妖梦》，收入薛绥之、张俊才编《林纾研究资料》，知识产权出版社 2010 年版，第 69—70、71—73 页。
　　③ 参看开明（周作人）《林琴南与罗振玉》，《语丝》第 3 期（1924 年 12 月 1 日），第 5 版。
　　④ 参看鲁迅《孔乙己》，《新青年》第 6 卷第 4 号（1919 年 4 月 15 日），第 377—378 页。
　　⑤ 参看鲁迅《致周作人（1919 年 4 月 19 日）》，《鲁迅书信集》上册，第 24 页。
　　⑥ 参看只眼（陈独秀）《婢学夫人》，《每周评论》1919 年 4 月 6 日，第 4 版。
　　⑦ 参看江勇振《舍我其谁：胡适》第 2 部《日正当中（1917—1927）》上篇，第 230—234 页。

放大,进而被视为旧派的代表负面化:

> 如最近林琴南先生所作之《荆生》小说,竟恃一武夫之蛮
> 力与人狠斗,以逞忿快意。又称人之说为狗声,何其态度之佻
> 薄乃尔耶?我儒教受数千年专制君主之侮弄,一般小儒规规
> 然惟以排斥异己为能事,然未闻有假武力以相狠斗也……林
> 先生立言之态度如此,不足以辱人,适足以自辱,不啻自辱,且
> 为我先儒辱也。①

其实,林纾的反击方式对于当时的新旧文人来说,是一种司空见惯的书写策略和"游戏笔墨",只是这样做非但没有起到打击新派的效果,反而让新派获得了更多关注度和"正义的火气",视为其反动与守旧的证据。② 在遭受新派围击之下,③林纾自己不得不出面写信致各报馆,"承认他自己骂人的错处"。④ 饶是如此,此时的林纾业已被新派视为妨碍"学问独立、思想自由"的头号大敌,彻底被污名化,沦为"学术界之大敌、思想界之蟊贼"。⑤ 事实上,有点大言吓人的林纾并不能算守旧,只是在后来如鲁迅、陈独秀、胡适这样的新青年看起来已经落伍于时代罢了。

除了林纾,康有为也曾被胡适当作靶子拿出来批评,胡适讽刺"没有皇帝可保"的康有为可以效法叶德辉编《翼教丛编》,再做一

---

① 匡僧:《辩论者之态度》,《时事新报》1919 年 3 月 20 日,第 3 张第 3 版。
② 参看陈平原《新文化运动中"偏师"的作用及价值——以林琴南、刘师培、张竞生为例》,《北京大学学报》第 56 卷第 3 期(2019 年 5 月),第 18 页。
③ 各趋新报刊对林纾的批评可集中参看《每周评论》1919 年 4 月 13 日、27 日两期转载的评论。
④ 只眼(陈独秀):《林琴南很可佩服》,《每周评论》1919 年 4 月 13 日,第 2 版。
⑤ 渊泉(陈溥贤):《警告守旧党》,《每周评论》1919 年 4 月 13 日,第 1 版。

部《翼教续编》，"来骂陈独秀"，①然而康有为并未应战。实际上，处于敌对方的旧派不但处于弱势和守势地位，而且根本就未能组织起有效的反击，这殊出乎胡适等人预料，当时胡适给女友韦莲司的信，以及正在中国参访的杜威的观察和记载均提供了证据。②面对新派的咄咄逼人，旧派中有人同林纾一样按照旧式思维请求当局采取武力方式介入或干涉新思潮的勃兴："校外的反对党竟想利用安福部的武人政客来压制这种新运动。"③如视《新青年》《新潮》为"纲常名教之罪人"的旧官僚张元奇就曾请求北洋教育总长取缔这些出版物，并免去蔡元培北大校长、陈独秀文科学长职务。④ 只是其要求非但未被当局落实，反留下口实，造成新派更大的反弹。恰如胡适后来的回忆所言："我必须指出，那时的反对派实在太差了。在1918和1919年间，这一反对派的主要领导人便是那位著名的翻译大师林纾（琴南）。"他实在是"一个不堪一击的反对派，我们的声势便益发强大了"。⑤ 胡适这里的回忆大概属实，当时新旧之争的实际对立度并不高，其程度在"五四"后随着白话文的风行与新思潮势力的壮大才有所激化，如时论所言："新旧之争，今已渐露其机矣。潮流所被，影响至大。"⑥尽管如此，据胡适所言，在当时营救陈独秀出狱的请愿签名人中，即有被陈独秀、钱玄同等人视为"桐城谬种"的桐城派古文家马其昶（通伯）和姚永朴（叔节），此事过去多年胡适还依然记得，遂写信提醒陈独秀要"容忍异己的意见与信仰"："在那个反对白话文学最激烈的

① 胡适：《归国杂感》，《新青年》第4卷第1期（1918年1月15日），第26页。
② 参看江勇振《舍我其谁：胡适》第2部《日正当中（1917—1927）》上篇，第209、213—214页。
③ 胡适：《五十年来中国之文学》，《胡适全集》第2卷，第335页。
④ 《新旧思潮之冲突》，《时事新报》1919年4月1日，第2张第1版。
⑤ 唐德刚：《胡适口述自传》，《胡适全集》第18卷，第328页。
⑥ 知我：《新旧》，《新闻报》1919年12月28日，《星期增刊》第2版。

空气里,居然有几个古文老辈肯出名保你,这个社会还勉强够得上一个'人的社会',还有一点人味儿。"①

在当时真正说得上《新青年》对手方的是后出的《民心周报》和《学衡》两个杂志。两个杂志的撰稿主体主要是留学生,核心发起人则是对胡适和新文化运动不断进行批评的吴宓。对此胡适自己也非常清楚:"我在北京,反对我的人是旧学者与古文家,这是很在意中的事;但在南京,反对我的人都是留学生,未免使人失望。"②过去我们比较关注《新青年》《新潮》这些杂志及新派中人,偶尔会关注下《东方杂志》,对除《学衡》学人群外的《新青年》对手方和竞争方关注不是特别多,甚至连与《新潮》唱对台戏的《国故》月刊及随后的《华国》等杂志都重视不够。③其实五四新文化运动后期在宣传新思潮和动员学生方面有极大影响的,还有《新青年》《新潮》的竞争者四大副刊、《国民》杂志等,眼下似乎只有《时事新报·学灯》副刊和《国民》杂志才有学者比较认真的关注,④至于其他副刊和介入新文化运动比较多的《公言报》《民福报》等日报,以

①　胡适:《致陈独秀(1925年12月)》,季羡林主编:《胡适全集》第23卷,第476—477页。

②　胡适1921年7月20日日记,《胡适全集》第29卷,第373页。胡适后来又说:"白话文学的运动开始以来,反对的人不少;但最出力的,在新少年中要算学衡社的几位先生,在老年中要算林先生(即林纾,引者注)了。"胡适:《林琴南先生的白话诗》,《胡适全集》第12卷,第65页。

③　最新的研究可参看:石井刚:《〈国故〉月刊——夭折的"古学复兴"》,收入王德威、宋明炜编《五四@100:文化,思想,历史》,联经出版公司2019年版,第73—76页。有意思的是,胡适当时对章太炎主持的《华国》和吴宓主持的《学衡》均表示轻视,他在致钱玄同的信中嘲笑道:"《华国》《学衡》都已读过。读了我实在忍不住要大笑。近来思想界昏谬的奇特,真是出人意表!……"胡适:《致钱玄同(1925年4月12日)》,《胡适全集》第23卷,第464—465页。

④　参看彭鹏《研究系与五四时期新文化运动——以1920年前后为中心》,中山大学出版社2003年版,第162—206页;周月峰:《从批评者到"同路人":五四前〈学灯〉对新青年态度的转变》,《社会科学研究》2015年第6期,第197—204页;张武军:《五四新文化运动的"运动"逻辑》,《现代中文学刊》2020年第2期,第7—24页。

及同样倡导新思潮的《解放与改造》(《改造》)、《民铎》、《星期评论》、《建设》、《国民公报》等杂志,尚缺乏比较有质量的研究成果。此外,值得关注的还有吴宓实际主持的上海《民心周报》。

《民心周报》的创办者和作者,包括吴宓、梅光迪等留美学生,"系留美学生及国内学者素具言论救国之志愿者所创办",由留学美国麻省理工归国的张幼涵(贻志)担任总编,吴宓负责在美国留学生中组稿,他们原计划是创办月刊,事未成而改办周报,①是为《民心周报》的来源。除了少数来稿及小说外,该杂志不用白话和所谓新式标点,全用文言,被吴宓誉为"新潮方盛之时"的"砥柱中流"。发刊伊始,政界、学界和商界名流如唐文治、严修、张謇、范源濂、张伯苓、黄炎培、余日章、聂云台、王正廷、叶景葵等人即曾联名推介该杂志。② 该杂志还曾在《时事新报》等新思潮刊物上作《〈民心周报〉出版预告》,③其第 1 卷第 1 期甫出版,即颇引时人注意,上海《南洋周刊》就发表了一篇未署名的评论,针对该期刊载的诸人推荐词及有关文章,逐一批评。④ 张东荪也在《时事新报》上对《民心周报》进行批评,但遭到《民心周报》的反驳,这个反驳又引来张东荪的回应。⑤ 此后,《民心周报》又同《学生会日刊》发生了关于何谓国粹的论战,张东荪也曾就两方争论中何谓国粹的问题进行了点评。⑥ 后来鉴于吴宓及《学衡》杂志秉持的反对新文化运

---

① 吴宓 1919 年 12 月 2 日日记,吴学昭整理注释:《吴宓日记》,三联书店 1998 年版,第 98 页。

② 《介绍民心周报》,《民心周报》第 1 卷第 1 期(1919 年 12 月 6 日),封二。有关《民心周报》创办的情况,沈卫威教授根据《吴宓日记》等材料也曾稍加关注。参看沈卫威《面对"新潮流"的顺势与逆反》,《中山大学学报》2016 年第 4 期,第 35—36 页。

③ 《〈民心周报〉出版预告》,《时事新报》1919 年 12 月 3 日等期,论前广告。

④ 《〈民心周报〉!》,《南洋周刊》第 12 期(1918 年 12 月 12 日),第 14—15 页。

⑤ 参看士心《答某日刊对于本报之批评》及《本社致〈时事新报〉记者张东荪书》,《民心周报》第 1 卷第 3 期(1919 年 12 月 20 日),第 46 页。

⑥ 东荪:《国粹与保存》,《时事新报》1920 年 1 月 18 日,第 2 张第 1 版。

动立场,鲁迅也在批评吴宓时连带涉及《民心周报》。① 但该杂志对于新文化运动,内中也有肯定和呼应的部分。以往研究者只注意吴宓等人在编辑《学衡》杂志时期的立场和论述,不太注意这个可以被视为《学衡》前身的杂志。若希望深入研究吴宓和《学衡》乃至当时所谓的文化保守主义思潮,《民心周报》就应该被纳入考察范围——尽管吴宓对张幼涵撰写的该杂志发刊词、征文条例很不满意,指其"笼统杂抄,毫无定旨",②不过为该杂志组稿对吴宓来说意义仍然重大,如其自白:"明知《民心》报之无益,然宓特藉此一自收心,而解除痛苦而已。宓但自尽心,不问其有效与否。宓之为此,并非为国,只图自身宽慰分毫耳。"③

吴宓等人之外,国内更早公开反对新思潮和白话文的新派是胡适老友章士钊。④ 章士钊在当时影响力很大,他之前创办的《甲寅》杂志正是陈独秀的《新青年》追摹的对象,胡适之所以与商务印书馆结缘,即来自章士钊的推荐。⑤

胡适日后曾别有所针对地说道:"今日所谓有主义的革命,大都是向壁虚造一些革命的对象,然后高喊打倒那个自造的革命对象。"⑥结合新文化运动时期的新旧之争的情况来看,胡适此语该是深有体会的"夫子自道",因为当时新派发起的文白之争、新旧之争、打倒孔家店、批评《东方杂志》与商务印书馆守旧,其真相又何尝不是如此? 如胡适在 1920 年代初私下向好友高梦旦所承认的,所谓新旧冲突——胡适这里主要指的当是新派围剿林纾的情

① 参看鲁迅《"一是之学说"》,《晨报附刊》1922 年 11 月 3 日,第 3—4 版。
② 吴宓 1919 年 12 月 2 日日记,《吴宓日记》,第 98 页。
③ 吴宓 1920 年 1 月 31 日日记,《吴宓日记》,第 126 页。
④ 有关章士钊对新文化运动的批评,笔者会另文讨论。
⑤ 参看张元济 1918 年 2 月 2 日日记,《张元济全集》第 6 卷《日记》,第 323 页。
⑥ 胡适:《我们走那条路》,《胡适全集》第 4 卷,第 467—468 页。

况，"我等少年人，对于前辈态度，亦有太过之处"。① 只是这样的立论方式，不但未引起追随者的反省与警惕，还在后续的论战和发言中得到进一步的强化和风行。如陈独秀倡导文学革命伊始之际所言："必不容反对者有讨论之余地，必以吾辈所主张者为绝对之是，而不容他人之匡正也。"②陈独秀这样一种近乎武断的态度，"在当日颇引起一般人的反对"，"反对即是注意的表示"，如胡适所言，正是这样的极端态度，才让"文学革命的运动""引起那样大的注意"。③

　　不过，在后世从"进步"角度所撰写的新旧之争的历史中，旧派也被进一步负面化、符号化，成为不在场的"在场者"，由此掩盖了五四新文化运动的主要论争方实为新新之争的现实，内中充满各派为打造思想权威和争夺"文化霸权"的较量，如《新青年》同《东方杂志》及《时事新报》之间的论争、胡适和梁启超之间的明争暗斗、吴宓对《新青年》与《新潮》的批评、《新青年》同《民心周报》之间的矛盾，以及章士钊与胡适之间的争论、世界语支持者和反对者之间的争论，乃至《新青年》同人与梁启超研究系、国民党之间对青年力量和思想主导权的争夺，均是如此。

四、"五四"如何再造新文化运动

　　从现有材料看，《新青年》及《新潮》和《每周评论》诸杂志在五四运动前已经得到许多知识精英的认可，甚至引发了梁启超及其

① 高梦旦致林纾函，转见胡适 1935 年 5 月 11 日日记，《胡适全集》第 32 卷，第 444 页。
② 陈独秀：《再答胡适之》，《新青年》第 3 卷第 3 期（1917 年 5 月 1 日），第 6 页。
③ 胡适：《五十年来中国之文学》，《胡适全集》第 2 卷，第 332 页。

追随者的重视与效法,①其销路"均渐畅旺",②也如陈光甫所谓的:
"《新青年》将有极大势力于吾国之思想。"③但能够读过《新青年》
或读过更为晚出的《新潮》和《每周评论》这些杂志的普通知识分
子和青年学生依然不多,即便是读到它们的人中,多像舒新城那样
是无意识的:

> 自民国五年起我便继续不断地阅读《新青年》——最初
> 并不是知道这刊物的价值而订阅,是因为它是由湖南陈家在
> 上海所开的群益书局所发行而订阅——对于陈氏(即陈独秀,
> 引者注)的议论,当然是表同情的,不过因为知识的限制,不能
> 有深切的表示。④

直到五四运动发生后,《新青年》等新书报才逐渐成为各地趋新人
士的首选读物,正如钟敬文回忆"五四"对其"旧式士人的候补者"
生活的影响时之言:

> "五四"的轰雷惊醒了我的梦。在这之前,我虽然见过
> 《新青年》这种刊物,但并没有放在心上。"五四"运动开始以
> 后,情况突然改变了,它成为我不可缺少的心爱读物,我千方
> 百计要弄到它。一卷到手,每每由第一页看到最后一页,一点
> 不让遗漏。后来胃口更大了,订购《小说月报》,爱看《时事新

---

① 参看周月峰《另外一场新文化运动——梁启超诸人的文化努力与五四思想
界》,《中研院近代史研究所集刊》第105期(2019年9月),第62—66页。
② 汪孟邹致胡适函(1919年4月23日),《胡适来往书信选》上册,第40页。
③ 陶孟和致胡适函(1919年3月16日),《胡适来往书信选》上册,第32页。
④ 舒新城著,文明国编:《舒新城自述》,第136页。

报》的《学灯》。对于新诗，尤感兴味。①

类似钟敬文，舒新城也认为五四运动的爆发给予他"以重大的影响"："自'五四运动'以后，求知欲更为发展，各种刊物风起云涌，使我应接不暇，竟因读书过度而生胃病。我的教育学术研究及著作生活，也在此时植立较深的基础。"②为此他订阅了一年达九十多元的新思潮刊物——这对于普通工薪阶层的人来说是一笔巨大的开支：

> 那时的我，正当已醒未清之时，对于旧者几乎样样怀疑，对于新者几乎件件都好，所以不论什么东西，只要是白纸印黑字，只要可以买得到，无不详加阅读……而上海《时事新报》的附刊《学灯》，《民国日报》的副刊《觉悟》，《北京晨报》的附刊《晨报副刊》以及《每周评论》《星期评论》《新青年》《新潮》《解放与改造》《少年中国》《少年世界》等却成为我研习社会科学及文学、艺术、哲学等等的主要教本。——杜威的讲演尤看得仔细。同时写文章也由文言而改为语体。③

时人宫廷璋也曾谈起五四运动之于湖南人接受新思潮的意义："新文化运动之酝酿，民国八年以前，鼓吹新文化之《新青年》杂志，在湖南虽得杨怀中等赞许，而销行极少。自五四运动，霹雳一声，惊

---

① 钟敬文：《"五四"——我的启蒙老师》，收入杨哲编《钟敬文生平、思想及著作》，河北教育出版社 1991 年版，第 154 页。
② 舒新城著，文明国编：《舒新城自述》，第 132 页。
③ 同上书，第 137 页。

破全国大梦,于是湘人亦群起研究新文化。"①

　　正因为"五四"的刺激,《新青年》的销量较之初创刊时的一千份猛增,但据杜威的描述,仍不过五千份,距此后汪原放所说巅峰时期的一万五六千份尚差距不小。② 同样《新潮》杂志的印量在1919 年初时也才为一千册,且尚不确定能否销完。③ 当然销售数量并非评价书刊影响大小的唯一或最好标准,但从中至少可以管窥五四运动对于各种新思潮刊物销量的促进作用,乃至由此产生的对于年轻人的启蒙影响。④ 正如"五四"当事人罗家伦的判断,"五四这个大刺激",让时人"不能不受影响":

　　　　譬如五四以前谈文学革命、思想革命的不过《新青年》《新潮》《每周评论》和其他两三个日报,而到五四以后,新出版品骤然增至四百余种之多……又如五四以前,白话文章不过是几个谈学问的人写写,五四以后不但各报纸大概都用白话,即全国教育会在山西开会,也都通过以国语为小学校的课本,现在已经一律实行采用……⑤

---

　　① 宫廷璋:《湖南近年来新文化运动》,原载 1925 年 9 月《大公报十周年纪念特刊》,转见李永春编《湖南新文化运动史料》第 1 册,湖南人民出版社 2011 年版,第41 页。

　　② 参看江勇振《舍我其谁:胡适》第 2 部《日正当中(1917—1927)》上篇,第223 页。

　　③ 参看顾颉刚 1919 年 1 月 14 日日记,顾颉刚:《顾颉刚日记》第 1 卷,联经事业出版社公司 2007 年版,第 66 页。

　　④ 据时人言,五四运动后,几乎每份新思潮刊物,其销量大多在千份以上:"我国自去年来文化运动,蓬蓬勃勃,一日千里,各种杂志周刊,出者日多,购者亦日众。差不多无论何种新杂志,他的销路,总在千份以上。"颖水:《文化运动与辞典》,《时事新报》1920 年 5 月 20 日,第 4 张第 2 版。

　　⑤ 参看罗家伦《一年来我们学生运动底成功、失败和将来应取的方针》,《新潮》第 2 卷第 4 号(1920 年 5 月),第 848 页。

"五四"时正在北大读书的陶希圣也回忆说：

> 这次爱国运动激起文学革命及新文化运动，扩大其影响
> 于全国，促使全国青年知识分子个人的觉醒与思想的启发。①

在另外一当事人常乃惪看来，"五四"之前，《新青年》的影响只是
局限于一少部分精英人士，社会上大部分人对此并无感觉，但"五
四"运动之后就形势大变：

> 全国的罢课、罢教、罢工、罢市种种风潮层见迭出，全国的
> 小刊物，用白话撰成的小刊物，风起云涌，普及于各地……新
> 文化运动已经不是仅仅咬文嚼字的书生运动了，他成了一种
> 潮流，一种猛厉无前的潮流，将旧社会的权威席卷而去。这是
> 谁的功劳，是五四运动的功劳。②

因此常乃惪判断说，是"五四"催熟了新文化运动："《新青年》时
代，新文化运动只在酝酿，尚未成熟……直到民国八年的五四运动
起后，春雷一声，才将新文化运动从摇篮中扶养成熟起来。"③舒新
城也认为是五四运动的结果催生了新文化运动，让新文化运动成
为"当时社会上最流行的名词"：

> 在外交上虽未成功，但思想的解放运动，则由此而爆发。
> 一般青年惊醒之后，对于以往的种种，都要重新估价，而知识

---

① 陶希圣：《生物与施工编译所见闻记》，收入高崧编选《商务印书馆九十五年》，
商务印书馆1992年版，第487页。
② 常乃惪：《中国思想小史》，中华书局1922年版，第185页。
③ 同上书，第184页。

的钻研更成为一般的要求了。于是由政治运动发端,而逐渐蔚为"新文化运动"。①

同样是认识到"五四"的巨大影响,孙中山从争取青年和扩大本党影响以及同商务印书馆进行竞争的角度,指示国民党积极介入新文化运动,利用报章杂志与印刷所进行鼓吹宣传:

> 自北京大学学生发生五四运动以来,一般爱国青年,无不以革新思想为将来革新事业之预备。于是蓬蓬勃勃,抒发言论。国内各界舆论,一致同倡。各种新出版物,为热心青年所举办者,纷纷应时而出。扬葩吐艳,各极其致,社会遂蒙绝大之影响。虽以顽劣之伪政府,犹且不敢撄其锋。此种新文化运动,在我国今日,诚思想界空前之大变动……吾党欲收革命之成功,必有赖于思想之变化……②

胡适本人则认为五四运动促成了文学革命(白话文运动)的成功,也让人们意识到思想革命的重要性:

> 民国八年的学生运动与新文学运动虽是两回事,但学生运动的影响能使白话的传播遍于全国,这是一大关系;况且"五四"运动以后,国内明白的人渐渐觉悟"思想革新"的重要,所以他们对于新潮流,或采取欢迎的态度,或采取研究的态度,或采取容忍的态度,渐渐的把从前那种仇视的态度减少

---

① 舒新城著,文明国编:《舒新城自述》,第135页。
② 孙中山:《致海外国民党同志函(1920年1月29日)》,中山大学历史系孙中山研究室等合编:《孙中山全集》第5卷,中华书局1985年版,第209—210页。

了，文学革命的运动因此得自由发展，这也是一大关系。①

1928 年 5 月 4 日，在上海光华大学纪念"五四"的演讲中，胡适又更为具体地表示五四运动"间接方面的影响很多"：

> 一、引起学生界注意政事；二、学生界的出版物突然增加，白话文因之通行起来；三、提倡平民教育运动；四、提倡劳工运动；五、提倡妇女运动；六、政党信用学生，许多机关报的副刊都请学生去担任，于是新文化的思潮渐渐高涨起来。孙中山先生也开始注意到思想的革命的重要。②

再从所谓新文化运动的摇篮北京大学自身的角度来看，它也是随着"五四"后新思潮势力的与日俱增才开始对之前新文化出版品的意义有了新认识。如原本对此全无意识的北大图书馆才开始以"五四"为界留心收集"五四"前后有关的出版品，并打出广告向社会各界募集：

> "五四"前后各处刊行之定期出版物，骤然增加，为出版界开一新纪元。惜本馆所收甚少，且多不完全，不足供参考，而欲补购，又多苦于无从[下手]。本校同人或校外人士，有以此类出版物慨捐本馆俾供众览者最受欢迎。如蒙随时代为搜集，尤所感祷。敬告。③

---

① 胡适：《五十年来中国之文学》，《胡适全集》第 2 卷，第 339 页。
② 胡适 1928 年 5 月 4 日日记，《胡适全集》第 31 卷，第 65 页。
③ 参看《图书馆征求"五四"前后各处定期出版物启》，《北京大学日刊》1919 年 12 月 4 日，第 1 版。

再如舒新城很早就订阅了《青年杂志》(《新青年》),还曾在其上发表通信,得到陈独秀的热情回应。① 饶是如此,他当时对在该杂志上也发表文章的胡适了解不多,直到"近来"(应该就是在"五四"后)才知道胡适是"思想界的一个明星",如他于 1919 年 10 月 29 日写给胡适的仰慕信中的表达:

> 年前我在《新青年》上看见先生的文章,我就羡慕异常,以为西洋留学生能肯在中国旧文化上去研究革新的方法,将来效果一定是很大。当那个时候,我虽然羡慕先生,但还不知先生是甚么人。近来在各杂志上时常读先生的文章,才晓得先生是思想界的一个明星。我这话不是恭维先生,因为以今日文学界、思想界革新的成绩来推论及于先生的。②

上述种种表达,均可见时人眼中五四运动的影响和意义如何。实际上,如近来论者所指出的:即便是"新文化运动"一词之流行,也是缘于五四运动的刺激,此后"自五四运动以来"之类句式更是成为时人的一种习惯性表达。③ 可以说,五四运动的影响,不但刺激了《新青年》等杂志在全国各地销量的增加,也放大了其知名度与影响力。这等于追认和证明《新青年》之前所倡导的内容及其矫枉过正的言说方式之合理性与预见性,相当于承认与强化了胡适、陈独秀等《新青年》主持者的导师与领袖地位。像一位读者"铁民"在致胡适的信中所言:

---

① 《新青年》第 2 卷第 1 号(1916 年 9 月 1 日),第 5—6 页。
② 舒新城函,见耿云志主编《胡适遗稿及秘藏书信》第 37 册,第 261 页。
③ 参看章清《五四思想界:中心与边缘——〈新青年〉及新文化运动的阅读个案》,《近代史研究》2010 年第 3 期,第 54—72 页;周月峰:《五四后"新文化运动"一词的流行与早期含义演变》,《近代史研究》2017 年第 1 期,第 31—33 页。

　　　　自来谈新文化的人，必要连带想到提倡的人，而阁下与陈
君(独秀)之名，亦随借此发达。但新文化之胚胎虽在五四之
前，而文化之进步确在五四之后，故数年以来，报章上亦常常
看见阁下赞美五四之事……①

　　另外一位赞成新文化运动的读者"李长义"所见略同。自谓"非迷
信新文化"的他记录了章士钊于长沙反对新文化运动的演讲，此演
讲在长沙《大公报》连载，他在文前加有按语评论道："吾人平心而
论，近两年来青年思想之猛进，实不能不归功于胡、陈等之提倡新
文化。"②

　　抑有进者，如既有论者所揭示的，五四运动同时还引发了胡
适、陈独秀等人关于新文化运动发展方向与定位的讨论，激进的学
生、陈独秀和国民党等方面希望将五四运动引发的国民参与热潮
继续扩大延伸，强调其以学生为主体的国民运动属性；而蔡元培、
胡适等人希望新文化运动能继续保持在学院之内，强调其思想革
命和学术努力的属性，淡化其政治性与激进特质。③

　　吊诡的是，1920年9月17日，"暴得大名"后的胡适在北京大
学开学典礼上公开发言时，却拒绝承认自己过去从事的文化事业
是"新文化运动"，"从来不曾敢说我做的是'新文化运动'"，拒绝
别人恭维他为"'新文化运动'的领袖"，其原因是他认为"我们现
在哪里有什么文化"，号称"新文化运动的中心"的"我们北京大
学"表现乏善可陈，没有"什么颜面讲文化运动"，外面学界虽然有

---

　　①　铁民：《致胡适(1922年2月17日)》，《胡适来往书信选》，上册，第141页。
　　②　《记章行严先生演词(1922年10月21日)》，收入章晗之、白吉庵主编《章士钊
全集》第4册，文汇出版社2000年版，第153页注释。
　　③　参看张武军《五四新文化运动的"运动"逻辑》，《现代中文学刊》2020年第2
期，第7—24页。

"一种新的动的现象",但并没有真正动起来,"并没有他们所问的新文化运动",在胡适看来,"现在所谓的新文化运动……就是新名词运动","我们北大"要感到"惭愧",要"回到一种'提高'的研究功夫",求"高等学问","真提高"。① 胡适这里的演讲显然是对于当时人们滥用新文化运动的情形表示不满,同时也有面对新文化运动的批评者进行解释和回护之意,当然其中更有反躬自省与激励北大师生之意——也为其之后转向整理国故工作打下伏笔。但胡适此处的表达同样不无自我炒作、故作高论之嫌,欲擒故纵的他希望藉此机会委婉向同人展示自己在新文化运动中的地位和受到的推崇情形,这非常能体现胡适好名与聪明的一面,②也显示其"炒作"技巧之熟练程度。其方式颇为类似1922年底他以"曲线救国"的做法介入在华英文媒体《密勒氏评论报》(The Weekly Review)发起的"中国今日的十二大人物"讨论与评选中,结果胡适从最初没有列名候选,到最终得以位居正榜第十二位——列正榜前十二名者除列第六位的蔡元培、第十位的余日章外,其余皆是当时政界人物(孙中山、冯玉祥、王宠惠、吴佩孚、王正廷、张謇、阎锡山、黎元洪),得票数(613)远高于第十四位的梁启超(474)、第十七位的章太炎(328)、第二十四位的康有为(155)。③

　　抑有进者,为了强化新文化运动的成绩和自己的领导地位,此

---

① 胡适:《提高与普及(1920年9月17日)》,《胡适全集》第20卷,第66—70页。

② 胡适当年在澄衷学堂读书时即已有"好名"之名,曾屡屡出头与学校当局较真。为此其二哥特意写信规劝他:"弟所以致此者,皆好名之心为之。"信中并劝胡适:"当以圣贤自期,勿自域于庸人也。"胡适丙午年四月廿五日日记,《胡适全集》第27卷,第32页。

③ 有关情况可参看江勇振《舍我其谁:胡适》第2部《日正当中(1917—1927)》上篇,第270—279页。对此评选的研究还可参看杨天宏《密勒氏报"中国当今十二位大人物"问卷调查分析》,《历史研究》2002年第3期,第65—75页。

后胡适本人更是通过撰写和追忆新文化运动史或白话文文学史、国语运动史、近五十年来中国文学史之类的文本，以及诸多自传式、总结式的书写和批评性的回应文字，为新文化运动进行历史定位，也为竞争对手如章太炎、梁启超、章士钊、林纾等人定位，同时在新文化、新思潮的脉络里对之进行比较性批评，藉此塑造和强化了自己及陈独秀等人在新文化运动和新文学运动中的先见之明与贡献，进而再造传统，将其视为中国的文艺复兴运动，从而极大提升了新文化运动"再造文明"的创新意义与启蒙效果，由此也实现了自我历史的重塑。这不但掩盖了胡适自己当初自信不足的事实，也正当化了其自身早具有先见之明的新文化运动领导者形象与偶像作用，无形中遮蔽或贬低了当时其他派别或要角如梁启超派对于新文化运动的参与、修正和影响情况。①

结　　语

法国文化史家夏特里埃（Roger Chartier）在《法国大革命的文化起源》一书第四章讨论法国大革命同启蒙哲士的著作之间关系的时候曾指出，后来的研究者可能夸大或单一化了这些著作对法国大革命的影响，大革命前夕最为流行的作品中，多是色情书和八卦册子等"低俗作品"，即便一些政治类书籍的确比较流行，但它们也多非启蒙哲士表达哲学理念和政治关怀的经典文本，而是抨

---

①　有关梁启超一系在新文化运动中的作为和影响及其后来如何淡出新文化运动历史记忆的情况，可参看周月峰《另外一场新文化运动——梁启超诸人的文化努力与五四思想界》，《中研院近代史研究所集刊》第 105 期（2019 年 9 月），第 49—89 页；《五四后"新文化运动"一词的流行与早期含义演变》，《近代史研究》2017 年第 1 期，第 42—47 页。

击国王、宫廷和贵族的通俗书籍,尽管这些文本确实如达恩顿(Robert Darnton)的研究所表明的那样,它们承载着启蒙理念,极大伤害了国王的形象,破坏了君主制的基础。不过在夏特里埃看来,读者在阅读这些书籍过程中并没有将其中的言说和批评太当回事,读者往往是从休闲娱乐的角度来阅读,读后很快将之抛诸脑后,"阅读未必导致崇信";另外一方面,即便是阅读相似的读物,比如被视为同大革命关联密切的卢梭著作,读者的反应也是千差万别,很多读者均不赞成其激进的面向,同样情况亦发生在《百科全书》的读者那里。因为启蒙哲士的著作虽然提出了很多新的思想,然而读者在阅读接受过程中,并没有太在意与法国旧制度相对抗的内容,没有贸然相信书中的言说,更没有以同样一种(即导向革命)方式在阅读这些书籍,或者把这些书籍化约为同一种简单的意识形态论述。职是之故,启蒙运动或启蒙思想家的著作同法国大革命之间的关联可能并没有那么密切,之所以人们后来认为它们之间联系密切,乃是因为大革命成功后革命者对启蒙思想家进行"选择性重构"造成的,其标志即是把卢梭和伏尔泰视为大革命先驱选入先贤祠。在此意义上,是法国大革命"发明"了启蒙运动与启蒙哲士的著作:

> 在一定意义上,是大革命"造就"了书籍,而非相反。正是法国大革命赋予了某些特定书籍具有先见之明与可昭法式的意义,在事情发生之后将其精心结撰,追认为大革命的源头。[1]

---

[1] Roger Chartier, *The Cultural Origins of the French Revolution*, translated by Lydia G. Cochrane, Cambridge: Polity Press, 1999, p. 89.

　　夏特里埃从阅读史角度得出的上述结论或可商，但其讨论问题的路径和方式，特别是对因果论历史学的反思，却颇值得我们效法与思考。反观过去这些年的五四新文化运动史研究，一些研究者已经认识到当事人如胡适等人事后对五四新文化运动经验的修改和再发明的问题，愈加重视当事人的追忆对于后世撰写五四新文化运动历史的影响，也注意到陈独秀、胡适、钱玄同、刘半农等人的"炒作"表现，注意到晚清、民国的关联延续情况和梁启超、研究系乃至江苏教育会、国民党在新文化运动中的作用，认识到五四运动、商务印书馆等出版机构和北京大学对于新文化运动扩散的影响，以及"五四运动""新文化运动"等概念的形成和传播问题。不过，如果对比夏特里埃的思路，我们会发现关于五四新文化运动源流的讨论，仍然是在《新青年》一系的线性脉络中来讨论相关问题，即先有新文化运动，后有五四运动；先有《新青年》的宣传，然后才有新文化运动的开展。如此操作会很容易将新文化运动的来源与影响单一化和线性化，不但会无视基督教会特别是青年会的先导作用与巨大影响，还会轻视其他派别和力量参与这个运动的情况与影响，进而忽略五四运动对新文化运动扩散的效果与对《新青年》地位的构建和追认情况，以及五四运动对新旧、新新之争的激化作用问题，乃至新文化运动的"运动逻辑"和胡适等人如何自我塑造的问题。

　　故此，我们固然要重视受《新青年》（包括此前的《甲寅》杂志）系刊物感染的趋新受众，但也不应该忽略受到其他渠道如青年会影响的"新青年"，以及企图修正新文化运动、融合新旧的梁启超、吴宓和江苏教育会一类人士；同样，我们也不能不关注"新"如何建构"旧"，乃至"旧派"或不那么新的新派的具体反应情况与回应方式等问题，尤需要留意五四运动及与之有关的后设追忆和书写对于新文化运动乃至之前历史的重塑和遮蔽效果问题。参考夏特里埃的问题意识即是：新文化运动是否该有一个"五四"起源？或模仿一下王德威教授的提问方式：①没有"五四"，没有后来者的选择性重构，何来新文化运动？

---

① 参看王德威《没有五四，何来晚清？》，收入王德威、宋明炜编《五四@100：文化，思想，历史》，第37—42页。

勾画在"地方"的五四运动[*]

瞿 骏

摘要：长久以来，五四运动在"地方"的历史受到较多关注，这一类历史叙述将五四运动视为一个从北京中心延展出去进而扩散到各个地方的运动，地方上的五四运动由此就经常成为北京中心的延伸版、影响版和缩微版。本文尝试勾画在"地方"的五四运动，即在留存于"五四"书籍、报刊里的"抽象方面"的思想之外，更重视围绕在那些书籍、报刊前后左右的"具体方面"和一段又一段随时潮起伏辗转的"实际人生"，进而追问三个重要问题：第一，新文化如何能够"到手"？第二，地方读书人的"主体性"如何展现？第三，怎样从地方返观"中心"？以此来揭示五四运动研究的一些新的可能性。

关键词：五四运动，地方，中心，主体性

瞿骏，华东师范大学历史学系暨中国现代思想文化研究所教授

五四运动与各省之间的交错互动是五四运动史研究的一个重要方面，这从诸如《五四运动在上海》《五四运动在江苏》《五四运动在江西》《五四运动在山东》等或厚或薄的资料集编撰和

---

* 本文原发表于《中共党史研究》2019年第11期，收入本辑时有一定改动。

出版中就可见一斑。但以上资料集的书名和编纂模式也反映出这类研究的一个惯常思路是"五四运动在地方"——无论是作为思想文化运动的五四运动还是作为反日爱国运动的五四运动——都是一个从北京中心特别是从一校（北京大学）、一刊（《新青年》）延展出去，然后扩散到各个地方的运动。① 由此在各省、各地方开展的五四运动经常就成为北京中心的延伸版、影响版和缩微版。②

　　这样的研究思路当然可以厘清部分历史，讨论一些问题，但也造成了相当多的不见之处和讨论暗面，特别表现在：以往研究者在讨论新文化时，或更重留存于书籍、报刊里的"抽象方面"的思想，而稍稍忽视围绕在书籍、报刊前后左右的"具体方面"和一段又一段随时潮辗转起伏的"实际人生"。而五四运动的历史除了"抽象方面"的思想，不乏林林总总的"具体方面"，③更影响了大量

------

① 关于此《星期评论》中有段表述颇为典型："这回我国的学潮，自从北京学生'五四'运动，陡起波澜，不久就从北洋卷到南洋，又从长江流域转到浙江流域。"佚名：《浙江学潮的一瞥》，上海《星期评论》1919年第1号，1919年6月8日，第2版。

② 当然北京"中心"内部也具有值得进一步探究的复杂性和分歧性，如北大与北高师之间的微妙关系，国立八校之间的关系和国立八校与其他学校的关系等，此点蒙北京大学姜涛教授提示。

③ 关于"具体方面"的研究，吴宓在1950年代的一段日记很好地说明了其重要性："宓藏有《学衡》二部，（甲）装订成册者，共十三册，1—79期全。（乙）零册，此为宓历年披阅翻检者，校改、加注，增记，并附粘有关系之图画、新闻、手迹等。此部昔亦整全，今缺第一期，又遭虫啮、大毁、微伤者四册。宓原拟以（甲）部捐赠学校，而自存（乙）部，待补。昨惑于万及开桂之言，赶将（乙）部中之材料，重抄或移粘入（甲）部各期，费力不少，盖欲自留（甲）部，而捐赠（乙）部也。迨其功方半，今日下午决又改从原计，复以各种材料归入（乙）部，（甲）部亦择要校注。"吴宓著，吴学昭整理注释：《吴宓日记续编》第2册，1956年8月10日，生活·读书·新知三联书店2006年版，第484页。此研究取向的落实，可参看袁一丹：《"书房一角"：周作人阅读史初探》，《现代中文学刊》2018年第6期，第69—76页；陈子善：《关于胡适早年日记手稿》，《文汇报》2015年8月7日，《文汇学人》版；韩进：《胡适藏晖室札记誊清稿本述略》，《文献》2018年第6期，第137—150页。

人物的"实际人生"。① 这些关乎"具体方面"和"实际人生"的史事"毁弃更易,追究无从",却夹杂着时代洪流底下千万人的欣喜、无奈和悲伤。② 正因如此,学者须对它们更多地加以关注和考量。本文将从:一、新文化如何"到手";二、探索地方读书人的"主体性";三、怎样从地方返观"中心",这三个问题入手,初步展示出勾画在地方的"五四"有哪些可能性。

一、新文化如何"到手"

五四运动与地方的联结很大程度上表现在新文化的传播和接受上。但目前学界对传播和接受的一个重要机制,即新文化究竟如何让地方上的读书人获得(到手)仍然不太清楚。③ 而若能从新文化"到手"的角度多加审视,则在地的"五四运动"能看得更清晰、丰富一些。下面先举几个例子,第一个例子关于江苏苏州甪直小镇的五四运动。

甪直小镇虽不起眼,但"五四"时期那里设立了《新潮》杂志的

---

① 关于"实际人生"的研究,大概要特别注意到"五四"时代中人与今人在各方面的极大差异。如当时大学虽已出现,"学术社会"也开始形成,但读书人大概不如日后学人那样看重名衔、论文、著作。他们不少时候仍在以"清议"的方式来品鉴人物,以"月旦评"的态度来判断学问。此点蒙华中师范大学周月峰教授提示。

② 钱穆:《八十忆双亲·师友杂忆》,生活·读书·新知三联书店 2005 年版,第135 页。钱穆谈的是史事不存后相对悲观的一面,在罗志田看来,"某事有无史料保存,只影响我们的历史知识,却无关于历史本身。一件事的史料消亡,或不被记忆、认知,既不意味着史无其事,也不能说该事件'对于我们当前的生活与思想就无影响'"。罗志田:《中国的近代:大国的历史转身》,商务印书馆 2019 年版,第 199 页。

③ 本文的关注点在地方读书人,若推广言之,中心地域读书人新文化的"到手"亦值得关注,且也不是那么容易。溥仪见胡适时即说:"有许多新书找不着。"曹伯言整理:《胡适日记全集》第 3 册,1922 年 5 月 30 日,联经出版公司 2004 年版,第 601 页。而且究竟何为"中心",何为"地方"可能需要在每个具体个案中仔细辨析,此点由北京大学王风教授提示。

"代卖处"。据此有学者称："'五四运动'的影响极其深远,已从城市扩大到偏僻的水乡古镇。"①这话大致是不错的,但值得进一步分析。我们考察《新潮》各个代卖处的实际位置会发现,在大城市、省城、县城、镇这几个层次中属于"镇"的只有用直这一处,苏州地区其他《新潮》的代卖处如振新书社、国民图书馆、文怡书局都在苏州城内。② 因此在用直一地能设立《新潮》杂志"代卖处",并不是因为《新潮》杂志真的已经能通过由振新书社等为中介点的、沟通苏沪京的市场销售网络传递至用直。③ 北京大学的《新潮》能让小镇读书人到手和一个具体人物密切相关,他就是叶绍钧(圣陶)。

叶绍钧与顾颉刚是从幼年就开始交谊的挚友,通过顾颉刚的介绍他向《新潮》投稿,并在 1919 年加入了新潮社,这在顾颉刚给他的信中看得比较清楚:

① 商金林:《叶圣陶在用直的教育改革——纪念叶圣陶到用直执教 100 周年》,《教育史研究》2017 年第 2 辑,第 96 页。

② 《新潮》杂志社:《新潮的代卖处》(《新潮》第 2 卷第 2 号,1919 年 12 月),《新潮》第 2 卷 1—5 期合订影印本,上海书店 1986 年版,第 2 号刊末广告页。

③ 到 1936 年胡绳仍指出:"内地的购买力比较薄弱,又因为上海刊物的发行网无法布置得非常广大,所以许多新兴刊物便很难走到那些小城市和穷乡僻壤中间去。"胡绳:《我们要求健全的地方性的刊物和报纸副刊》(1936 年 2 月 12 日),《胡绳全书》第 7 卷,北京人民出版社 2003 年版,第 343 页。上海、北京等大城市的刊物如此,那"地方性刊物"自身如何呢? 周策纵指出当时学生大多"自己掏腰包拿出钱来办这些刊物"。既然办刊都"自掏腰包",哪里还能顾上发行和营销。何况经常有地方人士欲购机自印,却因招股困难而取消。且这种状况是持续性的,1919 年如此,到 1920 年代中期仍然如此。1924 年底山东青州团组织原拟出一刊物名《先声》,却因为刷印局太蠢笨,阴历年前不能印出;印刷费又太贵——每张二千二百字,若要印二百份即不能少过八吊五百文,若将所征收的稿子全印,就须百吊左右而无法付印。周策纵:《"五四"五十年》(1969 年 4 月 19 日),《周策纵文集》上,(香港)商务印书馆 2010 年版,第 399 页;《张剑秋致顾颉刚》(1919 年 11 月 4 日),顾颉刚:《顾颉刚书信集》第 1 卷,中华书局 2011 年版,第 131 页;《王元昌关于团青州特别支部刊物印刷及放假后通信处变更事致钟英信》(1924 年 12 月 9 日),常连霆主编,中共山东省委党史研究室、山东省中共党史学会编:《山东党史资料文库》第 2 卷,山东人民出版社 2015 年版,第 184 页。

前天京校同学徐君彦之来信：说《新潮》杂志社已经正式成立了。寄来《日刊》一份，内有该社的详章，嘱寄于叶（绍钧）、王（伯祥）二先生，甚是要约你们做社员，我想千里之外，有个同声相应的机关，也很是乐事。惟依章须投稿三次；请你们再投二次，由孟真同我作介绍，正式函约入社。①

　　而从 1917 年 3 月开始，叶绍钧任教于角直镇上的吴县第五高等小学，正是通过在角直的叶绍钧、时常返回苏州的顾颉刚与在北京的新潮社连接，《新潮》杂志才有了在小镇传播，让当地读书人"到手"的可能性。② 但和商务印书馆、中华书局、《申报》等在各地已成熟的市场销售网络相比，③这种由私人关系维持的"点对点"传播方式并不具有持久性，因为他们资本不够充足，不能"在各地自立分号"，④一旦叶绍钧离开了角直，则《新潮》可能在那里就再

---

①　《顾颉刚致叶圣陶》(1918 年 12 月 11 日)，顾颉刚：《顾颉刚书信集》第 1 册，第 45 页。

②　与叶圣陶相似的例子是 1925 年江西省立第二师范的学生看《醒狮》周报的甚多，共计在百份左右，原因是该校有一位教育教员是《醒狮》编辑的朋友，"颇鼓吹"！《团南昌地委宣传部报告——关于在赣南宣传"沪案"和扩大 N、P 组织情况》(1925 年 6 月)，中央档案馆、江西省档案馆编：《江西革命历史文件汇集(1923—1926 年)》，中央档案馆、江西省档案馆 1986 年编印，第 166 页。

③　李霁野即说："那时(安徽)阜阳是一个很闭塞的县城，只有一个商务印书馆代售店，只卖商务的教科书和文具，新文化的书报一样也没有。"李霁野：《"五四"风雷在阜阳第三师范学校》，《李霁野文集》第 2 卷，百花文艺出版社 2004 年版，第 455 页。也有人说湖南常德"只有中华与商务两书局有些新书与杂志，其余各书局，尽皆淫词艳曲，伤风败俗，为害青年之书"。《S·C·H 致杨贤江》(1923 年 11 月 20 日)，杨贤江：《杨贤江全集》第 4 卷，河南教育出版社 1995 年版，第 485 页。到 1925 年张家口的情形是："此地书局更属可怜，更大之商务、中华两书局书籍比较稍趋现代潮流者，此地不多见。"《大奎关于宣传部工作报告及今后工作意见》(1925 年)，中央档案馆、河北档案馆编：《河北革命历史文件汇集》甲种本第 1 册(1922 年 3 月—1926 年 7 月)，中央档案馆、河北档案馆 1997 年编印，第 424 页。

④　《顾颉刚致沈兼士》(1924 年 1 月 14 日)，顾颉刚：《顾颉刚书信集》第 1 卷，第 519 页。

无踪迹了。①

　　第二个例子关于钱穆与梁启超。1925年12月梁启超的著作《要籍解题及其读法》在"《清华周刊》丛书"系列中出版,同月商务印书馆的"国学小丛书"系列中出版了钱穆的《论语要略》。② 细读两书我们会发现钱穆书有不少对着梁书讲的地方,有不少顺着梁书讲的地方,还有不少参考梁书的地方。③ 但两书又几乎同时出版,这是何故呢? 缘故在梁书正式出版前早已有以《群书概要》为题目的讲义本和讲义材料的经年传播,连边远省份如云南也通过省教育会的刊物有所流传。④ 因此从新文化"到手"的角度,对一个读者来说,出版本、讲义本和讲义材料是在同等位置上的,研究者若不去仔细追索那些讲义本、讲义材料,而仅是以出版本为研究对象,不少问题就难以解释清楚。

　　第三个例子和著名学者金克木有关。金克木生于1912年,1919年不过7岁,1925年才13岁。但他却自认是一个"五四青年",这种认同的形成和1927年金克木的一段下乡经历相联系。据金克木说:1927年,北伐军打到长江流域,家里把他送下乡到亲戚家暂住,躲避兵灾。在乡下金氏遇见了一个从县城教会中学回来的学生,金克木唤他叫"警钟"。正是在"警钟"家里他读到了

---

　　① 这只是解释某地《新潮》的传播机制,并不意味着《新潮》整体销量稀少。据罗家伦回忆,《新潮》初版是1 000份,再版3 000份,三版又印了3 000份。亚东书局的合订本又是3 000份。罗家伦:《北京大学与五四运动》(1931年8月26日),全国政协文史资料委员会办公室编:《五四运动亲历记》,中国文史出版社1999年版,第60页。顾颉刚的材料里也说《新潮》第1卷第4号"印了三千份"。《顾颉刚致徐子俊》(1919年6月5日),顾颉刚:《顾颉刚书信集》第1卷,第266页。

　　② 梁启超:《要籍解题及其读法》,清华周刊丛书社1925年12月初版;钱穆:《论语要略》,商务印书馆1925年12月初版。

　　③ 参看曹震《钱穆对梁启超〈群书概要〉的抄袭与发明》,《书屋》2006年第12期,第51—56页。当然曹氏所谓"抄袭"可能不能成立,此有待另文展开。

　　④ 《梁任公群书概要讲义之一部》,《昆明教育月刊》1924年第6卷第9、10号,第1—15页。

《新青年》1—5卷的合订本，是"警钟"从学校图书馆借来的。据金克木说：

> 我（当时）已经读过各种各样的书不少，可是串不起来。这五卷书正好是一步一步从提出问题到讨论问题，展示出新文化运动的初期过程。看完了，陆续和警钟辩论完了，我变了，出城时和回城时成为两个人。①

综合这三个例子我们不难看出地方读书人对新文化的"到手"并非如以往想象的那么"顺理成章"。它来自个人的独特机缘，比如顾颉刚与叶绍钧的特殊关系；经常有出乎意料的途径，如讲义本和出版本的同时传播，乃至讲义本的提前传播；更有超乎想象的时间落差、地域落差和讯息完整度落差。金克木的经历就说明，要到1927年一些读书人才有了完整"到手"前五卷《新青年》的可能性，能把这一个"提出问题到讨论问题"的过程看得相对通透。而之前数年不少地方读书人甚至大都市里的读书人只能零敲碎打，断断续续地阅读《新青年》和其他日后耳熟能详的报刊。在山东诸城县的陶钝就指出1919年前后当地能读到的《新青年》是"从北京带来的少数几本"。② 1919年1月《国民公报》的记者则对傅斯年说："本年的《新青年》，坊间已残缺不全。"③

---

① 金克木：《游学生涯》，东方出版中心2008年版，第88—90页。类似的例子是聂绀弩回忆：1924年他在仰光一家报社当编辑，"书架上没有几本书，里面有一种是又大又厚的《新青年》合订本，群益书局出版的。没有事的时候，我就翻翻它们"。绀弩：《读"在酒楼上"的时候》，桂林《文艺杂志》新第1卷第2期，1945年6月25日，第74页。此条材料蒙北京大学李国华教授提示。

② 陶钝：《"五四"在山东农村》（1979年3月12日），全国政协文史资料委员会办公室编：《五四运动亲历记》，第222页。

③ 知非：《答傅斯年先生》，《国民公报》1919年1月7日，第5版。

　　而且报刊随着时间推移从零散到完整只是一种情况,另一种情况是报刊随着时间推移从完整到零散,从零散再到完全"消失"。① 1922 年 3 月,顾颉刚在由北京去苏州的火车上看完《五十年来的中国文学》稿本后,写信对胡适说文中应补进"(辛亥)革命时的文学"。不过顾氏觉得增补困难很大,因为辛亥革命时《民呼报》和《民吁报》登此类悲壮慷慨的诗歌最多,"可惜现在没法找了"。继《民呼报》和《民吁报》之后登载较多的是《民立报》,但也很难找到,只能寄希望于"(叶)圣陶在当时曾经抄写过四五册"。②

　　如果说《民呼》等报是隔了十年左右消失,那么"五四"时期的著名刊物《星期评论》和无锡地方报刊《无锡评论》和《锡声》的"消失"就更快。《星期评论》在其出版期间深受欢迎,销量在江浙地区经常排在《新青年》之前。因此在 1920 年 6 月停刊后,很多人希望它能够再版,不过未能实现。到 1922 年邵力子会特别强调松江景贤女校有"一全份"《星期评论》,大概正因为其未能再版,存世不多。而松江景贤女校能有"一全份"《星期评论》和学校主持者侯绍裘、朱季恂等为国民党重要人物,很早就注意搜集保存国民党史料有关。③ 即便如此,到 1928 年国民党执政后仍有人在报上发广告要征集全套《星期评论》。④《无锡评论》和《锡声》则由无锡当地的激进社团"锡社"所办,但仅过了不到一年时间,该社已

----

　　① 这里仅仅描述了"消失"的现象,消失的原因也同样值得探讨。吴宓曾私人收藏有《大公报·文学副刊》一套,但到 1950 年代"完全为鼠啮毁,不复能读矣"。吴宓著,吴学昭整理注释:《吴宓日记续编》第 2 册,1956 年 3 月 29 日,第 411 页。

　　②《顾颉刚致胡适》(1922 年 3 月 23 日),顾颉刚:《顾颉刚书信集》第 1 卷,第 380—381 页。从这条材料我们可以联想现在对这几种报纸的熟悉全赖台湾国民党党史委员会的影印本,以致我们较难体会胡适等人的状态。

　　③《对于星期评论的希望》,《民国日报·觉悟》1920 年 9 月 3 日,第 4 张第 4 版;《关于重印星期评论的答复》,《民国日报·觉悟》1920 年 9 月 20 日,第 4 张第 4 版;《希望星期评论再版》,《民国日报·觉悟》1921 年 8 月 11 日,第 4 张第 4 版;《松江景贤女学底精神》(邵力子致张宗英),《民国日报·妇女评论》1922 年 8 月 23 日,第 4 版。

　　④《征求星期评论》,《申报》1928 年 10 月 13 日,第 21 版。

在征求《无锡评论》第 1、2 期和附刊于老《锡报》的《锡声》第 1—24 期。①

　　以上都提示着后见之明经常也代表后见之盲。② 从阅读方式说，研究者在宽敞的阅览室里一期接续一期翻阅《新青年》影印本与金克木的阅读方式较为接近，与真正在"五四"前后那几年读《新青年》之人的方式已相差不少。③ 若是科技更进步一点，学者利用迅捷电脑、优质平板和智能手机搜索《新青年》数据库，则离金克木的方式也很远了。

　　从"知道"与"不知道"的状态说，人们经常以为在"五四"时代鲁迅的《阿 Q 正传》是很多人都读过的，阿 Q 代表何种人物是很多人都知道的，但其实不少地方读书人并未读过，读过也并不知道，需要对这些问题详加询问、仔细回复和细密解释。④ 还有些书现在是常见史料如反映袁世凯称帝过程的《君宪纪实》等，当时则是非常难觅，"市上无有卖者"。其"续刻"更是因正值各省反对"称

---

　　① 　《无锡评论》编辑部：《征求（广告）》，《无锡评论》1925 年第 18 期，第 5 页。

　　② 　关于"后见之盲"蒙北京大学王奇生教授提示。

　　③ 　即使是鲁迅这样的人物，他 1926 年到厦门后的状况也是："各种寄给我的期刊很杂乱，忽有忽无。"这使得他转寄给在广州的许广平的状态是"不见得期期有"。《鲁迅致许广平》（1926 年 10 月 10 日），鲁迅、景宋：《两地书·原信：鲁迅与许广平往来书信集》，中国青年出版社 2005 年版，第 136 页。

　　④ 　茅盾曾对《小说月报》读者的询问作回应道："鲁迅先生做的小说，听说将由新潮社出版，想来《阿 Q 正传》也收在里头的。"《茅盾致吕兆棠》（1922 年 11 月 10 日），茅盾：《茅盾全集》第 37 卷，黄山书社 2014 年版，第 101 页。亦有来自云南的读书人问《学生杂志》编辑："在《学生》十卷十二号上社评里，《到青年中间去》内有一个引证说：'青年人多半变成《阿 Q 正传》上的阿 Q 了。'这个'阿 Q'不晓得是个甚么人？《阿 Q 正传》又是谁作的？"也有广州的读书人问《学生杂志》编辑"阿 Q 究竟是怎样一个人"？《答蒙自联合中学王寿怡君》（1924 年 4 月 5 日）、《答广州市薛赤魂君》（1924 年 10 月 5 日），杨贤江：《杨贤江全集》第 4 卷，第 656、743 页。随着《学生杂志》等报刊的推广，《阿 Q 正传》的销路渐广，到 1927 年据欧阳山回忆当时的广州虽然没有铅印的《阿 Q 正传》，更没有《呐喊》单行本，只有油印的横排本，但销行能有三四千本。欧阳山：《光明的探索》，《人民文学》1979 年第 2 期，第 84 页。

帝","故刷无多,旋因纷纷独立遂未分派"。①

从时代氛围的认知说,我们经常以为利用检索系统,数据库会带来无穷便利,而常忘了人在获得便利的同时也会越来越依赖于检索系统,加上研究题目的范围又因"学术规范"的要求越缩越小,少有放眼完整读书之时,以致"过渡一代"经常对于已消失在图书大库和读秀网海中的"五四"时代的书报刊缺乏敏锐感觉,而更年轻一辈或至完全没有感觉。

因此重寻"五四"读书人即时的阅读方式、"不知道"的状态和浸染于时代氛围中的认知感受大概是日后研究的突破口。具体在:

第一,重视地方读书人新文化到手的"条件"。这些"条件"除了前文已述的个人机缘、获得途径和各种时间与讯息完整度的落差外,还包括经济能力、②交通状况、③商业布局、学风偏好、生活习惯、阅读速度、沟通方式、党派力量强弱等。④

---

① 《杨锺致赵凤昌》(丙辰八月廿八日),国家图书馆善本部编:《赵凤昌藏札》第1册,国家图书馆出版社 2009 年版,第 227、230 页。

② 比如有为了买一本《科学与人生观》而当掉身上棉衣的学生。《应若滨致杨贤江》(1924 年 12 月 3 日),杨贤江:《杨贤江全集》第 4 卷,第 594 页。

③ 1925 年 3 月四川团涪陵支部就向团中央抱怨:"每回接得所指示之各种纪念活动如'二·七''三·八',信到而期已过,是四川路远,邮政延迟关系。以后如有某种纪念活动的指示,请早发函为要。"《团涪陵支部给团中央的报告(第六号)——关于通讯问题》(1925 年 3 月 22 日),中央档案馆、四川省档案馆编:《四川革命历史文件汇集(群团文件 1922—1925 年)》,中央档案馆、四川省档案馆 1986 年编印,第 226 页。同年共产党员刘重民参加完江苏青浦追悼孙中山先生之集会,想赶到苏州黎里参加追悼孙中山的会,但到了苏州,去黎里镇的轮船"竟开了",就未能赶上。《刘重民致柳亚子》(1925 年 5 月 2 日),转见于张明观《柳亚子史料札记三集》,上海人民出版社 2017 年版,第 158 页。

④ 1923 年 11 月在重庆的童鲁向团中央报告说:"此地无政府党异常之多,印刷物亦不少,吾主义之印刷物又少,且如社会主义讨论之有力印刷物一本都无,祈速将此书设法寄来。"《童鲁给刘仁静、林育南的信——关于重庆工人罢工》(1923 年 11 月 14 日),中央档案馆、四川省档案馆编:《四川革命历史文件汇集(群团文件 1922—1925 年)》,第 136 页。

　　其中尤其要意识到重视"条件"经常不是去看到他们到手新文化的"便利"，而是发现他们到手新文化的"限制"。这些"限制"主要有：

　　（1）价格偏高。"五四"时期卖书，上海定价一元的，长沙要四五元，而外国书尤贵。[①] 在成都价格也不低，书籍照定价加一成出售仍然折本，报纸则要三成。为何如此？舒新城就成都情形分析说，一是要补贴汇水、邮费，货价一元的书报至少多费三角；二是销售不畅，消耗大量折息；三则因路途遥远，书报既容易浸水破污，导致损耗，又须人力挑运，运费极昂。[②]

　　（2）投稿不易。目前研究多爱谈地方读书人谋生与向报刊投稿之关系，舒新城的回忆提示："投稿到上海可以换光洋，所以看作最便利，事实上未免看得太简单。"[③]

　　（3）口音难懂。胡适记述 1922 年第八届全国教育会联合会会议开会，教育部特派员向与会代表代读总长汤尔和的致辞，但因文稿事先未曾印刷，又是用文言做的，致辞者是江苏口音，遂导致代表"都听不懂"！这种情况和 1910 年代没有官方语言的奥地利议会开会时的情况极为相似。[④] 试想如果连全国性会议的致辞都会有这样的状况，遑论地方上那些基于更多不同口音，缺少合适扩音设备，包纳着对在地读书人来说极度"深奥"名词、概念的致辞、报告和演讲。[⑤]

――――――――

　　① 舒新城著，文明国编：《舒新城自述》，安徽文艺出版社 2013 年版，第 119 页。
　　② 舒新城：《交通与教育》，《舒新城教育丛稿》第 1 集，中华书局 1925 年版，第 281 页。
　　③ 舒新城著，文明国编：《舒新城自述》，第 121 页。
　　④ 曹伯言整理：《胡适日记全集》第 3 册，1922 年 10 月 17 日，第 869—870 页；高林：《皇帝圆舞曲：从启蒙到日落的欧洲》，东方出版社 2019 年版，第 134 页。
　　⑤ 1924 年 6 月 3 日周作人在山东省立第一师范学校演讲。李长之跑去听，即觉得"话实在难懂，我知识又不够"。李长之：《社会与时代》，《李长之文集》第 8 卷，河北教育出版社 2006 年版，第 390 页。

（4）流传狭窄。江苏省立第一师范的学生华有文回忆说：在报纸方面，《民国日报》因为"直接痛快的指责北洋政府，报纸销行区域仅限上海租界以内，北洋政府不准邮局运寄或销到外埠"。华氏只能想尽办法，商由《民国日报》报馆从日本邮便局每天送到家里。刊物方面，有些"禁刊"在书店是买不到的，华氏就不得不一面与陈独秀联系，由他寄来了《共产党》《工商之友》《劳动界》，一面与上海北四川路世界语学会苏爱南联系，请他寄来《自由》《极乐地》《克鲁泡特金的思想》等无政府主义书报。①

（5）经费有限。1924 年舒新城来到国立成都高等师范就职，看到学校图书馆，心情顿时跌到谷底。因为他来川任教个人所备书籍并不多，本想多依靠图书馆。但这图书馆里所有的东西，却比他自家所备的还要少。"近五年内的中西出版物太少！"只有若干份省外杂志与最少数的报纸，但寄到的时间都在出版后一个月乃至二三个月，而且能首尾衔接的极少。本省的报刊"关于全国及世界的各种新闻则又无不从京沪报纸中转载而来"。因此舒新城觉得"在此地欲求在新闻纸了解天下大事，其难最少也与上青天的蜀道相等"！

堂堂国立高师图书馆的书刊竟这样贫乏，究其原因，最重要的一条是经费有限，成都高师名义上经费有十几万，但照例七折拨下，每个月便只有七八千元，而这七八千元每年又领不到三四个月，于是名义上十余万元的经费，实际上只有三万元左右，而四五百学生的膳费、用品费，百余教职员、工人的生活费，以及其他一切的开支都依靠于此，以致讲义纸费常无，断炊也屡见不鲜，哪里还

---

① 《华有文关于苏州五四运动的回忆（节选）》，苏州市地方志编纂委员会办公室、苏州市档案局编：《苏州史志资料选辑》第 1 辑，苏州市地方志编纂委员会办公室、苏州市档案局 1984 年编印，第 24 页。

能去购买"饥不可以为食,寒不可以为衣的书报"。[①]

　　除了以上具体问题外,对五四运动历史的整体掌握,地方读书人也一样会遭遇无处了解的困境,1923 年有人写信给《学生杂志》编辑说:"我以前每到书坊,要买一种关于'五·四运动'的详细情形的书,却都没有买到。现在恰巧有一篇朱文叔先生做的《五·四运动史》,我真侥幸极了! 但不知道这书的发售处是什么地方和什么书局,以及定价若干? 请先生把这书详细地介绍出来,我真感激得很呢!"

　　其实朱文叔的《五·四运动史》是一篇文章,而不是一本著作,这位地方读书人的提问大部分属于"无的放矢",但这正说明他们在地方上必须穿透重重迷雾,才能获得零星半点的讯息,很多时候还是不准确的,何况穿透迷雾本身就已困难重重。[②] 因此钱穆在《刘向歆父子年谱》中基于刘歆作伪之"限制"的一些提问至今极具有启发性:

> 　　(刘)向未死之前,歆已遍伪诸经,向何弗知? 不可通一也。向死未二年,歆领校五经未数月,即能遍伪诸经,不可通二也。……且歆遍伪诸经,将一手伪之乎? 将借群手伪之乎? 一手伪之,古者竹简繁重,杀青非易,不能不假手于人也。群手伪之,何忠于伪者之多,绝不一泄其诈耶?[③]

第二,虽然地方读书人"到手"新文化有很多限制,但学者不必简单地将他们的"到手"过程看作一个获取过程,而是应看作一个努

---

　　① 舒新城:《蜀游心影》,开明书店 1929 年版,第 141—142 页。
　　② 《杨贤江致庄士杰》(1923 年 4 月 5 日)、《庄士杰致杨贤江》(1923 年 3 月 14 日),杨贤江:《杨贤江全集》第 4 册,第 360 页。
　　③ 钱穆:《两汉经学今古文平议》,商务印书馆 2001 年版,第 2 页。

力"再创造"的过程。作史者观察地方读书人时当努力破除"五四"时期巨型知识分子着眼于"提高",而看低地方读书人之"努力"的成见,应平心静气地观察他们对于新文化的模仿、攀附、重组和改写。

顾颉刚就观察到在苏州有师范教员"曾君",他把报纸剪开,分类粘贴上册,已累积数百册;又把杂志分类编目,数量也极为可观。① 这是地方读书人从清末开始就已养成的读报、读杂志后做"再创造"的习惯。在湖南,毛泽东曾想从译本及时贤所作的报章杂志中"刺取精华","使他们各构成一个明了的概念,并编成一本书"。② 在山东,年幼的李长之会把叶绍钧发表在《儿童世界》上的童话"分别撕裂下来,另订为一册",再用其中一篇《玫瑰和金鱼》作为自编新本的题目。这种私人自编"叶绍钧童话选本"要早于1923年叶氏正式在商务印书馆出版的童话结集名作《稻草人》,③它或许正代表着一种不再定于《稻草人》一尊的五四儿童新文化的"再创造"。④

进而言之,这种"再创造"的意义在:它不仅令"五四"具有了高低错落的多个声部,或许同宋代文人对于唐代的"回望"一样,⑤

---

① 《顾颉刚致胡适》(1921年7月26日),顾颉刚:《顾颉刚书信集》第1卷,第367页。

② 《毛泽东致周世钊》(1920年3月14日),中国革命博物馆、湖南省博物馆编:《中国现代革命史资料丛刊·新民学会资料》,北京人民出版社1980年版,第64页。

③ 李长之:《社会与时代》,《李长之文集》第8卷,第388页。

④ 1924年有一个四川的地方读书人就记述:"午后到商务馆看书见儿童文学,因研究儿童到底有无文学观念,因考之文字、文学之起源,似乎儿童无文学,验之事实,则儿童又有文学,真一问题也,拟尽力研究之。"这说明所谓"儿童文学"当时是一个开放的论域。荣县政协文史学习委员会、荣县档案馆编:《荣县文史资料》第15辑《曾莱烈士日记选》,1924年5月24日,荣县政协文史学习委员会、荣县档案馆1999年编印,第80—81页。

⑤ 参看夏丽丽采访《田安谈选本文化与唐宋文学研究》,《上海书评》2019年2月17日。

亦能催生和重构对于"近代中国""明清时代"乃至"中国传统"的新理解。[①] 比如在疑古、疑经的风气下，胡适购读了清代云南读书人方玉润撰的《诗经原始》，进而希望向从云南到北京读书的杨鸿烈了解此人著述，才知道方氏著述不少，只是"大多数已散失，残缺不全"。而杨鸿烈也被胡适的"发现"驱动，遍访在京云南乡贤，研读方氏著作，写了一篇《一件关于表彰本省文化可以报告于我们读者的话》在报上发表。在杨氏眼中，方玉润"碌碌一生，只有遗下的几本残书"，不料他竟能引起胡适的注意。杨氏期盼胡适为方玉润"重新估价"，"那么不惟方先生和他的后人感激先生，就是我们云南全省的人，也是感激先生的"![②]

　　杨鸿烈所期盼的云南"全省人"的感激或正意味着在五四运动促生的"回望"之下，云南的"清代学术"图景正在被大幅度改写，同时也预示着这种"改写"并不会一帆风顺，而是一轮又一轮激烈书写竞争的开始，而要再现这一个个"重新召唤"叠加"众声喧哗"的过程，就需要探索地方读书人的"主体性"。

二、探索地方读书人的"主体性"

　　当研究者用"北京中心"和"启蒙扩展"的眼光看五四运动的时候，地方读书人的"主体性"是不容易凸显的。若借用一个耳熟

---

　　① 杨国强就敏锐地注意到："戊戌后二十年间先后出现于中国的民权观念、科学观念、白话报刊，以及随时论中'世界公理''世运进步'一类滔滔陈说而来的'欧化'之想，便都因置于'德先生'和'赛先生'以后来的声光回照从前之下，被读出了其中所含的启蒙运动前史的本义。"杨国强：《论新文化运动中的个人主义（上）》，《探索与争鸣》2016 年第 8 期，第 12—22 页。关于此王德威亦有精彩论述，参看王德威《没有五四，何来晚清?》，《南方文坛》2019 年第 1 期，第 72—73 页。
　　② 曹伯言整理：《胡适日记全集》第 3 册，1922 年 10 月 31 日，第 910—912 页；第 4 册，1923 年 8 月，第 187 页。

能详之词——"开眼看世界"的话,《新青年》和北大师生在以往的一些研究路径里扮演的是一个近乎上帝的角色,他们启蒙了地方读书人,使得地方读书人开眼看了世界,了解了新潮,获得了新知,甚至在他们的引领下变成了"新人"。这样一个"引领—启蒙"的解释模式模糊了地方读书人的样貌,忽略了他们的"能动"之处,导致不少问题需要进一步讨论。

　　首先在"五四"时期无数地方读书人早已开眼看了世界,只不过对于不同地方的地方读书人来说,不同地方除了意味着同一时间刻度下的不同空间,也同样意味着同一时间刻度下并不相同的"时间"。在 1919 年前后他们有的仍停留在清末民初的"世界",以广东、福建、江浙地区为多;[①]有的仍在同光乃至道咸的"世界",以中国广袤的内陆世界为多;[②]大多边疆地区则是"不知有汉,无论魏晋"。1921 年胡适就把中国分作了四条线即四个空间与"时间"都不相同的"世界":第一线为南方与西南三省,第二线为长江流域,第三线为东三省与北五省,第四线为边疆——蒙古到西藏。在胡适看来,"这四线代表四种文化程度,又可代表四种历史的区分。第一线与第四线的文化程度相去至少有一千年"![③]

---

　　① 一个例子是 1921 年 6 月胡适听完中华书局借"国语""国音"东风所出的"国音留声片",发现都是当年王璞留下的那种"国音化"京音,觉得真是"三不像"。曹伯言整理:《胡适日记全集》第 3 册,1921 年 6 月 9 日,第 106 页。

　　② 一个典型例子是 1924 年四川安岳的高小学生仍在问洋人的脚是不是直的。舒新城:《蜀游心影》,第 112 页。

　　③ 曹伯言整理:《胡适日记全集》第 3 册,1921 年 5 月 15 日,第 40 页。与胡适的话呼应,1920 年戴季陶说:"湖州的社会,从近代文明史的意义上看来和上海要差一百年。上海这个地方已经快到工业革命的完成期了,湖州还不过将进工业革命初期的时代。上海好像是十九世纪中叶的欧洲,湖州还是十八世纪中叶的景象。"戴季陶:《到湖州后的感想》(1920 年 7 月 1 日),章开沅主编,唐文权、桑兵编:《戴季陶集》,华中师范大学出版社 1990 年版,第 1275 页。1924 年郭沫若则指出:"我国国内除几个大都市沾受着近代文明的恩惠外,大多数的同胞都还过的是中世纪以上的生活。"郭沫若:《橄榄》,上海创造社 1927 年版,第 129—130 页。

进一步说，当时很多读书人其所"身处"与其内心之认同也不一致。不管处于何种"时间"，在激进新青年的认同中大概基本少有清末民初、同光时代或道咸时代之分，他们看中国基本只是一个傅斯年所言的"二千年前之初民宗法社会"。[①] 而对不少地方上一般读书人来说，尽管五四运动轰轰烈烈，但仍不过是一场持续数天乃至数月的"热闹"和"风波"。他们或心中漠然，或好奇打探，经常以此为谈资和消遣，其思想与行事则基本还是依照延续了从前的规矩和准则。

1919 年 5 月在苏州的顾颉刚就"五四"之事与几个读书人讨论，就深感失望。其中一人是"笑而不答，或者别有会心"；一人劈头就说："现在北京大学正在出锋头啊！"另一人则对此事"纯从势力和法律上着想"，认为"段派与交通系联合处分学生，学生必然无幸；如在法庭起诉，听说曹宅守门警察曾开数枪，有此一事，或未必学生全败"。[②] 到 1920 年，夏衍从浙江公立甲种工业学校毕业，当时他已深入参与了在杭州的五四运动，自认是个"小头目"，回家却发现正厅当中贴着一张黄榜，上写："捷报：沈府少爷乃熙，民国九年庚申八月高中第一名毕业……"看到"皇榜"，有人煞有其事地对夏衍母亲说，中学毕业，等于考中秀才，"甲工"比一般中学高，因此令郎的"高中"可能相当于秀才和举人之间。[③]

以上都说明激进新青年和一般读书人的认知是如此格格不

---

① 傅斯年：《新潮发刊旨趣书》(《新潮》第 1 卷第 1 号，1919 年 1 月 1 日)，《新潮》第 1 卷第 1—5 号合订影印本，上海书店 1986 年版，第 2 页。

② 《顾颉刚致叶圣陶》(1919 年 5 月 9 日)，《顾颉刚书信集》第 1 卷，第 62 页。

③ 夏衍：《懒寻旧梦录》，生活·读书·新知三联书店 1985 年版，第 51 页。这在当时浙江似是常态。在新昌县高小毕业就已被称为"中秀才"，要吹打报喜，张贴大红报贴。各家族族规规定，凡高小毕业孙男，可进大宗祠堂祭祖，上始祖坟祭祀，领胙肉时得双份，另可收到数量不菲的"花红洋"和"礼洋"。转见陈刚《人民司法开拓者·梁柏台》，中共党史出版社 2012 年版，第 31—32 页。

人。面对这些"格格不入",李大钊才会说:"同时同地不容并有的人物、事实、思想、议论,走来走去,竟不能不走在一路来碰头,呈出两两配映、两两对立的奇观。"①以中国之大,每个地方都不尽相同,而在每一个具体空间里又是"同时同地"却"不容并有"。因此研究者在探索"五四"时期地方读书人的"主体性"时当跳出以往"一刀切"的认知,转而注重他们各自"前史"的丰富性。丰富的"前史"令地方读书人有的作为清末老新党与"五四"互动;②有的作为民初新人物与"五四"相碰撞;有的是道咸、同光遗老,压根就未和"五四"发生关联;有的则作为道咸、同光遗少直接跳入了"五四"洪流之中,不一而足。③

其次,有一部分地方读书人是以"五四人物"的身份和认同进入了五四运动,但仅从这一横剖面来说其"主体性"问题也不简单,因为五四运动对地方读书人而言往往是多个的、羼杂的、暧昧的和分裂的。

从五四运动是多个的来说,当时读书人的认同中"西方"早已不是一个浑然一体的"泰西"。"公理"接近不存,"公例"已然破碎,"泰西"分裂为一个个具体的国家——英、法、美、俄、德、日。在这一个个具体的国家中各个群类的读书人又有各自信奉的思想流派。在各自信奉的思想流派中,每个读书人更有各自倚重的西

---

① 李大钊:《新的! 旧的!》(《新青年》第4卷第5号,1918年5月15日),《新青年》第4卷第1—6号合订影印本,北京人民出版社1954年版,第448页。

② 因此会出现老新党把唯心、唯物错误记录成维新、维旧的情况。袁玉冰:《江西的出版界》,《新江西》第1卷第3号,第46页。

③ 关于这部分的讨论可参见许纪霖《五四新文化运动中"旧派中的新派"》,《华东师范大学学报》(哲学社会科学版)2019年第1期,第24—36页;徐佳贵:《"五四"与"新文化"如何地方化——以民初温州地方知识人及刊物为视角》,《近代史研究》2018年第6期,第43—58页;徐佳贵:《湖畔风云:经亨颐与浙江五四新文化运动(上)》,《杭州师范大学学报》(社会科学版)2019年第2期,第33—53页;《湖畔风云:经亨颐与浙江五四新文化运动(下)》,《杭州师范大学学报》(社会科学版)2019年第3期,第33—53页。

人如杜威、罗素、皮耳生、詹姆士、倭铿、柏格森、欧立克、杜里舒、克鲁泡特金、巴枯宁、考茨基、马克思、列宁、马修·阿诺德、白璧德、孟禄、克伯屈、易卜生、托尔斯泰、莫泊桑等等，据周予同形容当时对这些西人学说的介绍是"东鳞西爪地乱拉"，毫无系统！① 而且更早前的驰名西人如斯宾塞尔、赫胥黎、达尔文等又一直未失去其影响。② 因此无论是"东西之争""中西之别"还是"西与西战"都不意味着两军对垒乃至三足鼎立，而代表着一团乱麻般的多方"混战"。③ 地方读书人既被高层级读书人混战的陀螺牵引不止，却也是推动混战继续和扩大的重要动力。④

　　从五四运动是犛杂的来说，郭沫若说五四运动"事前并无什么计划"。⑤ 巴金说当时"只要是伸手抓得到的新的东西，我都一下

①　周予同：《过去了的"五四"》，《中学生》第 5 号，1930 年 5 月 1 日，第 7 页。

②　1925 年有山西读书人就问："甄克思、斯宾塞尔，谁是英人，谁是美国人？我早想购《社会通诠》《群学肄言》，因著者的国不一样，很有疑惑。"又有江苏读书人问："达尔文《进化论》在何处出售，定价若干？""达尔文的《物种由来》在哪家书局有译本？""赫胥黎与达尔文的学说，是怎样的？"《答山西清源张谦如君》（1925 年 5 月 5 日）、《答江苏七中周之森君》（1925 年 8 月 5 日）、《答浦东中学何允猷君》（1925 年 9 月 5 日）、《答崇明蔡绳夫君》（1925 年 12 月 5 日），杨贤江：《杨贤江全集》第 4 卷，第 823、849、861、910 页。

③　胡适就把柏格森、倭铿、欧立克等看作"反动的哲学家"，强调"那光焰万丈的科学，决不是这几个玄学鬼摇撼得动的"。胡适：《〈科学与人生观〉序》，《胡适全集》第 2 卷，安徽教育出版社 2003 年版，第 199 页。邓中夏的看法与胡适相似，也称这几位西人为"玄学鬼"。邓中夏：《中国现代的思想界》，《中国青年》第 1 卷第 6 期，1923 年 11 月 24 日，第 3 页。而在胡绳看来，"在中国的思想家去到欧、美的时候，西方的布尔乔亚的思想家也早已和他们的伟大的启蒙者们永远地诀别了，因为这时代的西方布尔乔亚已经不是历史上的向上的阶层，而是一步步向下，走向没落的命运中去了。胡适到美国去搬运来的皮耳生、詹姆士、杜威的实用主义哲学正是没落的布尔乔亚的思想的一支派"。胡绳：《胡适论》，《胡绳全书》第 1 册，第 14—15 页。

④　之所以能成为"动力"，是因为"在'五四'运动向上期的几年中，这各种主义运到中国来时，都已和爱国主义有意无意地混合了起来，而和它们原来的面目不甚相同了"，而造成这"混合"与"不甚相同"的不少是地方读书人。胡绳：《"五四"运动论》（1937 年 4 月 30 日），《新学识》第 1 卷第 7 期，1937 年 5 月 5 日。

⑤　转见林甘泉、蔡震《郭沫若年谱长编（1892—1978）》第 1 卷，中国社会科学出版社 2017 年，第 394 页。

子吞进肚里"。① 李长之则言:"五四这时代,是像狂风暴雨一般,其中飞沙走石,不知夹了多少奇花异草的种子,谁也料不到这些里头什么要萌发,以及萌发在那儿的!"②

正因为"不知哪里萌发"和"不知萌发在哪儿",所以什么是新文化? 何为新文化运动? 这些概念和问题在"五四"近十年的历史进程中"含义颇为广泛,解释亦不一致"。③ 罗志田就特别提醒说:"(五四运动)本不是一场谋定而后动的运动,故既有超出预想的成分,也有根本未曾想到的成分,后者远大于前者。"④在这应对"超出预想"和"未曾想到"的过程中,"五四"巨擘如胡适、陈独秀、李大钊、蔡元培等对这些概念和问题很多时候是各自表述、模糊表述与前后矛盾的表述。其中陈独秀的《新文化运动是什么》大概就是一篇具有代表性的前后不一又前后交叠的羼杂文本。⑤

如果巨擘之间都有这样的分歧,那就更不用说地方读书人对"新文化"多重和多样的理解了。《五四时期期刊介绍》就说向甘肃人士介绍"新文化"的《新陇》杂志是"仿佛迷离、眼花缭乱、不分东西"。⑥ 任鸿隽则说四川学界是"学生以闹风潮反对教员、校长

---

① 巴金:《关于"安那其主义"的一条注文》,转见葛懋春、蒋俊、李兴芝编《无政府主义思想资料选》下,北京大学出版社1984年版,第1007页。

② 李长之:《社会与时代》,《李长之文集》第8卷,第382页。

③ 舒新城著,文明国编:《舒新城自述》,第135页。关于此可参看周月峰《五四后"新文化运动"一词的流行与早期含义演变》,《近代史研究》2017年第1期,第28—47页。

④ 罗志田:《中国的近代:大国的历史转身》,第187页。

⑤ 陈独秀:《新文化运动是什么》(《新青年》第7卷第5号,1920年4月1日),《新青年》第7卷第5—6号合订影印本,第1—6页。

⑥ 中共中央马克思、恩格斯、列宁、斯大林著作编译局研究室编:《五四时期期刊介绍》第3集上,生活·读书·新知三联书店1959年版,第178页。

为新文化，一般旧式的先生们，也就拿他们这种行为来代表新文化"。① 杨荫杭认为："新文化何物？或答曰一为白话，一为男女同学。"②以上的多重理解源于交汇芜杂本是历史过程中的常态，何况其中经常还包含有作者文字之本义、引申义与读者阐释义的天然差别。

从五四运动是暧昧的来说，身无"落脚处"、心无"安顿处"大概是"五四"时代读书人的普遍感受。他们的身心所及经常是一片暧昧与混沌，其中尤以地方读书人所感知的"国家"为甚。

1929 年胡适曾写过一篇名文——《新文化运动与国民党》，说到"在徐世昌做总统，傅岳芬做教育总长的时代，他们居然敢下令废止文言的小学教科书，改用国语课本"。③ 这话胡适意在以北京政府的尚且"开通"来对比国民政府的如此"反动"，但"居然"一词实际返照出国民政府统一之前，北洋时代地方读书人感知的"国家"是更为多重的。它可以是教育部，可以是省议会，可以是地方军阀，可以是省教育厅，可以是省教育会，也可以是县政府、县教育会，甚至是本校校长、当地名流。④

这林林总总的"国家"代表一面让地方读书人莫衷一是，心中迷茫，因为它们彼此之间的政策、言论、表现经常有不一致处乃至完全相反处，有时是"上面方说自由研究，下面即定为邪说"；⑤有时是官厅虽然不把新文化直接视作"邪说"，但对其置若罔闻或加

---

① 《任鸿隽致胡适》（1922 年 9 月 18 日），曹伯言整理：《胡适日记全集》第 3 册，1922 年 9 月 30 日，第 836 页。

② 老圃（杨荫杭）：《新文化两种》，《申报》1923 年 9 月 4 日，第 19 版。

③ 胡适：《新文化运动与国民党》（1929 年 11 月 29 日），《新月》第 2 卷第 6、7 号合刊，1929 年 9 月 10 日。

④ 彭湃即指出："什么督军府、省长署、司令部，哪样不是压迫人民、鱼肉人民、掠夺人民的。"《五四时期期刊介绍》第 3 集上，第 2 页。

⑤ 《顾颉刚致叶圣陶》（1919 年 4 月 14 日），顾颉刚：《顾颉刚书信集》第 1 卷，第 56 页。

以排斥；有潮安读书人就抱怨从县立师范学校毕业后，"竟因不懂文言文闹出许多笑话"！他做国民学校校长，做了一篇白话存案文章，被县长大大申斥。他还有一个兄弟，亦因不懂文言文，失掉了一桩很好的机会。① 有时则是地方名流一片叫好，而政府机构却满纸批评。②

　　但另一方面正因谁代表"国家"是暧昧的，遂让地方读书人有了不少腾挪施展、借力使力的空间，表现出五四时期思想言论上处处批判"国家"，而实际运用中处处与"国家"为伍的奇景。

　　简单来说，这些空间一是表现在"国家"有时能成为地方读书人传播新文化的秉持与护符。五四时期无论是中心地带的新旧之争还是地方上的新旧之争，新派经常不能依靠"愈来愈新"来压倒"旧"，反而是"新"要与各种"国家"代表和"国家"象征相结合方能与"旧"抗衡。1920 年《白话文做法》一书的作者即强调"从去年（1919）文化运动以后，白话文的成效大著，社会上大多数人都要留意去研究，教育当局也要采做学校的教材，这是文化运动的效果"。③

---

　　① 《答潮安黄新民君》（1924 年 12 月 5 日），杨贤江：《杨贤江全集》第 4 卷，第759 页。
　　② 一个个案是江希张的《白话四书解说》，此人"乡绅都迷为天巾圣人"，认为"欲治中国，欲治世界，舍此人出莫由"，其书则是"发明孔子底蕴，自古至今无有出其右者"。不过教育部却不这么看，其批语云："江希张《四书白话解说》，绘图立义，纰缪之处不一而足。其解释孔经，率多摭拾佛、道两家之陈言，穿凿附会。如'学而'篇末所载全篇演说，至谓亲见孔子周游法界中，讲演大同学说。开宗明义，即属荒谬不经。他如魔王宫殿、道家三尸，混人养身之义，尤失孔经之旨。如文义矛盾之处，如既以告子为时人，又将篇名《告子》二字解为'告天下万世弟子'之言。绘图不合古制及谬误之处，如《冯妇博虎图》，绘冯妇为一女子；《伯夷、叔齐隐于首阳山图》绘一人手执线装且似洋装之书，《孟子自梁之齐图》绘两人持肃静、回避牌为前导。凡此种种，只成笑柄。"《答河南汤阴第三高小校郑承荫君》（1924 年 8 月 5 日），杨贤江：《杨贤江全集》第 4 卷，第684 页。
　　③ 吕云彪、戴渭清、陆友白：《白话文做法》"序言"（1920 年 3 月 11 日），新文化书社 1920 年版，第 1 页。

因此此书到"订正九版"时广告特别强调是"教育部审定的"。①

　　由此在地方上，那些看上去与"国家"相联系的人物来传播新文化经常会有不错的效果。在四川新繁，当县劝学所所长召开教学观摩会时出了白话文题目，原先反对白话的高等小学教师"便沉默下来一声也不响了"，原来喜欢白话的学生则"越发大胆做起白话文来"。② 在山东济南，省立第一师范附小校长王世栋(祝晨)贴出白话文布告时，学生们"大哗"！为何"大哗"呢？据当时在附小就读的学生回忆：一面是他们非常震动，因为这布告竟不说"明日"，而说"明天"，"旁边还有像麻将牌里的么饼似的一串东西"；另一面是他们第一次被惊醒了，白话文原来也可以有"登大雅之堂的资格"！③

　　济南著名的新人物王世栋以白话文布告"惊醒"了学生，进一步他就要减少他们内心种种难以接受的"震动"。而要减少人心之"震动"，王世栋的办法是让学生们认识到新文化除了"新"，而且"合法"，它和一条条的国家"部令"有关。所以他编的《文化新介绍》(后改名为《新文学评论》出版)除了选入大量《新青年》《新潮》等报刊的名文外，与其他白话文选本不同，他将《教育部通令采用新式标点符号文》《请颁行新式标点符号的议案》《正式公布注音字母以便各省区传习推行》《公布注音字母次序》《通令国民学校改国文为语体文》《咨各省采用练习言语办法文》等"部令""通告"也都收录了进来。④

---

① 王世栋：《新文学评论》，新文化书社1920年版，广告附页。

② 《我的幼年时代》，艾芜：《艾芜全集》第11卷，四川文艺出版社2014年版，第104页。

③ 李长之：《社会与时代》，《李长之文集》第8卷，第372—373页。关于山东地方五四运动的拓展可参看季剑青《地方精英、学生与新文化的再生产——以"五四"前后的山东为例》，《现代中国文化与文学》2009年第2期，第33—56页。

④ 王世栋：《新文学评论》。

　　二则表现在地方性"学客"的生成。1919 年后地方读书人特别是学校教员、学生与政治有着越来越深的纠葛,此即所谓"政潮、学潮相互为表里"。政治人物利用学生,学生也同时利用各类政治人物,遂导致有无数依附于各种"国家"代表的地方性"学客"产生。易家钺即指出这些"学客"的表现是"在卢永祥底下倡联省自治,在孙文部下倡社会主义,甚至一边当校长,一边又当督办;一边当咨议,一边又当教员"。①

　　从五四运动是分裂的来说,陈旭麓先生曾言:

　　　　辛亥革命后的山重水复是"五四"运动兴起的背景,"五四"运动促进马克思主义的传播和中国共产党的诞生,而后有国共合作,而后有五卅运动,而后有国民革命的北伐战争,它的伟大意义将这样历史地表达出来。②

　　陈先生的话意在不必固化五四运动为一个历史分期的"定点",而是要把它看作为一个在一连串重大历史事件中既特殊又普遍的"高速公路出口"。在这个"出口"处,纷繁的即时思想牵动的是林林总总的"未来理想"。不同的未来理想使得有人怀念着前一个"出口",有人惦记着下一个"出口";有人在五四"出口"游移不定,有人则或满心欢喜、或愤愤然地离开了这一条高速公路。

　　这种分裂状态既证明了自清末开始,虽然"合群"一词一直被读书人热衷提倡并积极实践着,但中国读书人却因此而愈来愈趋向分裂的吊诡事实,又提示了在"愈来愈分裂"的事实之下,读书

_____

　　① 易家钺:《中国的丘九问题:论学生的政治活动社会活动和读书运动》,《民铎》第 4 卷第 4 号,1923 年 6 月 1 日,第 10 页。
　　② 陈旭麓:《关于中国近代史线索的思考》,《历史研究》1988 年第 3 期,第 71 页。

人会期盼结合成为更大之"群"的愿望和盼望。[1] 此正如林同济所言："对家庭自由，必须向国家与民族皈依。越是不为小家庭的一分子，我们灵魂深处越要渴求做大社会的一员。而我们于是乃发现了一条微妙的真理：有所皈依的慰藉，竟乃是追求自由的前提。无皈依不足谈自由！"[2]

三、怎样从地方返观"中心"

王汎森曾在《中国近代思想文化史研究的若干思考》这篇名文中强调："对于重要思想家的著作进行慎密的阅读，仍然是思考思想史的未来发展时最优先、最严肃的工作。"[3]这个"强调"提示我们勾画在地方的"五四运动"并不意味着对"五四"简单地"去中心化"，而是要细密地从不同角度和不同位置重新去审视何为"五四"之"中心"。对此笔者曾在一篇文章中指出："如果我们能转换研究的主题词，透过地方读书人的眼睛去讨论这些巨型读书人的文章，而不是用'自由主义''启蒙先声'等后设逻辑去串联分析，也一定会有和从前不一样的结论。"[4]

上面是一个简单概括，在这一节我会就两个问题做一些更具体的阐发。第一个问题是，如何从地方上的"联结型人物"出发审视"中心"？第二个问题是，身处"中心"的巨型知识分子有可能被

　　① 关于读书人从"群"到"大群"的曲折演进得自杨国强教授的提示。
　　② 林同济：《从五四到今天：中国思想动向的转变》（重庆《大公报》1941 年 5 月 4 日），收入杨琥编《历史记忆与历史解释：民国时期名人谈五四（1919—1949）》，福建教育出版社 2011 年版，第 387 页。
　　③ 王汎森：《中国近代思想文化史研究的若干思考》，收入许纪霖、宋宏编《现代中国思想的核心观念》，上海人民出版社 2011 年版，第 731 页。
　　④ 瞿骏：《追寻过去的不确定的答案——〈天下为学说裂〉补言》，《探索与争鸣》2018 年第 3 期，第 141—144 页。

地方读书人影响、调动吗？先来看第一个问题。

在众多与五四运动相呼应互动的地方读书人中，那些沟通北京、上海与省城、省城与县城、县城与广大基层社会的"联结型人物"的确值得特别注意。① 相比那些巨型知识分子和地方上的普通读书人，这些人物上下联通的眼睛能帮助我们从既定"中心"开始层层扫描，进而发现不少以往稍被忽视的问题的新切入点。比如 1920 年 3 月有化名"钓叟"之人对芜湖地区的"新文化"书报做了一个销量统计。从他的眼睛看去，就与既有印象不太相同。芜湖一地每月销量最多的是《新生活》(80 份)，②第二是《解放与改造》(60 份)，第三是《少年中国》(50 份)与《新中国》(50 份)，其后才是《新青年》(30 份)和《新潮》(28 份)。③ 这既说明了《新青年》在地方上的销量不能小觑，但也说明有些"新"刊物或许还未得到充分关注。

另一个例子在江西，中共早期党人袁玉冰曾在《新江西》第 1 卷第 3 号中写过一篇名为《江西的出版界》的文章。如果没有这篇文章，我们大概很难知道 1920 年代初，江西地区原来有那么多地方性的杂志、周刊、日报。若能以此文为向导按图索骥，而文中所提报刊中的一部分又有幸保存下来的话，则江西五四运动的版图将得到相当程度的改写。

更需要注意的是，从袁氏这篇文章出发，我们不仅仅能看到五四时期江西报刊的名称、期数和内容，而且以此文为渠道，能更加理解在中心看地方的视野里，这些地方性报刊是如何被分类、被定

---

① 王汎森：《思想是生活的一种方式：中国近代思想史的再思考》，北京大学出版社 2018 年版，第 290—292 页。
② 《新生活》销路甚广的原因在宣传对象在"平民"，形式通俗，价钱也很便宜。《五四时期期刊介绍》第 1 集，第 305 页。
③ 《芜湖的新文化运动》(1920 年 3 月 9 日)，《少年世界》第 1 卷第 9 期，1920 年 9 月 1 日，第 62 页。

性,然后被一一摆放在被"中心"所规划和认定的位置的。① 比如袁玉冰谈江西教育厅发行的《教育行政月刊》,说它"专载毕业学生名单以及各种表格、文件、命令"。由此他觉得这份杂志就是罗家伦所说的"官家档案汇刻",不能叫做"杂志"!②

明明是"月刊"却不能(其实在袁氏看来是不配)叫做"杂志",这种反差说明"联结型人物"深受"中心人物"之文化态度和新旧认同的影响,袁玉冰一定熟读罗家伦发表在《新潮》的名文——《今日中国之杂志界》。不过这种"影响"若要真正地显现,则又和这些"联结型人物"需要把思潮的搅动转换为真正的行动密切相关。

"联结型人物"带来的是中心大城市的思想资源和思维方式,但他们进入的地方世界却不是"一刀切"的,反而有着盘根错节的"既存状态",又有着千差万别的发展状况。

从前一面来说,"联结型人物"的那些趋新言论和文化宣传不能仅仅看作是思想的传播,而经常是一种以思想来做"行动"的方式,这种凭借来自"中心"强势言论的"行动"要破坏、打散的是地方上盘根错节的"既存状态",这从1923年南昌地方团组织的工作计划中能看得特别明白。工作计划在"文化运动"项下就说:

> 江西的文化幼稚,固然不错,所有的原因,并非江西青年不肯容纳新文化,实因江西军阀压迫太甚,没有受文化之机会。江西自"民二"以来即陷在北洋军阀政策之下,所有教育

---

① 《五四时期期刊介绍》就特别指出:"(此文)几乎把当时江西出版的一切报刊都作了较详尽的评介,这一工作对当时识别力较差的青年来说,起了及时的诱导作用。"《五四时期期刊介绍》第3集上,第36页。

② 袁玉冰:《江西的出版界》,《新江西》第1卷第3号,1923年1月15日,第38页。

当局,也不过是军阀袋里的官僚,他们和新文化取在绝端反对的地位。因此江西各校教职员除了一般前清的"举人""秀才"以外,便是那十年前的留东学生和十年前所谓高等学堂的毕业生。我们要做文化运动,非将这班东西驱逐了不可。因此本地方团以后的工作便是——唤醒各校学生,驱逐这班混蛋教员。①

从后一面来说,正因为各地方有各自千差万别的发展状况,所以不同"联结型人物"所映照出的"中心"至少就具有"多元"和"部分"这两大特征。

"多元"特征指的是对地方读书人特别是江浙的地方读书人而言,五四是北京、上海双中心。② 北京有学界,上海则有出版界、舆论界和另一种学界。③ 顾颉刚即说:"《时事新报》实在是现在南方最有力的一种报纸……北方的日报似乎没有这力量。"④这里需要特别指出的是:双中心经常不意味着仅有京、沪"两个"中心,而是代表着京、沪间的复杂互动;京、沪与其他城市比如南京、杭州的联动;⑤以及各城市与周边县、镇、乡递嬗与共震的"多层级"中心。⑥

"部分"特征则指《共产党宣言》《新青年》《新潮》这些来自北

---

① 《南昌地方团工作计划》(1923 年),中国人民政治协商会议江西省委员会文史资料研究委员会编:《江西文史资料选辑·五四运动在江西》第 4 辑,《江西文史资料选辑》编辑部 1989 年版,第 252 页。

② 五四运动是北京、上海"双中心"蒙许纪霖师提示。

③ 可参看瞿骏《研究五四运动,需避免简单化倾向》,《解放日报》2019 年 4 月 30 日,"思想者"栏。

④ 《顾颉刚致狄君武》(1919 年 8 月 10 日),《顾颉刚书信集》第 1 卷,第 226 页。

⑤ 1920 年 11 月《时事新报》上来自北京、上海、南京等处读书人关于国音、国语的争论就是典型的个案。

⑥ 关于大、小城市与县、镇、乡的递嬗与共震蒙华东师范大学周健教授提示。

京、上海中心的书籍、报刊对地方读书人而言很多时候不是以"一套""一本"为认知单位的，而是如前文所指出的是"一期""一篇"，乃至是　篇文章中的一段文字、一期杂志中的篇目摘要、一场演讲中的差池引用、一本书中的点滴转述和一次朋友聚谈中的片言只语。

如吴玉章就指出："我那时渴望能够看到一本马克思或列宁的著作，但是我东奔西跑，忙于应付事变，完整的马列主义的书又不易得到。所以只好从一些报刊杂志上零星地看一点关于马克思主义的介绍。"艾芜则说，"那时候并不注意刊物是哪年哪月出的"，只要是"新"的拿来就读。① 杨贤江主持的《学生杂志》也被各地读者强烈要求把"时论要目"栏目改回为原来的"时论摘要"栏目。在外埠读者看来在上海的读者容易得到参考书，但在外埠的读者不容易，因为如新闻纸之类，出了一次就不会有再版，其次因要参考某杂志或某书籍的一个问题却也得将全部买来，如是"很不经济"！② 中共第一次代表大会即将召开时，张国焘在从北京到上海的途中特地在济南留了一天，因为山东代表王尽美、邓恩铭是刚毕业的中学生，他们视张国焘为"先进者"，希望能与他聚谈。③ 在大明湖的游船上他们谈了一天，山东的这些年轻读书人向张国焘提了许多问题，不厌其详地要他讲解。他们则"一面静听，一面记录要点，并商谈如何执行的方法"。到了上海以后，他们更是"贪婪

---

① 中国科学院历史研究所第三所编：《五四运动回忆录》，中华书局 1959 年版，第 14、201 页。

② 《黄光英致朱天民》(1923 年 1 月 8 日)、《叶卓兴致杨贤江》(1923 年 2 月 11 日)、《关钰麟致杨贤江》(1923 年 2 月 16 日)，杨贤江：《杨贤江全集》第 4 卷，第 352—355 页。

③ 此处张国焘回忆有误。当时王尽美已是快毕业的大学生（王氏 1918 年入山东省立师范预科班，1919 年入本科班）。此点蒙中央民族大学周海建博士提示。

地阅读有关书刊,有时且向到会的代表们请教"。①

因此地方读书人视野里所谓"中心"不是囫囵一个的,而是一部分一部分的,是由这"一期杂志""一篇文章""一段文字""一场演讲""一本书籍""一次聚谈"错综交融地构成的。

来到第二个问题,即身处"中心"的巨型知识分子有可能被地方读书人影响、调动吗? 笔者的回答是:有这样的可能性。我们以往比较关注的是巨型知识分子如何影响、调动、改变地方读书人的思想与生活,用上海《时报》主持人狄楚青(葆贤)评价胡适的话来说是:"从此敝报仗先生法力,将由九渊而登九天矣!"②这当然是相当凸显和易见的历史面相。不过当你凝望深渊时,深渊中也可能有异物正在注视着你。在大时代的变迁中,巨型知识分子与地方读书人经常是梁启超所指出的"互缘"关系,一起因时俱变,与时俱变。③

这一点或许古已有之,郭沫若就指出:"一部《国风》,要算是我国最古的一部民谣集了。古时原有采诗的官,由民间采集些歌谣来献给政府,政府借以知道民间的状态。"④到"五四"时代,读书人对于层累古史和白话文学的问题有大规模关注,这些关注虽然由胡适、顾颉刚等巨型知识分子而触发,但也让巨型知识分子"礼失而求诸野",需要向地方读书人寻求帮助,他们一起在探求古史和白话的大风之下联动而变化。顾颉刚研究孟姜女故事就颇得益

---

① 张国焘:《我的回忆》第 1 册,现代史料编刊社 1980 年版,第 135 页。
② 曹伯言整理:《胡适日记全集》第 3 册,1921 年 6 月 26 日,第 138 页。
③ 关于此可参看王德威《现当代文学新论:义理·伦理·地理》,生活·读书·新知三联书店 2014 年版,第 108 页。
④ 郭沫若:《〈民谣集〉序》(1922 年 8 月 24 日),何中孚:《民谣集》,泰东图书局 1929 年版,第 2 页。王汎森曾对"在地知识的向上扩散"做过精彩阐述,参看氏著《思想是生活的一种方式:中国近代思想史的再思考》。

于"各地同志投赠的材料甚多"。① 而要建构以"白话文学"为主流的文学史，就更加要依靠各种地方性脉络的重新串联和地方性材料的重新发现。顾颉刚就特别遗憾于苏州"女说书"的时调"没有留心的人为他们记出，终于无名"，同时也感到在地方上搜集曲本的困难，因为收藏曲本的地方读书人把少见之本看作秘本，不肯轻易借出或卖出，"没有流通的观念，只有秘密的观念"。② 而任教东吴大学的陈天一则会特别提醒胡适到苏州要搜罗江湜的《伏敔堂集》，因为此人曾遭遇过太平天国战争的动荡，其诗"造语遣词颇近昌黎，多写实，可为作白话诗取镜"。③

因此巨型知识分子同样有被地方读书人影响、调动，甚至改变的可能。1928 年胡适谈五四的影响时说：

　　为此运动，学生界的出版物，突然增加。各处学生皆有组织，各个组织皆有一种出版物，申述他们的意见。单说民国八年一年之内，我个人所收到的学生式的豆腐干报，约有四百余份之多。④

这四百余份"豆腐干报"，以往论者多据此强调五四运动引发的报刊数量激增，但除了《湘江评论》等少数"豆腐干报"因特定原因而史事相对清楚，其他"三百余份"少有人能对它们一一做复原。这当然是一项有难度的工作，但若致力于此，应能进一步发现

① 《顾颉刚致胡适》(1926 年 5 月 16 日)，《顾颉刚书信集》第 1 卷，第 430 页。
② 《顾颉刚致胡适》(1922 年 1 月 6 日、1923 年 6 月 13 日)，《顾颉刚书信集》第 1 卷，第 372、399 页。
③ 钱穆：《八十忆双亲·师友杂忆》，第 140 页。
④ 胡适：《五四运动——胡适之在光华大学之演词》，《民国日报·觉悟》1928 年 5 月 10 日，"最录"栏。

地方上的这些出版物如何塑造了胡适等巨型知识分子对五四运动的整体性感觉和关键性判断。① 至少胡适在一篇英文文章中道出了他当时的感觉和判断：

> 突然间，大量出版物在地方出现，它们是地方上教育运动的一个重要组成部分。各个小地方社群向来都依靠中心城市提供文化资源。(但五四运动发生后)地方出版物有史以来第一次能在地方社会形成公共舆论和提供有用的智慧。②

与此相关，在胡适的日记和其来往书信集里也有一些类似的信。吴虞在信中会谈论四川运动推进的情形，毛泽东、舒新城描绘了湖南的运动如何展开，李霁野等则陈述了安徽运动进行的状况。③ 这些人物建构的地方情势如能和当时也实际处于四川、湖南、安徽的另一些读书人留下的记录如易家钺谈湖南、安徽等地学生运动的文字相对照，④我们就能更多地发现和区分地方读书人为了影响、调动巨型知识分子而呈现出的特定"事实"，不同巨型

---

① 这一数字据笔者所见最早源自罗家伦，其云："五四以来，中国的新出版品，虽是骤然增加四百余种，但是最大多数是没有成熟的。"罗家伦：《一年来我们学生运动底成功失败和将来应取的方针》(《新潮》第 2 卷第 4 号，1920 年 5 月)，《新潮》第 2 卷第 1—5 期合订影印本，第 859 页。另有 500 余种的说法，参看廷谦《"五四"的我感》，《晨报》1921 年 5 月 4 日，第 3 版。

② Hu Shih, "Intellectual China in 1919", 胡适著，周质平编：《胡适英文文存》第 2 册，外语教学与研究出版社 2012 年版，第 8 页。此文蒙王汎森教授提示。

③ 《吴虞致胡适》(1920 年 3 月 21 日)、《舒新城致胡适》(1921 年 11 月 4 日)、《李霁野、韦丛芜致胡适》(1922 年 5 月)，《胡适来往书信选》上，中华书局 1979 年版，第 87—88、134—135、149—150 页。曹伯言整理：《胡适日记全集》第 2 册，1920 年 1 月 15 日，第 599 页。

④ 易家钺：《中国的丘九问题：论学生的政治活动社会活动和读书运动》，《民铎》第 4 卷第 4 号，1923 年 6 月 1 日，第 2—6 页；《社会主义与湖南青年》，《长沙大公报增刊·青年教育》第 8 期，1922 年 11 月 15 日，第 1—4 版。《社会主义与湖南青年》一文蒙湖南师范大学周游博士提供。

知识分子各自接收的不同"事实"，以及因为不在特定影响、调动和接收之笼罩范围内，而未被呈现乃至不能呈现的一些"事实"。①

　　而这种地方对于"中心"的影响在 1920 年代中国共产党、国民党、青年党的"组织化"推进过程中会变得更为明显。因为它们都大致经历着各个"从分散的、彼此很少联系的"地方团体向一个"群众性的集中的政党"过渡的过程。② 以中共的党、团组织为例，各地方的定期报告是其推进革命、落实各项举措的关键性机制，1922 年中国社会主义青年团中央执行委员会就规定各地方团设通信兼调查员一人报告地方情形。③ 这种报告制度引发的不仅是地方影响"中心"和"中心"调动地方，更加强了地方与地方间"互视"的需要。

　　1924 年 1 月浙江的唐公宪给刘仁静写信说目前"各地的消息，实不太清楚，虽有报，也很少各地的信息"。其中最需要解决的是，"为什么只有各地报告中央，没有中央报告各地？ 中央应将各

---

① 1922 年谈联省自治时，陈独秀就直接对胡适说："我曾得着湖南一些报告，颇不似兄函所言。"陈独秀致胡适，曹伯言整理：《胡适日记全集》第 3 册，1922 年 9 月 25 日，第 823 页。《五四运动期刊介绍》则认为易家钺所写的《中国的丘九问题》是"对湖南、安徽的学生运动大肆污蔑"，这种为军阀张目的论调，遭到了学生很大不满，《湖南学生联合会周刊》曾展开讨论，对易家钺的反动论调痛加驳斥。《五四时期期刊介绍》第 3 集上，第 330 页。有人告诉杨贤江若要知道西安学界情形，去看陕西旅外同学办的《进化》（社址北京亮果厂七号）、《共进》（社址北京吉安所六号）、《贡献》（社址天津南开中学）、《秦铎》（社址上海）和北京《晨报》所载的偃武君的《西安通信》。这里无一份在陕西当地办的杂志。《高崇福致杨贤江》（1923 年 9 月 11 日），杨贤江：《杨贤江全集》第 4 卷，第 474 页。

② 中共中央党史研究室第一研究部译：《共产国际、联共（布）与中国革命档案资料丛书》第一卷《联共（布）、共产国际与中国国民革命运动（1920—1925）》，北京图书馆出版社 1998 年版，第 360 页。直到 1927 年我党的定位"（仍）还不是一个有完善组织的党，而是各个共产主义者的小组，地方组织的情况比中央好一些"。[苏] A. B. 巴库林著，郑厚安、刘功勋、刘佐汉译：《中国大革命武汉时期见闻录（1925—1927 年中国大革命札记）》，中国社会科学出版社 1985 年版，第 159 页。

③ 《中央执行委员会通告第五号（六月七日）》，《先驱》1922 年第 12 号，1922 年 10 月 15 日，第 4 版。

地的报告,做成总计,随时通告各地,才能得各处消息灵通"。[①] 同年河北的地方团员则要求中央印布《各地通信》,在他们看来此种刊物"有下列三种利益":

　　(一) 一地方知道多地方的活动范围是什么;

　　(二) 一地方知道多地方活动方法及策略;

　　(三) 一地方知道多地方活动所得教训。

　　这种要求的提出是因为当地方工作开展时,在地的参与者常问:"上海活动情形如何,广州活动情形如何……"但是主持工作者只能根据团刊上所载的一点内容说说。因为团刊所载的太少、太简略,遂导致提问者多数不满意。[②]

　　从以上例子可以看出"中心"的运作需要来自地方的报告,地方间的隔膜也需要来自"中心"的厘清与化解,这样的关系大概恰是理解"地方如何返观中心"的一把钥匙。

　　五四运动之伟大在于她既是一场"大风起兮云飞扬"的运动,又是一场"润物细无声"的运动。研究的眼光若盯着北京大学和《新青年》,看见的就只是"大风"如何"起兮",而不见大风的"飞扬笼罩",更看不到五四运动在各处润物无声却又滴水穿石的巨大影响。由此,勾画在"地方"的"五四",重绘五四运动的整个舞台,正是学术推进的需要,也是进一步凸显五四运动之大意义的起点。

----

　　① 《唐公宪致刘仁静》(1924年1月7日),中央档案馆、浙江省档案馆编:《浙江革命历史文件汇集(群团文件1922—1926年)》,中央档案馆、浙江省档案馆1985年编印,第31页。

　　② 《澈之关于创办〈各地通信〉的建议》(1924年),中央档案馆、河北档案馆编:《河北革命历史文件汇集》甲种本第1册(1922年3月—1926年7月),第214页。

重思"五四"："五四"的
概念化与历史书写[*]

陈建守

摘要：本文是一篇回顾和反思之作，主要关注四大面向。第一，本文试图探究"五四运动""新文化运动"和"五四新文化运动"这三项词汇是何时出现的？在什么样的语境底下出现？彼此之间是如何勾连起来的？第二，作为历史事件和政治观念的"五四"（运动）可能与"五四"的"纪念政治"有极大的关联，通过每年纪念"五四"的笔墨文字，"五四"（运动）寖寖然成为近代中国一项重要的历史事件。这关涉本文所要回答的第二个问题，即通过检视这些不一而足的纪念文字，去寻找各方人马如何竞逐、塑模以迄发明"五四"。第三，本文想要探讨的是"五四"的政治化，挑选的是 1930 年代兴起的"新启蒙运动"作为讨论之例。"书写历史"作为政治活动（political activity）是本文要回答的另一个问题。最后，本文意欲利用一些近年来的研究成果，讨论"五四"研究的未来方向。

关键词：概念史，五四运动，新文化运动，五四新文化运

---

* 本文原题《作为集合事件的"五四运动"：五四的概念化与历史书写》，收载黄克武主编《重估传统・再造文明：知识分子与五四新文化运动》，台北秀威资讯科技 2019 年版，第 412—444 页。本文据此加以修改，增加最后一节的讨论。

动,新启蒙运动
　　陈建守,台北中研院近代史研究所助研究员

一、前　言

　　1920 年,胡适和蒋梦麟合写了一篇名为《我们对于学生的希望》的文章,该文开篇如此道出:"今天是五月四日,我们回想去年今日,我们两人都在上海欢迎杜威博士,直到五月六日方才知道北京五月四日的事。日子过的真快,匆匆又是一年了!"两人嗣后调转笔锋,谈论前一年所发生的学生运动如何造成当时教育界的风潮。对胡适和蒋梦麟而言,学生运动的出现是社会国家的不正常现象,两人认为这种干预政治的运动必定由青年的学生界而发。面对由学生运动造成的弊习,两人提出学生应当重返校园,不涉政治,专心致志于"学问的生活",把"五四"的精神实践到学校内外的学生活动上,才能使学生活动成为最为持久且具备功效的学生运动。[①]

　　1960 年,胡适在北大同学会举办的"五四"纪念会中发表演说,一反四十年前的说法,认为"五四"是一般青年爱国思想的爆发,并非有所准备的"运动"。胡适的演说内容先是澄清陈独秀绝非"五四"的发动弄潮者,而是出于青年针对巴黎和会的不公条约自发的爱国举动,继而对于中共将"五四"定位于"世界无产主义革命的一部分,是共产党的人所领导"这类叙述,加以驳斥。胡适继而将"五四"定位为以民主、科学为号召的思想运动,假如把"五四"称为文艺复兴或白话文运动的话,那新文学运动早在"五四"

---

　　①　胡适、蒋梦麟:《我们对于学生的希望》,《中华教育界》第 9 卷第 5 期(1920 年5 月),第 1—11 页。

以前就已经出现。① 从胡适这两篇相距四十年的文字来看,年届古稀的胡适显然对而立之年的胡适意有所指。胡适对于"五四"态度的转变显然与中共建政后所引领的"胡适思想批判运动"脱不了干系。在这场长达好几年的清算运动中,胡适从执掌"五四"时期白话文运动的大纛者、"五四"青年学生心中的精神领袖,被逐渐定位成"政治反动性"分子,成为"五四"的"反面角色",甚至被剔除在"五四"历史之外。②

从胡适的这两篇文章及其态度的转变来看,所谓的"五四"应当有两个层次:一个层次是我们熟知的北洋政府面对巴黎和会的决议,未能妥善处理山东问题的这出历史事件,另一个层次则是由此而生的学生运动。③ 以北京大学为例,北大的学潮足足骚动了四个月之久,蔡元培在北大开学典礼的致词中表示,学界因为外交问题引起风潮波澜,是对学术发展最为不幸之事。④ 作为历史事件的"五四"是从1919年4月底巴黎和会的消息传入中国作为开端,同年5月4日青年学生到街头游行抗议的"运动"时刻则是这出历史事件物理时间意义上的终点。然而,时间意义上的"五四"

---

① 胡适:《胡适阐述五四真相,认系青年爱国举动,并不是有准备的所谓"运动"》,《征信新闻报》1960年5月5日,第2版,南港档:HS - NK05 - 320 - 056。

② 尤小立:《书写与塑造:1949后"五四"政治话语及政治形象在大陆的确立:以"胡适思想批判"运动为中心的讨论》,《政治大学历史学报》第42期(2014年11月),第189—190页。

③ Rudolf Wagner, "The Canonization of May Fourth", in *The Appropriation of Cultural Capital: China's May Fourth Project*, edited by Milena Doleželová-Velingerová and Oldřich Král, Cambridge (Mass.): Harvard University Asia Center, 2001, p. 70. 当时报刊上的言论便可看出这两大层次:"自巴黎和会签字德约,对于山东问题未获公平解决,举国学子群起抗争,虽属轶出范围,有越常轨。然其示威运动实激于爱国之本性,全国父老犹喜其热忱,欧美商民犹谅其苦衷。"见斐《学潮感言》,天津《大公报》1919年8月31日,第2版。

④ 《北京大学开学矣　学潮之一大结束　大学学生之觉悟》,天津《大公报》1919年9月21日,第3版。

不随着学生运动的退潮戛然而止,反倒成为运动学生的政治概念。① 从后之来者的观点进行检视,"五四"(运动)亦被称为五四新文化运动,究竟"五四运动""新文化运动"和"五四新文化运动"这三项词汇是何时出现的? 在什么样的语境底下出现? 彼此之间是如何勾连起来的? 这是本文要回答的第一个问题。作为历史事件和政治观念的"五四"(运动)可能与"五四"的"纪念政治"有极大的关联,透过每年纪念五四的笔墨文字,"五四"(运动)寖寖然成为近代中国一项重要的历史事件。本文所要回答的第二个问题,则是通过检视这些不一而足的纪念文字,去寻找各方人马如何竞逐、塑模以迄发明"五四"。第三,"书写历史"作为政治活动(political activity)是本文要回答的另一个问题。本文想要探讨的是"五四"的政治化,挑选的是 1930 年代兴起的"新启蒙运动"作为讨论之例。最后,本文意欲利用一些近年来的研究成果,讨论"五四"研究的未来方向。

二、五四运动、新文化运动和 五四新文化运动

1960 年,被誉为美国汉学界五四运动研究开山之作的《五四运动史:近代中国的思想革命》出版,②周策纵在书中将五四运动从广义的面向进行界定,认为 1919 年 5 月 4 日北京学生的游行示

---

① 吕芳上:《从学生运动到运动学生(民国八年至十八年)》,台北中研院近代史研究所 2015 年版(1994 初版)。

② 汪荣祖主编:《五四研究论文集》,台北联经出版事业公司 1979 年版,第 2 页;Milena Doleželová-Velingerová and David Der-wei Wang, "Introduction", in *The Appropriation of Cultural Capital: China's May Fourth Project*, edited by Milena Doleželová-Velingerová and Oldřich Král, p. 1.

威抗议事件，引发出一连串的罢课、罢工和其他事件，最终演变成整个社会的变动和思想界的革命，这起事件在当时被命名为"五四运动"。本来被定名为"五四运动"的事件，是仅止于 5 月 4 日的学生抗议运动。① 周策纵提出广义的"五四运动"的事件时间断限是从 1917 年以迄 1921 年，1917 年作为起点标志的是环绕《新青年》和北京大学而生的新思想和新文学改革，1921 年作为终点则是由于运动的层面转向政治行动，思想和社会改革或多或少被忽视。周策纵笔下的"五四运动"是青年运动、学生运动和新文化运动的集合体，是一个"复杂的现象"，包括新思潮、文学革命、学生运动、商人和工人的抗议运动、抵制日货运动，以及新型知识人所倡言的各种社会和政治活动。②

就如同周策纵所云，五四运动是否应该包括学生与知识人的社会和政治活动，以及 1917 年开始的新文学和新思想运动，也就是后来被称为"新文化运动"的范畴？③ 这是一个言人人殊的问题。举例来说，胡适就认为五四运动和新文化运动两者之间有密切的关系，却应该细分为二，五四运动不应该包含新文化运动在内，因为新文化运动是独立存在的。④ 当然，作为政治运动的五四运动，的确为新文学运动的传播，提供了有利的基础。胡适在1922 年有这样的说法：

　　民国八年的学生运动与新文学运动虽是两件事，但学生

①　周策纵在书中用的是"五四事件"（May Fourth Incident）一词。
②　Chow Tse-tsung, *The May Fourth Movement: Intellectual Revolution in Modern China*, Stanford：Stanford University Press, 1960, pp. 1 - 15. 所引在第 1—2、5—6 页。
③　Ibid., p. 2.
④　Ibid., p. 3.

运动的影响能使白话的传播遍于全国，这是一大关系；况且"五四"运动以后，国内明白的人渐渐觉悟"思想革新"的重要，所以他们对于新潮流，或采取欢迎的态度，或采取研究的态度，或采取容忍的态度，渐渐的把从前那种仇视的态度减少了，文学革命的运动因此得自由发展，这也是一大关系。[①]

胡适的描述自然提供了我们一个思索五四运动和新文化运动之间错综离合的可能性。一般来说，学界若是以五四运动作为提笔为文的指称，通常是指狭义的"五四事件"，特指 1919 年那场学生运动；若是以五四新文化运动一词进行叙述，则是所谓的广义的"五四"，是以 1915 年《新青年》（《青年杂志》）创刊为嚆矢，以"民主"和"科学"为旗帜，广、狭两义并用的五四运动已经成为约定俗成的概念。[②]

根据周策纵的研究，"五四运动"一词首次出现是"北京中等以上学生联合会"所使用的，时间是在 1919 年的 5 月 18 日，[③]该文如此道出："五四运动实为敌忾心之激发，亦即我四千年光荣民族性之表见……学生之集此会，不外互通情愫，互砥学行，共砺民风，共维国货。而在目前，则一本'五四运动'之宗旨，合群策群力，以

　　① 胡适：《五十年来中国之文学》，收入季羡林主编《胡适全集》第 2 卷，安徽教育出版社 2003 年版，第 339 页。

　　② 罗志田：《课业与救国：从老师辈的实时观察认识"五四"的丰富性》，收入氏著《道出于二：过渡时代的新旧之争》，北京师范大学出版社 2014 年版，第 209 页；王奇生：《新文化是如何"运动"起来的——以〈新青年〉杂志为视点》，《近代史研究》2007年第 1 期，第 21 页。

　　③ Chow Tse-Tsung, *The May Fourth Movement: Intellectual Revolution in Modern China*, p. 391 注 1。

遂我外争国权、内除国贼之初怀。"①同日，北京中等以上学生联合
会致函上海《申报》，澄清该会与无政府主义之间无所牵连，文中
如此道出：

> 日内北京发现一种传单，内以敝会名义，鼓吹无政府主
> 义，阅之殊深诧异。查无政府主义以世界为指归，首先破除国
> 家界限。敝会发端于五四运动之后，为外交之声援，作政府之
> 后盾，实寄托于国家主义精神之中，则是敝会与无政府主义根
> 本冲突。诚恐该项传单含有别种用意，特函声明。②

在这封函件刊布后的隔日，"北京学生联合会"再发出一封罢
课宣言，文中同样提及"五四运动"："外争国权，内除国贼，'五四
运动'之后，学生等以此告吁我政府，而号召我国民，盖亦数矣。"③
这三篇由北京学生联合会发出的宣言，适好证明"五四"一开始是
由学生发起的运动特质。

罗家伦在"五四"发生三周后所写的《"五四运动"的精神》，一
般咸认是诠释"五四"意涵的早春之作。罗家伦在该文第一句话
就以"什么叫做五四运动呢?"的提问肇始，说明这场学生运动蕴

---

① 这段引文出自杨琥编纂的"五四"史料集，杨琥将日期定在 5 月 19 日。见《北
京中等以上学校学生联合会致各团体电》，收入杨琥编《民国时期名人谈五四：历史记
忆与历史解释(1919—1949)》，福建教育出版社 2011 年版，第 76 页。该文刊登于《民
国日报》1919 年 5 月 19 日。在"五四"发生的两天后，高一涵就曾为文记述事件的经
过，高一涵认为这场运动不单是学生运动，完全是市民的运动。高一涵虽不以"五四"
命名这场民众运动，但已经触及往后这场运动被讨论的核心范畴。见涵庐《市民运动
的研究》，《民国时期名人谈五四：历史记忆与历史解释(1919—1949)》，第 72—73 页。
该文刊登于《晨报》1919 年 5 月 6 日。

② 《京学界之最近消息》，《申报》1919 年 5 月 18 日，第 7 版。

③ 《北京学生界罢课宣言》，《民国时期名人谈五四：历史记忆与历史解释
(1919—1949)》，第 77 页。该文刊登于《晨报》1919 年 5 月 20 日。

含着三种关系中国民族存亡的精神：学生牺牲的精神、社会制裁的精神和民族自决的精神。① 罗家伦在此文所展现的理念，早在"五四"学生游行当天所散发的传单中，就已经表露无遗。由罗家伦起草的《五四北京全体学界通告》，内文就急切呼吁当时的全国同胞应该起身对抗外交霸权，"外争主权，内除内贼"。文末更是以激昂慷慨的口气说："中国的土地，可以征服，而不可以断送！中国的人民，可以杀戮，而不可以低头！国亡了！同胞起来呀！"② 通过这几篇文章，我们可以得知在"五四"发生一个月内，"五四运动"一词已然被参与的学生铸造而出，成为一项新名词，几乎可以与学生运动划上等号。③ 出身浙籍的沈仲九在"五四"发生五个月后写下一篇回顾性质的文章，将五四运动认定为中华民国"新运动"的开端。沈仲九所描述的"五四运动"基本上延续罗家伦的论点，认为五四运动的特色在于学生的自觉、民众的运动和社会的制裁。差别在于沈仲九的文章后出于罗家伦，他因此观察了"五四"之后的社会氛围，把后来的"罢学、罢市的运动，都包括在这个'五四运动'的名词内"。沈仲九于此扩充了"五四"的范畴，从单纯的学生运动延伸到工商各界的罢市行动。沈仲九把五四运动爆发的原因，归类为"德莫克拉西的影响、思想的自由和教育的解放"三大因素，这等于将五四运动从"争还青岛，惩办卖国贼"的政治成因，进一步扩展到思想的成因，丰富了"五四"的意涵。④ 朱文叔则

---

① 毅：《山东问题："五四运动"的精神》，《每周评论》第 23 号（1919 年 5 月），第 1 版。

② 罗家伦：《五四北京全体学界通告》，《晨报》1919 年 5 月 5 日，第 2 版。

③ 根据瓦格纳（Rudolf G. Wagner）的研究，"运动"（movement）一词作为一种社会行动形式概念的全球化，则是五四运动以后的主流趋势。更重要的是，"五四运动"的"运动"之名是由参与者所定义，而非出自外人之手。见 Rudolf G. Wagner, "The Canonization of May Fourth", pp. 66 – 120, 所引在第 71 页。

④ 仲九：《五四运动的回顾》，《建设》第 1 卷第 3 号（1919 年 10 月），第 3 页。

是直接将 5 月 4 日以后各地各界继起的罢学、罢工、罢市运动,直接指陈为"广义的五四运动"。①

"新文化运动"一词最早可能出现在 1919 年,而且是一项继五四运动之后出现的文化运动。譬如江苏省教育会举办的演讲比赛就定名为"新文化运动之种种问题及推行方法",江苏省教育会为这个题目提供的解释,恰好可为"新文化运动"进行定义:

> 一、新文化运动是继续五四运动,传播新文化于全国国民的作用,其进行方向在唤醒国民、改良社会、发展个人、增进学术,使我国社会日就进化,共和国体日形巩固。二、新文化运动要文化普及于大多数之国民,不以一阶级一团体为限(例如推广注音字母、传播白话文、设立义务学校、演讲团都是这个意思)。三、新文化运动是以自由思想、创造能力,来批评改造建设新生活(例如现在各种新思想出版物)。四、新文化运动是谋永远及基本的改革与建设,是要谋全国彻底的觉悟(继续现在的新运动,从基本上着想,使之永远进步也)。五、新文化运动要全国国民改换旧时小的人生观而创造大的人生观,使生活日就发展(例如从家族的生活到社会的生活)。六、新文化运动是一种社会运动、国民运动、学术思想运动。②

从这里我们可以得知,推行"新文化运动"的目的在于提升思想、教育和文化的普及,相较于五四运动的政治特质,新文化运动

---

① 文叔:《五四运动史》,《学生杂志》第 10 卷第 5 号(1923 年 5 月),第 1 页。
② 《逐日新评:新文化运动之解释》,《兴华》第 16 卷第 44 册(1919 年 11 月),第27—28 页。天津《大公报》在同年的 11 月 5 日即刊载此文。见《新文化运动解释》,天津《大公报》1919 年 11 月 5 日,第 7 版。

偏重的是社会改革和学术思想的运动。① 就如同署名"进之"的读者对于江苏省教育会这场演讲的评论所云:"国民运动的倾向已从消极的而变为积极的,已从浮泛的而变为根本的,政治运动已变为新文化运动了。"②

　　从出现的时间来看,"新文化运动"稍晚于"五四运动"出现于近代中国的思想界,③且两者相互关联。④"新文化"一词是"五四"之后的社会流行词汇,章锡琛有过这样的观察:"一年以前,'新思想'之名词颇流行于吾国之一般社会,以其意义之广漠,内容之不易确定,颇惹起各方之疑惑辩难。迄于最近,则新思想三字已鲜有人道及,而'新文化'之一语,乃代之而兴。"⑤至于"新文化运动"一词在当时社会的流行,可从陈独秀的解题之作看出端倪。陈独秀在《新文化运动是什么?》一文中,开篇即言明:"'新文化运动'这个名词,现在我们社会里很流行。"陈独秀此文从三个面向,层层剖析"新文化运动":"要问'新文化运动'是什么,先要问'新文化'是什么;要问'新文化'是什么,先要问'文化'是什么。"陈独

---

① 在当时的《星期评论》上,就有李汉俊的短评,认为当时中国的新文化运动单靠白话文体的文章,成效不彰。原因在于不识字的工人需要的是简单便捷的拼音方法,才能收灌输智识之功。先进:《随便谈:新文化运动的武器》,《星期评论》第 13 期(1919 年 8 月),第 4 页。

② 进之:《新文化运动》,《世界教育新思潮》第 39 期(1919 年 11 月),无页码。

③ 陈曾焘曾提出"新文化运动"一词在"五四"事件后的半年间,获得了普遍的使用。到了民国九年,这个词汇就十分流行了。见陈曾焘著、陈国栋节译《五四运动正名》,收入周策纵等著《五四与中国》,台北时报文化出版事业有限公司 1979 年版,第403 页,注 4。

④ 孙中山于 1920 年发表《致海外国民党同志书》一文,就曾说过自从五四运动以来,爱国青年无不以革新思想作为将来革新事业的前哨,这种新文化运动,可说是当时中国思想界空前的大变动。孙中山在文中是将新文化运动看作政治革命的一种有利工具,"吾党欲收革命之成功,必有赖于思想之变化"。孙中山是有意识地将"五四运动"和"新文化运动"区分开来。见孙中山《致海外国民党同志书(节录)》,《民国时期名人谈五四:历史记忆与历史解释(1919—1949)》,第 13 页。

⑤ 君实:《新文化之内容》,《东方杂志》第 17 卷第 19 号(1920 年 10 月),第 1 页。

秀在文中一反过去激烈反传统的态度，将宗教、家庭、白话文和道德都重新进行考虑，对于一战之后的科学无用和西方文化衰颓论调，亦多所批评，认为当时倡导新文化运动的青年，误解了新文化运动的意思，而他就是"首先认错的一个人"。陈独秀的重点不在于反对旧文化的种种事物，而是要以新的眼光来看待旧有的价值，譬如现代的道德理想，"是要把家庭的孝悌扩充到全社会的友爱"。陈独秀笔下的新文化运动，是一个迈向未来的进化运动，而非仅止于对旧社会的批判与清扫。①

对于新旧文化之间的张力，胡适的文章表现得最为清晰。胡适在一篇批判国民党的文章中，便如此道出："如果三百年前的中国真是'一个由美德建成的黄金世界'，那么，我们还做什么新文化运动呢？我们何不老老实实地提倡复古呢？"胡适用国民党党内拥护传统文化的反动思想作为反例，提出新文化运动中最重要的成果是"文学革命"，但国民党党内仍是骈文的函电、古文的宣言和文言的法令到处流通。胡适又以思想言论自由和文化问题为例，说明新文化运动的真谛在于"承认中国旧文化不适宜现代的环境，而提倡充分接受世界的新文明"，强调欧洲的新文明比中国的文明高明许多。胡适对于新文化运动如何影响思想言论自由的诠释，在于"批评孔孟，弹劾程朱，反对孔教，否认上帝"。胡适批判国民党的反动行为，在于国民党是狭义的民族主义运动，以"新"为号召的新文化运动，自然会与夸大旧文化和反抗新文化的国民党有龃龉难入之处。② 总归来说，胡适在这篇文章中所谈论的新

---

① 陈独秀说："我们固然希望我们胜过我们的父亲，我们更希望我们不如我们的儿子。"这句话将新文化运动想象"未来"的理念，表露无遗。见陈独秀《新文化运动是什么？》，《新青年》第 7 卷第 5 号（1920 年 4 月），第 1—6 页。

② 胡适在文中提出，中国的新文化运动起源于戊戌维新运动，是中国思想史上的一个新纪元。见胡适《新文化运动与国民党》，《新月》第 2 卷第 6—7 号合刊（1929 年 9 月），第 1—15 页。

文化运动的范围和精神,大抵不出现代学者所认识的新文化运动。

从后之来者的观点来看,胡适对新文化运动的说法很容易让人联想到1917年的文学革命和1915年创刊的《新青年》。[①] 事实上,早在《东方杂志》创刊二十周年的纪念号上,就有潘公展一篇从国际局势回顾过去二十年中国之文,直接为新文化运动进行系年。潘公展在这篇文章中认为中国近代思想界的变迁在于受西洋文化输入之影响,在政治上展现在1911年的辛亥革命,思想上的影响则为1915年以来的新文化运动,并将新文化运动比拟为欧洲的文艺复兴时代。[②] 潘公展对新文化运动的厘定,并非空谷跫音,当时供职于上海东亚同文书院的坂本义孝,亦曾抱持同样看法。坂本义孝认为影响民国的三大运动:第一是文学革命即新文化运动,第二是学生运动,第三是国民党运动。[③] 当时的人在回顾新文化运动时,也采取同样的策略,将源头溯及1917年的《新青年》。[④]通过前引的这几篇文章,我们约略可以描绘出一个"新文化运动"的图像:从1919年继五四运动出现的新文化运动,中间陈独秀对新文化运动的解题之作,一直到1924年潘公展的锚定系年。新文化运动从广泛模糊、无所不包的各种面向,逐渐限缩到1915年开始的一连串新文学运动(文学革命、白话文运动),再加上新文化

---

① 就如同陈平原的观察,学者对于五四运动和新文化运动的描述,差异最小的是关于《新青年》的部分。见陈平原《触摸历史与进入五四》,北京大学出版社2005年版,第116页。

② 潘公展:《从世界眼光观察二十年来之中国》,《东方杂志》第21卷第1号(1924年1月),第34页。罗家伦则是将新文化运动比拟为欧洲的启蒙运动,本文不拟探讨这两种比拟背后的意义,俟另文为之。

③ 坂本义孝著,周宪文译:《中国政治经济及教育的概观》,《东方杂志》第25卷第1号(1928年1月),第76页。

④ 王治心:《十年来中国新文化运动之结果》,《青年进步》第100期(1927年2月),第59—72页。

运动两大巨子之一的胡适推波助澜，①新文学运动（文学革命、白话文运动）作为新文化运动的同义词在 1920 年代中晚期得以确立。②

　　瞿秋白在五四运动之后，为文抒发中国革新的契机，直指五四运动之后，新思潮怦然勃发的态势。瞿秋白认为五四运动最初是因为山东问题的外交耻辱所引发，但实则为一种新文化运动。五四运动之后的中国，北至北京，东至上海，西至成都，南至广州，都出现许多出版物和集会，这正是见证新文化运动所支配的现象。③瞿秋白的这项意见，等于将政治的五四运动和思想的新文化运动划上等号。④ 就如同论者所云，五四运动和新文化运动之间具有密切关联，"五四"事件之前已然发生的新文化运动，对于"五四"事件的参与者及其余波有着思想上推波助澜的功效；五四运动的影响与冲击，也加深了新文化运动的视野。"五四"既是一场爱国运动，也是一场新文化运动，本身就具备双重意义。⑤ "五四新文化运动"因此成为当今研究者较常使用的一项词汇，意指广义的"五四"。然而，这项词汇并非当今研究者孤发自明的创获，而是早在 1920 年代末期就已经出现的词汇。1927 年，作为中国共产党

---

　　① 潘公展：《从世界眼光观察二十年来之中国》，《东方杂志》第 21 卷第 1 号，第 34 页。文中所提的另一位巨子是陈独秀。不过，常乃惪有不同的意见，他认为在日本创办《甲寅》的章士钊才是培植新文化运动种子的筚路蓝缕者。见常乃惪《新文化运动的黎明时代》，《中国思想小史》，中华书局 1930 年版，第 179—183 页。

　　② 譬如一位观察者，就是这样形容的："五四运动之后，新文化运动在表面上好像得了胜利，但是我们运用冷静头脑观察，除了白话文成功以外，都没有什么成功。"见王镜铭《五四运动与新文化运动》，《冀南新声》第 1 卷第 3 号（1929 年 5 月），第 2—3 页。

　　③ 当时的人还曾以"思想革新"和"社会改造"为准则，介绍当时出版的以"新文化"为宗旨的丛书和期刊。见卞鸿儒《介绍新文化运动底出版物》，《沈阳高等师范周刊》第 23 期（1920 年 11 月），第 16—22 页。

　　④ 瞿秋白：《革新的时机到了！》，《新社会》第 3 号（1919 年 11 月），第 2 版。

　　⑤ 见陈曾焘著、陈国栋节译《五四运动正名》，收入周策纵等著《五四与中国》，第 394 页；汪荣祖主编：《五四研究论文集》，第 2—3 页。

机关报的《中国青年》，在一篇介绍张竞生的文章上面就出现"五四新文化运动"一词，大意是说张竞生乃是"五四"以后接受新思潮分化的一支。[①] 1932年，同属左派作家联盟的刊物《北斗》，在一篇讨论文艺大众化的文章中，同样用了"五四新文化运动"一词，内中如此道出："中国资产阶级所领导的五四新文化运动，也和它所参加的革命运动一样，自从它背叛了革命投降到帝国主义和封建残余的怀抱中后，在文化革命运动上（文艺运动包括在内）也同样的实行了背叛。"[②]左翼的进步青年魏以新在一篇纪念德国文豪歌德的文章中，在介绍18世纪德国的狂飙运动时，顺笔提及这与"五四新文化运动时代之青年状况"极为相似。[③] 通过这三篇文章，仿佛有一种浮面印象，亦即"五四新文化运动"一词是环绕着一群立场左倾的知识人而出的词汇。[④]

由任卓宣主编的《研究与批判》则是更进一步将"五四新文化运动"和"新文化运动"进行划分。[⑤] 任卓宣在一篇响应文字中，将新文化运动巨子胡适进行了一番批判。任卓宣提到文学革命是历史必然的进程，根本不是一件值得再三致意的大事，胡适只是恰巧扮演第一个出来呼吁的人罢了。因此，对任卓宣来说，许多人把胡

---

① 定一：《评性教育运动》，《中国青年》第6卷第23期（1927年1月），第595页。

② 寒生：《文艺大众化与大众文艺》，《北斗》第2卷第3—4期合刊（1932年7月），第432页。

③ 魏以新：《歌德略传：为歌德逝世百年纪念而作》，《申报月刊》第1卷第2号（1932年11月），第110页。

④ 这当然是一种概括性的论断，绝非全然的历史实情。还有一种情况是，标题和章节名称使用"五四新文化运动"，但内文却是将"五四运动"和"新文化运动"分开讨论。见汪德裕《五四新文化运动的缺点及其补救方法》，《新文化》第1卷第7—8期合刊（1934年5月），第9—15页。

⑤ 任卓宣是受共产党人杨伯恺的邀请，共同前往上海参加辛垦书店的事务，杨伯恺并且任命任卓宣为《二十世纪》和《研究与批判》的主编。见姜飞《任卓宣与左翼文学思潮》，收入李怡、张堂锜主编《民国文学与文化研究》第3辑，（台北）秀威经典2016年版，第49页。

适当作代表整个五四文化运动的全能者，以为胡适在当时"破坏了那腐旧的传统"，独出机杼地"创造了新的革命"，这是错误的印象。因为，五四新文化运动涉及的范围极广，胡适当时所参与的文化运动，除了文学革命这部分，其他方面的意见，并不重要。[①] 任卓宣此举等于将新文化运动阵营的门神胡适请下神坛，要另起五四新文化运动的炉灶。如同任卓宣一样矮化胡适在新文化运动中重要性的例子，不在少数。陶行知在一二九运动发生之后，为文比较该运动与五四运动的差异，就直接把一二九运动及其后的运动视为"五四"学生运动的重演，是纯属无稽之谈。五四运动只能称之为小众的新文化运动，十二月运动所酝酿的才是绝大多数人的新文化运动。在陶行知看来，胡适为五四新文化运动所下的脚注"一切价值的重估"未免太过夸大，理由在于"五四"时代新文化运动的学者连大众社会的本质都尚未认识，更不用奢谈重估一切价值。[②] 取代胡适成为五四新文化运动阵营巨子的是鲁迅，在一篇谈论其思想的文章中，鲁迅被置放到思想先行者的角色之中：

> 从曾国藩、李鸿章、张之洞等为首的新政派的洋务运动起，经过康有为、梁启超的维新运动，五四新文化运动、新社会科学运动，以至"一·二九"到现在的新启蒙运动，便是中国启蒙运动发展的轮廓。鲁迅先生的思想发展的起端便是新政派的洋务运动和康梁维新运动的余波未息之时，到了五四新文化运动时，才开始以思想文化战士的形姿出现，成为启蒙运

---

① 叶青：《读"文学革命者胡适底再批判"》，《研究与批判》第 1 卷第 3 期（1935 年 5 月），第 73—76 页。任卓宣在 1933 年的上海辛垦书店出版《胡适批判》一书。

② 陶行知：《十二月运动与五四运动》，《大众生活》第 1 卷第 10 期（1936 年 1 月），第 239 页。

动的前驱者和主将的一员,直到死神夺去他的生命那一天。①

鲁迅取代胡适成为五四新文化运动的旗手,是出于毛泽东的手笔。毛泽东在1939年一篇"五四"纪念的文章中,将鲁迅当作"中国文化革命的主将",从而开启了政治化的鲁迅时代。②

如同论者所言,在"五四"以后的20年间,左翼知识人对"五四"的诠释,基本是将政治层面与思想文化层面混为一体的。③立场左倾的知识人使用"五四新文化运动"一词,似乎显得不足为奇。④抑有进者,"五四新文化运动"在1940年代成为一项普遍用语,各种党派立场的刊物,皆能自由运用这项词汇,表述近代中国的历史与思潮。⑤

---

①　黄文俞:《鲁迅先生的初期思想》,《文艺阵地》第6卷第3期(1941年6月),第13页。

②　见尤小立《书写与塑造:1949后"五四"政治话语及政治形象在大陆的确立:以"胡适思想批判"运动为中心的讨论》,《政治大学历史学报》第42期,第192—193页。

③　同上书,第190页。

④　一个比较好的反例是罗家伦1931年在南京五四运动纪念会的讲演,罗家伦是在五四运动纪念会的场合,谈论的却是改革中国思想的"新文化运动",剖析新文化运动的特质。这在某种层面上反映罗家伦将"新文化运动"视为"五四运动"的关联词汇或同义词,但行文之间仍是有意识地区分这两种运动,"自从五四运动发生以后,社会观念转变得非常剧烈,于是新文化运动更为澎湃"。值得注意的是,罗家伦通篇没有使用"五四新文化运动"这项词汇。见罗家伦《新文化运动的时代和影响》,《民国时期名人谈五四:历史记忆与历史解释(1919—1949)》,第26—31页,所引在第30页。

⑤　1946年的《东方杂志》就有:"溯自鸦片战争以还,由曾、李之洋务运动,康、梁之戊戌政变,经辛亥革命,五四新文化运动以迄晚近。"《申报月刊》在1940年代的复刊号中就以"五四新文化运动"对应1919年。上海沦陷区的《万象》,就有:"白话本是大众的话,胡适之在五四新文化运动提倡白话文的当时,就曾给白话下了个定义,说是'明白如话'。"另外一份上海沦陷区的文史刊物《古今》,也有如下的描述:"自辛亥革命以后,政体改变,学制更新,普遍的办起学校来,科举制度也彻底改过来了,尤其五四新文化运动之后,文体方面也更有了极大的变革。"以上见沈文辅《论大学农业教育之隐忧》,《东方杂志》第42卷第2号(1946年1月),第14页;寿清:《中国出版界的进化》,《申报月刊》复刊第3卷第1期(1945年1月),第76页;危月燕:《从大众语说到通俗文学》,《万象》第2卷第4期(1942年10月),第151页;周毓英:《读〈往矣集〉后感》,《古今》第43—44期合刊(1944年4月),第39页。

三、"五四"的纪念政治

1927 年,笔名"砍石"的卓凯泽为文提醒"革命青年"应当注意历史上的一日。卓凯泽认为在"五四"以前,中国人根本就没有具备意义的纪念日,无论是国庆纪念日、共和恢复纪念、南北统一纪念、国会成立纪念乃至于孔子诞辰都是各地公家机关为了休假才奉行其事的日子。上层的科层体制和下层的普罗大众,都不知道"为什么要纪念它",更不懂"怎样去利用这种纪念日"。这种情况要到了"五四"以后,中国革命运动在底层民众发展有了结果,社会的各种阶级才厘清纪念日的意义与作用。为了让每个革命的团体与个人,都明了纪念日的历史意义,卓凯泽罗列必要的纪念日,其中便有 5 月 4 日"新文化运动":

> 五四运动开了中国革命的新纪元。五四以后中国封建文化开始崩坏,知识分子思想上才从封建社会解放出来,为中国的国民革命运动开辟了一条新的路径。[1]

卓凯泽的描述当然有其党派立场存在,从其所罗列的纪念日:"列宁逝世日""巴黎公社"和"马克思生日"等,可以看出他的无产阶级倾向。卓凯泽认为每经过一次纪念日,革命势力就能更深入民众,给予统治阶级威吓与打击,纪念日的现实影响就在于"不仅是'自己去干',而且要宣传别人一同去干"。[2] 卓凯泽所言在政治上不见得剑及履及,但倒是反映出一个面向。纪念日的出现与现

---

① 砍石:《革命青年应注意的日子》,《中国青年》第 6 卷第 23 期(1927 年 1 月),第 602 页。

② 同上书,第 599 页。

实政治的考虑有若合符节之处,在新的政治情势底下,新的纪念日会不断地被"发明"出来。此外,就如同李大钊所言,五四运动是中国学生界的"May Day",因为学生用一种直接的行动,对抗世界强权。李大钊寄语中国学生界不要将"五四"仅仅看成一个狭义的爱国纪念日,而是能在每年举行纪念时,添加上新的意义。① 这让我们知道同一个纪念日随着时间的流转,新的意涵也会不断地被叠加上去,旧有的定义反倒会成为新出论述的立论根据。

　　"五四"的第一个纪念日,在《晨报》上有一组文字纪念"五四"的一岁生日。晚清一代的言论领袖梁启超是从如何扩张"五四"的影响力入手。对于梁启超来说,五四运动本身只是一种局部的政治运动,运动的成效也不如参与者所预期。重点在于"此次政治运动实以文化运动为其原动力",梁启超认为"五四"之后文化运动的兴盛,乃得力于"五四"之赐。往后若是要延续扩张"五四"的影响力,需要以文化运动为主、政治运动为辅。② 蔡元培所抱持的立场与梁启超相去不远。蔡元培认为"五四"这场由学生所引发的运动,为学生带来一种空前奋斗的精神,惟损失的分量大于功效。学生对于政治的运动,只是唤起国民的注意,其功在此,无法有所增加。依蔡元培之见,学生应当专心研究学问,不可再用自杀罢课的手段,务必专心增进学识。③《晨报》的编辑陈溥贤则是从五四运动的定位切入,认为这场运动不是偏狭的政治的运动或国家的运动,而是一场社会的运动和国际的运动,要求的是"社会的

---

　　① 李大钊:《中国学生界的"May Day"》,《民国时期名人谈五四:历史记忆与历史解释(1919—1949)》,第110页。该文刊登于《晨报》1921年5月4日。
　　② 梁启超:《"五四纪念日"宣言》,《民国时期名人谈五四:历史记忆与历史解释(1919—1949)》,第89页。该文刊登于《晨报》1920年5月4日"五四"纪念增刊。
　　③ 蔡元培:《去年五月四日以来的回顾与今后的希望》,《民国时期名人谈五四:历史记忆与历史解释(1919—1949)》,第90—91页。该文刊登于《晨报》1920年5月4日"五四"纪念增刊。

解放"和"国际的公正"这两大使命。① 罗家伦的文字特别将五四运动定位为中华民国开国以来的第一件大事，无论是在政治史、社会史或思想史上，都是 项崭新的里程碑。罗家伦认为五四运动的成功并不在外交层面，而是在精神层面。五四运动所带来的实际影响在于思想改革的促进、社会组织的增加和民众势力的发展，最重要的贡献在于使中国"动"起来，"五四以后的中国，是天机活泼的动的中国"。然而，五四运动的一夕成功，让社会造成"学生万能"的印象，这不仅使学术停顿，更致使学生背负不白之冤，群众运动踟蹰不前。罗家伦提出要以"社会运动"和"文化运动"来弥补五四运动的失败余波。其中"文化运动"是最为重要的原动力，要以思想革命作为一切改造的基础。②

再隔一年(1921 年)，"五四"当年的参与者瞿世英以学生眼光观察"五四"，论述"五四"与学生两者之间的关系。瞿世英认为当年生机勃发的学生运动已经暮气沉沉，当初运动的宗旨和领袖也只剩僵化的名词。承载新文化运动使命而来的"五四"，终将要以文化运动为目标。③ 胡适纪念文字则以黄宗羲为例，说明学生运动对于政治，需扮演起干预监督的角色。④ 谭平山同样着眼于由学生发动之五四运动，犹未得见成功的这个面向。谭平山认为救

----

① 渊泉：《五四运动底文化使命》，《民国时期名人谈五四：历史记忆与历史解释(1919—1949)》，第 91—93 页。该文刊登于《晨报》1920 年 5 月 4 日"五四"纪念增刊。

② 罗家伦：《一年来我们学生运动底成功失败和将来应取的方针》，《民国时期名人谈五四：历史记忆与历史解释(1919—1949)》，第 98—110 页。该文刊登于《晨报》1920 年 5 月 4 日，"五四"纪念增刊。罗家伦是这样说的："无论是赞成的、反对的，总不能不认五四运动是中华民国开国以来第一件大事。这件事为中国的政治史，添一个新改革，为中国的社会史上开一个新纪元，为中国的思想史上起一个新变化！"

③ 瞿世英：《五四与学生》，《民国时期名人谈五四：历史记忆与历史解释(1919—1949)》，第 113—115 页。该文刊登于《晨报》1921 年 5 月 4 日。

④ 胡适：《黄梨洲论学生运动》，《民国时期名人谈五四：历史记忆与历史解释(1919—1949)》，第 111—112 页。该文刊登于《晨报》1921 年 5 月 4 日。

国运动不应偏劳于学生界一端,而是要成为真正意义的群众运动。① 署名"廷谦"的作者则将五四运动列为民国开国十年空前的成绩,作为文化运动的"五四",成就却屈指可数。②

通过这两年的纪念文字,我们约略可以得知五四运动在时人心中的印象。五四运动是如同罗家伦所言,中华民国开国十年来的首要大事。就本质上而言,五四运动是一场政治性的学生运动,若是要赓续五四运动的影响力,则必然要以文化运动作为一切改革的基础。这个五四的纪念意象,基本上延续了一两年。③

从 1924 年开始,五四运动开始以不同的面貌出现,李大钊的纪念文字是细数 5 月第一周的纪念日,来赋予五四运动新的意义。李大钊关注的不再是"五四"这一天的纪念意义,而是五月第一周的所有纪念节日:

> "五一"纪念日。这是世界劳动者……向资产阶级进攻的纪念日,……这是个国际的工人的日子。……我们中国的全民众,应该在这个纪念日加添些民族的意义。"五四"纪念日。……是中国全国学生对于帝国主义行总攻击的纪念日,亦即是被压迫的民众向压迫的国家抗争自由的纪念日,这是

---

① 谭鸣谦:《"五四"后学生界应有的觉悟和责任》,《民国时期名人谈五四:历史记忆与历史解释(1919—1949)》,第 118—120 页。该文刊登于《广东群报》1921 年 5 月 5 日"五四"纪念号。

② 廷谦:《"五四"的我感》,《民国时期名人谈五四:历史记忆与历史解释(1919—1949)》,第 115—118 页。该文刊登于《晨报》1921 年 5 月 4 日。

③ 譬如朱文叔同样将五四运动的本质定位为政治运动,而这项政治上的"国民自决运动",乃是文化运动之果。见文叔《五四运动史(节选)》,《民国时期名人谈五四:历史记忆与历史解释(1919—1949)》,第 126—127 页。该文刊登于《学生杂志》第 10 卷第 5 号(1923 年 5 月)。李大钊同样从学生如何参与政治运动的角度切入,认为"五四"乃是学生整顿政风的纪念日。见李大钊《在北京学生联合会纪念"五四"大会上的演讲》,《民国时期名人谈五四:历史记忆与历史解释(1919—1949)》,第 122 页。该文刊登于《晨报》1923 年 5 月 5 日。

国民的学生的日子。……"五五"纪念日。这是社会主义经济学硕宿，亦是社会革命的先驱马克思的诞生纪念日。……应该细细的研考马克思的唯物史观，怎样应用十中国今日的政治经济情形。……"五七"纪念日。这是日本帝国主义压迫中国，提出致我死命的二十一条款，威迫袁世凯政府……的国耻纪念日。①

与李大钊的纪念文字相类，瞿秋白进一步将"五四"划归进"五七/五四/五一"这条脉络当中。对瞿秋白来说，5 月 7 日乃是日本提出二十一条款之日，是中国民族主义运动的起点；五四运动虽然是排日的民族运动，但其内容已经触及社会主义，不再局限于民族主义的范围；由劳工阶级主导的五一运动，则是更进一步反抗列强资产阶级的国际运动。② 在这个背景下，五四运动已经跳脱学生运动的范畴，更不是局限在中国的一场政治运动，而是成为世界运动的一环。梁启超和张太雷在来年的纪念文字都表达了类似的看法。梁启超甚至认为"五四"的学生节比不上五一的劳动节，劳动节是世界性的纪念日，学生节仅仅是北京一隅的纪念日。"五四"的意义仅仅在于纪念学生的政治活动。③ 张太雷则将五四运动视为开启中国革命的新纪元，将中国革命从民族革命的境地，带往要求世界革命的成功。④

---

① 守常：《这一周》，《民国时期名人谈五四：历史记忆与历史解释（1919—1949）》，第 130—131 页。该文刊登于《北大经济学会半月刊》第 24 期（1924 年 5 月）。

② 瞿秋白：《从民族主义至国际主义》，《民国时期名人谈五四：历史记忆与历史解释（1919—1949）》，第 159—160 页。该文刊登于《上海大学周刊》第 1 期（1924 年 5 月）。

③ 梁启超：《学生的政治活动》，《民国时期名人谈五四：历史记忆与历史解释（1919—1949）》，第 132 页。该文刊登于《晨报副刊》第 99 号（1925 年 5 月 4 日）。

④ 太雷：《五四运动的意义与价值》，《民国时期名人谈五四：历史记忆与历史解释（1919—1949）》，第 167—168 页。该文刊登于《中国青年》第 77—78 期合刊（1925 年 5 月）。

瞿秋白的纪念文字最能够作为这个阶段"五四"意象的总结。瞿秋白认为社会上对于"五四"有两种认识，一种是学生运动的纪念，另一种则是中国新文化运动，所谓思想革命的纪念。但瞿秋白认为这两种纪念方式都少了政治上的意义。五四运动之所以值得被纪念，是因为五四运动在世界史上是划分中国之政治、经济、思想等为前后两期的运动，更是继辛亥革命之后，第二次的民族革命，并且是以全面的群众作为基础的革命运动。瞿秋白对于"五四"的诠释政治意味十足，"五四纪念"成了反对一切帝国主义和军阀的论述，"不但要求取消二十一条，而且要求取消一切不平等条约；不但要袭击曹、章、陆等卖国贼，而且要推倒一切卖国军阀"。更重要的是，五四运动不再是专属学生的运动，而是要"仗着广大的农工平民群众的力量，创造真正平民的独立的中华共和国"。①

不同于瞿秋白和张太雷这两位共产国际马前卒在 1920 年代纪念"五四"的声音，思想界也有另一股绾合五四运动和国家建构的声音。1926 年，中国青年党的曾琦将"五四"定位为"国家主义"运动，认为"五四"时代中国的国家观念和国民意识，均有长足的发展。更重要的是"国家主义"乃是"国际主义"的反面，曾琦的字里行间，明显意有所指，是针对共产党人强调"五四"作为世界革命的国际运动而发。② 赵澍和陶百川这两位国民党人是将五四运动勾连至国民革命的范畴。陶百川的纪念文字更是直接将"五四"精神无法延续的原因，归结到群众未能"三民主义化"这个面向上。陶百川对于共产党人强调的五卅运动亦是刻意低估，认为

---

① 双林：《五四纪念与民族革命运动》，《民国时期名人谈五四：历史记忆与历史解释（1919—1949）》，第 168—170 页。该文刊登于《向导》第 103 期（1925 年 5 月）。

② 曾琦在文中明白表示，五四运动的学生后来被"打破国界之共产主义者"操纵，使得纯正无上的爱国运动，转变成祸国殃民的亡国运动。见曾琦《五四运动与国家主义》，《民国时期名人谈五四：历史记忆与历史解释（1919—1949）》，第 473—476 页。

"五卅运动——第四次的民族运动，虽然更是悲壮，更是热烈，然就结果上讲，却输五四运动一筹了"。对陶百川来说，纪念"五四"精神的方针在于唤醒民众和党化民众，使民众三民主义化，才是实行国民革命的凭借。① 罗家伦在"五四"十周年纪念的讲演，则是进一步把五四运动和国民革命视为因果关系，认为五四运动的结果酝酿促成了国民革命，运动的参与者后来都成为国民党员或是与国民党过从甚密的合作对象。②

　　张奚若在 1935 年纪念"五四"的文字虽然未言及党化和三民主义化的"五四"，但仍将五四运动和国民革命运动并置讨论。张奚若从欧美宪政民治学说入手，认为五四运动之后，近代中国才逐渐了解欧美民治的根本。而欧美民治的根本就是个人解放以及随之而生的政治理论——个人主义。③ 胡适针对张奚若的文字加以响应，认为"五四"的纪念除了北大还依照惯例举办之外，"全国的人民都不注意这个日子了"。胡适把张奚若笔下的个人主义，视为自由主义的同义词，意义上是指个人的解放和思想的解放。胡适认为张奚若把五四运动和国民革命运动相提并论，认为两个运动前进的方向是相同的，这样的说法不甚正确。理由在于，五四运动虽是一个爱国运动，却不是一个狭隘的民族主义运动。然而，胡适以为民国十四年到十六年间的国民革命的胜利，却又使中国走回

---

　　① 赵澍：《五四运动与国民革命》，《民国时期名人谈五四：历史记忆与历史解释（1919—1949）》，第 476—478 页，该文刊登于《民国日报》1927 年 5 月 4 日；陶百川：《五四运动的前前后后》，《民国时期名人谈五四：历史记忆与历史解释（1919—1949）》，第 478—481 页，该文刊登于《民国日报》1927 年 5 月 4 日。

　　② 罗家伦：《在五四运动十周年纪念会上的讲演》，《民国时期名人谈五四：历史记忆与历史解释（1919—1949）》，第 484—485 页。该文刊登于《中央日报》1929 年 5 月 4 日。

　　③ 张熙若：《国民人格之培养》，《民国时期名人谈五四：历史记忆与历史解释（1919—1949）》，第 347—350 页。该文刊登于《大公报》星期论文，1935 年 5 月 5 日。

民族主义的老路，①由此可以看出胡适对国民党党化运动的批判。

与此同时，尚有另外一股由左派知识人发起的"五四"纪念论述。先是1936年开始的新启蒙运动，将新启蒙运动视为是第二波的五四运动。张申府在《五四纪念与新启蒙运动》一文中把启蒙运动与五四运动进行模拟的论述。张申府认为若在思想上把五四运动叫做启蒙运动，则当时应该要有一种新启蒙运动出现的必要性。而新启蒙运动对于"五四"所代表的启蒙运动，则应该采取扬弃而非仅是继承的态度，明确点出启蒙运动与五四运动之关联点（correlate）。②陈独秀讨论的则是五四运动能否作为一个时代？五四运动所代表的时代性是否已经过去？陈独秀认为五四运动时代并非孤立的，而是整个民主革命运动时代之一环，前有辛亥革命，后有北伐和抗日战争，时代性并未远离。③陈独秀此举明显把五四运动视为串连前后历史事件的接榫点，将所谓的民主革命运动时代形成一个整体性的论述，给予理解与诠释的时间向度与尺度。

毛泽东在1939年写下的"五四"纪念文字，可谓是一锤定音的前奏。毛泽东在《五四运动》一文中，开笔即将五四运动归纳为中国反帝反封建的资产阶级民主革命的新阶段，中国资产阶级民主革命是从鸦片战争开始，中经辛亥革命、五四运动等好几个发展阶段，抗日战争则是其发展的一个新阶段。这些革命阶段的发展各有其特色，其中最大的区别就在于共产党出现的前后。资产阶级

①　胡适：《个人自由与社会进步——再谈五四运动》，《独立评论》第150号（1935年5月），第2—5页。

②　张申府：《五四纪念与新启蒙运动》，《民国时期名人谈五四：历史记忆与历史解释（1919—1949）》，第219—220页。该文刊登于《北平新报》1937年5月2日。

③　陈独秀：《"五四"运动时代过去了吗？》，《民国时期名人谈五四：历史记忆与历史解释（1919—1949）》，第213—214页。该文刊登于《政论》第1卷第11期（1938年5月）。

民主革命的前身是封建主义的社会，自身是民主主义的社会，后身则是社会主义的社会。革命的力量在于工农民众，革命的领导则是工人阶级。① 毛泽东在延安举办的"五四"二十周年纪念会上的演讲，则是再复斯旨。毛泽东将帝国主义和封建主义视为中国革命的对象，期许青年把旧中国改造为新中国，建立一个人民民主主义共和国。②

　　1940 年 1 月，毛泽东发表《新民主主义论》，将新文化概括为"新民主主义文化"，"五四"作为启蒙运动的内涵与精神，不再为共产党官方所提起。③ 根据王元化的回忆，中共党内的思想文化工作者曾接到通知，要求不再使用新启蒙运动的提法。④ 毛泽东此举等于将"五四"作为旧/新民主主义的分界点，当时《新中华报》的五四纪念便是强调对日抗战和青年的团结参政，才得以打造出新民主主义的新中国。⑤ 艾思奇则将五四运动视为文化上的大革命，并非一个政治形式上的革命运动。五四文化运动是新民主主义革命运动的准备，结束了中国的旧民主主义时代，开启了新民

---

　　①　毛泽东：《五四运动》(1939 年 5 月 1 日)，《民国时期名人谈五四：历史记忆与历史解释(1919—1949)》，第 247—248 页。

　　②　毛泽东：《青年运动的方向》，《民国时期名人谈五四：历史记忆与历史解释(1919—1949)》，第 544—548 页。该文刊登于《中国青年》第 5 期(1939 年 5 月)。

　　③　毛泽东的《新民主主义论》以"五四"作为两个不同历史时期的分野："在五四以前，中国的新文化，是旧民主主义性质的文化，属于世界资产阶级的资本主义的文化革命的一部分。在五四以后，中国的新文化，却是新民主主义性质的文化，属于世界无产阶级的社会主义的文化革命的一部分。在五四以前，中国的新文化运动，中国的文化革命，是资产阶级领导的，他们还有领导作用。在五四以后，这个阶级的文化思想却比较它的政治上的东西还要落后，就绝无领导作用，至多在革命时期在一定程度上充当一个盟员，至于盟长资格，就不得不落在无产阶级文化思想的肩上。这是铁一般的事实，谁也否认不了的。"毛泽东：《新民主主义论》(1940 年 1 月 19 日)，收入竹内实编《毛泽东集》第 6 册。本文用的是"中研院近代史全文数据库"的全文检索版。

　　④　王元化：《传统与反传统》，上海文艺出版社 1990 年版，第 8 页；《为五四精神一辩》，收入氏编《新启蒙：时代与选择》第 1 期，湖南教育出版社 1988 年版，第 11 页。

　　⑤　《纪念五四廿一周年》，《民国时期名人谈五四：历史记忆与历史解释(1919—1949)》，第 257—258 页。该文刊登于《新中华报》1940 年 5 月 7 日。

主主义革命的时代。旧民主主义革命的领导者是资产阶级,新民主主义革命则是无产阶级的自觉运动。[1] 毛泽东对"五四"的论调基本成为中共党内纪念"五四"的主轴,邵荃麟在 1948 年的"五四"纪念文字中就提到每一年的"五四"纪念,人们都会谈到"科学与民主",对于"五四"的不同见解基本上是由旧/新民主主义两条路线的不同而起。邵荃麟引述毛泽东的话,认为近百年来中国的历史基本上以"五四"为分水岭,分成前八十年和后二十年。旧民主主义乃是前八十年的特质,新民主主义为后二十年的特点。"五四"前后革命运动和文化运动的变化就在于由资产阶级转向无产阶级的领导,五四运动更是无产阶级世界革命的一部分。[2]

　　1940 年代共产党人对于"五四纪念"的诠释当然不是唯一的声音。1942 年的《世界学生》上有一组文字,执笔者分别为吴稚晖、许德珩、王星拱和杭立武。吴稚晖将五四运动归因为孙中山的领导,符合时代发展的新文化,就是三民主义。孙中山革新了"五四"学生心中德、赛两位先生的新文化,成就了三民新主义。吴稚晖等于将"五四"的"民主"与"科学"这两大口号归结到孙中山之手,"五四"的学生爱国运动则成了三民主义的前行军。[3] 王星拱则将五四运动定义为"在北洋军阀统治要区以内,由国民党所导引的表现民族意识的爱国运动"。[4] 许德珩之文则强调 23 年后的中

---

　　① 艾思奇:《五四文化运动的特点》,《中国文化》第 1 卷第 3 期(1940 年 5 月),第 2—7 页。

　　② 荃麟:《"五四"的历史意义》,《民国时期名人谈五四：历史记忆与历史解释(1919—1949)》,第 318—320 页。该文刊登于香港《群众》第 2 卷第 17 期(1948 年 5 月)。

　　③ 吴敬恒:《五四产生了两位新先生》,《民国时期名人谈五四：历史记忆与历史解释(1919—1949)》,第 520—522 页。该文刊登于《世界学生》第 1 卷第 5 期(1942 年 5 月)。

　　④ 王星拱:《五四的回忆》,《民国时期名人谈五四：历史记忆与历史解释(1919—1949)》,第 522—523 页。该文刊登于《世界学生》第 1 卷第 5 期(1942 年 5 月)。

国不再是"五四"时代的中国,当年为人哓哓传诵的"德先生"已然成为口号,"五四"的纪念精神在于发扬、实现三民主义,争取抗战的胜利。许德珩是将五四运动和国民党关联,置放在时代转变的脉络之下。①《世界学生》月刊的社长杭立武则从总结的观点切入,认为"五四"的精神应用到外交层面成为民族独立自由的呼吁,应用到内政上则成了孙中山民权主义的运动,应用到教育文化面向则是加强新文化和学术科学化的潮流。② 这四篇纪念"五四"的文字,体现了国民党以及与国民党相近的知识人,如何强化五四运动和国民党的关系。同一期刊物上则尚有王芸生和顾颉刚的两篇文字,所论与此题较远,暂置不论。

同属 1940 年代的中国,这两股意见并存在时人的言论当中,端看我们从何种视角去切入"五四"的纪念政治。就如同罗志田针对《世界学生》月刊这一组文章进行的研究所言,从 1919 年以后,每年的 5 月 4 日都会有一些纪念"五四"的文字发表,关于"五四"的历史记忆也会随着时代的不同而有所变化。有些关于"五四"的面向会不断地被重复而得到加强,有一些面向则会遭到遗忘,这都意味着"五四"本身不断地被更新。这些历史上的行动者有意或无意地"发明"了"五四",对历史进行了"再创造"。③

四、新启蒙运动:"五四"的"政治化"

1937 年,五四运动十八周年的纪念日,北平的思想界出现一

---

① 许德珩:《"五四运动"的回忆与感念——为"五四"二十三周年纪念而作》,《民国时期名人谈五四:历史记忆与历史解释(1919—1949)》,第 397—400 页。该文刊登于《世界学生》第 1 卷第 5 期(1942 年 5 月)。

② 杭立武:《五四精神与青年今后努力之方向》,《世界学生》第 1 卷第 5 期(1942 年 5 月),第 13 页。

③ 罗志田:《历史创造者对历史的再创造:修改"五四"历史记忆的一次尝试》,《四川大学学报》(哲学社会科学版)第 5 期(2000 年 9 月),第 92—101 页。

个口号:"纪念五四运动,要展开新启蒙运动。"①当时在《北平晨报》上有论者藉纪念"五四"之名,提出"为了继承启蒙运动而纪念五四,我们需要一个新的启蒙运动"。在这篇文章中,论者阐释新启蒙运动与五四运动都属于文化运动的范畴,然而新启蒙运动是要以科学的精神和民主的思想,"经营新的历史阶段"。在国难的危急存亡之秋,新启蒙运动要把一切文化,应用到拯救民族危机这个面向上。② 就如同陈伯达所言,"启蒙思想不是别的,乃是救中国的思想",③近代中国的启蒙运动史可谓是爱国主义文化史的别名。④ 新启蒙运动的措意重点,就在于追求"现代文化的中国"。⑤因此,新启蒙运动是一种现代化的运动。⑥ 这项新的思想运动要以实践来证明,注重现实的联系。因此,思想运动不仅是研究室工作,更加是一个"运动"。新启蒙运动不再是五四运动的重演,而是在新的环境之下,在过去既有的成就基础之上,开展起来的新的运动。⑦

---

　　① 自非:《文化通信:新启蒙运动在北平》,《读书》第1卷第3期(1937年6月),第187页。

　　② 北鸥:《五四与新启蒙运动》,《北平晨报》1937年5月4日,第11版。

　　③ 见陈伯达《思想无罪——我们为"保卫中国最好的文化传统"以及"争取现代文化的中国"而奋斗》,收入氏著《在文化阵线上》,生活书店1939年版,第19页。这是陈伯达于1937年出版的《真理的追求》续集。《真理的追求》是陈伯达到上海宣传新启蒙运动时,首次将自己关于新启蒙运动的文字收成一帙,由上海新知书店出版。

　　④ 根据方德万(Hans J. van de Ven)的研究,外来的战争是促成中国内部民族主义兴起的原因。战争所引起的民族主义,在中国内部刺激了国家建构的方案,民族主义的情感和理念成为巩固政权合法性基础的资源。见 Hans J. van de Ven 著、胡允桓译《中国的民族主义和战争(1925—1945)》,生活·读书·新知三联书店2007年版。

　　⑤ 见陈伯达《思想无罪——我们为"保卫中国最好的文化传统"以及"争取现代文化的中国"而奋斗》,《在文化阵线上》,第26页。

　　⑥ 见杨述《论当前文化领域上的新运动》,收入夏征农编《现阶段的中国思想运动》,(上海)一般书店1937年版;《民国时期哲学思想丛书》,(台中)文听阁图书公司2010年版,第1编第119册,第181页。

　　⑦ 汉夫等:《现阶段的中国思想运动(集体讨论)》,收入夏征农编《现阶段的中国思想运动》第1编第119册,第13页。

　　就如同历史哲学家洪席耶（Jacques Rancière）所言，历史知识是通过"写作的政治"被制造或发明出来的产物。① "写作的政治"就涉及字词与历史论述之间的纠葛："考察知识是如何被读和写，如何被建构为一种特殊论述类型的规则。"②梳理以新启蒙运动为名的著作，可以发现"科学"和"民主"这两股主要的声音。如陈唯实在提及"科玄之争"时，选择摒除玄学，拥抱科学。对于陈唯实来说，玄学是反动的文化，科学则是革命的文化。新启蒙运动要提倡真正的社会科学，尤其是新哲学。③ 在谈论什么才是符合时代的人生观时，陈唯实再次申覆斯旨："科学的、革命的思想，符合人生真理，适合大众的需要，以及适应大时代的要求，……然而，在许多种的主义之中，我们不得不选择一种最合于时代的革命的主义为中心信仰，我们即可为此主义而奋斗。无疑的，只有科学的社会主义才是最正确的啊！"④在新启蒙运动之前兴起的新社会科学运动，所带来的思想气象，更是提供了革命的种子。关于中国社会性质与社会史的论战，则是驱策民国的知识青年深入认识社会的事件。对于何干之而言，关于社会问题的分析是根据科学的方法，实

　　① 《导读》，收入 Jacques Rancière 著，魏德骥、杨淳娴译《历史之名》，（台北）麦田出版社 2014 年版，第 xvii 页。

　　② 见 Jacques Rancière 著，魏德骥、杨淳娴译《历史之名》，第 14 页。要说明的是洪席耶在撰写《无产者之夜》（*Proletarian Nights: The Workers' Dream in Nineteenth—Century France*）时开始反思如何将工人阶级的声音置放于"他们"的世界之中。本文所讨论的新启蒙运动仍属知识精英的言论活动，只是权借洪席耶的看法，而非亦步亦趋的仿效之作。见 Jacques Rancière with Martyne Pierrot and Martin de la Soudière, "The Names of History, A History of Names", in Emiliano Battista ed., *Dissenting Words: Interviews with Jacques Rancière*, New York: Bloomsbury Academic, 2017, pp. 55 – 57。

　　③ 陈唯实：《抗战与新启蒙运动》，扬子江出版社 1938 年版，第 20 页。

　　④ 陈唯实讲演，解熠若、葛东强笔记：《新人生观与新启蒙运动》，山西民族革命出版社 1939 年版，第 21—23 页。

际认识中国社会的构造,是为社会运动的先行准备工作。① 张申府在论及新启蒙运动的中心任务时提出,所有的学问都应与科学方法挂钩,推进科学运动,把"新科学"的理想视为实践的任务之一。②

陈唯实笔下的"科学"和何干之、张申府所谈论的"科学"在性质上有些许差异。陈唯实用"科学"作为形容词来表述"文化"和"思想",所论及的"科学"是较为松散宽泛的概念;何干之和张申府所谈论的"科学"则是一种标准的程序和精准的方法,这就像是在 20 世纪初期援引社会科学治史的"新史学"学派,③结合社会科学,摒弃传统史学,"通过既是科学也是历史",一个特殊的论述类型因此被建构出来。④ 就如同何干之所云,新社会科学运动是以新哲学为中心,一方面介绍哲学的经典,一方面又介绍哲学的入门书。这项运动是以新的观点来重新估量中国社会的性质。这一尝试不只使人们相信新哲学是世界的最准确的反映,是"理性的尺度",而且使人相信,只有应用这方法,方可解剖谜的古国。⑤

被舒衡哲称之为新启蒙运动主要设计师之一的张申府,在抗日战事开启后,深信哲学在抗战中会找到它的最终使命,而启蒙运动这项自 1919 年五四运动开始知识分子未完成的项目,将开始有机会在全国的范围内落实。⑥ 利用新启蒙运动来宣传信念的张

① 何干之:《中国启蒙运动史》,《民国丛书》第 2 编"历史·地理类"第 78 集,上海书店 1990 年版,第 12 页。本书据 1947 年生活书店版影印,何干之此书初版于 1938 年。

② 张申府:《什么是新启蒙运动》,(重庆)生活书店 1939 年版,第 3、31 页。

③ 关于鲁宾逊(James Harvey Robinson)的"新史学"在中国的回响,可见李孝迁《西方史学在中国的传播》,华东师范大学出版社 2007 年版,第 240—289 页。

④ 《导读》,收载 Jacques Rancière 著,魏德骥、杨淳娴译《历史之名》,第 xxi 页。

⑤ 何干之:《中国启蒙运动史》,第 198—199 页。

⑥ 见 Vera Schwartz 著、李绍明译《张申府访谈录》,北京图书馆出版社 2001 年版,第 202 页。

申府，①曾经说过科学与民主都是客观的东西，"五四"时代的知识人将之人格化称为先生，是极为不妥的事情。张申府认为"五四"时代的口号，应当进一步引申："打倒孔家店，救出孔夫子。""科学与民主，第一要自主。"②陈伯达在论及新启蒙运动的定义时，则说"新启蒙运动是民主主义的思想运动"。③ 若是翻查上文所提及的新启蒙运动同人著作，论者不约而同地提到"民主"这个关键词。在何干之笔下，从戊戌变法开始的运动都是一个以民主主义为号召的运动，新启蒙运动自不例外。④ 柳湜则认为新的文化运动是为民主而战，为民族解放而战的阶层间联合的行动。⑤ 无论是民主或民主主义，内中所蕴含的概念，皆是新启蒙运动据以论述书写/论述历史的逻辑。就如同王汎森的研究所揭示的一样，"主义"的发展过程区分为四个阶段："主义"对译"-ism"的过程、以近代西方民主政治为师的"主义"、"主义"的日常生活化以及党化的"主义"等。王汎森提出作为后缀词的"主义"，强化了时人对自己的"主义"的唯一化、正当化倾向，"主义"成了判别、区分新旧的圭臬，是思想转化为实际政治力量的有力工具。⑥ 新启蒙运动者所使用的"民主主义"显然是意识形态化的"民主"，将"民主"塑造成政治实践的工具。由"科学"和"民主"建构起来的相关论述，就定义了新启蒙运动的第一项书写模式。

通过将"科学"和"民主"并陈，新启蒙运动排除了"科学"和

---

① 见 Vera Schwartz 著、李绍明译《张申府访谈录》，第 204 页。

② 张申府：《什么是新启蒙运动》，第 7 页。

③ 陈伯达：《思想的自由与自由的思想——再论新启蒙运动》，《在文化阵线上》，第 5、9 页。

④ 何干之：《中国启蒙运动史》，第 13 页。

⑤ 柳湜：《国难与文化》，上海黑白丛书社 1937 年版，第 38 页。

⑥ 见王汎森：《"主义时代"的来临——中国近代思想史的一个关键发展》，《东亚观念史集刊》第 4 期（2013 年 6 月），第 3—88 页。

"民主"之外的声音,也就是一种政治上的行动。陈唯实是这样解
释的:"新启蒙运动为了实践民主政治,在方法上需要普及和提高
广大民众的政治知识,促使民众得以行使民权,切实地争取民族独
立与民主自由。"陈唯实进一步回顾清代的专制统治政体、辛亥革
命后的封建军阀官僚政治,这都是戕害民权的专制政治。因此,陈
唯实所谓的彻底抗战,外部是进行反帝(反日)的抗战,对内则是
要求民主政治的实现,两者不能有所偏废。① 这项起源于战争期
间的运动,最终的目标仍是为了抗敌救亡,带有"爱国主义的性
质"。② 就如同陈伯达的见解所云,民主主义具体展现在思想的自
由与自由的思想,爱国主义的范畴就是利用思想的自由与自由的
思想,唤醒中国四万万同胞来保卫自己的国家。③ "科学"与"民
主"终究是要和"政治"产生连结,而且"政治"是支配这两股声音
的主流叙事,"政治"将"科学"与"民主"的叙事,勾连到当时中国
国难日重的时代。通过"科学",新启蒙运动者拥有自我认同的符
号,同时赋予这项运动一项科学的署名,将所有的主张、观点和论
述,阶序化地进行统合。④ "民主"则是这种运动中必然被提出的
论述,如同何干之所言:"民主主义运动又成为目前主要的政治潮
流。……与政治上的民主运动相呼应的,又有文化思想上的新启
蒙运动,这两个主要潮流无疑的在不久的将来,起着交流的作用而
汇成抗敌救亡的巨浪。"⑤在新启蒙运动中,"科学"和"民主"这两
股叙事,被"政治"这股论述系统所吸收,藉由这种方式,新启蒙运

① 陈唯实:《抗战与新启蒙运动》,第 10—11 页。
② 何干之:《中国启蒙运动史》,第 203、227 页。
③ 陈伯达:《思想的自由与自由的思想——再论新启蒙运动》,《在文化阵线上》,
第 5、9 页。
④ 何干之对于后出的运动如何"否定"早前的运动,甚至提出"否定之否定"这样
的用法,就是一种阶序化的过程。
⑤ 何干之:《中国启蒙运动史》,第 235 页。

动成为"科学"和"民主"的典范；"政治"的论述通过"科学"和"民主"的叙事运作，则成为独一无二的追寻目标。

　　新启蒙运动一方面自诩为五四运动的继承者，另一方面则将五四运动当成箭垛，予以批判。1941 年，标榜理论与实践并行的时粹林府社编辑出版一本名为《重论新启蒙运动》的册子。① 在这本书中，有篇作者署名为"翼云"的文章，恰好为新启蒙运动的发展、高峰与落潮，进行了一番梳理。翼云提出由新启蒙运动所引发的文化革命的对象，就是要扫除封建的思想。新启蒙运动则是带有反帝、反封建的文化革命运动。以文化上的反帝、反封建统一战线，以集体力量解放全民大众的头脑，便是新启蒙运动据以提出的根据。② 这个运动的特点在于，以科学的新世界观作启发的泉源，以彻底的理性当作主导的理性。在本质上，新启蒙运动具备民主的要素，是思想上民主的自由竞争，将所有的左、右思想流派都涵纳其中。最终的任务则是要建立新中国。③ 翼云的说法适好对新启蒙运动进行了速描的工作，亦可由此窥见"五四"政治化的一个侧面。

代结语：重新思考"五四"

　　恽代英在五四运动五周年前夕，写下一篇纪念"五四"的文字。恽代英提到当时的青年提笔为文时，"自从五四运动以来"这八个字，已经成为开笔的浮滥俗套，这明显可以看出青年崇拜五四

---

① 见时粹林府社编《重论新启蒙运动》，启蒙出版社 1941 年版。
② 翼云：《重论新启蒙运动》，收入时粹林府社编《重论新启蒙运动》，第 8 页。
③ 同上书，第 16、18、21、23 页。

运动的心理。① 然而,当时青年崇拜的"五四运动"是哪一个"五四"? 向往的是"五四运动""新文化运动"抑或"五四新文化运动"? 周予同在 1930 年纪念"五四"的文字中,便认为"五四"只是中国现代史上的一页史实,终究是要过去的,作为学生政治运动的"五四"已成过去。周予同是将"五四事件"和"新文化运动"划分成两项不一样的历史事件,他是这样说的:

> 在现在许多刊物中,每每将"五四事件"与所谓"新文化运动"混为一谈,而且说"新文化运动"在领导着"五四事件"。就当日客观的史实说,这完全是无意的错误或有意的欺骗。我们不能说"新文化运动"领导"五四事件",而只能说"五四事件"扩大"新文化运动",因为"五四事件"的发生是另有其因素的。②

周予同的说法自然有其合理之处,本文也认为随着研究主题的不同,我们应当辨明"五四运动""新文化运动"和"五四新文化运动"这三项词汇各自所属的时间脉络。当我们使用"五四运动"时,要将这个词汇当成一个单独的历史事件来看待,意即"五四运动"一词只适用于 1919 年 5 月 4 日北京的学生示威游行,以及紧接在这个抗议事件之后的相关全国性事件,时间则结束于 1919 年 6 月中国拒签《凡尔赛条约》。"新文化运动"则是后于"五四运动"出现的词汇,要到 1920 年代中晚期才专指 1915 年开始的《新青年》和一连串新文学运动(文学革命、白话文运动)。"五四新文化运动"则是出自左翼知识人之手笔,纵使此后不分立场倾向,皆

---

① 代英:《自从五四运动以来》,《民国时期名人谈五四:历史记忆与历史解释(1919—1949)》,第 157—159 页。该文刊登于《中国青年》第 26 期(1924 年 4 月)。

② 周予同:《五四运动之回顾》,《民国时期名人谈五四:历史记忆与历史解释(1919—1949)》,第 178 页。该文刊登于《中学生》第 5 号(1930 年 5 月)。

采取这项用法，我们也不能忘了这是左翼知识人混谈政治层面和思想文化层面的"五四新文化运动"。①

用瓦格纳的话来说，"五四"的纪念政治是"五四""典律化"（canonization）的过程，对国、共两党来说，"五四"是依循两党的政策摇曳生姿，随之改变的。② "五四"的纪念政治反映的是不同政治和党派立场的知识人，如何挪用"五四"这个符号以为言说，等于是借"五四"之酒杯，浇胸中的块垒。通过每年的纪念文字，"五四"一方面被打造成新生的共和国开国以来最重要的历史事件，获得了单数大写的地位；另一方面，倘若我们把镜头聚焦在每个世代的知识人身上，1920、1930、1940 这三个十年的世代的知识人，脑中所思所想的"五四"是如此跌宕起伏，"五四"则跃身一变成为复数小写的"五四"。最后，"五四"在当时是一个高度政治化的词汇，③本文就以新启蒙运动为例，略为梳理"五四"政治化的过程与其背后的设想。

然而，本文更想探问的是"五四"被概念化的历史。就如同论者所言，"五四"在事件发生当下就已经被命名，来年便开始了一连串的纪念活动。④ 西方世界的法国大革命和美国独立都有这个现象，事件发生的当下或不久后就被概念化，法国大革命尤其明显。我们很难说法国大革命是一个"事件"，因为"事件"的时间实在延续得很长，中间又历经许多不一样的政治和社会冲突，并且这

---

① 就如同罗志田在新近一篇文章中所指出的，被视为是近代中国史上分水岭和里程碑的五四新文化运动，需要被我们重新加以认识。狭义的"五四"是指 1919 年的学生运动，而广义的"五四"则泛指新文化运动。前者的标志性口号是"内除国贼，外抗强权"，而后者则以提倡民主和科学著称于世。历史发展的实情是狭义者获致整体的冠名权，而广义者的口号则成为代表全体的表述。见罗志田《"过渡时代"与"大国转身"》，《读书》第 11 期（2018 年 11 月），第 17 页。

② Rudolf Wagner, "The Canonization of May Fourth", pp. 114 – 115.

③ 陈平原：《作为一种思想操练的五四》，北京大学出版社 2018 年版，第 6 页。

④ 同上书，第 2 页。

些冲突各有不同的政治目的和要求。倘若我们从史学史（historiography）的角度来看,法国大革命可能比较像是一个"集合事件"。也就是说,当时不一而足发生许多事件,这些事件都与1789年爆发的法国大革命休戚相关,然后被后世的研究者统称为法国大革命。但这个"集合事件"其实和当时参与不同阶段革命和政治阵营的人,如何概念化他们的行动,然后不约而同地用相似的政治词汇来诠释这些行动有关。例如启蒙哲士孔多塞（Marquis de Condorcet）和康斯坦（Benjamin Constant）都会提及有一个"法国大革命",这个"法国大革命"是要落实启蒙运动的精神,追求属于现代的自由,并促进国家的福祉。[1]

　　这样的理路可以让我们思考"五四运动"重新诠释的可能性。首先是厘清我们在谈论历史事件时,有时候需要加以留心的是不可以把历史事件当成历史进程的约定俗成。譬如柏克（Richard Bourke）就一直强调,我们谈论法国大革命要区分清楚,是哪一个（阶段）的法国大革命,是1789年夏天爆发的法国大革命,还是1799年政变（coup d'état）的法国大革命? 1789年法国大革命的余波更是在1815、1830、1848和1851年引起其他的革命,而这些革命都被视为是"法国大革命"（other Revolutions）。[2] 同样的,当我们检视"五四运动"时,1919年"五四"事件的本身及其余波,都被视为是复数大写的"五四运动",研究者应当辨明这些串连而生的历史事件,切莫含混模糊地一笔带过。[3]

----

① Arthur Ghins, "Benjamin Constant and the Politics of Reason", *Journal of European Ideas*, Vol. 44, Iss. 2 (Jan., 2018), pp. 224 – 243.

② Alvin Chen(陈禹仲), "An Interview with Professor Richard Bourke",《思想史》第2期(2014年3月),第280页。

③ 就如同罗志田所言,五四运动是一个"会合的历史运动","五四"作为一个时人和后人建构的同构型的历史事件,内中实则涵纳许多异质性的历史现象。见罗志田《体相和个性:以五四为标识的新文化运动再认识》,《近代史研究》2017年第3期,第4—27页。

　　其次就是如果历史事件并非约定俗成的历史发展，那这项事件是怎么形成的？这其实是把历史事件当成一个史学史概念（historiographical concept），那研究者就得以去分析这个概念的概念史，而这很可能会把我们引进一个不同的概念型态。就如同我们这样讨论法国大革命，就会从我们后世研究者笔下的法国大革命作为一个史学史概念，一路追溯到 18、19 世纪的法国大革命作为一个政治的概念（political concept）。那"五四运动"呢？这样一个高度政治化的词汇，我们有没有办法从后之来者的角度，去从事"五四运动"概念的概念史研究？将"五四运动"从史学史的概念，一路追溯反推到作为政治概念的"五四运动"。而作为政治概念的五四运动是由"五四"作为历史事件转变而来的，亦即"五四"这项历史事件本身先转变为当时的政治概念，形成政治概念的"五四"事件进而影响后世研究者如何认识这出历史事件。① 由此延伸，我们所谓的"五四史观"是时人的定名，抑或是后之来者（研究者）给予历史事件/时期的定名？我们便可藉此厘清"五四史观"是不是后之来者，为五四时代一锚定调的说法。

　　最后，如同出生于 1930 年的余英时所云，世居安徽潜山的余英时，"五四"是其个人教育过程中的"史前史"阶段，在 1946 年以前毫不知悉胡适和陈独秀共创文学革命之事。② 当我们将目光放在北京和上海这两处政治和文化的中心时，身处两大辐辏中心之

---

　　① 概念史家柯塞雷克（Reinhart Koselleck）对于"当代史"（zeitgeschichte）的讨论可以给我们一些启发，柯塞雷克认为"当代史"同时具有共时性和历时性的时间框架，这项词汇不是专指当时的人研究最近的过去（recent past）的历史，亦非是主题化的历史，而是特指专属当时的人与时代事件的历史。Reinhart Koselleck, "Constancy and Change of All Contemporary Histories: Conceptual-Historical Notes", in *Sediments of Time: on Possible Histories*, translated and edited by Sean Franzel and Stefan-Ludwig Hoffmann, California: Stanford University Press, 2018, pp. 103, 105 – 107.

　　② 余英时：《余英时回忆录》，（台北）允晨文化 2018 年版，第 23—25 页。

外的其他区域,对于五四运动的响应为何? 就如同余英时的提醒
所云,我们不应该在想象中夸大"五四"的作用,"五四"的传播是
需要时间有以致之的过程。举例来说,张仲民和徐佳贵的研究就
告诉我们当时中国的其他省份,是如何迎拒"五四"这波大潮的。
张仲民为文讨论舒新城在"五四"前后如何利用新文化运动的契
机,从一位湖南地方型知识分子,在全国性的舞台崭露头角。文中
描写了舒新城如何扩展人际网络、创办报刊的过程,说明五四新文
化运动是如何从北京和上海这两处中心蔓延到湖南这个"地
方"。① 徐佳贵认为"地方的五四"不应只是五四新文化运动的"地
方投影",而应改易视角从"地方史"的脉络切入,利用地方的报刊
和知识人的书信、日记,尝试从地方知识人的角度理解"五四"及
其自身的新文化实践事业。②

　　"五四"的概念史和地方史可以如何书写? 以上这三项提问
或许是我们在经历"五四"百年祭之后的当下,可以重新思索的
问题。

---

　　① 见张仲民《五四新文化运动的在地化》,收入氏著《种瓜得豆:清末民初的阅读
文化与接受政治》,社会科学文献出版社 2016 年版,第 288—316 页。
　　② 徐佳贵:《五四与新文化如何地方化——以民初温州地方知识人及刊物为视
角》,《近代史研究》2018 年第 6 期,第 43—58 页。徐佳贵另有一文以浙江省立第一师
范校长经亨颐为主轴,讨论民初杭州政治权力之转变与五四新文化运动"地方化"的进
程。见徐佳贵《湖畔风云——经亨颐与浙江五四新文化运动(上)》,《杭州师范大学学
报》2019 年第 2 期,第 33—53 页;徐佳贵:《湖畔风云——经亨颐与浙江五四新文化运
动(下)》,《杭州师范大学学报》2019 年第 3 期,第 33—55 页。

"五四"后思想界的转变与
"新文化运动"一词的流行*

周月峰

摘要：既往研究多将"新文化运动"当成内涵和外延皆清晰而固定的名词，其实该词流传之初，既是一种革新运动的主张，又是描述现状的名词，含义言人人殊：其早期含义既不同于"五四"前偏学理的思想文艺探讨，也区别于稍后实际的社会运动与政治革命，在"五四"后被时人用于指涉不同的社会改造方案，逐渐流行。面对当时多元互歧的思想界，不少人希望形成共同的"方针"，统合日趋分裂的革新势力。此种努力失败之后，各方多以自己的精神重新定义和叙述"新文化运动"，相关论述受到诸多思潮影响，含混复杂，倏忽不定，该词的含义亦几经流变。在此过程中，以胡适为代表的中西新旧框架与以中国共产党为代表的阶级分析框架逐渐形成并产生广泛影响，成为后来关于新文化运动最主要的两种叙述。

关键词：五四运动，新文化运动，社会运动，历史叙述，胡适

周月峰，华中师范大学中国近代史研究所副教授

---

* 本文原题为《五四后"新文化运动"一词的流行与早期含义演变》，刊于《近代史研究》2017 年第 1 期，此次收入时有增补修改。

引　言

　　傅斯年曾提出,研究思想史应避免以"后一时期,或别个民族的名词及方式来解它",否则"不是割离,便是添加"。① 但实际上,即使是当时当地所使用的名词,其含义也会随时、空、人的不同而变迁。唐君毅讨论哲学时便说,"中国哲学史上之名同恒以用者异而歧义生",提醒"研究中国哲学者于此须特加注意"。如果不注意"名词之殊义",必然产生两个结果,"一为妄解古人之哲学,二为妄评古人之哲学",且"有妄解恒继以妄评,妄解诬人,妄评自诬,同为求真之大障"。② 其实,何止哲学史,历史上的其他名词亦多如此。傅斯年后来又提出"以语言学的观点解决思想史中之问题",对关键字词"探流变","以演化论之观点梳理"。③ 若将唐、傅两说综合考虑,似可提示我们,如不分辨词义之流变,即使使用当时已有之名词来谈当时之思想,仍有可能"割离"或"添加"。

　　"新文化运动"④一词便是如此。除少数研究者之外,多视其为众所周知、不言而喻,即使注意到有理解分歧,仍多以"求其是"

---

　　① 《傅斯年致胡适》(1926 年 8 月 17 日、18 日),王汎森、潘光哲、吴政上主编:《傅斯年遗札》第 1 卷,(台北)中研院史语所 2011 年版,第 45 页。
　　② 唐君毅:《研究中国哲学所应注意之一点》(1930 年 6 月),《唐君毅全集》第 1 卷,九州出版社 2016 年版,第 19 页。
　　③ 傅斯年:《性命古训辨证·引语》,《傅斯年全集》第 2 卷,(台北)联经出版事业公司 1980 年版,第 166、170 页。
　　④ 本文使用"新文化运动"时,如无特别说明或加双引号,则是在一般的、广义的、宽泛的意义指代五四前后的革新运动;在强调其词汇的一面或特定群体的新文化运动意涵时,则加双引号以为区别。

的视角探讨,鲜少考索流变。① 实际上,自其流行之初,时人对"新文化运动"是什么和应是什么言人人殊。在随后,其含义更是与各时期的现实与叙述密切互动,讨论"新文化运动"常常"一方面是为了研究,另一方面是为了现实"。② 而现实的情状又在有意无意中改写着这一概念,使其像光一样,"依其透过之空气之不同,而异其色彩"。③ 正因此,以"演化论之观点"探寻该词含义的流变,将"用于建构历史对象的范畴"本身当成"历史分析的对象",④或可在一定程度上避免对五四新文化运动进一步的"割离"或"添加"。

　　本文力图回到"新文化运动"主流论述形成之前,讨论"五四"

---

　　① 有学者已注意不同时期和立场的历史人物对"五四运动"或"新文化运动"的表述均有不同,相关问题的讨论可参见:舒衡哲:《"五四":民族记忆之鉴》,中国社会科学院科研局、《中国社会科学》杂志社编:《五四运动与中国文化建设——五四运动七十周年学术讨论会论文选》上,社会科学文献出版社 1989 年版,第 147—176 页;余英时:《文艺复兴乎? 启蒙运动乎? ———一个史学家对五四运动的反思》,余英时等:《五四新论——既非文艺复兴,亦非启蒙运动》,(台北)联经出版事业有限公司 1999 年版,第 1—31 页;罗志田:《走向"政治解决"的"中国文艺复兴":五四前后思想文化运动与政治运动的关系》,《近代史研究》1996 年第 4 期,第 120—152 页;罗志田:《历史创造者对历史的再创造——修改"五四"历史记忆的一次尝试》,《四川大学学报》(哲学社会科学版)2000 年第 5 期,第 92—101 页;郑师渠:《"五四"后关于"新文化运动"的讨论》,《北京师范大学学报》(社会科学版)2010 年第 4 期,第 5—21 页;张太原:《20 世纪 30 年代知识界言说中的"五四"》,《近代史研究》2013 年第 2 期,第 111—128 页。桑兵《"新文化运动"的缘起》(《澳门理工学报》2015 年第 4 期)一文,与本文讨论的问题有一定重合,但关注点不同,桑文偏重于探讨"新文化运动"这一名词流行背后的党派势力,认为江苏教育会、北京大学和南方国民党三方合谋发起"新文化运动";本文则侧重于梳理"新文化运动"这一名词最初流行时含义混沌多歧的"原生态"及之后逐渐被"修整"的过程。
　　② 王汎森:《思想史与生活史的联系——"五四"研究的若干思考》,《政治思想史》第 1 期(天津),2010 年 3 月,第 16 页。舒衡哲注意到许多有关"五四"的研究都"从现实出发而不断地与历史对话",这些研究"显示了一个民族如何通过对自己与其过去的关系之自觉,不断地解释它的特性和使命"。舒衡哲:《"五四":民族记忆之鉴》,《五四运动与中国文化建设——五四运动七十周年学术讨论会论文选》上,第 148 页。王汎森、舒衡哲文中所讨论的"五四",实即广义的五四新文化运动。
　　③ 蒋百里:《欧洲文艺复兴史·导言》,岳麓书社 2010 年版,第 2 页。
　　④ 皮埃尔·布尔迪厄、罗杰·夏蒂埃著,马胜利译:《社会学家与历史学家:布尔迪厄与夏蒂埃对话录》,北京大学出版社 2012 年版,第 33 页。

后数年间各方对"新文化运动"的不同表述及争论,展示时人心中的"新文化运动"如何从"混流并进"逐渐脉络清晰,进而形成两种主要叙述,试图揭示后世相关叙述中那"建构"的一面及其"建构"过程,借以加深对含混复杂、倏忽不定的新文化运动的认识。

一、走向"运动"的"文化": "文化运动"的出现

现在一般人多认为新文化运动始于 1915 年陈独秀创办《青年杂志》或 1917 年胡适提出"文学改良",但同时周策纵注意到"新文化运动"这一概念是在五四学生运动之后半年内才开始流行。[①] 事实上,在 1920 年时,郭绍虞曾直接将五四学生运动看成新文化运动的起点。[②] 周作人也曾说,"五四"事件的发生"引动了全国的视听,及至事件着落之后,引起了的热情变成为新文化运动";并以"五四"为界,之前的一段是"文学革命",后头的一段才是"新文化运动"。[③] 这些不同的观点背后,正是各方对"新文化运动"概念的不同认知,提示出此概念意涵的丰富与多歧。

---

① 例如胡绳把《新青年》的创刊(在 1915 年 9 月)看作是"五四"文化运动的开始,周策纵则把"五四"时期限定在 1917 到 1921 年这段时期内。胡绳:《"五四"运动论》(1937),《胡绳全书》第 1 卷,人民出版社 1998 年版,第 31 页;周策纵著,周子平等译:《五四运动:现代中国的思想革命》,江苏人民出版社 1996 年版,第 265 页。对于"新文化运动"一词流行时间,郑师渠认为该词真正开始流行当晚到 1920 年初,而"非常普遍流行"则还应是同年下半年的事。郑师渠:《"五四"后关于"新文化运动"的讨论》,《北京师范大学学报》(社会科学版)2010 年第 4 期,第 6 页。黄兴涛老师也注意到:"'新文化运动'并非此一运动兴起之初就已经出现的概念,而是后来社会上和运动提倡者们自身迟到的命名。"黄兴涛:《晚清民初现代"文明"和"文化"概念的形成及其历史实践》,《近代史研究》2006 年第 6 期,第 30 页。

② 郭绍虞:《文化运动与大学移植事业》,《晨报》五四纪念增刊,1920 年 5 月 4 日,第 4 版。

③ 周作人:《北平的事情》(1949 年 4 月 1 日),钟叔河编订:《周作人散文全集》第 9 卷,广西师范大学出版社 2009 年版,第 762 页。

　　有一点大致可以确定，即"新文化运动"一词的流行，确与"五四""引起了的热情"有关。如同晚清民初很多新名词一样，"文化运动"一词传自日本的可能性较大。① 中国国内最初使用"文化运动"者，似有意与偏重街头行动的"学生运动"相对。五四运动发生一个月后，罗家伦、傅斯年与主张持续罢课的其他学生领袖不和，遂申明自己将弃"学生运动"而从事"文化运动"，表示"自此而后，当闭户读书，努力为文化运动之一前驱小卒"，将"尽力文化运动，不知有他"。②

　　不过，"文化运动"也是一种"运动"，正体现"五四"后好"动"的时代氛围。正如罗家伦所总结的："'五四''六三'的结果，只是把全国的人弄'动'了。"③刘延陵便说，当时"中国忽然来了'文化运动'的一个名词，我们也不晓得是那一个人开始造的，但这本是

---

　　① 1920 年初，有人明确提到"不知那个人把'文化运动'四个字从日本输入到中国来"。《女子独立怎么样》，《北京大学学生周刊》第 5 期，1920 年 2 月 1 日，第 2 页。章士钊后来也说："文化运动四字，似来自日本，日本又译自德国。"章士钊：《文化运动与农村改良——在湖南教育会讲演记》（1922 年 10 月 8 日），《章士钊全集》第 4 卷，文汇出版社 2000 年版，第 144 页。黄兴涛老师的研究也指出，一战前后，"文化"一词大规模流行开来是源自德国，而后迅速传到日本，接着又传到中国。黄兴涛：《晚清民初现代"文明"和"文化"概念的形成及其历史实践》，《近代史研究》2006 年第 6 期，第 28 页。

　　② 傅斯年、罗家伦：《傅斯年、罗家伦致锡朋、楚苏、宝锷、日葵等人信》，《时事新报·学灯副刊》1919 年 7 月 3 日、4 日，第 3 张第 4 版；罗家伦：《罗家伦与狄侃书》（1919 年 6 月 23 日），附于狄侃《请看罗家伦覆我的信》之后，《时事新报·学灯副刊》1919 年 6 月 28 日，第 3 张第 3 版。"新文化运动"一词不晚于 1919 年 3 月便已出现于中文期刊，当时陈启修在讨论西南问题时，曾提出"凡固有文化甚高之地，其人之新文化感受性及发展力，大抵较固有文化较低之地为弱"，"惟西南文化最低"，最适合新文化的培养，故主张"以西南为新文化运动之圆心的起点"。不过，此文似并未引起注意，"五四"后"新文化运动"一词的流行也非从这一脉络中来。陈启修：《从"北洋政策"到"西南政策"——从军国主义到文化主义》，《北京大学月刊》第 1 卷第 3 号，1919 年 3 月，第 17—18 页。

　　③ 罗家伦致张东荪（1919 年 9 月 30 日），《时事新报·学灯副刊》1919 年 10 月 4 日，第 3 张第 4 版。

群众心理的一种现象,不足深怪"。① 所谓"群众心理",即指当时"动"的氛围,也就是周作人所说的"五四""引起了的热情"。郑伯奇更指出,当时各地的"文化运动"是与"爱国运动""一时迸发"的。② 五四运动后的情况正是"一轰而起,全国骚动"。③

罗家伦注意到,"五四"以后"形势大变,只听得这处也谈新思潮,那处也谈新思潮;这处也看见新出版品,那处也看见新出版品",有了"蓬蓬勃勃的气象"。新出版品从"五四"前的寥寥数种,"骤然增至四百余种之多"。④ 胡适后来讨论"五四"学生运动的间接影响,其中之一便是"为此运动,学生界的出版物,突然增加。各处学生皆有组织,各个组织皆有一种出版物,申述他们的意见"。单 1919 年,他就曾收到四百余种"学生式的豆腐干报",并且,这些出版物"皆用白话文章发表意见,把数年前的新文学运动,无形推广许多。从前我们提倡新文学运动,各处皆有反对。到了此时,全国学生界,亦顾不到这些反对,姑且用它一用再讲。为此'用它一用'的观念的结果,新文学的势力,就深深占入学生界的头脑中去了"。学生办杂志在此前便时有出现,但罗家伦所说"骤然增至"、胡适所说"突然增加",都体现了学生运动突然且剧烈的影响。不仅是数量的增加以及对白话文学的推广,时人所关心的主题也在改变、扩大。胡适注意到,学生运动之后,平民教育、劳工运动、妇

---

① 刘延陵:《文化运动应当像两个十字》(1920 年 10 月 10 日),葛乃福编:《刘延陵诗文集》,复旦大学出版社 2002 年版,第 157 页。

② 《会员通讯(郑伯奇致恽代英)》(1920 年 6 月 16 日),《少年中国》第 2 卷第 1 期,1920 年 7 月,第 65 页。

③ 杨贤江:《十年来的中国与学生》(1922 年 11 月 16 日),《杨贤江全集》第 1 卷,河南教育出版社 1995 年版,第 749 页。

④ 罗家伦:《一年来我们学生运动底成功失败和将来应取的方针》,《晨报》1920 年 5 月 4 日"五四"纪念增刊,第 2、3 版。

女运动等"非独见于报章杂志,抑且见诸实事之上了"。[①]

　　期刊量的增加以及质的改变(包括使用白话以及主题的变化),仅是其中一个方面。更重要的是,五四学生运动造成了一种新的弥漫全国的思想氛围。例如,有报道观察到,长沙正是受了五四运动的鼓动,"一般人士向'新潮'方面走的"方才渐渐增多,意识到"社会改造""思想革新""妇女解放""民族自决"种种问题,万不容缓。[②] 长沙如此,其他地方亦可想见,尤其是"五四"后的学生,更是活跃。

　　浙江一师的学生也注意到,在"五四""六三"两运动之后,时代精神大大地改变了,之后"应运而起的潮流和思想,也风起云涌似的弥漫乎全国,在稍微有些知识判断的人,没有不晓得应该去迎接这种新的潮流和思想的",一师在经亨颐校长主持下也"曾有种种从根本上改革的措置,去尽宣传文化运动的责任"。[③] 当时尚在浙江省立第一中学就读的阮毅成就体会到五四运动一发生,他们原本平静的学生生活,"完全变了":成立学生联合会、学生自治会,参加抵制日货运动、发起示威游行、开会听演讲、创办白话杂志等活动异常之多,"自五月起一直到放暑假,就没有上过几堂课"。他父亲也注意到"五四以来,各处学生过于活动"。[④]

　　在北京俄文专修馆过"最枯寂的生涯"的瞿秋白也一样,在五四运动陡然爆发之后,他和同学"卷入旋涡,孤寂的生活打破了",

---

　　① 胡适:《五四运动纪念》(1928 年 5 月),季羡林主编:《胡适全集》第 21 卷,安徽教育出版社 2003 年版,第 368—369 页。

　　② H. C.:《长沙特约通讯·湖南之文化运动观》,《晨报》1919 年 12 月 3 日,第 3 版。

　　③ 《全体同学第一次宣言》(1920 年 6 月)、《全体同学第一次请愿书》(1920 年 6 月),中共浙江省委党史资料征集研究委员会、中共杭州市委党史资料征集研究委员会编:《浙江一师风潮》,浙江大学出版社 1990 版,第 23、35 页。

　　④ 阮毅成:《五四时代的我》,《传记文学》第 1 卷第 2 期,1962 年 7 月,第 19—22 页。

"抱着不可思议的'热烈'参与学生运动"。① 正如杨贤江观察到
的:"五四运动之后,各地学生莫不激于义愤,奋发而起。游街也,
演说也,贩卖国货也,奔走接洽也。"他又说:"自'五·四'北京发
动,跟着就有上海的'六·五',由大学而中学而小学,由罢学而罢
市而罢工。所做的事业有赴乡讲演、贩卖国货、组织学生会、刊行
报纸等等。"②"五四"后的学生行为确实有了如罗家伦所说的"一
定的形式":"有一件事情出来,一定要打一个电,或是发一个宣
言,或是派几个代表,而最无聊的就是三番五次的请愿,一回两回
的游街。"③这样的运动随处可见,像改变瞿秋白一样改变了无数
青年的生活状态和人生轨迹,他们像被"激活"了,"北至北京,东
至上海,西至成都,南至广州,许多出版物,许多集会,前仆后继,一
天盛似一天",并且时人仍在呼吁进一步"推广这种运动到极偏僻
的地方去"。④ 故 1919 年也被称为"学潮年"。⑤ 在这样的氛围中,
"文化运动"一词开始被使用和流行。

并且,时人常寄希望于此种"动"的倾向之中。张东荪呼吁学
生"直接行动",他认为当时的学生运动是群众运动的一种,"是个
人直接的运动,是个人良心上发现的决心,是最新革新运动的型
式","五四、六五两运动,是亘古以来破天荒的新运动",只不过当
时的"新思想"仍不够普及,要实现"新思想"与"新运动"的结合,

---

① 瞿秋白:《饿乡纪程》(1922),《瞿秋白文集·文学编》第 1 卷,人民文学出版
社 1985 年版,第 25 页。

② 杨贤江:《新教训》(1919 年 7 月 5 日)、《十年来的中国与学生》(1922 年 11 月
16 日),《杨贤江全集》第 1 卷,第 149、750 页。

③ 罗家伦:《一年来我们学生运动底成功失败和将来应取的方针》,《晨报》1920
年 5 月 4 日,"五四"纪念增刊第 2 版。

④ 瞿秋白:《革新的时机到了!》(1919 年 11 月 21 日),《瞿秋白文集·政治理论
编》第 1 卷,人民出版社 2013 年版,第 20 页。

⑤ 杨贤江:《十年来的中国与学生》(1922 年 11 月 16 日),《杨贤江全集》第 1
卷,第 749 页。

仍需要以"文化运动""去培植新思想的基础"。① 罗家伦同样认为
"中国的存亡正系在这一'动'",他之所以要"积极做我们的文化
运动",正是为了维持这一"动",使之成为"永久的活动"。② 李人
钊更明确地强调"文化运动"是"少年运动"的第一步,其目的是要
创造理想的"少年中国"。③

　　在张、罗、李三人或许随意的表达中,"文化运动"这一概念正
是"五四"之前的"思想"(文化)与"五四"之后的"运动"之结
合——将街头的"学生运动"调整到了"文化"领域,又为"文化"增
加了"运动"的形式。芜湖的学生运动领导者就是一面组织学生
出去检查日货,一面手不离《新青年》《新潮》《少年中国》等新出版
的杂志,互相争论"文言和白话""三纲五常"和"赛先生德先生",
甚至于"资本主义和共产主义"等问题。④

　　顾颉刚便认为,"五四"的意义就在于将反抗强权的运动与文
化建设联系了起来,方才"激起了'创造新文化'的呼声"。⑤ "文化
运动"这一词语顺应了群众心理,同时也塑造了"五四"之后的新
风气。毛泽东"我们不说,谁说? 我们不干,谁干?"的宣言,《少年
中国》月刊"本科学的精神,为文化运动,以创造'少年中国'"⑥的

---

　　① (张)东荪:《直接行动》,《时事新报》1919 年 5 月 13 日,第 2 张第 1 版;记者:
《直接行动与无抵抗主义》,《时事新报》1919 年 6 月 7 日,第 2 张第 1 版;(张)东荪:
《"新思想"与"新运动"》,《时事新报·学灯副刊》1919 年 9 月 2 日,第 3 张第 3 版。
　　② 罗家伦致张东荪(1919 年 9 月 30 日),《时事新报·学灯副刊》1919 年 10 月 4
日,第 3 张第 4 版。
　　③ 李大钊:《"少年中国"的"少年运动"》,《少年中国》第 1 卷第 3 期,1919 年 9
月,第 1 页。
　　④ 郑超麟:《记尹宽》,郑超麟著,范用编:《郑超麟回忆录》上册,东方出版社
2004 年版,第 350—351 页。
　　⑤ 顾颉刚:《我对于五四运动的感想》(1942 年 5 月 5 日),《顾颉刚全集·宝树
园文存》第 3 卷,中华书局 2011 年版,第 314—315 页。
　　⑥ 毛泽东:《民众的大联合(三)》(1919 年 8 月 4 日),中共中央文献研究室、中共
湖南省委《毛泽东早期文稿》编辑组编:《毛泽东早期文稿》,湖南人民出版社 2008 年版,
第 356 页;《〈少年中国〉月刊的宣言》,《少年中国》第 1 卷第 1 期,1919 年 7 月,无页码。

宗旨,均是典型的"说"与"干"、"文化"("科学")与"运动"的
结合。

二、"新文化运动"一词的流行

与此同时,欧战后很多中国人几乎形成一种共识——世界将
进入一个全新的时代,故"新文明""新世界""新中国""新社会"
"新人"逐渐成为人们的口头禅。"新文化"正是其中最重要的名
词之一,且几乎可以涵盖上述其他所有名词。创造"新文化",也
变成了迫切需要。"五四"学生运动之后,蔡元培就希望全国学生
要担起"树吾国新文化之基础"的责任。有人甚至认为"要救济今
日社会无限的危险,增进将来社会无限的可能,我们不得不创造新
文化,不能不创造新文化"。①

或正是看到了"文化运动"与"创造新文化"之间的内在关系,
有人开始使用"新文化运动"一词。"五四"后曾考察北京、上海等
地的蒋梦麟指出,"新文化运动的目的"便是要"酿成新文化",只
有如此才可以救治"中国社会的病",故他视其为"五四学潮以后
的中心问题"。② 戴季陶的一位朋友在"五四"后以为此前几次革
命并无什么好的效果,是"不行的";而戴则纠正:"你以为一定要
炸弹、手枪、军队,才能够革命,才算是革命? 那就错了。"其实"平
和的新文化运动,这就是真正的革命,这就是大创造的先驱运动",
他甚至说如果不愿亡国,就"只有猛力做新文化运动的工夫"。③

---

① 蔡元培:《告北大学生暨全国学生书》(1919 年 7 月 23 日),高平叔编:《蔡元
培全集》第 3 卷,中华书局 1984 年版,第 312 页;谢承训:《新文化运动之意义及其促进
之方法》,《时事新报·学灯副刊》1919 年 12 月 17 日,第 3 张第 4 版。
② 蒋梦麟:《新文化的怒潮》(1919 年 9 月),《蒋梦麟教育论著选》,人民教育出
版社 1995 年版,第 129 页。
③ 戴季陶:《我和一个朋友的谈话》,《星期评论》第 17 号,1919 年 9 月 28 日,第 4 版。

可见在 1919 年 9 月，"新文化运动"一词已成为蒋、戴等人思考现实问题时非常重要的概念。稍后更有人总结"创造新文化，传播新文化，就是新文化运动"。① 与"文化运动"一词相似，这些人在使用该词时仍然强调其沟通思想与实际行动的一面，如蒋梦麟心中的"新文化运动"，就是要形成一股"怒潮"，"把中国腐败社会洗得干干净净，成一个光明的世界"。② 陈炯明明确他们的"新文化的运动"宗旨即为"提倡新文化，建设新社会"，一头是"改造全人类的思想"，另一头是"要创造一个新世界"。③

　　1919 年 10 月底，江苏省教育会决定将"新文化运动之种种问题及推行方法"确定为本年高等、中等学校学生"演说竞进会"的演说题，随后在报纸上广登通函，详细解释该词含义，试图借此活动"唤醒国民，改良社会，发展个人，增进学术"。这一举措促进了"新文化运动"一词的流行。④ 演说竞进会分别于 12 月 6 日及 22 日在南京举行。在其影响下，江浙学生纷纷参与讨论，将讲稿投诸

---

　　① 谢承训：《新文化运动之意义及其促进之方法》，《时事新报·学灯副刊》1919 年 12 月 17 日，第 3 张第 4 版。

　　② 蒋梦麟：《新文化的怒潮》（1919 年 9 月），《蒋梦麟教育论著选》，第 130 页。其他如吴稚晖当时提出"中国的新文化运动"要注意"注音字母的普及"，以灌输不识字的工人智识；戴季陶则认为"普遍的新文化运动，是革命进行的方法"，无不强调了了"新文化运动""运动"的一面。先进（李汉俊）：《新文化运动的武器》，《星期评论》第 13 期，1919 年 8 月 31 日，第 4 版；戴季陶：《革命！何故？为何？——复康君白情的信》（1919 年 9 月 11 日），唐文权、桑兵编：《戴季陶集》，华中师范大学出版社 1990 年版，第 1013—1014 页。

　　③ 陈炯明：《〈闽星日刊〉发刊词》（1920 年 1 月 1 日）、《〈闽星〉发刊词》（1919 年 12 月 1 日），段云章、倪俊明编：《陈炯明集》（增订本）上卷，中山大学出版社 2007 年版，第 426、386—387 页。

　　④ 《演说竞进会定期在宁开会》，《申报》1919 年 10 月 31 日，第 3 张第 10 版；《演说竞进会演题之解释》，《申报》1919 年 11 月 2 日，第 3 张第 10 版；《文化教育会运动演讲》，上海《民国日报》1919 年 11 月 2 日，第 10 版。桑兵先生认为："江苏省教育会组织系统的社会动员，对于新文化运动的迅速蔓延至关重要。"桑兵：《"新文化运动"的缘起》，《澳门理工学报》2015 年第 4 期，第 5 页。

报端。① 有人读到江苏省教育会对"新文化运动"的解释后认为
"确是二十世纪中国人民所需要者",《时报》所附《教育周刊》也号
召大家"急应研究研究"。② 自此,"新文化运动的声浪,就一天高
似一天"。到 1919 年底,谈论、使用"新文化运动"已成为一种时
髦。③ 需要说明的是,即使"新文化运动"一词流行之后,在早期,
时人仍常将"文化运动"与"新文化运动"混用,有人便曾明确指
出,"文化运动"也称"新文化运动","是没有多少分别的"。④ 并
且,如此"一轰而起"的状态,确有团体在其中借势推动,然若说
"新文化运动"这一名词甚至整个新文化运动都是在学生运动后
由二三团队联手发动,似乎低估了学生自身的能量,也忽视了新文
化运动那自发甚至"无序"的一面。

　　"新文化运动"一词的流行和"五四"后注重"行动"甚至"运

---

　　① 《学术讲演会演说竞进会》,《申报》1919 年 12 月 18 日,第 2 张第 8 版。获一
等奖的余天栋、二等奖的谢承训分别将演说稿发表于《学生杂志》与《时事新报》。在演
说竞进会期间,在校学生参与讨论新文化运动者众多,如当时江苏第二女子师范学校学
生朱黛痕便与同乡通信讨论运动施行方法。余天栋:《新文化运动之种种问题及其推
行法》,《学生杂志》第 7 卷第 3 期,1920 年 3 月,第 20—24 页;谢承训:《新文化运动之
意义及其促进之方法》,《时事新报·学灯副刊》1919 年 12 月 17 日,第 3 张第 4 版;朱
黛痕:《拟与同乡某君讨论新文化运动施行方法书》,《江苏第二女子师范学校校友会
汇刊》1919 年第 9 期,第 36—38 页。

　　② 《新文化运动之解释》,《兴华》第 16 卷第 44 期,1919 年,第 28 页;进之:《新文
化运动》,《时报·教育周刊》第 9 号,1919 年 11 月 17 日,第 1 版。

　　③ 朱黛痕:《拟与同乡某君讨论新文化运动施行方法书》,《江苏第二女子师范学
校校友会汇刊》1919 年第 9 期,第 37 页。陈独秀在 1919 年底撰文指出新文化运动者无
人愿办《店员周刊》《劳动周刊》等刊物,质问:"难道因为这种报不时髦,不能挂'新思
潮''新文化运动'的招牌吗?"可见在当时只要挂上"新思潮""新文化运动"的招牌,就
是"时髦"。陈独秀:《告上海新文化运动的新同志》,《时事新报》1920 年 1 月 1 日,"元
旦增刊",第 3 张第 3 版。此文后改名为《告新文化运动的诸同志》刊登于 1920 年 1 月
11、12 日长沙《大公报》。《陈独秀著作选编》据长沙《大公报》版收入,见任建树主编
《陈独秀著作选编》第 2 卷,上海人民出版社 2009 年版,第 169—174 页。

　　④ 如松:《怎样做"文化运动"——评胡适博士底理论》(1931 年 1 月 13 日),《二
十世纪》第 1 卷第 2 期,1931 年 3 月,第 1 页。为行文方便,本文在使用"新文化运动"
或"文化运动"时亦视上下文情况而定,并非强调两者不同含义。

动"的时代氛围有关，而当其流行之后，不仅整体化地表述了此前相关的各种革新运动，又进一步促使社会"运动"了起来。换言之，"新文化运动"一词一旦被广为接受且具有了正当性，它又可以成为时人指导行为并为行为正名的依据。当时各地均在为从事"新文化运动"而积极行动：汉口学生争相"愿做新文化运动的'马前卒'"，温州的永嘉新学会"对于新文化运动及改造社会等事业，日日进行，成效可观"，而原本"黑沉沉、冰冷冷的芜湖，居然也有什么新文化运动"，且"'蓬蓬勃勃如釜上蒸'般的热烈进步"。① 从事"新文化运动"者不限于学生辈，当时主政漳州的陈炯明也"想在闽南为新文化的运动"，创办《闽星》半周刊后又创办《闽星日刊》，这一时期的工作"以新文化为主，每月出版物甚多"。② 真可谓"今天在这儿唱'新文化运动'，明天在那儿唱'新文化运动'"，"几乎个个人都是新文化运动家"。③

　　值得注意的是，鲁迅已指出"新文化运动"这一名目本非《新青年》同人所提出，而是《新青年》的反对者制造出来的。他说，五

---

① 小轩：《汉口特约通讯·鄂学生之新文化运动》，《晨报》1920 年 1 月 13 日，第 3 版；《永嘉新思潮之萌芽》，《申报》1920 年 1 月 15 日，第 2 张第 7 版；钧民：《芜湖新文化运动观》，《晨报》1920 年 3 月 21 日，第 6 版。新文化运动从北京、上海等大城市向各地传播的过程不完全是由地方上学生自发模仿、响应，也可能是来自大城市知识青年的直接组织、动员。郑伯奇便曾号召少年中国学会会员"回家去连络同志，征求纯洁的青年来组织地方的'新文化运动'的团体，来作地方的新文化事业的活动"。《会员通讯（郑伯奇致会员同志）》（1920 年 8 月 20 日），《少年中国》第 2 卷第 6 期，1920 年 12 月，第 60 页。

② 陈炯明：《〈闽星日刊〉发刊词》（1920 年 1 月 1 日）、《与某代表的谈话》（1920 年 8 月），《陈炯明集》（增订本）上卷，第 426、451 页。

③ 中华美育社同人：《本志宣言》，《美育》第 1 期，1920 年 4 月，第 1 页；陈启天：《什么是新文化的真精神》，《少年中国》第 2 卷第 2 期，1920 年 8 月，第 2 页。在此之前，便已有人看到"这儿也说文化运动，那儿也说文化运动"。《女子独立怎么样》，《北京大学学生周刊》第 5 期，1920 年 2 月 1 日，第 2 页。当时杨贤江观察到："一年以来，国内提倡新文化运动，我们青年大都参与其间。一时蓬蓬勃勃的气象，真是不可一世。"如果青年大都参与其间，则在青年中也确实"几乎个个人都是新文化运动家"。杨贤江：《主动与被动》（1920 年 9 月 5 日），《杨贤江全集》第 1 卷，第 227 页。

四运动后,革新运动表面上有些成就,于是主张革新的人也渐多,这里面"有许多还就是先讥笑、嘲骂《新青年》的人们,但他们却是另起了一个冠冕堂皇的名目:新文化运动","后来又将这名目反套在《新青年》身上,而又加以嘲骂、讥笑"。他又曾说:"记得初提倡白话的时候,是得到各方面剧烈的攻击。后来白话渐渐通行了,势不可遏,有些人便一转而引为自己之功,美其名曰'新文化运动'。"①鲁迅这里所说的反对者包括张东荪及"研究系"同人,他之所以如此说,当与张氏在此前与《新青年》同人有过不愉快的文字交锋,随后又反复倡导"文化运动"甚至祭起"新文化运动"旗子有关。②

相比其他报章杂志,被视为新文化运动"金字招牌"的《新青年》反而较晚使用该词。1919 年 12 月,《新青年》杂志从《时事新报》《国民公报》《晨报》中摘出数篇"长沙特约通讯",合并为《长沙社会面面观》一文,并将其中一封名为《湖南之文化运动观》的通讯改题为"新文化运动",成为文中一节。正如王奇生老师指出的,陈独秀在这一期的"随感录"中开始频繁使用这一名词。③ 与鲁迅不同,至少陈独秀到 1919 年末已大致接受"新文化运动"这一名称。

---

① 鲁迅:《热风·题记》(1925 年 11 月)、《写在〈坟〉后面》(1926 年 11 月),《鲁迅全集》第 1 卷,人民文学出版社 2005 年版,第 308、301 页。此段论述参见罗志田《历史创造者对历史的再创造——修改"五四"历史记忆的一次尝试》,《四川大学学报》(哲学社会科学版)2000 年第 5 期,第 99 页。

② 袁一丹:《"另起"的"新文化运动"》,《中国现代文学研究丛刊》2009 年第 3 期,第 75—89 页;周月峰:《从批评者到"同路人":五四前〈学灯〉对〈新青年〉态度的转变》,《社会科学研究》2015 年第 6 期,第 197—204 页。

③ H. C.:《长沙特约通讯·湖南之文化运动观》,北京《晨报》1919 年 12 月 3 日,第 3 版;《长沙社会面面观》一文及陈独秀《调和论与旧道德》《留学生》《段派、曹陆、安福俱乐部》三条"随感录"均发表在《新青年》第 7 卷第 1 期,1919 年 12 月;王奇生:《新文化是如何"运动"起来的——以〈新青年〉为视点》,《近代史研究》2007 年第 1 期,第 35 页。

总体而言，"新文化运动"一词因迎合了"五四"后好"动"的"群众心理"而迅速流行。关于其流行过程，梁漱溟说得最为清楚，他在1919年6、7月间写作《东西文化及其哲学》导言，使用到"文化运动"一词时，尚"自疑杜撰"，可见那时还几乎无人使用，但"今才六个月功夫，竟成腐语滥套"。他从这一过程中，看到了"社会的猛晋"。① 五四学生运动之后的数月间，思想界"相率竟为新文化运动"，该词迅速传播开来，进入大众视野，成为社会"最时髦的名词"。② 并且，有人注意到该词本是代"新思想"而兴，在五四运动以后，"新思潮骤然膨胀起来"，成了一种新文化运动。③ 这一取代绝非偶然，用"新思想"来涵盖之前"咬文嚼句的书生运动"或许尚可，但"五四"后的思想界有了极大转变，走向实际运动，要求改造社会、革新政治，故内涵外延更为广泛、模糊，似可兼顾思想与社会又带有实行意味的"新文化运动"一词才被广泛使用。④

然而，与"辛亥革命"或"五卅运动"这类偏重历史事件描述的

① 梁漱溟：《唯识述义·〈东西文化及其哲学〉导言》(1919年6、7月间)，《梁漱溟全集》第1卷，山东人民出版社2005年版，第267页。引文部分是梁漱溟写完《〈东西文化及其哲学〉导言》6个月之后的"附记"，写作时间当在1919年12月至1920年1月间。

② 邓中夏：《回忆共产主义小组成立前后》，中国社会科学院近代史研究所编：《五四运动回忆录》上，中国社会科学出版社1979年版，第90页；瞿秋白：《饿乡纪程——新俄国游记》(1920)，《瞿秋白文集·文学编》第1卷，第26页；瞿秋白：《文化运动——新社会》(1920年3月6日)，《瞿秋白文集·政治理论编》第1卷，第69页。

③ 《东方杂志》记者章锡琛说："一年以前'新思想'之名词，颇流行于吾国之一般社会。以其意义之广漠、内容之不易确定，颇惹起各方之疑惑辩难。迄于最近，则新思想三字已鲜有人道之，而'新文化'之一语，乃代之而兴。"君实(章锡琛)：《新文化之内容》，《东方杂志》第17卷第19号，1920年10月10日，第1页；瞿秋白：《革新的时机到了!》(1919年11月21日)，《瞿秋白文集·政治理论编》第1卷，第20页。

④ 常乃惪注意到，"五四"后"新文化运动已经不是仅仅咬文嚼句的书生运动了，他成了一种潮流，一种猛厉无前的潮流，将旧社会的权威席卷而去。这是谁的功劳，是五四运动的功劳"。常乃惪：《中国思想小史》，上海古籍出版社2005年版，第141页。戴季陶认为五四后的"文化运动"关注"促进社会文化的实际问题"，是一场"实际运动"。戴季陶：《文化运动与劳动运动》(1920年5月1日)，《戴季陶集》，第1210页。

名词不同,"新文化运动"在其流行之初,除描述现象之外,更多是一种革新主张,而主张常常是多元且变动的。故对于何为"新文化运动",当初较早使用或阐述该词的人,不论是思想界领袖还是普通人,并未给出一致的界定。他们心目中的主张本就各不相同,"新文化运动"内涵亦因着意点而有所差异。但随着该词迅速勃兴,这一概念便掠夺式地涵盖了思想文艺到社会政治之间的广阔地带。

三、混沌多歧的新文化方案

胡适后来说,"新文化运动"本是"纯粹文学的、文化的、思想的一个文艺复兴运动"。周作人也认为"新文化运动"是"文学革命加上思想革命"。[①] 多数"五四"新文化人在对于"新文化运动"应当包括文学革命和思想革命这一点上并无异议,然而文学革命和思想革命是否是其全部? 如果回到历史语境,会发现在时人的言说中,这一概念远非如此简单明确。文化本来便是个"涵有极复杂意义"的名词,虽然"被人嚼得烂熟",但究竟什么叫做文化,却"人人有他自己的文化观"。[②] 实际上,即使是胡适等人在倡导文学革命之时,他们主张的"革命"实具有开放性,并不仅限于文学

---

① 胡适:《五四运动是青年爱国的运动》(1960年5月4日),《胡适全集》第22卷,第807页;周作人:《北平的事情》(1949年4月1日),《周作人散文全集》第9卷,第762页。

② 常乃惪:《中国文化小史》,《中国的文化与思想》,中华书局2012年版,第5页;燕生(常乃惪):《文化之横展与竖进》,《狂飚》(不定期刊)第1期,1925年12月,第1页。黄兴涛已注意到,"文化"的概念本有广狭之分,但在新文化运动的提倡者那里伸缩自如,成为其进行实际文化运动的观念依据。黄兴涛:《晚清民初现代"文明"和"文化"概念的形成及其历史实践》,《近代史研究》2006年第6期,第30页。

和思想的范围。①

其实早有人批评胡适等试图将"新文化运动"限制于文学和思想的做法，认为"这两点还不足以尽'文化运动'底内容，甚至还没有把握着'文化运动'底意义"，正如郭沫若后来所指出，把这一运动限定于"文艺"，"是把五四的意义缩小了"，因为它还有"文化革命或社会革命"的精神。② "新文化运动"在文艺之外尚有趋向"实行"的一面，而其"实行"的目标并不限于"文艺"，也包括各项社会甚至政治问题。

傅斯年当时就指出，五四运动过后，是"社会改造运动的时代"。③ 产生并流行于这一时期的"新文化运动"一词，便蕴含了实行"社会改造"的显著特色。当时在中国讲学的杜威观察到，"五四"后所兴起的新趋向防止了这场运动"成为文化和文学的附带品"，"这场运动的外部表现，集中在创办那些学生支持并可以进行教学的新式学校，为儿童和成年人开办学校；大众演讲和进行直接的'社会服务'活动；与商店合作，提供技术咨询和专业援助，以改善旧的经营模式，引进新的技艺。这些活动使得知识分子的运动不再远离一切实际事务，远离政治，从而防止它成为文化和文学的附带品"。④ 这也是部分"新文化运动"者所着意推动的。戴季

---

① 罗志田指出："他们因主张文学的表述形式与思想社会有关，就走向思想革命和社会改革；因假想对立面有政治背景，也就越来越往政治方面着眼。"参见罗志田《走向"政治解决"的"中国文艺复兴"——五四前后思想文化运动与政治运动的关系》，《近代史研究》1996年4期，第122—124页。

② 如松：《怎样做"文化运动"——评胡适博士底理论》，《二十世纪》第1卷第2期，1931年3月，第3页；郭沫若：《我再提议改订文艺节》(1948年4月21日)，郭沫若著，王锦厚等编：《郭沫若佚文集》下，四川大学出版社1988年版，第235页。

③ 傅斯年：《新潮之回顾与前瞻》(1919年9月5日)，《新潮》第2卷第1期，1919年10月，第203页。

④ 杜威：《学潮的结局》(1920年)，杜威著，刘华初、马荣、郑国鱼译：《杜威全集·中期著作》第12卷(1920年)，华东师范大学出版社2011年版，第20页。

陶即明言,"新文化运动""就是以科学的发达为基础的'世界的国家及社会的改造运动'",并且"非有大破坏,不能有大建设"。① 戴所看重的正是国家与社会的实际改造。这也是不少时人心中"新文化运动"最为重要的内容。易君左观察到,"社会改造之声浪,在今日新思潮中,已占全体十之七八;凡所谓妇女解放、劳动神圣等,又靡不以此为归宿"。②

　　相比于直接的社会改造,张东荪、蒋梦麟注重面向下层社会的教育。经历了五四学生运动后,张东荪强调"文化运动"是"培植新思想"的良方,实是"广义的教育",是"启发下级社会的知识和道德"。③ 蒋梦麟同样把它视为"提高社会程度的方法",是"对于受不到普通教育的平民,给他们一种教育"。④ 梁漱溟则认为,"因为中国国民受东方化的病太深,简直不会营现代的生活",所以"你要教他会营现代的生活,非切实有一番文化运动辟造文化不可"。⑤ 他们的主张虽兼具了思想运动与社会运动,且背后仍隐藏了社会改造的目的,但毕竟在"文化运动"阶段仍偏于宣传、教育。

　　李大钊心目中的"文化运动"则明确兼具"精神改造的运动"和"物质改造的运动"两方面,前者是"本着人道主义的精神,宣传'互助''博爱'的道理",后者则包括创造劳工组织、改造经济制

---

　　① 戴季陶:《从经济上观察中国的乱原》(1919年9月1日),《戴季陶集》,第989页。

　　② (易)君左:《社会改造与新思潮》(1920年7月25日),《改造》第3卷第1期,1920年9月,第51页。

　　③ (张)东荪:《补药》,《时事新报》1919年11月8日,第2张第1版;(张)东荪:《第三种文明》,《解放与改造》第1卷第1、2合期,1919年9月,第4页。

　　④ 蒋梦麟:《社会运动与教育》(1920年2月20日),《蒋梦麟教育论著选》,第157页。

　　⑤ 梁漱溟:《唯识述义·〈东西文化及其哲学〉导言》(1919年6、7月间),《梁漱溟全集》第1卷,第266页。

度,两种运动如"车的两轮、鸟的双翼",共同构成"文化运动"。①
如果说"精神改造"尚限于宣传,仍处"坐而言"与"起而行"之间,
那么"物质改造"中"创造劳工组织、改造经济制度"已是名副其实
地实行。这也正如后来张君劢所说,"新文化者,不仅新知识已
焉",不仅创造、传播新知识,还"应将此新知识实现于生活中",方
"成为新文化"。换言之,除学术上"当有一种大改革"之外,"社会
上、政治上之制度"也要有一种大改革,即要在"种种方面,造成一
新时代"。张君劢所主张的"新文化运动"无疑也是一种包括学
术、社会、政治的全方位大改造。②

　　然而,对于大多数人而言,他们在使用"新文化运动"时本较
随意或直接借用他人的说法,常常受上述诸多主张的共同影响而
又不局限于上述主张。江苏省教育会主办"演说竞进会"时,即强
调"新文化运动""是一种社会运动、国民运动、学术思想运动",其
含义已经涵盖学术、思想、社会等更广阔的范围。当时参加演说会
的学生认为"新文化运动"需要包括"研究"和"传播"两部分,而
"传播"的方式除语言文字之外,必须同时将研究的结果"实行出
来"。③ 这一学生对"新文化运动"的理解同样包含研究、教育、实
行的多层次。瞿秋白看到,当时的"思想革命"经过"五四"之后有
了充分发展,"学生运动、妇女运动、社会主义运动,以及'恋爱自

---

① 李大钊:《"少年中国"的"少年运动"》,《少年中国》第 1 卷第 3 期,1919 年 9
月,第 1—2 页。
　　② 张君劢:《学术方法上之管见——与留法北京大学同学诸君话别之词》(1922
年 1 月),翁贺凯编:《中国近代思想家文库·张君劢卷》,中国人民大学出版社 2014 年
版,第 86 页。
　　③ 《文化教育会运动演讲》,上海《民国日报》1919 年 11 月 2 日,第 10 版;谢承
训:《新文化运动之意义及其促进之方法》,《时事新报·学灯副刊》1919 年 12 月 17
日,第 3 张第 4 版。

由'‘劳工神圣’的口号",都开始普遍于社会。① 常乃惪也注意到,五四运动之后,全国既有"罢课、罢教、罢工、罢市种种风潮",又有各种白话小刊物"风起云涌","政治运动、社会运动、家族运动种种潮流日盛一日"。②

瞿、常两人均将这种种不同领域、不同层面的风潮、刊物、运动统称为"新文化运动"。或许正如林同济所说,这运动本是"丰富、复杂,以至矛盾的"。③ 既有人观察到新文化运动"渐渐儿变成纸上的文章运动";④也有人觉得运动"太偏于社会方面",而"把政治忽略了";⑤又有人认为"五四"使"学生渐知干预政治,渐渐发生政治的兴趣了",运动"变了质","走上政治一条路"。⑥ 确实是"横看成岭侧成峰",不同的人看到了"远近高低各不同"的面相。论者基于自身的主张对当时的运动观察和评判,主张"文艺""思想"的,批评其太"社会""政治";强调实行社会改造的则批评其太"纸上"。

并且,即使同一人,也往往在广狭非常不同的层次上使用该词。例如胡适有时说新文化运动在"五四"学生运动的"政治干扰"下"夭折"了,有时却又认为这一运动也包含了"五四"后从联

---

① 瞿秋白:《五四纪念与民族革命运动》(1925 年 4 月),《瞿秋白文集·政治理论编》第 3 卷,第 151 页。

② 常乃惪:《中国思想小史》,第 141 页。

③ 林同济:《从五四到今天——中国思想动向的转变》(1941 年 5 月 4 日),杨琥编:《民国时期名人谈五四——历史记忆与历史解释(1919—1949)》,福建教育出版社 2011 年版,第 385 页。

④ 蒋梦麟:《这是菌的生长呢还是笋的生长》(1919 年 11 月),《蒋梦麟教育论著选》,第 148 页。

⑤ 此为陈独秀观察到的时人的批评。陈独秀:《我的解决中国政治方针》(1920 年 5 月 24 日),《陈独秀著作选编》第 2 卷,第 237 页。

⑥ 胡适:《五四运动纪念》(1928 年 5 月 4 日),《胡适全集》第 21 卷,第 368 页;胡适:《五四运动是青年爱国的运动》(1960 年 5 月 4 日),《胡适全集》第 22 卷,第 807 页。

俄容共到北伐的国民革命。① 梁漱溟指出，新文化运动"始于文学、哲学，而归于社会问题、政治、经济"。② 至少在他心中，文学、哲学、社会、政治、经济等都是新文化运动的内容，不过前后侧重不同，接近于胡适所说广义的文艺复兴。身份较为超脱的日本观察者箭内亘当时看到，中国的"文化运动"既包含妇女解放、家庭革命、反对孔教，也包括主张白话诗文的文学革命、社会主义的宣传、过激思想的输入，比政治界更为"混沌"。③

　　正如前文所述，含义的"混沌"使得在不同言说中"新文化运动"的起点常常不同。因早期使用"新文化运动"者多强调其实行一面，所以多将运动的起点定为"直接行动"的五四运动之后。但随着含义的扩展，其起点也开始提前到欧战结束时、胡适提出"文学改良"时，甚至《新青年》创刊时。其侧重点也从社会改造变为新旧思想的讨论和文学革命。这一过程中，《新青年》在新文化运动中的地位更为凸显。④ 并且，最早使用这一名词的傅斯年、张东荪、蒋梦麟、李大钊等人都未强调它反传统的一面，稍后就有人提到"反对孔教"是其内容之一，但随着"新文化运动"的含义演变，反传统成为其最核心的内涵。（详后）

　　自1919年下半年"新文化运动"一词流行之后，使用者的诠释从未间断，该词的内涵与外延始终处于不断变换与扩展之中。⑤

────────────

　　① 罗志田：《走向"政治解决"的"中国文艺复兴"——五四前后思想文化运动与政治运动的关系》，《近代史研究》1996年第4期，第125—130页。
　　② 梁漱溟：《蔡先生与新中国》（1940年），《梁漱溟全集》第6卷，第75页。
　　③ 箭内亘：《歴史上より見たる支那の文化運動》，东京《朝日新聞》1921年8月21日，第6版。
　　④ 关于"新文化运动"概念涵盖时段的差别，可参见郑师渠《"五四"后关于"新文化运动"的讨论》，《北京师范大学学报》（社会科学版）2010年第4期，第6—7页。
　　⑤ 十年后，有人便认为其"范围绝大"，"政治问题""社会问题""女子问题""学术问题""宗教问题"等均在其中。王治心：《十年来中国新文化运动之结果》，《青年进步》第100期，1927年2月，第65—71页。

在不同的人、不同时期、不同方案中,新文化运动的内涵、外延本不相同,且多"混沌":文学改良、思想革命、社会改造,甚至政治运动等等,均可归属于"新文化运动"的范畴,你中有我,我中有你,"各种运动混流并进",[①]同时又言人人殊。这也致使当时任何革新主张似乎都可以冠以"新文化运动"之名。同时,指导运动的思想又是"纷歧"的。

新文化运动者多以创造新文化为目的,然而自第一次世界大战之后,原本在中国起作用的传统之道与新近起作用的西方之道,都不再被认可,这更加剧了传统秩序全面崩溃后的"真空状态",真正"各道其道"的时期来临。在欧战以前,"新""旧"的意义本极单纯,即"以主张仿效西洋文明者为新,而以主张固守中国习惯者为旧",但欧战之后不少人认为西洋"现代文明"不适于新时势,"新""旧"一变而为"以主张创造未来文明者为新,而以主张维持现代文明者为旧"。[②] 所以在"五四"时期,主张"仿效西洋文明"者固然自认为从事新文化运动,主张"创造未来文明"的也同样自认在从事这一事业,甚至认为自己才是真正的新文化运动。章锡琛便指出当时"所谓新文化",不能不以"时代精神(Zeitgeist)"为背景,即"新文化"是"十九世纪文明之反抗","补其偏而救其弊",认为"新文化"不仅与"西洋文明"不同,且立于相反对的地位。[③] 但不像"西洋文明"有相对现成的实体(也有虚悬成分),他们对于何为"未来文明"并无共识,仍有待于研求,以后的世界"将变到怎么

---

① 瞿秋白:《国民革命运动中之阶级分化——国民党右派与国家主义派之分析》(1926年1月29日),《瞿秋白文集·政治理论编》第3卷,第460页。

② 杜亚泉:《新旧思想之折衷》(1919年9月),周月峰编:《中国近代思想家文库·杜亚泉卷》,中国人民大学出版社2014年版,第498页。

③ 君实(章锡琛):《新文化之内容》,《东方杂志》第17卷19号,1920年10月10日,第2页。

样""实在预想不到"，[①]这更造成了当时中国思想界的"混沌时期"。[②] 然而混沌中的各派常常均自认是在创造"未来文明"，自称从事"新文化运动"，只不过对新文化的设想与运动的方案却各自不同。

让事情更为复杂的是，有时人认为"新文化"与"西洋文明"相反对的同时，也多接受中国传统文化与"西洋文明"相反对，所以有人开始判断"新文化"会朝着中国文化的方向发展，至少两者相融合。因此，当时主张东方文化的人，也常自认为在"创造未来文明"，从事新文化运动。梁启超即主张"尊重、爱护本国文化"，"把自己的文化综合起来，还拿别人的补助他"，"化合"成"一个新文化系统"。[③] 梁漱溟则认为"人类文化要有一根本变革"，"世界未来之文化"将由"第一路向改变为第二路向，亦即由西洋态度改变为中国态度"。后来他更直接说，"要紧的还是在积极地创造新文化"，但是"要从旧文化里转变出一个新文化来"。[④] 陈独秀也注意到在当时"新文化运动声中"，有一种声音是"西洋人现在也倾向东方文化了"。[⑤] 所以，在当时，无论主张以何种方式改造中国——面向西洋、未来或中国传统，他们的共同点是都不满意现状，主张改造中国，创造新文化，故一般都自认为从事新文化运动。

---

① （彭）一湖：《新时代之根本思想》，《每周评论》第 8 期，1919 年 2 月 9 日，第 4 版。

② 胡政之将这一时期称为"混沌时期"，他说："两年前之欧洲战争，将为世界文明，划一新纪元，此人人之所公认，显新陈遂递嬗之间，混沌现象势不能免，吾人今日即在此混沌时期中也。"胡政之：《世界新旧势力奋斗中之中国》（1920 年 7 月 2 日），王瑾、胡玫编：《胡政之文集》上，天津人民出版社 2007 年版，第 86 页。

③ 梁启超：《欧游心影录节录》（1919 年 10 月—12 月），《饮冰室合集》专集之二十三，中华书局 1989 年影印本，第 37 页。

④ 梁漱溟：《东西文化及其哲学》（1921 年），《梁漱溟全集》第 2 卷，第 493 页；梁漱溟：《乡村建设大意》（1936 年），《梁漱溟全集》第 2 卷，第 611 页。

⑤ 陈独秀：《新文化运动是什么？》（1920 年 4 月 1 日），《陈独秀著作选编》第 2 卷，第 217 页。

　　后来黄日葵曾这样描绘,"五四"时期既有"外来思想的输入",又有"故有思想的伸张","恰似烧烟火一般,火线交叉错综地乱射,有目迷五色、光怪陆离之慨",各种问题、主义、派别"应有尽有,至为纷歧"。① 这多元互歧、众声喧哗的纷繁状态,恰恰是新文化运动较真实的图景。有人注意到,"五四"之后"谈改造的事业"热闹极了,"平日所谓新文化运动潮流中的期刊杂志、大日报、小日报,甚至丛书专著,论其数目,何止数千"?② 这种种杂志既有"高谈主义的",也有"研究问题的",还有"讲哲学、文学的",③但因各有不同的背景和经验,所以"政治方面的见解固然不同,即文化方面的见解也各异"。④ 并且,"关于思想文化的主张恐怕比关于政治、社会问题的主张还来得多",思想、文化方面的派别也比"政治上、社会上的派别还来得多"。⑤ 这无疑与当时开始流行的"主义"之争相关。在"五四"时期,"各式各样的'主义'都在中国活跃一时",⑥每一个"主义",几乎都有一个自己的新文化方案。

　　大到国家的走向,小到一个新式标点的运用,几乎每一话题,均有不同观点:在白话问题中,支持白话文的未必支持白话诗;在家庭革命问题中,支持小家庭的,未必支持废家庭;在主义问题上,赞同社会主义的,未必赞同阶级斗争。在此一问题上观点相近的

---

① 黄日葵:《在中国近代思想史演进中的北大——她的过去、现在和将来》(1923年12月7日),中共广西壮族自治区党史资料征集委员会办公室编:《黄日葵文集》,广西人民出版社1989年版,第195页。

② 吴康:《从思想改造到社会改造》(1921年1月4日),《新潮》第3卷第1号,1921年10月,第25页。

③ 《妇女·青年·劳动三个问题》(费哲民致陈独秀),《新青年》第8卷第1号,1920年9月,第3页(栏页)。

④ 蒋梦麟:《谈中国新文艺运动——为纪念五四与文艺节而作》(1961年),《西潮·新潮》,岳麓书社2000年版,第345页。

⑤ 常乃惪:《中国民族与中国新文化之创造》,《东方杂志》第24卷第24号,1927年12月,第12页。

⑥ 蒋梦麟:《北京大学和学生运动》,《西潮·新潮》,第128页。

两方在彼一问题上很可能观点相左。在众多问题的讨论中，支持者和反对者的社会构成和具体思路都相当复杂，难以简单地以正反二分法涵盖。就人事而言，"五四"前后思想界的主要特征是各种流派的混杂难分；就主张而言，则是多元互歧。各派系与主张均"极为分歧"，常常因"内哄"而形成"混战"。①

胡适当年曾如此形容各家不同的社会主义，说："马克思的社会主义，和王揖唐的社会主义不同；你的社会主义，和我的社会主义不同。"虽然大家"同用一个名词，中间也许隔开七八个世纪，也许隔开两三万里路，然而你和我和王揖唐都可自称社会主义家"。② 如果把其中的"社会主义"换成"新文化运动"也仍然合适，同样是"同用一个名词，中间也许隔开七八个世纪，也许隔开两三万里路"，然而都可自称"新文化运动家"。就像李汉俊在 1920 年时所说："现在所谓新文化，要素很复杂，主张资本主义的也有，主张军国主义的也有，主张社会主义的也有，……宗旨完全相反的很多。"③这正是余英时先生所说的，"五四始终是、也仍旧是很多不同的事物"，有多重面相和多重方向的特点，当时的思想世界"由很多变动的心灵社群所构成"，"不仅有许多不断变动又经常彼此冲突的五四方案，而且每一方案也有不同的版本"。④

正因这一时期的"新文化运动"范围广漠混沌，主张又"纷歧"

---

① 邓中夏：《回忆共产主义小组成立前后》，《五四运动回忆录》上，第 90 页。五四时期的参与者固然混流并进，"旁观者"同样如此，因经历不同、所处位置各异，故他们眼中的"五四思想界"更是"月映万川"，各有不同。章清：《五四思想界：中心与边缘——〈新青年〉及新文化运动的阅读个案》，《近代史研究》2010 年第 3 期，第 70—71 页。

② 胡适：《问题与主义》(1919 年 7 月 20 日)，《胡适全集》第 1 卷，第 326 页。

③ 李汉俊：《自由批评与社会问题》(1920 年 5 月 30 日)，中共湖北省潜江市委党史研究室、中共一大会址纪念馆编：《李汉俊文集》，中共党史出版社 2013 年版，第 181 页。

④ 余英时：《文艺复兴乎？启蒙运动乎？——一个史学家对五四运动的反思》，《五四新论——既非文艺复兴，亦非启蒙运动》，第 25—26 页。

且多变,当该词广泛流行之时,被认为"五四"时期最重要的两位
领袖——胡适与陈独秀,却曾先后不同程度拒绝承认自己从事"新
文化运动"。1920 年 9 月,在北京大学的开学典礼上,胡适明确拒
绝承认自己所从事的是"新文化运动"。他说这年暑假在南京,别
人恭维他是"新文化运动"的领袖,他听后"惭惶无地",因为他无
论在何处,从来不曾敢说"做的是新文化运动"。他认为当时"所
谓新文化运动"说得痛快一点,就是"新名词运动","拿着几个半
生不熟的名词,什么解放、改造、牺牲、奋斗、自由恋爱、共产主义、
无政府主义……你递给我,我递给你",是做"普及"。他对此十分
不满,认为这样的青年连一本好好的书都没有读,"就飞叫乱跳地
自以为做新文化运动,其实连文化都没有,更何从言新"。他自己
"赌咒不干",也不希望北大学生加入。他希望把这种运动的趋
向,引导到创造文化、创造学术、创造思想的"提高"一路。①

　　陈独秀的情况更为复杂,在"新文化运动"一词出现不久,他
便多次使用且积极倡导,更反复提醒从事者要注重工商界等"别种
实际的改造事业"。② 到 1921 年时,他注意到有许多人把"文化运
动"与"社会运动"当作是一件事,甚至"还有几位顶刮刮的中国头
等学者也是这样说"。这最能说明当时"文化运动"一词含义广漠
混沌。但陈独秀此时却发觉此一混淆"真是一件憾事",他开始试
图厘清"文化运动"与"社会运动",认为"文化运动与社会运动本
来是两件事",前者的内容是"文学、美术、音乐、哲学、科学这一类
的事",后者则是"妇女问题、劳动问题、人口问题这一类的事",并
称"一个人若真能埋头在文艺、科学上做工夫,什么妇女问题、劳动

---

　　①　胡适:《提高与普及》(1920 年 9 月 17 日演讲),《胡适全集》第 20 卷,第 66—
69 页;《蒋梦麟总务长演说词》(1920 年 9 月 11 日),《蒋梦麟教育论著选》,第 202 页。
　　②　陈独秀:《告新文化运动的诸同志》(1920 年 1 月 11、12 日),《陈独秀著作选
编》第 2 卷,第 173 页。

问题,闹得天翻地覆他都不理,甚至于还发点顽固的反对议论,也不害在文化运动上的成绩"。①

需要指出的是,当时"新文化运动"已成为一种"政治正确",因为胡、陈在这场运动中被公认的领袖地位,他们才敢于不同程度地否认;其否认也可能仅仅是"故意说",以表达对某些趋向的不满。② 在陈独秀看来,"文化运动"始终有点思想文艺的贵族气,天生有"纸上"的意味,而他所要从事的实际社会活动,不如直接标举"社会运动"。陈独秀对"文化"与"社会"的离析正是他试图打破混沌、廓清"文化运动"内涵的一种尝试。

四、"确定方针"的愿景

"五四"时的中国思想界正处于狂涛骇浪之中,当时多种新文化运动方案"各自站在不明了的地位上,一会儿相攻击,一会儿相调和",政治上、经济上、学术上均没有明确的方向,报章、杂志更是"乱哄哄的",身处其中的时人也多"思想紊乱,摇荡不定"。③ 如前文所说,那是一个需要即刻开始"实际运动"的特殊时期,与单纯坐而论道不同,在实行之际"贵于以一种主义,坚持不变",才能有人信从而产生效力,所以当时亟需一种确定的理论以为指导。④

许德珩就认为,当时的"文化运动太无轨道"。张东荪听后

---

① 陈独秀:《文化运动与社会运动》(1921 年 5 月),《陈独秀著作选编》第 2 卷,第 377 页。

② 刘桂生先生注意到鲁迅根本不认同"新文化运动"这一称谓,则又比胡、陈更进了一步。罗志田:《历史创造者对历史的再创造——修改"五四"历史记忆的一次尝试》,《四川大学学报》(哲学社会科学版)2000 年第 5 期,第 99 页。

③ 瞿秋白:《饿乡纪程——新俄国游记》(1920 年),《瞿秋白文集·文学编》第 1 卷,第 30 页。

④ 张君劢:《学术方法上之管见——与留法北京大学同学诸君话别之词》(1922 年 1 月),《中国近代思想家文库·张君劢卷》,第 80 页。

"很有感触",认为"文化运动所以柔弱无力的原因就是因为太没有方针","大家胡乱运动一阵,有互相抵消的,也有循环仍到原地方的,也有不相干的,五花八门,所以把受纳文化运动的人弄得无所适从了"。故张希望确定一个方针,以"用解决世界问题的方法来解决中国"为"一个共同点"来界定"新文化运动"。① 少年中国学会中甚至有人认为"无主义不能作事",因为"无一定之宗旨",则"难收联贯主从之功,而有东扶西倒之病"。②

　　朱执信也明确表达他对当时"混乱并进"的思想界不能满意,认为急需一个"改造社会的方略",确定"对于旧社会的战斗的攻击计划",不然则会有两种弊端:"一种是不向同一方向努力,冤枉花了人民的精力;一种是破坏了旧制度以后,主张不一,还是被那旧社会的余毒,染了进去,变了形来复古",所以"非立一个案不可,就算不能立刻做出这个案来,也非预备立一个案不可"。他说:"旧的制度,虽然是'一',反对旧的制度,究竟是'多',在这许多'多'的里头,再求一个'一',那是万不可以省略的工夫。"③

　　相比朱执信的急迫,张东荪当时更有信心,他以建造新房子为例,认为当时有两种"初步的共同","一种是拆旧房子,一种是铺地基","对于拆旧房子与铺平地基,大家没有不同","所不同的乃是将来要造的新房子,甲要造俄罗斯式的房子,乙要造美利坚式的房子,丙要造日本式的房子,各人有一个大致的图样,互不相同,但是现在虽则有了这种不同的倾向,却仍没有具体的内容,所以大家应得把肚里所怀抱的建筑图样拿出来给全国人看看,大家彼此看

---

　　① (张)东荪:《文化运动的方针》,《时事新报》1920 年 1 月 22 日,第 2 张第 1 版。

　　② 《会员通讯(巴黎本会同人致京沪本会同志)》(1919 年 9 月 27 日),《少年中国》第 1 卷第 7 期,1920 年 1 月,第 61 页。

　　③ 朱执信:《新闻界今后的着力点》,《时事新报》1920 年 1 月 1 日,元旦增刊,第 3 张 4 版。

了，未必不能归并"，所以他认为，只要分成三步，"第一步是本来共同的，第二步只要公开，第三步便能统一"，"只要切实讨论，抛弃私利，决不会不统一的"。① 朱、张两人想要"求一个'一'"，想要"统一"的愿望是相通的。

实际上，当时趋新读书人之所以希望尽快研究一种主义用以指导革新事业，还因为他们面临着一种现实的压力，那时已有各种主义的宣传物在军队、工人之间流传。戴季陶看到，在那个时代，世界思想的振荡已经到了极点，"中国在这世界思潮的震荡的中间，也就免不了震荡起来"，但因为中国人"知识程度太低"，一般人不了解"世界上思想的系统"，所以容易被"那些做煽动工夫的人""拿了一知半解、系统不清的社会共产主义"所煽动，若此，"发生出动乱来，真是一塌糊涂"。② 据此而想要研究出一种"主义"，既是对"一知半解、系统不清的社会共产主义"的指导，同时也是急迫的对追随者的争夺。

陈炯明则说，为了在创造一个新世界的过程中"毋相侵碍"，所以"应该在进化线上，选择一个共同适应"的步骤，"来做全人类思想的进程"。这个共同的精神就是"用经营世界的精神，来创造中国的新生命"，也就是"全人类社会"主义。③

然而如何从这诸多的"多"中确定一个"一"，却是一个没有得到解答的问题。就像张东荪希望作为先决条件存在的"解决世界问题的方法"都没有确定，当然也很难作为界定"新文化运动"的准绳。对于"混沌"的思想界，时人早已渐生不满，感觉到"思想不

①　(张)东荪：《共同公开与统一》，《时事新报》1920 年 3 月 7 日，第 2 张第 1 版。
②　孙中山：《与戴季陶的谈话》(1919 年 6 月 22 日)，中国社会科学院近代史研究所中华民国史研究室、中山大学历史系孙中山研究室、广东省社会科学院历史研究室合编：《孙中山全集》第 5 卷，中华书局 2006 年版，第 70—71 页。
③　陈炯明：《〈闽星〉发刊词》(1919 年)，《陈炯明集》(增订本)上卷，第 386—390 页。

能尽是这样紊乱下去"。① 郑振铎曾有这样的疑问:"我们应该向哪一方面改造? 改造的目的是什么? 我们应该怎样改造? 改造的方法和态度,是怎么样的呢?"②这一连串的问题实际表达了他希望在革新运动萌芽的时代便能明确改造目的与手段。

"五四"时期的革新运动,舆论界较能取得共识的部分是"对于旧社会意识"的态度——"都恨不得一脚踢开","旧社会应当改造,在文化运动界,早已成了定论"。这几乎是新文化运动中最大的共识。然而"踢开"的手段、程度及之后的选择却有"多面性、复杂性","非常的庞杂,弄成了一时混乱,使人感觉万花缭乱,无所适从"。③ 张东荪也说当时只有一种"浑朴的趋向",就像"饿时只有吃的冲动,却对于吃何种食物不发生具体的印象"。④ 这是"五四"时期时人的一种普遍感受:对现状不满,对未来又不确定,徘徊于十字街头,四顾茫茫,不知何去何从。

胡适后来回忆,在 1919—1920 年间,因当时各处提倡的新运动,形式上五花八门,故他们感觉到对"'新思潮''新文化''新生活'有仔细说明意义的必要"。他也注意到那时的确"有人想把他

---

① 瞿秋白:《饿乡纪程——新俄国游记》(1920 年),《瞿秋白文集·文学编》第 1 卷,第 31 页。

② 郑振铎:《〈新社会〉发刊词》(1919 年 11 月 1 日),《郑振铎全集》第 3 卷,花山文艺出版社 1998 年版,第 3 页。

③ 幼三:《改造社会》,《北京大学学生周刊》第 16 期,1920 年 5 月 16 日,第 7 页;柳湜:《从五四运动到今日》(1936 年),《柳湜文集》,生活·读书·新知三联书店 1987 年版,第 700—701 页。

④ (张)东荪:《答汉俊君》,《时事新报》1920 年 5 月 17 日,第 2 张第 1 版。茅盾后来也说:"那个时候是一个学术思想非常活跃的时代,受新思潮影响的知识分子如饥似渴地吞咽外国传来的各种新东西,纷纷介绍外国的各种主义、思想和学说。"茅盾:《商务印书馆编译所》,《茅盾全集》第 34 卷,人民文学出版社 1997 年版,第 149 页。茅盾观察到当时知识分子"如饥似渴地吞咽"正是张东荪所说"饿时只有吃的冲动"最形象的诠释。

的意义确定下来"。① 实际上,时人也注意到探求这个"一"所需解决的首要关键问题正是要厘清"是什么"。杜亚泉便指出：当时言论界虽有"揭橥新思想之名义而鼓吹之者",但对于新思想"究为如何之思想",不仅他人不清楚,揭橥、鼓吹者也不清楚,则"新思想的劈头一斧,如何下法"?② 在他看来,这正是提倡新思想者最先应该明确解决的问题。杨贤江也意识到,在从事运动之前,对"'新思潮是什么'?'文化运动是什么'?"等问题,必须先求得明了的解答,再定个切实的计划,才能算"有意识的、主动的事业"。③

因之,当时出现了很多希望厘清"新思潮""新文化运动"是什么的文章。包世杰在1919年7月曾撰文从"爱国主义""外交政策""内政改良""社会问题""人生觉悟""旧人物""宗教""政党政客"等多方面来阐释"新思潮是什么"。④ 张东荪在包世杰的基础上进一步认为,可以为新思想加上众多"主义",从负面言是"非个人主义""非自由主义""非竞争主义""非阶级主义""非国家主义""非复古主义",从正面表述是"结合主义""牺牲主义""平等主义""劳动主义""世界主义""理想主义"。⑤ 对于包、张二人对"新思潮"的解读,胡适认为"太琐碎""太笼统",故撰写《新思潮的意义》一文,以"评判的态度"为新思潮的精神,以"研究问题"与

---

① 胡适：《个人自由与社会进步——再谈五四运动》(1935年5月6日),《胡适全集》第22卷,第283页;《胡适口述自传》,唐德刚译注,《胡适全集》第18卷,第337页。

② 杜亚泉：《何谓新思想?》(1919年11月),《中国近代思想家文库·杜亚泉卷》,第506页;杜亚泉：《对〈何谓新思想?〉一文的附志》(1920年2月),《中国近代思想家文库·杜亚泉卷》,第513页。

③ 杨贤江：《学生与文化运动》(1920年4月5日),《杨贤江全集》第1卷,第196页。

④ 《包世杰君演说新思潮》,上海《民国日报》1919年7月23日,第10版。

⑤ 张东荪：《新思想与新运动》,《时事新报·学灯副刊》1919年9月2日,第3张第3版。

"输入学理"为手段,以"再造文明"为唯一目的。①

代"新思想"而兴的"新文化"流行之后,陈独秀也曾提醒"赞成新文化运动的人"应该注意"究竟新文化底内容是些什么",不然会有"因误解及缺点而发生流弊的危险"。他提出,"新文化运动,是觉得旧的文化还有不足的地方,更加上新的科学、宗教、道德、文学、美术、音乐等运动"。② 陈启天也觉得"闹了新文化运动已有一两年,说明新文化是甚么的却很少",他阐释"新文化的真精神"是"由静的人生到动的人生""由竞争的人生到互助的人生""由家族本位到社会本位""由军国主义到世界主义""由贵族主义到平民主义"。③《东方杂志》记者章锡琛给出了自己的答案,他认为"新文化之内容"要从与"十九世纪文明"的"反动的方面观察",所以,与物质相对的"精神力"、与个性自由相对的"新人道主义"、与科学相对的"艺术"、与少数特殊阶级相对的"民众"方是新文化的主要内容,"舍此数者不足以言新文化"。④ 陈炯明明言"新文化包涵甚广","答案本极繁难",但如果抽象而言,新文化"就是在旧社会里面,打破束缚而为自由,打破阶级而为平等,打破竞争而为互助"。⑤

他们厘清新思想、新文化的努力相似,但答案却既有相通处,更有矛盾点,各不相同。《新青年》曾反复倡导"个人主义",张东

---

① 胡适:《新思潮的意义》(1919年11月1日),《胡适全集》第1卷,第691—700页。

② 陈独秀:《新文化运动是什么?》(1920年4月1日),《陈独秀著作选编》第2卷,第217页。

③ 陈启天:《什么是新文化的真精神》,《少年中国》第2卷第2期,1920年8月,第2—4页。

④ 君实(章锡琛):《新文化之内容》,《东方杂志》第17卷19号,1920年10月10日,第2—3页。

⑤ 陈炯明:《〈闽星日刊〉发刊词》(1920年1月1日),《陈炯明集》(增订本)上卷,第426页。

荪则提出"非个人主义"；陈独秀曾标举"科学"，《东方杂志》则强调与"科学相对的'艺术'"。其实他们均不完全是对现状的概述，同时也是对"新思潮将来的趋向的希望"。① 从实际情况来看，不管为"新文化运动"正名的尝试，还是寻求"一个共同点""共同意义"或共同信守的"主义"的努力，二者皆不成功。张东荪当时虽希望能有一个方针，但已意识到"勉强统一不但理论上不好，并且事实也很难做到"；②稍后更说当时只有"现状的不安宁"，对如何改造现状并没有共识，"因为研究尚没有十分详尽，所以各方面至今都没有一个具体的方案提到社会上来"。③ 少年中国学会从事新文化运动时也面临了"主义不决定，举止无所适从"的问题，然而面对众多的主义，王光祈发现要从中选择还是太难，没一个合适，认为"世界上的主义不够我们用"，所以要"创造一个少年中国主义"。④ 但最终这个能统合众多会员的主义并未能被创造出来，学会仍走向了分裂。正因此类努力一一失败，故一年多以后，"新文化运动"这句话虽早已是一般读书社会的口头禅，但其"流动的方向和结果"，却仍"没有十分看得出来"，⑤梁启超看到对于"什么是新文化"的答案，依旧是"一个人一样"。⑥

---

① 胡适：《新思潮的意义》(1919 年 11 月 1 日)，《胡适全集》第 1 卷，第 697 页

② (张)东荪：《文化运动的方针》，《时事新报》1920 年 1 月 22 日，第 2 张第 1 版。

③ (张)东荪：《答汉俊君》，《时事新报》1920 年 5 月 17 日，第 2 张第 1 版。

④ 《会员通讯(王光祈致恽代英)》(1921 年 3 月 12 日)，《少年中国》第 2 卷第 11 期，1921 年 5 月，第 58 页。

⑤ 梁启超：《五十年中国进化概论》(1923)，《饮冰室合集》文集之三十九，第 43 页。

⑥ 梁启超：《什么是新文化》(1922 年 8 月 31 日)，夏晓虹辑：《饮冰室合集集外文》中，北京大学出版社 2005 年版，第 906 页。王奇生老师注意到："当'新文化运动'这一名词流传开来后，对于什么是'新文化'，知识界竞相加以诠释，却没有形成大体一致的看法。"王奇生：《新文化是如何"运动"起来的——以〈新青年〉为视点》，《近代史研究》2007 年第 1 期，第 37 页。

1920年4月,许崇清解释时人纷纷表达"什么是新思想"这一现象时认为,"他们不甚满意于现在的思想界,因而盼望有些更加适切于他们的要求的思想出现,可以使他们得充分的满足",所以"什么叫做新思想"这个疑问隐含了"这就叫做新思想么"的反问,是作者对当时新思想的不满与愿望:"后者的里面含着些不满的感情,前者的里面还有个'Sollen'(ought to be)的愿望。"①张东荪固然认为社会上至今"没有一个具体的方案",但或许更准确地说,应该是这诸多"一个人一样的方案"中没有一个能够真正让他以及众人得到"充分的满足"。

正如桑兵先生认为,时人对于"新文化运动"的意见,"重点不在新文化运动,而在什么是新文化运动。这与历史上的新文化运动如何演化为后来新文化运动的历史认识,关系密切"。② 实际上,如何在许多的"多"中确定出一个"一"来,不外乎"万里挑一"和"混而为一"两种手段。然而在迫切需要即刻选择一条道路的思想空气中,派别之间的多元互歧,各自"以一种主义,坚持不变",势必决定了诸多思想不能混而为一,"万里挑一"也就变成了必然的选择,排除和否定"多"中的其他方案,从而成为"一",这便是"新文化运动"含义逐渐清晰的主要途径。

五、逐渐清晰的"新文化运动"含义

1930年,国民党人王正之撰文反驳胡适时论及当时对新文化运动的两种定义:一种是胡适的新文化,反对固有道德,"白话文学而已";另一种则是共产党人(陈独秀)的标准,"无产阶级的文

①　许崇清:《今后思想家当取的针路》(1920年4月30日),许锡挥编:《许崇清文集》,中山大学出版社2004年版,第45—54页。
②　桑兵:《"新文化运动"的缘起》,《澳门理工学报》2015年第4期,第6页。

学"，"把所谓资本家来打倒，把所谓大地主加以放逐"。[①] 王正之觉察到当时新文化运动的两种主流叙述已经形成：胡适的反传统、白话文的叙述以及共产党的阶级分析框架。

半个多世纪之后，沟口雄三也指出有左右两种"五四观"：一种"只是抽出了倾向于马克思主义、与中国共产党的创立有关的陈独秀、李大钊所代表的道路"，是"被作为新民主主义革命的起点，与中国革命的历史相连接的反帝反封建运动"；另一种是"胡适等后来走上与中共对立道路的人士的轨迹"。[②] 有意思的是，如上文所曾论及，胡、陈二人均曾否认自己所从事的是"新文化运动"，那么，他们后来又是如何主动或被动地接受甚而主导了"新文化运动"这一名词的阐释权？ 这一过程非常曲折繁复，在此仅就几条线索做简单叙述，所述内容仍需更细密地进一步论证、展开，只能另文梳理。

胡适不满于"五四"后思想界越来越强调社会改造，1919 年底，他专门撰写《新思潮的意义》一文，有意引导运动往思想方面发展。他在文中所标举的十类问题，即孔教、文学改革、国语统一、女子解放、贞操、礼教、教育改良、婚姻、父子、戏剧改良，全是"五四"前的话题，而对于"五四"后兴起的平民、劳工、劳动、阶级等问题只字未提。[③] 与之相对的，稍后青年顾彭年看到的新文化运动则是"妇女解放啦，劳动运动啦，文字改革啦，男女同校啦，学生自治啦，社交公开啦，新村底组织啦，工读互助啦，废除考试啦，婚姻

---

　　① 王正之：《评〈新文化运动与国民党〉》，《建国月刊》第 2 卷第 5 期，1930 年 3 月，第 74—80 页。

　　② 沟口雄三：《另一个"五四"》，沟口雄三著，小岛毅主编，孙歌等译：《中国的思维世界》，江苏人民出版社 2006 年版，第 618 页。

　　③ 胡适：《新思潮的意义》（1919 年 11 月 1 日），《胡适全集》第 1 卷，第 691—700 页。

自由啦",尤其是"劳动运动"当时仍在热烈讨论中,"还没有得着一定的解决"。① 胡氏全文只用"新思潮运动",而不言"新文化运动",正是因为他看到当时"新文化运动"一词含义广杂,并有着较强的社会、政治性倾向,与他所追求的相对"纯粹文学的、文化的、思想的"运动有所不同。后来他为了与变了质的"新文化运动"有所区分,又代之以"文艺复兴运动"。但"文艺复兴"远没有"新文化运动"那样流行,故胡适仍然被时人推崇为"'新文化运动'的领袖"。

当面对混沌多歧的"新文化运动"含义时,于鹤年曾对胡适强调"新文化运动是对过去思想文化的反动"。② 几年之后,杨鸿烈据胡适《新思潮的意义》一文,重新定义"新文化运动":"新文化运动是用评判的方法去重新估定中国旧有的学术思想的价值,使中国人对于本国学术思想的地位产生自觉心,然后达到'纳中国于世界思潮之轨'的目的。"③并劝告胡适要明确这一标准。或是受于、杨两人言论影响,胡适虽一度否认,几年后还是接受了"新文化运动"这一名词。他在 1929 年批评国民党时明确提出除文学革命、思想自由之外,"新文化运动的根本意义是承认中国旧文化不适宜于现代的环境,而提倡充分接受世界的新文明"。④ 此论述与杨鸿烈的劝告十分相似,但又比杨更明确地否定中国的旧文化,也比十年前只说"重估"旧文化的《新思潮的意义》一文更激进,自"重新

---

① 顾彭年:《改良祭祖底商榷》,《时事新报·学灯副刊》1920 年 5 月 19 日,第 4 张第 1 版。

② 于鹤年致胡适(1922 年 10 月 16 日),中国社会科学院近代史研究所中华民国史组编:《胡适来往书信选》上,社会科学文献出版社 2013 年版,第 121 页。

③ 杨鸿烈:《为新青年社的老同志进一解》,《晨报副刊》第 23、24 期,1924 年 2 月 3 日、4 日,第 1 版。

④ 胡适:《新文化运动与国民党》(1929 年 11 月 9 日),《胡适全集》第 21 卷,第 438—440 页。

估定转变成一概抹杀"。① 胡适更"从新文化运动的立场"宣告，凡不否定中国文化的派别如国民党都是"反动"的。在最初的"新文化运动"含义中并不突出的"反传统"，在此时已成为最重要的特征。

胡适等人这种"新文化运动"范畴的确立正是在设置壁垒、摈弃异己的过程中逐渐明晰起来。这一倾向在阶级分析框架兴起的过程中也同样显著。上文已提及，蒋梦麟、陈独秀、郑振铎都曾批评过"新文化运动""纸上""贵族"的一面。稍后戴季陶提出"文化运动一定要加上一个劳动运动的色彩"，"离开劳动是没有文化可言的"，要"切切实实的为无产阶级的新文化尽力"。②

1920 年，毛泽东先是意识到了当时"好多人讲改造，却只是空泛的一个目标"。但在接触到社会主义思想后，他便明确提出了应对这一困局的办法，认为改造中国需要有一种为大家共同信守的"主义"，故他在发起文化书社时，认为只有共产主义才算新文化，在这样的标准下，"不但湖南，全中国一样尚没有新文化，全世界一样尚没有新文化"。③ 毛泽东开始以共产主义的"新文化"否定当时非共产主义的新文化，将"混流并进"的文化运动置于进化的序列中衡量出先进与落后。当时即有人认为共产主义是"最先进、最普遍的文化运动"，④言下之意即其他"文化运动"不够先进与普遍。

---

① 钱穆：《回念五四》(1950 年 5 月)，钱穆：《历史与文化论丛》，九州出版社2012 年版，第 341 页。

② 戴季陶：《文化运动与劳动运动》(1920 年 5 月 1 日)，《戴季陶集》，第1215 页。

③ 毛泽东：《致陶毅信》(1920 年 2 月)、《致罗璈阶信》(1920 年 11 月 25 日)、《发起文化书社》(1920 年 7 月 31 日)，《毛泽东早期文稿》，第 418、498、449—450 页。

④ 奚溟：《共产主义之文化运动》(1923 年 2 月 22 日)，《新青年》(季刊)第 10 卷第 1 期，1923 年 6 月，第 118 页。

1923 年,中国共产党提出联合战线,尝试以阶级分析法重新划分思想界。陈独秀运用马克思主义的理论,认为中国国民经济基础,还停顿在家庭的农业、手工业上面,所以政治仍然是封建军阀的,社会思想仍然是封建宗法的。并将当时的思想界放入马克思主义社会进化系谱中进行划分:"王敬轩、朱宗熹、辜鸿铭、林琴南等"属于封建宗法思想,而"蔡元培、梁启超、张君(迈)[劢]、章秋桐、梁漱溟"等虽"号称新派的",其实"仍旧一只脚站在封建宗法的思想上面,一只脚或半只脚踏在近代思想上面","真正了解近代资产阶级思想文化的人,只有胡适之",并提出:"适之所信的实验主义和我们所信的唯物史观,自然大有不同之点,而在扫荡封建宗法思想的革命战线上,实有联合之必要。"①

瞿秋白虽认为"新文化运动"的最终胜利必定在无产阶级一方,但他同时承认张东荪、梁启超等为代表的"资产阶级的民族主义",高一涵等为代表的"小资产阶级的浪漫革命主义""无产阶级的社会主义(共产派)",均属于"新文化运动"。② 与陈、瞿不同,邓中夏明确将梁启超、张君劢、张东荪、梁漱溟与章士钊等归为"东方文化派",认为是"假新的,非科学的",是新文化运动"新兴的反动派"。胡适、丁文江所代表的"科学方法派"和陈独秀、李大钊所代表的"唯物史观派"是"真新的,科学的",需要"结成联合战线,一致向前一派进攻、痛击"。③ 此后,关于新文化运动的研究与叙述,也多以类似陈、瞿、邓的思维展开,这一倾向逐渐明显,成为左派"新文化运动"叙述的滥觞。

---

① 陈独秀:《思想革命上的联合战线》(1923 年 7 月 1 日),《陈独秀著作选编》第 3 卷,第 102 页。
② 屈维它(瞿秋白):《自民治主义至社会主义》,《新青年》第 10 卷第 2 期,1923 年 12 月,第 95—102 页。
③ 邓中夏:《中国现在的思想界》(1923 年 11 月 24 日),《邓中夏全集》上,人民出版社 2013 年版,第 288—291 页。

　　像这样树立一种标准，排斥其他方案的行为在革新运动之初便已存在，而在知识界分裂之后更为明显，[1]流行于 1920 年代。张荫麟称之为"入井运动"：无论任何主义、任何政见，苟与其所供为偶像之小册子、副刊、杂志、译籍中所言，有丝毫出入，则必须铲除，必须"打倒"。[2]

　　在"五四"时身处思想界边缘的王无为看到，当时"最高学府的北京大学的教职员，和带党派色的有名新闻记者"这些"学阀"，对于"一般人如果做他的拥护者，崇拜他，并赞美他的行为，传布他的主义，他就以为是他的孝子慈孙。倘若不做他的拥护者，不崇拜他，不信仰他，并攻击他的行为，反对他的主义，他就要用他所有的力量，排挤那人，恨不致那人于死地"。然而他们之间同时也不断"相倾相轧，相毁相杀"："甲主张一个主义，乙就主张一种相反的主义；乙提出一种意见，甲又提出一种相反的意见；各用各的小才，各想压倒对面的敌。"当时的文化运动，成了他们斗争的场所，"他们认定做文化运动的人，只有自己是真的，善的，别人也做文化运动，就都是假的恶的"。[3]正如杨鸿烈所说，"不具有这样的'方法'和'目的'的运动，都是假的文化运动，非严格的排斥不可"。[4]

　　两种"新文化运动"叙述的形成，一方面是由于胡适、共产党

————————

　　① 周策纵曾注意到，"五四"事件后那几个月中，新知识分子在思想上和行动上都产生了巨大的分裂，形成"左派""自由主义者""研究系"等派别。余英时也注意到当时"陈独秀领导下的左翼，与北京以胡适为首的自由派右翼之间，产生了分裂"。周策纵：《五四运动：现代中国的思想革命》，第 304 页；余英时：《文艺复兴乎？启蒙运动乎？——一个史学家对五四运动的反思》，《五四新论——既非文艺复兴，亦非启蒙运动》，第 13 页。

　　② 张荫麟：《论"入井"运动》，《清华周刊》第 24 卷第 5 号，1926 年 3 月 26 日，第 8—9 页。

　　③ 王无为：《文化运动之障碍物——学阀》（1920 年 7 月 29 日），《新人》第 1 卷第 4 号，1920 年 8 月，第 3—8 页（文页）。

　　④ 杨鸿烈：《为新青年社的老同志进一解》，《晨报副刊》第 23、24 期，1924 年 2 月 3 日、4 日，第 1 版。

双方用自己的"一致的主义"铸造起"整严的壁垒",严格排斥异己;①另一方面,"新文化运动"的反对者也在理解和界定着这一名词,对其内涵的"塑造",影响不容忽视。

《学衡》群体是《新青年》同人尤其是胡适的重要反对者。吴宓虽认为"新文化运动""其名甚美",但由于不认同《新青年》的主张,所以仍"不慊于新文化运动"。他曾说:"今新文化运动之流,乃专取外国吐弃之余屑,以饷我国之人。"又说:"所谓新文化者,似即西洋之文化之别名,简称之曰欧化。"②他显然认为《新青年》的主张不足以代表"新文化运动"这一名词。但当他反对《新青年》时,往往只看到(至少是只提到)运动中较"极端"的声音,这恰恰帮助了"极端"的主张在"新文化运动"词意中逐渐凸显。他将"专取外国吐弃之余屑""欧化"冠之以"新文化运动",在这样的反复论说中,实际上不断缩小了"新文化运动"的含义,同时加强了《新青年》与"新文化运动"这一名词的关联,以《新青年》的主张定义"新文化运动",使其含义越来越清晰化。正如于鹤年所看到,《学衡》眼中的"新文化运动",不过是"白话文、新式标点、直译的课文、写实派文字、新体及无韵诗、各派社会主义等"。③

相较于《学衡》,国民党对"新文化运动"的态度有一个从支持到反对的转变。戴季陶、沈定一等人在"五四"后曾积极参与、倡导新文化运动。孙中山在 1920 年初曾认为"新文化运动,在我国今日,诚思想界空前之大变动","实为最有价值之事"。④ 其机关

---

①　例如梁漱溟的主张"与陈独秀、李大钊等基本上在同一路线上并行",只不过"同时又有对立",正因这种"对立",故其在新文化运动的叙述中不是被忽视便是被当成"反动派"。详见沟口雄三《另一个"五四"》,《中国的思维世界》,第 618—644 页。

②　吴宓:《论新文化运动》,《学衡》第 4 期,1922 年 4 月,第 6 页(文页)。

③　于鹤年致胡适(1922 年 10 月 16 日),《胡适来往书信选》上,第 121 页。

④　孙中山:《致海外国民党同志函》(1920 年 1 月 29 日),《孙中山全集》第 5 卷,第 210 页。

刊物《建设》杂志交换广告时甚至有明文规定，"非有关'新文化运动'者"，概不交换。① 但他们在当时支持的尚是那个词义混沌、偏向社会改造的"新文化运动"。一旦该词含义中反传统一面凸显，孙中山立刻转向了批评的态度："一般醉心新文化的人，便排斥旧道德，以为有了新文化，便可以不要旧道德。不知道我们固有的东西，如果是好的，当然是要保存，不好的才可以放弃。"② 这种观点影响了国民党后来的官方表述。在 1927 年"清党"之后，以蒋介石为核心的国民党人一再批评新文化运动对儒家传统思想的否定和对共产主义的引进。③ 蒋介石后来将其定义为"提倡白话文"，"零星介绍一些西洋文艺"，"推翻礼教，否定本国历史"，"盲目崇拜外国，毫无抉择的介绍和接受外来文化"等。④

　　若不看背后的价值判断，蒋介石这一表述几乎可视为先前杨鸿烈、邓中夏新文化标准的综合。此时，蒋介石在否定的立场上大体也接受了胡适和共产党人对新文化运动的定义，对思想界的其他方案视而不见。上述国民党人物持批评态度时，常有意识地将自己的行为与"新文化运动"划清界限。如 1930 年代国民党发动新生活运动，贺衷寒特意界定两者的区别，说新生活运动的唯一目的就是要"把'五四'的新文化运动底破坏运动，改变成一个建设运动"，"新文化运动，是把中国固有的精华完全不要，今天的新生活运动，是把中国固有的精华加以发扬"。⑤ 如果把五四新文化运

---

①　汪原放：《亚东图书馆与陈独秀》，学林出版社 1983 年版，第 43 页。

②　孙中山：《三民主义·民族主义》(1924 年)，《孙中山全集》第 9 卷，第 243 页。

③　周策纵：《五四运动：现代中国的思想革命》，第 472—477 页。

④　总裁(蒋介石)：《哲学与教育对于青年的关系——三十年七月九日对青年团中央干事会与监察会议训词》，《训练月刊》1941 年第 3 期，第 11、12 页。

⑤　贺衷寒讲，雷雨田记：《新生活运动之意义》，《中国革命》第 3 卷第 9 期，1934 年，第 20 页。不过，后来也有国民党及一些与之相关的读书人，特别强化五四新文化运动与国民党的关系，甚至说是国民党领导了这一运动。参见罗志田《历史创造者对历史的再创造——修改"五四"历史记忆的一次尝试》，《四川大学学报》(哲学社会科学版)2000 年第 5 期，第 92—101 页。

动目为"破坏运动",那无疑将那些倾向建设的主张排除在了"新文化运动"的含义之外。

与此同时,原本活跃于"五四"思想界,直接表现"新文化运动"混沌多歧的众多势力,因为不满于运动中某些趋向,主动淡出甚至有意划清与"新文化运动"的关系,这更进一步使得该词的含义趋于清晰。

如所谓"研究系"本是新文化运动的重要参与者,胡适曾将《国民公报》视为新文学运动"有力的机关报",[①]张东荪更曾宣称要将《时事新报》"公开做全国文化运动的机关"。[②] 但这一群体又不完全同意当时新文化运动的走向,尤其不赞成《新青年》的一些主张。梁启超等人看到当时"诸少年排诋孔子,以'专打孔家店'为揭帜";又"斥古文学以为死文学",所以希望"调节其横流",[③]对新文化运动"自觉的反省",推动新文化运动"向深刻一方面走"。[④]茅盾看到"研究系"也主张新文化,"然而他们一面还是反对《新青年》派"。[⑤] "研究系"虽有推动一场"积极的、基础的、稳固的、建设的新文化运动"的努力,[⑥]但随着时代风气不断趋于激进,时人所接受的"新文化运动"含义与他们的主张也渐行渐远,所以在 1922年之后,他们便很少提及这一名词;甚至因批评《新青年》,而被视为新文化运动"新兴的反动派"。[⑦]

---

① 胡适:《致蓝志先书》(1919 年 1 月 24 日),《胡适全集》第 1 卷,第 96 页。
② 《我们的宣言》,《时事新报》1920 年 1 月 1 日,第 1 张第 1 版。此文未署名,当是主编张东荪执笔,代报纸同人立言。
③ 钱基博:《现代中国文学史》,岳麓书社 1986 年版,第 401 页。
④ 蒋百里:《致任师书》(1920 年 7 月 20 日),丁文江、赵丰田编:《梁启超年谱长编》,上海人民出版社 1983 年版,第 911—912 页。
⑤ 茅盾:《"五四"运动的检讨——马克思主义文艺理论研究会报告》(1931 年),《茅盾全集》第 19 卷,人民文学出版社 1991 年版,第 238 页。
⑥ 《学灯栏宣言》,《时事新报·学灯副刊》1920 年 1 月 1 日,第 4 张第 1 版。
⑦ 参见周月峰《激进时代的渐进者——新文化运动中的"研究系"》,北京大学历史系博士学位论文,2013 年,第 236—240 页。

伴随着胡适的白话文、中西新旧框架与共产党人的阶级分析框架的兴起，以及"五四"时期其他文化势力主动或被动地疏离，"新文化运动"的含义逐渐清晰。在这一过程中，之所以胡、陈叙述崛起，其他势力声音隐去，与"五四"时期胡、陈在北大及北大在运动中的主导地位密不可分。在社会认知中，当时北京大学是全国学界之中心与运动之策源地，[①]"新文化的运动，都说是受《新青年》杂志的觉悟"，于是有"新思潮的勃发"，[②]且当时的革新运动又被认为由胡、陈等"一二觉悟者从事提倡，遂至舆论放大异彩，学潮弥漫全国"。[③] 虽然当时"几乎个个人都是新文化运动家"，但胡适、陈独秀有天然优势，故即使他们自己一度否认，却仍被公认为运动领袖。而其他人则常常需要强调自己身处运动之中，他们的地位从一开始便不相同。并且，当其他势力使用"新文化运动"时，常常面临着无法去除该词中《新青年》色彩的困境。所以"研究系"要强调自己是"积极的、基础的、稳固的、建设的新文化运动"，以区别于《新青年》的"激进"与"破坏"，其他人更可能像吴宓那样，即使觉得"新文化运动""其名甚美"，因无法剥离名词与《新青年》的关联，也干脆选择"将这名目反套在《新青年》身上"。

对五四新文化运动，不论是胡适等人试图以"中西新旧"框架审视的努力，或是受阶级观点影响下共产党人以马克思主义化的进化论来重新定义的尝试，其相似的一点，均以某一派之标准为

---

① 当时有人认为："自'五四''六三'以后，全国学界，几以北京学界为中心，而北京学界则又以北京大学为重镇。因其学程既高，人数亦众，年来一切文化运动，无论有形无形，莫不以东、中、西三院为其策源地。"平心：《北大学生议决罢课》，《申报》1920年3月7日，第2张第7版。

② 《妇女·青年·劳动三个问题》（费哲民致陈独秀），《新青年》第8卷第1期，1920年9月，第3页（栏页）。

③ 孙中山：《致海外国民党同志函》（1920年1月29日），《孙中山全集》第5卷，第210页。

"绝对准绳"来检讨运动中各主张,或去或留,以之重新叙述和建构,正是"拿一种主义来整齐天下的作家"。[1] 此后两种叙述时而共生,时而对立,在不同时期不同人的论述中各有消长。[2] 在他们各自的叙述中,原本丰富、复杂甚至矛盾的"新文化运动"的图景逐渐变得清晰。

结　语

瞿秋白曾疑惑,"从五四、六三……以来,种种运动,常常被人叫做文化运动,我们现在真不能知道这些运动是否文化运动"。[3] "五四"时期这一运动的追随者曹聚仁后来也说自己当时对"究竟什么是新文化","非常模糊"。[4] 正是这种模糊性给之后的叙述带来了开放性。经历者有的为了"争夺'五四'运动的思想领导的劳绩",[5]有的出于撇清关系的考虑;后世研究者也常常带了一种"ought to be"的预设——"价值的判断"影响了"史实的重建",有

---

[1]　郭沫若:《海外归鸿》(1921年11月6日),《创造》(季刊)第1卷第1号,1922年5月,第11页(文页)。

[2]　伍启元《中国新文化运动的概观》一书较早对新文化运动进行了系统研究,他的叙述便深受邓中夏的影响,将实验主义与马克思的唯物辩证法作为新文化运动中两种同样重要的科学方法,将现代中国学术思想简化为文学革命运动、实验主义的引进、辩证唯物论的引进三阶段。从这一视角出发,对"科学"表示怀疑的张君劢、梁启超、梁漱溟则成了"新文化运动"的敌对方。于是,由他们代表的"东方文化之重新提倡",是"新文化运动"之外的"学术思想之变革"。伍启元:《中国新文化运动概观》,现代书局1934年版,第6—11、174页。两年后出版的陈端志《五四运动之史的评价》一书虽几乎全本伍启元,但与伍将东方文化的重新提倡放在"新文化运动"之外不同,将之与"西洋文化运动"都纳入了新文化运动之中。陈端志:《五四运动之史的评价》,生活书店1935年版,第320—333页。

[3]　瞿秋白:《文化运动——新社会》(1920年3月6日),《瞿秋白文集·政治理论编》第1卷,第69页。

[4]　曹聚仁:《五四运动》,《文坛五十年》,东方出版中心2006年版,第118页。

[5]　周予同:《过去了的"五四"》(1930年4月5日),中学生社编:《史话与史眼》,开明书店1935年版,第72页。

意无意以某些主题将"新文化运动"的面貌重新修整，形成一些系统性的论述。

"五四"之后，中国逐渐进入了"主义时代"，此后，"原先那种充满危机与混乱，同时也是万马争鸣的探索、创新、多元的局面，逐渐归于一元，被一套套新的政治意识形态所笼罩、宰制"。① 左右两派各从新的"意识形态"出发对此前的历史进行回溯，有意无意重新定义"新文化运动"，形成截然不同的两种叙述，并驾齐驱又相互缠绕，影响深远。杨鸿烈、胡适的思路，将其限定在白话文、"中西新旧"的思考框架之内。这一框架实际上更适用于五四学生运动发生之前未"变质"的思想界，"纯粹文学的、文化的、思想的"，并且只选取了其中提倡白话文、反对传统的主张，将其他观点和"五四"后出现的新趋向排除在外。在此标准下，甚至连"五四"后改变风格的《新青年》也不再是真正的"新文化运动"。② 共产党人的叙述，则将后来兴起的阶级分析法反套在新文化运动之上，"在阶级意识之下，确立解放阶级的理论"，"清算一切反动的思想"，③将其中多元互歧的各种群体与主张按照阶级划分，选入代表先进阶级（无产阶级）的文化主张，甚至连胡适等人的"资产阶级"思想，也"绝无领导作用，至多在革命时期在一定程度上充当一个盟员"。④

钱锺书曾提示，一个传统破坏了，新风气成为新传统之后，常有一种"集体健忘"。将原本的千头万绪简化为二三大事，留存在

① 王汎森：《中国近代思想史的转型时代序》，王汎森等：《中国近代思想史的转型时代——张灏院士七秩祝寿论文集》，（台北）联经出版事业股份有限公司 2007 年版，第 3 页。

② 杨鸿烈：《为新青年社的老同志进一解》，《晨报副刊》第 23、24 期，1924 年 2 月 3 日、4 日，第 1 版。

③ 彭康：《五四运动与今后的文化运动》（1928 年 5 月），《民国时期名人谈五四——历史记忆与历史解释（1919—1949）》，第 177 页。

④ 毛泽东：《新民主主义论》，《毛泽东选集》第 2 卷，人民出版社 1991 年版，第 698 页。

记忆里,"旧传统里若干复杂问题,新的批评家也许并非不屑注意,而是根本没想到它们一度存在过"。其好处是"眼界空旷,没有枝节零乱的障碍物来扰乱视线",但一个偏差则是见林不见树,虽"有条有理",却"终不能体贴入微"。①

　　近代中国的不少历史过程,自其发生之时开始,就往往经历了一个在叙述中被反复裁剪的过程。小到一个名词,大到一场运动甚至一个时代,它们本多元互歧,混流并进,但在当时的观察和后世的研究中常有意无意被裁去了棱角、枝叶,从过去中抽取出有用的东西反复强调,舍弃掉其他的东西,"话不圆也得说他圆来,方的就把四个角剪了去不就圆了"。② 两种"新文化运动"叙述正是如此,其以狭义且又严格的标准来衡量当时混沌纷歧的思想界,把千头万绪简化为两三大事,舍去了"丰富多彩的其他各种思想和文化流派",③变成我们现在主流叙述中的模样。

　　如此,则我们看到的历史便是一种带有选择性的图像。实际上,新文化运动远比我们认知的更丰富,其表征也不仅是"科学"与"民主",时人就提出了是否需要加入"费先生"(哲学)或"穆姑娘"(道德)的主张。④ 如果回到主流论述形成之前,顺着历史脉络,梳理这一被"裁剪"的过程,展示时人心中的"新文化运动"如何从"混流并进"逐渐清晰和固定,在揭示历史叙述"建构"过程的同时,就更能加深对新文化运动之含混复杂、倏忽不定的本貌的认识。

----

① 钱锺书:《中国诗与中国画》,《七缀集》,生活·读书·新知三联书店 2002 年版,第 3—4 页。

② 徐志摩:《欧游漫录——西伯利亚游记》,韩石山编:《徐志摩全集》第 2 卷,天津人民出版社 2005 年版,第 110 页。

③ 沟口雄三:《另一个"五四"》,《中国的思维世界》,第 618 页。

④ "费先生"的主张见匡僧《读新青年杂志第六卷第一号杂评》,《时事新报·学灯副刊》1919 年 3 月 15 日,第 3 张第 3 版;穆姑娘的讨论见鲁萍《"德先生"和"赛先生"之外的关怀——从"穆姑娘"的提出看新文化运动时期道德革命的走向》,《历史研究》2006 年第 1 期,第 79—95 页。

"五四运动"初期诠释史[*]

徐佳贵

摘要："五四运动"之诠释的发生及其初期演变,关涉"五四运动"究竟如何"被赋予"在"思想史"中的重大意义。此种诠释脱胎于充斥着"五七"(或"五九")符号的政治运动氛围,却又不约而同地着力于淡化 1919 年爱国运动中"承前"的一面,进而构成了对于该年反日运动实际之复杂脉络的"简化"。而淡化"承前",往往意味着强化"启后",在另外的维度上,此类诠释又开始了"再复杂化":究应择取哪些事件与趋势以接在"五四运动"之后,答案言人人殊,这又回过来使得该词的诠释走向多歧化。之后,"五七"与"五四"两个符号并存,二者的诠释尚可相互影响。考察"五四运动"的初期诠释史,有助于今人更深入地认识"五四的历史"与"历史的五四"之间关联与张力的缘起。

关键词:"五四运动","五七","新文化运动",学生运动,国民运动

徐佳贵,上海社会科学院历史研究所助理研究员

近年五四新文化运动研究的新趋势之一,是引入语词史或概

---

[*] 本文曾以《从"五七"到"五四"——"五四运动"诠释的发生及其初期演变》为题,刊于《史林》2020 年第 2 期,收入本辑时有较大修改。

念史取径,回归历史现场考察当时的用语及语义演变。如对于"(新)文化运动"等语词,历来学者多已指出其在各人表述中意思各异;但仅罗列出这些意思是不够的,学者在析论"新文化运动"一词的早期历史时,已指出尚须"分辨词义之流变"。① 而相对"(新)文化运动",同样带上引号的"五四运动",似乎仍被学界普遍视作一个初始意涵无需深论的语词,学者通常仅关注其在文本中最先出现的位置。这当与"五四运动"最初的所指之事本身尚较明确有关。"五四运动"的复杂性,初见于相关的阐释性的内容,如所谓"五四运动"的精神、性质、价值、意义等,此类内容,本文统称之为对于"五四运动"的"诠释"。而进言之,"五四运动"也并非只能与"新文化运动"之类的语词发生关系,其初生时的语境与"五七"国耻纪念的相关性反而可能更为突出。使"五四(运动)"在诠释中适度(并非完全)松脱与"五七"的关联,而后与包括"新文化(运动)"在内的其他语词符号发生对于某些人而言更紧密的联系,本身就是一个耐人寻味的历史过程。显然,许多语词经由不断叠加或修改的"诠释",方能产生足以传世的重要价值,甚至可以带动语词本身所指的后续变化;本文对于"五四运动"之"诠释"的梳理,即相应针对如下问题:在其初期的历史中,"五四运动"是如何"被赋予"在"思想史"中的重大意义的? 这也应有助于进一步缓解现今外交政治的与思想文化的"五四"研究往往打成两橛、各说各话的问题。②

为免枝蔓,本文聚焦于对诠释本身逻辑的梳理,其背后各相关

① 周月峰:《五四后"新文化运动"一词的流行与早期含义演变》,《近代史研究》2017 年第 1 期。

② 论者已指出"五四运动"一开始被定性为"爱国运动",而"启蒙运动""文艺复兴"的定性都是后来才出现的。见李少兵《爱国、启蒙和文艺复兴——五四运动的定性及其历史解读》,《北京师范大学学报》(社会科学版)2005 年第 3 期。笔者不否认"五四运动"最初"爱国运动"的定性,唯认为尚须讨论其他一些定性的"雏形"是怎样出现的。

政学人物与势力之间的互动详情，只有俟诸另文。而为免研究者
自身用语掺入历史语境造成不必要的混乱，将对文中用语作如下
处理：（一）1915 年后，"五七"与"五九"均为国人视作"国耻"纪
念的日期符号，但为求行文简洁，在未作特别说明时，以"五七"同
时指代"五七"与"五九"。（二）1919 年 5 月 4 日的北京反日爱国
运动，文中称五四事件，不加引号。（三）五四事件及以后 1919 年
各地的反日爱国运动，统称民八反日运动，不加引号，其中重点为
5—6 月间的反日爱国运动，1920 年代初所谓"广义的五四运动"即
是指此（见下文）。（四）五四运动若未加引号，则均是在援引后
日学者之用语的意义上，而非出于时人之口。

一、1919 年的"五七"

今人多将 1919 年 5 月 4 日之后全国各地的爱国运动自然而
然地视作对于北京五四事件的"响应"。但实际上，这些运动当时
多在"五七"或"五九"的旗号下进行，因其时多数人意料之中的，
是借巴黎和会山东问题发酵而将形成规模的 5 月 7 日或 9 日的
"国耻"纪念活动。此"国耻"源自 1915 年的中日"二十一条"交
涉，5 月 7 日系该年日本向北京政府发出最后通牒之日，5 月 9 日
为北京政府覆文之日。早在 1915 年 5 月中旬，北京商界即联合各
界发起"五七会"，计划每年开会纪念"国耻"。① 上海则曾发行《五
七》报，旋于 6 月间因"词旨激烈"被查禁。② 除却"五七"，"五九"

---

① 《交涉结束后之北京各界观》《京师商界发起五七会》，《申报》1915 年 5 月 15
日，第 6、11 版。
② 《干涉言论愤激之报纸》，《申报》1915 年 6 月 17 日，第 10 版；《五七报禁闭后
之余波》，《新闻报》1915 年 6 月 29 日，第 9 版。

这一日期缩略语在当年也已出现。① 经由政、商、学各界的宣扬与制度化，这两日之后便成为相当长一段时期内最重要的两个"国耻"纪念日。②

　　1916—1917 年的国耻纪念相对沉寂，至 1918 年，始于留日学生抗议并归国、国内大城市学生积极参与的反对《中日共同防敌军事协定》签署的活动，大多已打出纪念 5 月 7 日（或 9 日）"国耻"的旗号。③ 至 1919 年，5 月初北京学生在获知和会外交失败的消息后，原也是拟于 7 日组织活动，因担心"时间拖迟，消息泄露"，方提前至 5 月 4 日游行。④ 5 月 4 日系周日，便于组织校外活动，且学生不必为此付出罢课的代价。而也正因为是周日，学生递交请愿书的对象——各国公使亦不在使馆，这一点却似未在多数学生的预料之内。在东交民巷被阻，队伍转向，便即出现火烧赵家楼、痛殴章宗祥的意外（或者说这只是游行队伍中的少数人，如北京高等师范一小组织"意料中"的行动），在意外的日期举行的游行请愿，又酿成了堪称意外的结局。

　　换个角度看，日期提前，也正导致了北京五四事件总体上未受当局的有效阻挠。而在外交失败的消息回传国内的过程中起到关键作用的研究系及其影响下的国民外交协会，定于 5 月 7 日在京发动"国民大会"，于事前在报中布告，这最终却起到了反作用：北京当局鉴于 7 日活动本在预料中，且有 4 日的前车之鉴，已对该日

---

① 《爱国缎》，《申报》1915 年 8 月 30 日，第 7 版。
② 参见马建标《历史记忆与国家认同：一战前后中国国耻记忆的形成与演变》，《近代史研究》2017 年第 2 期。据目前所见材料，似是北方多纪念"五七"，南方则"五七"与"五九"都有纪念。
③ 黄福庆：《五四前夕留日学生的排日运动》，（台）《中研院近代史所集刊》第 3 期（1972）。
④ 周予同：《五四回忆片断》，中国社科院近代史研究所编：《五四运动回忆录》（上），中国社会科学出版社 1979 年版，第 265 页。

大会严加防范。7 日当天,原定会场中央公园被军警封闭,与会市民在各临时场所之间"疲于奔命",终仅实现数百人集会。① 而在日本的留学生,亦定于 5 月 7 日在东京举行示威游行,虽与 1918 年在示威前一日(5 月 6 日)诸多与事学生即遭日警逮捕不同,1919 年的"国耻"纪念日留学生仍得上街游行,但此番同样遭到日方严厉镇压,并发生流血冲突。② 可见 5 月 7 日系各方"意料之中"的性质,正是一把双刃剑,中日当局均可有备而来,对活动施加显著的负面影响。

在上海,"国耻"纪念活动的组织者则设法通过与地方当局协调,减轻来自官方的消极影响。其中,位于上海的江苏省教育会是 1915 年反"二十一条"活动的重要参与者,自 1918 年起,它与该年成立的留日学生救国团共同组织上海等地反对中日军事协定的活动,至 1919 年,二者又成为 5 月 7 日上海"国民大会"的主要组织者。③ 另如上海对日外交后援会"派会员分往各省连络各界,就地开会",则是以 5 月 9 日为"国耻纪念日期"。④ 在京、沪以外,如天津、济南、南京、苏州、杭州、宁波、武汉、南昌、太原等城市,亦是于 5 月 7 日或 9 日举行国耻纪念大会,这些集会也多被后来的历史书写视作该地五四运动的起点。当然,一些地方当局的预先防范,也会与北京一样产生遏制作用。如湖南长沙由于省军政当局厉行戒严,两个"国耻"纪念日似乎均未实现大规模的集会活动(至 5 月底 6 月初方有较大规模的反日运动)。

不仅如此,"五七"符号亦频频出现于当时各方报刊的新闻社

---

① 《国耻纪念日之国民大会》,《晨报》1919 年 5 月 8 日,第 2 版。
② 参见王拱璧《东游挥汗录》,上海留日学生救国团本部 1920 年 2 月版,第 55—77 页。
③ 《五月七日之国民大会》,《申报》1919 年 5 月 8 日,第 10 版;《万众一心之国民大会》,《民国日报》1919 年 5 月 8 日,第 10 版。
④ 《国耻纪念中之青岛问题》,《时事新报》1919 年 5 月 6 日,第 3 张第 1 版。

论中。除却不胜枚举的对于 1915 年"二十一条"交涉情形的追溯，另如 5 月 7 日当天，北京学生亦是"各执'尔忘五月七日乎'小旗一面"，至警厅前欢迎五四事件中被捕的同学释放。① 5 月 19 日后北京学生总罢课，此时"五四运动"一词已被发明，但北京学生联合会发行的亦是《五七》日刊(后遭当局查禁)。② 其时京、沪各大报纸也多提前登出 7 日纪念活动的启事，及 9 日学校停课、书局或工商停业的广告。5 月 7 日，北京《晨报》于首版登出大字："今日何日？五月七日。国耻纪念，国人勿忘。"进而提醒："本报今日特将第二张作为国耻纪念号，请阅者注意。"第 6—7 版即为"国耻纪念"专版，刊登数篇国耻纪念感言及 1915—1918 年的相关中日外交文件。5 月 9 日，上海《民国日报》亦辟出第 8 版的一半版面，作为"国耻纪念"专栏。

可以说，上述活动实践与相应的舆论，诚然多有"响应"北京五四事件的一面，但显然也都是"五七"符号所承载之历史记忆的延续；不少参与者本系有备而来，而非纯是五四事件所激。进一步讲，同样显见的是，此间得到延续的，还有反日运动的参与群体与活动方式。在参与者一面，今有学者总结 1915 年"五七"(原文用"五九")与 1919 年"五四"的区别，前者的参与者主要为"城市士绅、商人"，后者则以"青年学生为主，商人、工人声援参与"。③ 但事实上，"城市士绅、商人"在 1919 年的反日运动中亦多有活动，其主持或参与的教育会、同乡会、商会等组织，至少在反日运动初始阶段亦有积极表现。不单如是，各省多由城市士绅主持或参与的

① 《被捕学生全体释放》，《晨报》1919 年 5 月 8 日，第 2 版。
② 《勒停〈五七〉及检查他报》，《民国日报》1919 年 5 月 27 日，第 3 版。
③ 王奇生：《亡国　亡省　亡人——1915—1925 年中国民族主义运动之演进》，刘杰、川岛真编：《对立与共存的历史认识：日中关系 150 年》，社会科学文献出版社 2015 年版，第 65 页。

议会,同样是晚清民初即已成立(晚清称谘议局)并产生重要的政治影响(如清末的国会请愿运动)、1915 年则暂不存在而 1919 年又发挥了积极作用的一支力量。今有学者已就南北各省议会在五四运动中的角色作有专门研究,强调省议会显示了一种"国家权力体系内的制衡",对运动直接目标的实现有着重要的"特殊意义"。① 其中,北方省议会虽整体较南方省份消极,但山东、顺直省议会仍表现突出,尤其是作为直接当事方的山东省,其省议会自 4 月起便在省内组织数次万人规模的大型集会活动,在整个 5—6 月反日运动期间的表现比鲁省学生可能还要积极。② 而其时"权力体系内的制衡",且可出自北洋系内部,有学者称直系将领吴佩孚等因其 6 月以降表露的反对签约立场,而成为五四运动期间的政坛之星。③ 另如南京 5 月 9 日的国民大会,据称初由教会发起;④ 广州 5 月 11 日的国民大会,系广州国民外交后援会牵头。⑤ 略如康有为通电中所言,曹汝霖、章宗祥等"国贼"的"徒党亲戚""必无四百人以上",在其对立面则可以有"四万万人"。⑥ 总之,其时北京当局(多指皖系、安福系、新交通系)实属"千夫所指",在此"千夫"之中既有学、工、商等较普通的民众,也有老辈名流、教会及现有权力体系内的多支力量。

在活动方式一面,1915 年 5 月 7 日(或 9 日)前后反"二十一条"的活动方式,在 1919 年也均有体现。一是集会通电,相关主张

---

① 王续添:《论五四运动中的省议会》,《中共党史研究》1999 年第 4 期。
② 《山东安福部之捣乱与被捣》,《晨报》1919 年 7 月 25 日,第 2 版。
③ 邓野:《巴黎和会与北京政府的内外博弈》,社会科学文献出版社 2014 年版,第 239—240 页;马建标:《媒介、主义与政争:五四前后吴佩孚的崛起与权势转移》,《安徽史学》2017 年第 4 期。
④ 《南京之国民大会》,《民国日报》1919 年 5 月 9 日,第 3 版。
⑤ 大中华国民编:《章宗祥》,上海爱国社 1919 年 6 月版,第 84—86 页。
⑥ 《康南海请诛国贼救学生电》,《晨报》1919 年 5 月 11 日,第 3 版。

包括以下四个主要目标中的全部或数项：释放学生（主要是5月4日后及6月3日后两个时段）、干涉北京教育界人事（主要是挽留北大校长蔡元培与/或教育总长傅增湘）、罢免曹陆章、拒签和约（有时包括废除前订中日密约）。二是抵制日货，提倡国货。运用这两种方式者包括学生，也包括其他精英与民众组成的团体。三是救国储金，1919年的报刊亦屡屡登载此方面的倡议与活动，只是实际集资的成效，或更逊于1915年。

以上所述，即是民八反日运动中"承前"的一面，而这一面多是（不一定全部是）在"五七"纪念的旗号下展开。虽然学生群体在此次运动中的表现空前亮眼，但今日从政治史角度研究五四运动的学者也已多意识到上述非学生、非一般工商的势力团体在其间的重要性。这些团体的言行不尽出于被动，也未纯以学生之意向为转移。而北京五四事件，首先也只是该年反日风潮的"起点"之一（不是唯一起点，因山东的反日群众运动早已开始），人数规模也不是最大（上海"五七"国民大会规模便大于北京五四事件）；此一"起点"定为"焦点"，甚而从中产出异于"五七"的崭新符号，尚有一个"表述"与话语层面的展开过程。

二、"五四运动"诠释的发生

据今人考证，"五四运动"一词，最早应出现在5月14日北京中等以上学校学生联合会的《致各省各团体电》（寒电）中，该电最早刊发于5月19日的上海《民国日报》。① 但经翻查，"五四运动"见诸报端的最早时间，似可商榷，因5月16日北京《晨报》、18日

---

① 杨琥：《"五四运动"名称溯源》，《北京大学学报》（哲学社会科学版）第43卷第2期（2006）。寒电电文见《再接再厉之北京学生》，《民国日报》1919年5月19日，第2版。

上海《申报》中已登出同一封致北京报界函（作于 15 日），其中
提到：

> 日内北京发现一种传单，内以敝会名义，鼓吹无政府主
> 义，阅之殊深诧异。查无政府主义以世界为指归，首先破除国
> 家界限，敝会发端于"五四运动"之后，为外交之声援，作政府
> 之后盾，实寄托于国家主义精神之中，则是敝会与无政府主义
> 根本冲突。诚恐该项传单含有别种用意，特函声明。①

　　这里是北京学联意在撇清与无政府主义的关系，以回应当时
称学生行动是受"过激主义"影响的指责。至 5 月 20 日，《晨报》
又登出北京学生拍发于 18 日的《罢课宣言》（巧电），及康白情作
于 14 日的《北京学生界男女交际的先声》一文，其中亦使用了"五
四运动"一词。② 在 5 月 16—20 日后，京、沪大报中便开始屡屡使
用"五四运动"一词，而其所指亦颇明确，即专指该年 5 月 4 日发生
于北京的反日爱国事件。

　　上述京、沪大报中的材料亦可表明，至 5 月 20 日左右北京学
联写入正式电稿或函件的内容仍偏向"国家主义"，且声明自己是
作为"政府之后盾"，虽对曹、陆、章等"国贼"大加挞伐，但并未反
对整个北京当局。然而，五四事件发生后围绕事件的舆论即已展
开，此类舆论不尽操诸与事学生之手，甚至可与自认代表与事学生

---

① 《来函照登》，《晨报》1919 年 5 月 16 日，第 6 版；《京学界之最近消息》，《申
报》1919 年 5 月 18 日，第 7 版。《晨报》版"一种传单"脱一"单"字。按李里峰《"运动
时代"的来临：五四与中国政治现代性的生成》（《中共党史研究》2019 年第 8 期）、张
武军《五四新文化运动的"运动"逻辑》（《近代中文学刊》2020 年第 2 期）两文也已注意
及此。

② 《学界风潮愈闹愈大》，《晨报》1919 年 5 月 20 日，第 2 版；康白情：《北京学生
界男女交际的先声》，《晨报》1919 年 5 月 20 日，第 7 版。

之北京学联自身的某些"稳健"表态产生一定的歧异。"五四运动"的"诠释"并不紧密贴合该词最先一批使用者之意见的性质，于此已见端倪。

最初的舆论，多聚焦于五四事件的最末一环，即火烧曹宅、殴章宗祥是否正当，涉事学生应否法办。显然，这一环节也是五四事件最大的出人意表之处。因1915—1918年的反日集会活动，基本标榜合法、和平手段，尽力避免在行动中直接刺激当局，如1916年一则纪念"国耻"的文字所强调的："须人人安其生活，安其本分，政府人民，相需为用。……若不权时量力，妄图雪耻，逞一时暴戾之气，贻祖国无穷之累，是爱之而反危之也。"①对北洋中央政府的攻击，多出现在一些政派与报人的言论而非街头实践中；②而1919年5月4日游行的原计划，至少在多数组织者及与事学生看来亦当出以和平形式。③ 可是，标榜和平的自我禁抑被事件的实际进展打破，一些已对当局行政深有不满的报人与知识分子遂有意为学生酿成的"意外"辩护，进而撑开豁口，使当局的权威进一步坠地。

与1915年不同，1919年当时北京政府对于京、沪大报舆论，基本处于失控状态，④这一问题至此开始全面发酵。除梁漱溟等个别人明言纵火打人违法，大多报刊舆论均倾向于认为学生"情有可原"，不应判罪。早在5月5日刊出五四事件详细报道的《晨报》，便试图为对事件的理解定下基调："学生举动诚不免有过激之处，

① 许哲：《今日中国人对于国耻应具何种观念》，《环球》第1卷第1期（1916）。
② 参见罗志田《救国抑救民？——"二十一条"时期的反日运动与辛亥五四期间的社会思潮》，罗志田：《乱世潜流：民族主义与民国政治》，上海古籍出版社2001年版，第86—91页。
③ 参见陈平原《触摸历史与进入五四》，北京大学出版社2010年版，第28—30页。
④ 参见冯筱才《政争与"五四"：从外交斗争到群众运动》，《开放时代》2011年第4期。

但此事动机出于外交问题，与寻常骚扰不同，群众集合，往往有逸轨之事，此在东西各国数见不鲜，政府宜有特别眼光，为平情近理之处置。"①而在北大任职的高一涵，在 1919 年初一则议论中尚强调"法律的问题""无论如何也要遵循法定的程序解决"，否则法律的效力必"根本打消"，②但五四事件后不久他即撰文批驳梁漱溟，称涉事学生系行使"正当防卫"之权，以反对"反乎人道正义的国家和法律"。③

　　进一步，论者开始聚焦于事件的参与群体问题。显然，此次事件以学生群体为主，上段所引 5 日《晨报》报道亦将之定性为"学生界行动"。而高一涵一度将之认作"市民运动"，因据他亲眼观察，"参与其事的有许多工人、许多商人，和许多须发皓然的老青年"，而不仅是学生，④只是这在 5 月间似未成为主流看法。事实上，学生群体虽自 1915 年起便参加了反对"二十一条"的运动，但基本是在各界精英名流（包括教育界师长辈）的动员掌控之下。自 1918 年起，归国留日学生之类的群体在组织上表现出了更大的自主性，但其"和平"的行动并未造成对当局的显著冲击。至 1919 年，学生酿成殃及当局要员之事，才被各大报章视作正式登场的关键力量，不独"无罪"，甚且功勋卓著。具有中华革命党人背景的《民国日报》的社论，更是把学生的地位推高到"封神"的地步，称：

　　　　北京原是个染缸，原是个火炉，一进去时，白的会变黑，硬的会变软。独有学界，在万钧压力下，做出惊天地泣鬼神的事

---

　　① 《山东问题中之学生界行动》，《晨报》1919 年 5 月 5 日，第 2 版。
　　② 涵庐（高一涵）：《真真费解的"国民大会"》，《每周评论》1919 年第 6 期，1919 年 1 月 26 日。
　　③ 涵庐（高一涵）：《再论学生事件和国家法律问题》，《晨报》1919 年 5 月 14 日，第 3 版。
　　④ 涵庐（高一涵）：《市民运动的研究》，《晨报》1919 年 5 月 6 日，第 6 版。

业来。这是五月七日之神,这是中国的恩人,这是山东问题濒危中救命的丹方,这是留得一分两分良心的国民的模范。所以我应该代表国民向北京学界伸一百二十分的谢忱,并且誓与被捕的学生同生共死。①

又如《晨报》中登载顾孟余来稿,对于"民气可用"另有理解,称:"观于此次学生之示威运动,似青年之精神的潮流,已有一种新趋向,倘再输以详确之学说,教以真道德之实质与决斗之作用,则将来之社会,必可转病弱而为强健也。"②上海《时报》的附张《教育周刊》中登出蒋梦麟的文章,在强调学生把尸外交失败之咎的人"打一顿"仅系"小节"之后,亦指出"北京的学生向来不十分动的,今番为了青岛的事便大动起来",原因正在于"青年的新精神"。这新精神"是我国的宝,我们若能利用这宝,中国将来的发达都在这儿;我们若把他摧残,中国一线的光明从此又将为黑云遮住成漫漫长夜的景象了"。③

前引《民国日报》社论,尚称学生为"五月七日"之神。而5月20日后,"五四运动"一词开始被京、沪大报广为使用,因该词的发明者为北京学生,故也利于论者的视线进一步集中于学生群体。且"自五四运动以后/以来……"的句式亦迅速在各大报中流行,这通常便是将五四事件的后续发展,尤其是学生或学界的动向,如挽留蔡元培、北京学生总罢课等纳入此一句式中。

再后,论者不再仅仅提倡"青年"之新精神,且给出了"五四运

---

① 楚伧:《五月七日之神·北京学生》,《民国日报》1919 年 5 月 7 日,第 2 版。

② 顾兆熊(孟余):《一九一九年五月四日北京学生之示威运动与国民之精神的潮流》,《晨报》1919 年 5 月 9 日,第 6 版。

③ 梦麟:《青年之新精神》,《时报》附张《教育周刊·世界教育新思潮》1919 年第 12 期,1919 年 5 月 12 日。

动"之"精神"的提法。5月26日，北大学生罗家伦于《每周评论》发表《"五四运动"的精神》一文，这是目前公认的最早全面阐释"五四运动"之意义的文字。文中指出，所谓"五四运动"是指"民国八年五月四日北京学生几千人因山东问题失败，在政府高压的底下，居然列队示威，作正当民意的表示。这是中国学生的创举，是中国教育界的创举，也是中国国民的创举"。进而归结出运动的"三种真精神"，"可以关系中国民族的存亡"，即"学生牺牲""社会裁制""民族自决"。① 在此，罗家伦一定程度上转移了对于五四事件的初始关注重点，即从有争议的纵火殴人转向表示"正当民意"的游行本身，且不顾学生列队游行民元以降在京已发生多次的事实，径称之为"创举"。同时，有别于笼统宣扬国族主义，罗的阐发富于层次感，基于此次"运动"属于"创举"的判断，以"学生"为轴心，进而凸显"国民"对于政府中"卖国贼"的法外制裁及本"民族"对于列强的抵抗，这一路数便成为"五四运动"诠释的一个早期的"模板"。（见下文）

　　需要指出，罗家伦本人在五四事件至5月中下旬的学生运动中的实际地位，不宜估计过高。如所周知，罗曾用白话为5月4日游行起草北京学界宣言，与罗一同主持北大《新潮》社的傅斯年，在五四事件中亦负游行总指挥之责，但二人在4日当天均反对部分学生转往赵家楼扩大事态。② 而在4日晚（一说5日）的会议中，傅斯年反对实施罢课，与他人发生肢体冲突，之后傅对于学生运动便转趋消极。③ 罗家伦亦被怀疑与安福系有"勾结"，据称在

---

　　① 毅（罗家伦）：《"五四运动"的精神》，《每周评论》1919年第23期，1919年5月26日。

　　② 陈平原：《触摸历史与进入五四》，第29页。

　　③ 傅乐成：《傅孟真先生与五四运动》，汪荣祖编：《五四研究论文集》，（台北）联经出版公司1983年版，第272页；罗家伦口述，马星野整理：《我所参与的五四运动》，陈占彪编：《五四事件回忆：稀见资料》，生活·读书·新知三联书店2014年版，第168页。

这些攻击傅、罗的学生看来，"做白话文的都不是好东西，凡提倡什么新思想的也不是好东西"。① 康白情《北京学生界男女交际的先声》一文虽早早用到"五四运动"一词，但也仅用以指代事件，而未作阐发。北京学联起初的主席是北大《国民》杂志社的段锡朋，而前引16—20日间见报的三份北京学联的宣言电稿均倾向宣扬国族主义，可能也主要是反映了《国民》社（而非《新潮》社）同人的意见。然而，在学生运动中的实际地位存疑，不影响罗家伦敏锐地发现"五四运动"的符号价值，并争得其最初的"诠释"之权。此后罗、傅等人有意将"五四运动"的后续引向"（新）文化运动"，其可能性亦是由此发展而来。（见下节）

在诠释主体上，上述大力阐发北京五四事件之"开创"意义，以至阐发"五四运动"之"精神"的舆论，主要来自不满于北京当局行政，或一贯趋新的部分政派分子（主要是研究系、中华革命党人）、报人与知识分子（包括教师与学生，尤其是身在高校或有高等学历者），这与5月间反日运动实际的参与者（除青年学生外尚有较老辈的议员、士绅名流等）并不完全一致。而在诠释内容中，"五四"后加"运动"，而非"事件"之类，或也正意味着突出某类"运动"主体，如上所述，这一主体在初期主要指向学生。当然笔者无意否认，在此期的反日运动中学生群体确实表现出相对最强的行动力；但这一行动力亦有一个不断扩散与提升的过程，而上述五四事件后多方舆论推波助澜的作用，不容小视。至6月，5—12日上海发生意旨明在迫使当局罢黜"国贼"的罢课、罢工、罢市运动，"三罢"风潮并向其他地域扩散，相应舆论所称"运动"主体的涵括范围，遂从以"学生"为主，一般"市民"或"国民"为辅，演变为

---

① 柏生：《杂感·五月四日》，《晨报副刊》1922年5月4日，第3—4版。按1919年6月底，北京学联登文为傅、罗澄清名誉，见《傅罗二君人格之保证》，《民国日报》1919年6月29日，第10版。

将普通的"工""商"人等明白无误地收纳其中。北京"五四"与上海"六五"（或北京"六三"）二"运动"时而并举，被视为一个"运动"，如杨贤江所云："此次运动，虽起自北京一隅，然响应之者遍乎全国，又不特学界，而商界工界，亦闻风而起，一致行动，其结合之大，势力之厚，为我中国所未曾见，外人誉我为国民运动、国民自决之第一步，卒藉此以达到吾人之要求，则知合力之效诚可惊也。"①在他看来，此次终能取得罢免曹陆章、拒签和约的"可惊"成效，完全是学、工、商三界的"国民"联合行动的结果。

　　论者开始将5—6月间的运动视作一个理所当然的连续体，而前引富于层次感地指认"学生""国民""民族"等主体，着重开创而非传承的"五四运动"诠释，对此连续性"运动"之主体范围的延展方向，似也继续发挥着"引导"作用，即持续压抑上节提及的"国家权力体系内"力量的存在感。这诚然有一定的事实基础，如6月初的"六三"大拘捕，北京军警较前更加大力地压制学生与民众运动。然而也是在6月间，吴佩孚等直系人物持续向北京政府施压；且早先自居为"民"之代表的各省议会、教育会等，在其间的角色亦未消失，尤其在"三罢"结束后，对于拒签和约仍在发挥积极作用，此种作用却已为不少人有意无意地淡化乃至忽略。基于早先积累的各方对于各类"民"之代表的失望，以及增长中的对更直接的民众政治的希冀，"五四""六五"的多数诠释矮化甚或抹煞了反日运动中"民"之代表的实际作为，由此，"国民"之所指在这些论者这里，也便发生了进一步的"下"移。②

　　在此方面，除却大报舆论，尚须略述稍后聚焦于5—6月间反

---

① 杨贤江：《新教训》，《学生》第6卷第7期（1919）。
② 当然这可能与一些省议会在5—6月间的措施有关，如江苏、浙江省议会虽表态支持爱国学生，却又积极运动议员加费案，引起公愤，上海等地报纸屡加挞伐，进一步恶化了省议会的形象。教育界老辈及各省教育会的情形相对复杂，见下节。

日爱国运动的资料编纂。今人多将这些出版物单纯视作五四运动"资料集",①而本文则须考察其编纂形式本身可能反映的编著者的思想倾向。首先是 1919 年 5 月下旬初版于上海的《章宗祥》一书,其中按"北京学界之奋兴""救护学生之公电""上海国民大会之激昂""广州国民大会之盛况""留日学生之继起"的顺序对反日运动初期的情况作了记述。② 6 月 28 日初版、7 月 7 日发行的《上海民潮七日记》,系 6 月 5—12 日上海报纸关于"三罢"运动的文件汇编,将"上海民潮发动之起点"溯至 5 月 7 日上海国民大会,之后才有"各学校、各商团、各平民结合之会社,纷纷加入"。③ 7 月上海出版的《上海罢市救亡史》,亦系编日体,从 5 月 1 日陆徵祥电告日本对山东的要求开始记述。④ 以上数种出版物,虽强调"民气"之昂扬,但似未凸显既有的"民"之代表与一般民众的区别,或格外突出学生或学界在反日运动中的角色。

6 月 25 日上海出版的《上海罢市实录》,则在按地区(如全埠、城厢、各租界、闸北等)分编报文之后,又依据一些"界别",如官厅、学生、公共团体、工商业团体等编辑沪报资料。⑤ 6 月末上海出版、7 月再版的《曹汝霖》,已在下卷中专门突出"工商学"在"声讨曹汝霖"活动中的角色。⑥ 至 8 月初,上海泰东图书局出版《青岛潮》,该书旨在回顾 5—6 月间反日运动的整个过程,主要按"界别"编撰内容,而其间各"界"的等第次序,已更形明确。在回顾外

---

① 以下引及的几份出版物均曾编入《五四爱国运动资料》(中国科学院历史所第三所近代史资料编辑组编,科学出版社 1959 年版),但由于基本被当成"资料集",以及其他原因,不少内容在编辑过程中被删改。以下均引用较早较完整的版本。
② 大中华国民编:《章宗祥》。
③ 杨尘因编著:《上海民潮七日记》,上海公民社 1919 年 6 月版。
④ 吴中弼编纂:《上海罢市救亡史》。
⑤ 海上闲人编:《上海罢市实录》,上海公义社 1919 年 6 月版。
⑥ 粤东闲鹤编著:《曹汝霖》,上海华民书社 1919 年 7 月版。

交失败的成因后，便自《北京学生爱国之愤潮》一章开始，继以《各省学界之奋发》《留学界之助动》《女学生之热忱》数章。详述"学界"完毕，又专列两章，为《全国商界之崛起》《农工各界　致行动》，所谓"农工各界"除"工业界""农界"外，尚包括"劳动界""军警界""花界"。这里的"军警界"或有一定权力体系内部力量的意味；而编者也承认，"农界"尽管列名其中，实际并无多少响应动作。但"各地国民大会""学、商外公私立各机关之言动"（包括新旧国会、各省议会、留日学生救国团、同乡会及其他政治团体）尽管内容不少，却是在"花界"（妓女）之后，分列两章。最后结以两章：《北京政府及官厅之压制》《日人之态度》。① 可见《青岛潮》之叙史，尤重身处既有国家权力体系以外的"国民"，"国民"之中又尤重"学界"，"学界"之中又尤重学生，此外多由士绅名流组成的势力团体，则只能排在其他所有一般"国民"的等第之下。

至9月间，上海中华书局印行《学界风潮纪》，明以北京、上海及至各省的"学界"为主要对象；②《申报》所登该书广告，且将此番"五四运动与六五运动"抬高到"吾国办学以来唯一之风潮"的地位。③ 同在9月，北京"五四编辑社"编著的《五四》一书出版。该书明揭"五四"之名，虽然书中的"五四运动"仍是专指五四事件，但部分或是由于编著者蔡晓舟、杨量工系北大学生，该书明确以北京或北大为主视角，以"五四运动"之后续"响应"（包括"六五"运动）来统摄5—6月间的全国反日运动。在专章详述"五四学生示威之始末"后，为《五四运动各界之响应》一章，首叙"京外学界之响应"，继以"工商各界之响应"。再后列出《舆论》《文电录要》两

---

①　龚振黄编：《青岛潮》，泰东图书局1919年8月版。
②　督盦编：《学界风潮纪》，中华书局1919年9月版。
③　《五四运动与六五运动之真相·学界风潮纪》，《申报》1919年9月29日，第14版。

章,亦以收录针对学生的舆论及学生所发文电为主。[①] 北京的"起点"定为"焦点",同时从学生、工商民众再到其他势力团体,重要性逐级递减,这一后世常见的五四运动史之叙述框架,至此已大体形成。

1919年10月,上海《建设》杂志刊出沈仲九所作《五四运动的回顾》一篇长文,一定程度上可被认为是对上述"五四运动"诠释之倾向性的一个早期的总结。[②] 沈氏首先指出,他是从"北京的新闻纸"上了解到"五四运动"这一"专名词"的;在此"五四运动"可以包含后来的"三罢"运动,这运动"是中国空前的运动,是中国教育界空前的运动,改造中国的教育潮,恐怕发源在这运动里面"。这里已为诠释定下基调,即"五四运动"必定是"空前"的;而作者的第一"感想",亦在发掘该运动的"特色",所谓"特色"是"专指过去的中国而言,就是中国以前没有的意义"。这便将五四事件及之后夏间反日运动中的"承前"一面预先作了清理,中国以前"已有的意义",已经从此番诠释中尽可能地剔除出去。

这些具体的"特色",应是承自罗家伦《"五四运动"的精神》一文,主要包括"学生的自觉""民众的运动""社会的制裁"三点。在第一感想后,又相继列出六条感想。第二条"五四运动"的宗旨,是"希望合于人道主义的世界的改造"。第三条是方法,即"五四运动"是"心力的直接的公开的运动"。第四条是"五四运动"和道德的关系,强调此期学生与晚清学生之不同,"前清时候的学生,也有做革命事业的,但他们都是离了学生的地位,而且是个人行动的,若用学生的资格,大家联合起来,去做关系国家社会的事业,是

---

① 蔡晓舟、杨量工编辑:《五四》,北京蔡寓1919年9月版。

② 仲九:《五四运动的回顾》,《建设》第1卷第3期(1919)。该文另在1919年10月5—16日《民国日报·觉悟》副刊连载。

没有的",然此说与晚清学生(尤其是留日学生)已有"关系国家社会"的集体行动的实情明显不符。第五条是社会对付"五四运动"的态度。第六条是运动的原因,将之联系上"新思想"的扩散(这方面的梳理见下节,引者注)。以上诸条,均强调了此次"五四运动"在各方面必定是"前所未有"的这一预判。

第七感想是"五四运动"对将来的影响。在此,作者将"'五四运动'直接的效果"尽量缩小,称"无非免了曹、陆、章三个卖国贼的官职,这种形式上的利益,尚是狠小狠轻的",大的效果则在"一般国民因为有这种运动,于无形中得了许多新教训,养成了许多新精神"。其一是"平民势力的发展"。"五四运动"中"学生不受学校的束缚,商人不受商店的束缚,至于官厅、家族、社会,种种束缚,更丝毫不受"。其二是"社会组织的改善"。沈氏明言:

> 代表一部分教育界的教育会、代表全体人民的议会,或者处于第三者地位,替学生向政府喊话,或者闭口不言,照这种情形看起来,仿佛这种代表机关和首领不好攻击政府的,他们的地位,好像处于人民和政府中间,只好在两方冲突的时候,出来做个调人。唉,这种代表机关,还可以当"代表"两个字么?……此番的运动,都是各学校学生、各商店伙计直接行动的力量,就是代表机关和首领失效的大试验。

这段话便将反日运动中教育会、议会等的作用基本抹煞,将对于"民"的既有"代表"机制整个负面化。如此,"五四"话语便进一步凸显了此期的新力量及相应的某些活动方式,而与多由"五七"标示的既有力量与方式拉开了距离。

诚然,在某些细节上(如"宗旨""方法"之类),该文所论或只是"一家之言",但其在整体上的某些倾向性,在之后不同阵营的论者言说中尚可继续得到展示。1920 年 4 月,陈独秀在一次题为"五四运动的精神是什么?"的演说中强调"五四运动特有的精神",一是"直接行动",二是"牺牲的精神"。关于前者他便提到,之所以"对于五四运动有新的和前次爱国运动不同的感想,就是因为学生运动是直接行动,不是依赖特殊势力和代议员的卑劣运动呵"!①

　　1920 年 5 月 4 日,北京《晨报》开展"五四"周年纪念,专刊汇集了不少政、学界要人的文章,对之后"五四运动"诠释的发展产生了重要影响。其中陶孟和《评学生运动》一文,称"中国向来的政变,没有一次配称'国民的运动',没有一次可以称全社会的变动",只有一年以来的学生运动才算得是"部分的国民运动"。② 罗家伦《一年来我们学生运动底成功失败和将来应取的方针》一文,③在总结"五四运动""成功的方面"时,亦强调"这种成功却不是拒签德约,也不是罢曹、陆、章",因为"德约虽然拒签,而山东问题还未见了结;曹、陆、章虽罢免,而继任曹、陆、章者为何如人,国人自能知之。所以斤斤以此为我们的成功,所见未免太小"。而"我们"的大成功,包括"精神"与"实际"两方面,前者仍是"学生牺牲""社会制裁""民众自决"三条,后者则是"思想改革的促进""社会组织的增加""民众势力的发展"。"社会组织的增加"一节中谈及:"从前这个学校的学生和那个学校的学生是一点没有联络的,所有的不过是无聊的校友会、部落的同乡会;现在居然各县各省的学生都有联合会。从前这个学校的教职员和那个学校的教职

<hr>

① 陈独秀:《陈独秀最近之演说》,《时事新报》1920 年 4 月 22 日,第 3 张第 1 版。
② 陶孟和:《评学生运动》,《晨报》1920 年 5 月 4 日,第 7 版("五四"纪念增刊附录)。
③ 罗家伦:《一年来我们学生运动底成功失败和将来应取的方针》,《晨报》1920 年 5 月 4 日"五四"纪念增刊第 2—4 版。

员也一点没有联络的,所有的不过是尸积余气的教育会、穷极无聊的恳亲会;⋯⋯从前工界是一点组织没有的,⋯⋯从前商界也是一点组织没有,所有的商人,不过仰官僚机关的'商务总会'底鼻息。"末了总结道:"总之五四以前的中国是气息奄奄的静的中国;五四以后的中国是天机活泼的动的中国。'五四运动'的功劳就在使中国'动'!""五四"之前号称代表民众的团体一无是处,所作所为谈不上使中国"动","五四运动""成功"的一面,便只能在于其间新崛起的势力与相应能令中国"动"起来的方式(主要指民众更直接的组织与行动)。

综上可见,"五四运动"一词在其诞生初期,先是专指北京五四事件,但稍后也可以从五四事件当日向后延伸,涵括6月间的运动。这是基于将"起点"定为"焦点"的逻辑,起点之名遂可作为整个5—6月间运动的代称。此种逻辑与"代称"机制的成立,应有"五四运动"之"诠释"的作用,此种诠释重"开创"而轻"传承",且自始便未为该词最先的一批使用者所垄断,之后也不是对于1919年5月以降反日爱国运动的全面而中性的概括。其间实际仍可发挥正面作用的"民"之代表的角色,在这些诠释中或淡化,或消失,或负面化;这其实是论者以诠释"现实"运动的口吻,点亮现实中被认为面向未来的部分,表达对于相关"前景"的期望(亦即以"实然"的口吻表达"应然")。[1]　总之,此种诠释在指涉的主体与活动方式上,不约而同地淡化了实际运动过程中"承前"的一面,因而可认作是对5—6月间反日运动之复杂脉络的"简化"。

不过,在此"简化"之外,某种"再复杂化"也已经开始。淡化"承前",往往意味着强化"启后",而对新符号所提示之前景的设

---

[1]　此略如罗志田所言"以希望代事实"的诠释方式,见罗志田《课业与救国:从老师辈的即时观察认识"五四"的丰富性》,《近代史研究》2010年第3期。

想规划不免言人人殊,"五四运动"的诠释便又在另外的维度上走向了多歧化。

三、再复杂化：诠释的分途

因"五四运动以后/以来"之类的句式在各报刊中的流行,将"五四运动"视为起点,续上后来的某些事件,在 1919 年 5 月下旬以后便渐成一种表述套路。而这也很快直接影响到了"五四运动"的诠释本身,如 1920 年"五四"纪念中一篇文章所反映的逻辑：

> 去年五月四日霹雳一声,忽然发生"五四运动"。……世人往往把"五四运动"看作政治的运动或且是国家的运动,我以为是社会的运动、国际的运动。……我们虽然没有参加"五四运动",但是从"五四运动"以来底宣言和行动看起来,可以证明"五四运动"的确是有这种性质。①

此处"五四运动"仍指 1919 年北京"五四"事件,但论者是否参加了"五四"事件,并不重要,重要的是论者所见"五四运动""以来"的宣言和行动,能回过来用以证明"五四运动"的"性质"。作一譬喻,即"五四运动"成为一挂钩,以悬挂的物件样式来诠释挂钩本身的性质。而如前所述,"五四运动"至迟到 1919 年下半年可以专指"五四"事件,也可代指 5—6 月间的反日爱国运动;那么在所指时段延展至最大后,又应具体选择哪些事件或趋势,继续挂接在"五四运动"之后,便成为诠释分化的一大关键。

---

① 渊泉(陈溥贤)：《五四运动底文化的使命》,《晨报》1920 年 5 月 4 日,第 2 版。

　　显然，"五四运动"诠释的后续分途甚为多样，难以尽述。本节不拟探讨一些太过细致的分歧，仅择取部分趋新的教育界人士给出的诠释与部分倾向中华革命党—国民党立场的读书人的诠释二者为主案例。这两大类诠释均默认"五四运动"以"学生"为主体（偶尔扩及工商等"国民"），并均有与诠释相辅相成的实践措施，因其间一些细节今人所论已详，笔者只是基于本文的问题意识对此再作一番概述。

　　这里的前一类诠释，通常关乎"五四运动"与"（新）文化运动"所指涉之思想文化运动的衔接。在此方面，主要的问题或不在于研究者自行判断"五四（运动）"与"新文化（运动）"究竟有无关系，有何关系，而是在当时究竟是哪些人、通过何种方式（本文讨论的是通过何种"表述"）使二者"建立"了联系。① 其实，如北大的蔡元培、胡适等人对于学生的罢课行动，本谈不上有多支持；而参与五四事件的傅斯年等人在"五四"当日明确反对转往赵家楼，事后又反对罢课，其之后更感兴趣的，也是偏于思想文化层面的革新而非街头运动。如今人指出的，倡言"文化运动"本可能存有以"文化"纠正五四运动的"武化"之意，② 故"新文化（运动）"之于"五四（运动）"既有正相关，也有反相关，只是这一"正""反"之别在多数时人及后人的表述中往往隐没不彰而已。

　　同样需要指出的是，此种爱国运动的后续，不一定会自然而然地连上更"新"的思想文化潮流。如 1915 年"五七"符号出现后，时人且有一些倡言"国学"以图湔雪国耻的言论与措施。江苏无

---

　　① 按近年海外学者也已注意到"五四"与"新文化"的"关系建构"过程，唯分析尚较简单，见 Elisabeth Forster," From Academic Nitpicking to a New Movement：How Newspapers Turned Culture Academic Debates into the Center of May Fourth"，*Frontiers of History in China*，Vol. 9，No. 4，2014，pp. 534 – 557。

　　② 袁一丹：《另起的"新文化运动"》，《中国现代文学研究丛刊》2009 年第 3 期。

锡人侯鸿鉴倡言教育救国,却提出"国学、国耻、劳苦三大主义",其中"国学"教育一节乃是强调师范与小学教育中"六书"与旧体诗文之类的训练。① 乃至在 1919 年反日运动期间及之后,各地老辈与学生亦多有创作或引用旧体诗词以记述此番运动、宣扬反日爱国之义者。② 故"五四运动"后的思想文化运动内容专指"新"思想或"新"文化,很大程度上应理解为某些一贯趋新者在表述与实践中积极"引导"的表现。除却北大背景的学人、北京《晨报》及上海《时事新报》等鼓吹者、各地趋新出版界人士,不容忽视的尚有部分省教育会,尤其是江苏省教育会,于 1919 年末组织以"新文化运动"为题的"演说竞进会"等活动,对促进新文化运动(及其命名)的扩散起到了重要作用。③ 至此,在某些论者看来,便是"国民运动的倾向,已从消极的而变为积极的,已从浮泛的而变为根本的,是政治运动已变为新文化运动了"。④

至于"新思想""新文化"具体指哪些内容,可以是欧美新教育、白话新文学、个人本位、世界主义等等,此处不赘。而北京五四事件当日,或 5—6 月间的爱国运动中是否真能凸显这些思想文化倾向,已非关键,关键在于为"五四运动""接续"内容的论者自身的倾向与选择。而除却在"五四"之后接上"新文化运动",尚有将"五四"之因溯至早先的某些思想文化趋势的表述,在今人看来,

---

① 侯鸿鉴:《国学国耻劳动之三大主义》,《中华教育界》第 4 卷第 6 期(1915);侯鸿鉴:《国学国耻劳苦三大主义表例》,《教育杂志》第 7 卷第 7 期(1915)。

② 此外,山东系孔孟故乡,这也是引起国人公愤的一大要点。据笔者所见,1919 年聚焦于山东问题的报刊舆论几乎未见、也几无可能以批判孔孟为诉求。当然"新文化运动"初起时对于孔孟的态度也较复杂,不可以"反传统"一言蔽之。

③ 参见桑兵《"新文化运动"的缘起》,《澳门理工学报》(人文社会科学版)2015 年第 4 期;桑兵:《关键年代的小历史——1919 年的事件与日常》,《社会科学战线》2018 年第 1 期。

④ 进之:《新文化运动》,《时报》附张《教育周刊·世界教育新思潮》1919 年第 39 期,1919 年 11 月 17 日。

大致相当于将"新文化运动"的所指再向五四运动之前延伸。

　　这类回溯式表述在早期的普及与接受度，不宜估计过高。如五四事件中令事态升级的关键一环——火烧赵家楼的重要参与者、北京高师学生匡互生，及与之同属于北高师一激进小组织的周予同，后来均明确否认五四事件之起源与以《新青年》等刊物为中心的"新文化运动"有关。① 这有一定的事实基础，显而易见，《新青年》同人对五四事件实无多少参与，而如上节所述，《新潮》社领导人在初期学生运动中的地位，亦存有疑问。1919 年 5—6 月间，关乎五四事件之起因的大多数论述，多从"二十一条"（或再往前的中日或中外关系）述至青岛问题之发生，即专注于政治、外交层面。此间将五四事件本身的肇因"思想史"化的文章则较少，其中一类文字实与安福系一方的思路接近，唯价值评判相反，即正面肯定蔡元培执掌北大后的革新与五四事件之发生存在因果关系。但此种关系建构多聚焦于北大整体与蔡氏，② 阐发陈独秀、胡适诸人及《新青年》对于爱国运动之发生的作用者则更少。陈独秀于 6 月 11 日被捕，有报文提及有人谓北京学潮"实发难于北京大学"，而北大此次表现远比 1915 年"五七"当时激烈，当系蔡元培、陈独秀等鼓吹"新思想"所致。③ 另外，尚有同在 6 月间发表的日本黎明会吉野作造所撰、李大钊节译的《吉野博士对我国最近

---

　　① 　互生：《五四运动纪实》，《立达》第 1 卷第 1 期（1925）；周予同：《过去了的"五四"》，《中学生》1930 年第 5 期。

　　② 　按蔡元培可被视作老"革命党"，相应地，某些中华革命党—国民党人在五四事件后不久即已强调的"新旧"对立，主要是政治意味的，即凸显蔡及新"青年"与（北洋）旧"官僚"的对立，甚至革命党及受其影响者几可被认为天然地居于"新"之地位。见《学校一致纪念国耻（续）》，《民国日报》1919 年 5 月 11 日，第 10 版；湘君（叶楚伧）：《北廷对北京大学之隐秘》，《民国日报》1919 年 5 月 12 日，第 2 版；湘君：《北京大学之精神保存》，《民国日报》1919 年 5 月 20 日，第 7 版。

　　③ 　《陈独秀被捕》，《申报》1919 年 6 月 15 日，第 7 版。

风潮观》一文。① 该文在解释五四事件之起因时,着重揭出蔡元培长校后北大的新旧之争,且专门提及"北京大学发行之杂志,则皆口语体,乃至投我(吉野)之书翰亦用口语,且横书,并加以:!? 等符号。而其小说之类,尤极敢言,就中如陈独秀君对于孔孟学说之批评毫不客气,彼旧派学者之愕然惊惧,殆非无因也"。联系其他段落,政治立场之别与"文""学"之新旧,在此基本被混为一谈。该文曾为多家大报刊转载,或产生过一定影响;不过这也是北大学生所编《五四》一书"舆论"部分中唯一一篇将五四事件归因于《新青年》《新潮》之影响的文字。②

　　1919 年秋,全国各地的多数学生在暑假后返校求学,可仍有部分学生倾心于罢课运动。而总体上看,5 月间运动初起时体制内外各方势力团体"同仇敌忾"的情景,至 1919 年末、1920 年初已难得见。如有与事学生后来忆称,1920 年 2、3 月间北京一次罢课,游行中途"军警忽以枪柄追打学生",而旁观市民并未表示同情。③ 5 月初,上海江苏省教育会与苏省众多教职员联合发表宣言,将不愿返校上课者开除出"学生"队伍。④ 5 月 6 日,全国及上海的学联与各界联合会在法租界的会址被查封;之后,北洋政府强令全国各地学联停闭、各校恢复上课。上海方面先趋于平静,而北京学生之后仍在罢课中,但也已成强弩之末。与 1919 年不同,此

---

① 《吉野博士对我国最近风潮观》,《晨报》1919 年 6 月 18 日、19 日,均为第 6 版。又见《民国日报》1919 年 6 月 20 日,第 6 版;6 月 21 日,第 3 版。《东方杂志》第 16 卷第 7 号(1919 年)。

② 按《五四》的编者杨量工(亮功)晚年明言"五四运动"纯系"爱国运动",与"新文化运动""完全无关",见杨亮功《〈五四〉重印序》,蔡晓舟、杨亮功编:《五四:第一本五四运动史料》,(台北)传记文学出版社 1982 年版,第 4 页。

③ 田炯锦:《〈五四〉的回忆与平议》,陈占彪编:《五四事件回忆:稀见资料》,第 206 页。

④ 《江苏教育同人处置罢课学生之宣言》,《民国日报》1920 年 5 月 5 日,第 10 版。

次仍由皖系把持的北京政府较顺遂地实现了对于学生运动的压制,这也从反面提示了前一年学生运动的蓬勃开展,并非学生独力可以达成,而实离不开其他包括非一般民众在内的势力团体的广泛支持。

也是在此背景下,1920 年 5 月初,迎来了第一个"五四"周年纪念。北京《晨报》为此专设纪念增刊(一张共 4 版,该年"五七"未设专版),另辟第 7 版为纪念增刊附录。供稿者有梁启超、蔡元培、蒋梦麟、胡适、顾诚吾(颉刚)、罗家伦、郭绍虞、黄炎培、陶孟和、朱希祖等,以京、沪学界人士居多,这些文章也多见于当时的其他大型报刊。各文内容自然各有重点,但在总体上,均倾向于将"五四运动"的后续发展或正面意义导引向主要依托学校进行的"文化运动"。梁启超便明言,"五四运动"虽为"政治运动",但"实以文化运动为其原动力";反过来讲,"一年来文化运动(盘)[磅]礴于国中",亦"什九皆'五四'之赐也"。据此,"今后若愿保持增长'五四'之价值,宜以文化运动为主而以政治运动为辅"。①蔡元培所论,则更多"反相关"的意味,强调"去年五月四日,是学生界发生绝大变化的第一日";学生罢课比罢工罢市的损失还要大,故学生务必返校"专心研究学问"。②蒋梦麟、胡适更是提到:"学生运动现在四面都受攻击,五四的后援也没有了,六三的后援也没有了。"便只剩下回校就学一条正路。③顾颉刚甚至把请愿、罢业之类的手段比作"伏阙上书""清君侧",无足称道,当前应从

---

① 梁启超:《五四纪念感言》,《晨报》1920 年 5 月 4 日"五四"纪念增刊第 1 版。
② 蔡元培:《去年五月四日以来的回顾与今后的希望》,《晨报》1920 年 5 月 4 日"五四"纪念增刊第 1 版。
③ 蒋梦麟、胡适:《我们对于学生的希望》,《晨报》1920 年 5 月 4 日"五四"纪念增刊第 1 版。

事的是"教育"与"学术"运动。① 罗家伦总结"五四运动""失败"的方面,也谈及:"这次全国学生联合会总会不问时势,不问实力,没有筹备,便贸然议决全国罢课,是错误的。弄到现在上海发难的地方,工商界都不表同情,仅仅华工罢市,一日后也都恢复;再做也难于做得下去,而各处七零八碎的罢课风潮,又将何以收拾。老实说,这实在是我们一年以来最大最后的失败!"其应对之方,亦是倡议学生从事社会、文化运动。② 在文化运动之价值的对照下,政治性学生运动的意义多被弱化乃至负面化,此番"五四"纪念名为"纪念",实有部分趋新学人力图在诠释中压抑他们认为的"五四运动"的消极面、为五四事件以降的学生运动"善后"的意味。

　　与之适成对比的是,部分国民党系的报章舆论,则希望五四事件以降的学生能更多地现身街头,更长久地从事"爱国"运动。虽然目前所见"新文化运动"一词的两个早期出处正是中华革命党—国民党系的刊物《星期评论》与《建设》(1919 年 8 月 31 日、9 月 1 日),之后"新文化运动"在国民党人的文本中也时见正面意义,但国民党人对通常由北京与东南教育界中人倡导的文化运动的认可与参与度,整体上较为有限。③ 其关注点通常在社会与政治,而终极目标仍在政治层面。实际上自一开始,其对五四事件的诠释路数便已进一步"内"转,即借此以全力攻击"北廷"。1919 年 5 月蔡元培离京出走后,自 12 日起,上海《民国日报》就将第 3 或 6 版的某些新闻冠以"黑暗势力与教育界全体搏战"的耸人标题,第

---

① 顾诚吾(颉刚):《我们最要紧着手的两种运动》,《晨报》1920 年 5 月 4 日"五四"纪念增刊第 1—2 版。

② 罗家伦:《一年来我们学生运动底成功失败和将来应取的方针》,《晨报》1920 年 5 月 4 日"五四"纪念增刊第 2—4 版。

③ 参见欧阳军喜《国民党与新文化运动——以〈星期评论〉〈建设〉为中心》,《南京大学学报》2009 年第 1 期。

12 版总题改为"大家讨贼救国"（原为"民国小说"）。而稍后一度有意限制罢课的学界势力团体，也成为报文的攻击对象。5 月下旬，江苏省教育会力劝上海学联延迟三日总罢课，《民国日报》即发文批驳，称上街学生只须"把国家的功课当做学校的功课"便可。① 后又称除非将段祺瑞送上法庭，"此外若鬼鬼祟祟，诱惑少数之见识幼稚者自害其群，则公等（指江苏省教育会，引者注）之脑筋龌龊，而非人类可思议也"。② 6 月 16 日全国学生联合会在沪成立，会上邵力子作为"报界"代表致词，谓"学生似必不能不预政事"，而"上海教育界不提倡爱国，乃令学生之心神才力咸消耗于淫靡之书籍与稗乘，不亦事实上至堪痛惜之一端欤"？③ 之后相对更认可"文化运动"的胡汉民等人，也是说学生求学、救国可以"同时并做"。④ 至 1920 年"五四"周年纪念，《民国日报》复登出时评称："'五四'运动，全国国民没一个不承认他是爱国运动，也没一个不愿意加入这爱国运动。"但因未能彻底扳倒北洋政府，运动结果并未令人满意。⑤ 对于 5 月初江苏教育界开除罢课学生的宣言则讽刺称："至于爱国行动的能力，江苏教育同人所表现的，不过几通电报而已。"⑥ 不久又登出来件，径称一年来"教育家"阻挠学生"爱国运动"，实属"不知羞耻"。⑦

　　或如李大钊所盼望的，"五四运动"在此后历年的纪念中又被不断加上了一些"新意义"，⑧ 但可以说，1920 年的首次"五四"周

---

　　① 湘君（叶楚伦）：《论上海学生的罢课主张》，《民国日报》1919 年 5 月 22 日，第 2 版。

　　② 孙镜亚：《告江苏省教育会》，《民国日报》1919 年 5 月 31 日，第 12 版。

　　③ 《全国学生联合会成立纪事》，《申报》1919 年 6 月 17 日，第 11 版。

　　④ 胡汉民：《学生和文化运动》，《民国日报》1920 年 1 月 5 日，第 13 版。

　　⑤ 际安：《时评三》，《民国日报》1920 年 5 月 4 日，第 11 版。

　　⑥ 际安：《江苏教育同人的宣言》，《民国日报》1920 年 5 月 5 日，第 11 版。

　　⑦ 公展：《告所谓教育家者》，《民国日报》1920 年 5 月 10 日，第 2 版。

　　⑧ 李大钊：《中国学生界的 May Day》，《晨报》1921 年 5 月 4 日，第 3 版。

年纪念,已为之后各方的纪念定下了某些基调。自 1921 年起,《晨报》的纪念仍多从文化运动角度诠释"五四运动",只是从政治运动角度作诠释者亦已不时见诸报端,至于"文化运动"与"政治运动"究系正相关还是反相关,所论也愈形模糊。① 而在国民党系的报刊中,文化运动的角度虽亦时见于诠释,但以"五四运动"为政治性的运动,仍是主要论调,《民国日报》的"五四"纪念且屡屡强调教职员与学生在此问题上的对立。1921 年,有人虽然提到"现在教育界底恶劣,受'五四运动'底赐真是不少",但"恶劣"的主因却在勾结"官僚",或自身颟顸的教职员(而非学生)一面。② 后来该报的社论甚至宣称"挂了胡子的教育家""妨害爱国运动,比军警还力",警告学生切勿以之为盟友。③

　　同时,由于中共组建、国共合作,"国民革命"话语兴起,"爱国"议题与马列主义的"阶级""反帝"话语进一步融汇(当然真正的融合有一个更长期的过程),学工商群众运动亦开始与国共两党的活动紧密结合起来。在两党的表述中,"反日"扩展为"反帝",反"国贼"、反"北廷"引申为反"军阀","五四"遂为"反帝反军阀"的"学生运动"或"国民革命运动"。需要指出,1919 年五四事件中同属北洋系的直系未成主要目标,1920 年尚有论者强调"五四运动""很好的影响"之一,正是"揭破安福部的内容,结果有这次吴佩孚扫清北京的举动"。④ 不过,控制北京政府的派系改换,不妨

---

① 尤其是 1925 年段祺瑞再次主政,《晨报》论者便将该年"五四"前的政治状况与 1919 年作比,见龚漱沧《五四运动纪念日的感想》,《晨报副刊》1925 年 5 月 6 日,第 5 版。

② 霞:《"五四运动"的两周纪念》,《民国日报》1921 年 5 月 4 日,第 2 版。

③ 心如:《"五四运动"二周年的感想》,《民国日报·觉悟》1921 年 5 月 4 日,第 4 版;力子:《五四运动的精神》,《民国日报·觉悟》1922 年 5 月 4 日,第 4 版;楚伧:《"五四"运动后的学生》,《民国日报》1923 年 5 月 4 日,第 2 版。

④ 王无为:《各地文化运动的调查:五四运动的影响》,《新人》第 1 卷第 6 期(1920)。

碍国共方面继续一概目之为"北廷"或"军阀"。由此，一种大革命时期国共两党共享的"标准"叙述开始形成，即所谓"中国的民族运动自从五四运动才渐渐变成近代的民族运动——有组织的群众的反帝国主义与军阀的运动"。①

　　而"五四运动"的所指本身，也开始正式包含原属"五四运动以来"的内容，所谓"广义的五四运动"于是出现，明指 1919 年整个 5—6 月间的反日爱国运动（"狭义的五四运动"仍专指北京五四事件）。② 而在上述两大类诠释以外，1920 年代前中期其他舆论对于"五四运动"的理解，多偏向反日爱国的主题，若是学界书刊，则时而述及文化运动一面的意义。曾琦等国家主义派，则力图将"五四运动"诠释为"国家主义运动"。③ 这些诠释之间固然存在一定的互渗，但整体上也显然存在矛盾。1926—1928 年国民党北伐成功，政、学局势相应发生变化，某些论者便对新近楔入本地域或本"场域"的一些诠释明确表露"陌生"或抵触之感，如 1928 年一位东南教育界人士所提及的：

　　　　且看五四运动的精神受第一个打击的是什么，不是从五卅惨案以后死灰复燃的国家主义派吗？自从五四运动以后，教育的目的、教材和教法，无往而不是个人主义或世界主义的色彩，但是从五卅事件发生以后，国耻教材又是占小学教材的重要地位。……自从最近的革命潮流达到长江流域以来，时代的思潮又是为之大变。就是拿清党前后的变化姑置不论，就大体上讲，那团体化、纪律化几字实在已经拿五四运动的方向，完全改变。……试问五四运动中所包含的个人主义之思

①　太雷：《五四运动的意义与价值》，《中国青年》第 4 卷第 77—78 期（1925）。
②　文叔：《五四运动史》，《学生杂志》第 10 卷第 5 期（1923）。
③　曾琦：《五四纪念与五九纪念》，《醒狮》1926 年 5 月 9 日，第 1 版。

潮,还有他照样存在的余地吗？五四运动的精神要继续吗？[1]

此处论者正是以个人主义、世界主义之类为"五四运动"真正的"精神",而以"国耻"教育、国家主义、团体化纪律化为对此精神、方向的"扭曲"。事件基点相同的诠释,可因事件后续所接的内容差异而彼此疏离到这等程度,"五四"符号使用者内部的歧异之巨,实已不亚于早先用与不用"五四"符号的论者之间的思想分别。

四、并存的"五七"与"五四"

以上主论"五四运动"诠释本身的兴起过程及其反映的诉求与逻辑。但须强调,"五七"与"五四"两个符号也并非被取代与取代的关系。在1920年代的京、沪大报中,通常是每年5月4日登有周年纪念的新闻与评论,5月7日或9日左右另有"国耻"纪念的新闻、社论时评,后者的诠释路数集中于政治、外交方面,较之"五四"更为稳定。而在京、沪等大都市以外,其他地方纪念"五七"与"五四"的热忱亦不完全一致。如湖南长沙,1919年5月7日及9日因当局戒严,未实现大规模集会活动,但自1921年起的纪念仍以"五七"为主,"五一"亦有盛大纪念,"相形之下,夹在中间的五四显得相当寂寞"。积极鼓吹新文化的长沙《大公报》此期却鲜有对于"五四"的报道,这一情形直至1925年后才有改观。[2]其实,在1920年代初对"五四"纪念相对淡漠,可能只是因为该地

---

① 沈佩弦:《五四运动的精神要继续吗》,《苏中校刊》第1卷第7期(1928)。
② 凌云岚:《地方历史中的五四——民国时期湖南的五四纪念》,《现代中文学刊》2017年第6期。

多数人不知，或不惯使用"五四运动"一词而已。广而言之，在表述中不使用"五四（运动）"一词，并不能说明这些人不知或未参与民八反日运动。可以推测"五四（运动）"这一符号初期传播的实际地域范围，或本不如一些都市知识精英想象的那样大，且这一范围与民八反日运动的扩散范围很可能并不一致。①

除却地域范围，尚有迎拒这类符号的"人群"范围。也即相对"五四"，"五七"纪念的主体一直较为开放，是否系国家权力体系外的"学工商"（实际"工商"纪念"五四"也明显不及"学"热烈）、思想究竟偏新偏旧，在此均非关键。如 1920 年江苏无锡刊行《国耻》杂志，无锡人徐旭高在发刊辞中从前清甲午战争叙至去年的青岛问题，主张要洗雪"五九之耻"，而未及"五四"。② 刊中登载研究系要人林长民的《告日本人》一文，另外且曾通告征文，应征者来自各年龄段（包括学生）；然通刊均出以文言，仅登载小说可见旧式白话语句。

在另一面，对于既使用"五七"也使用"五四"符号的个人或势力团体而言，因同在 5 月上旬，"五四"与"五七"尚能联成一气得到纪念。而在此方面，国民党人似表现得尤为积极。如 1920 年，戴季陶即明确给出了"五一""五四""五五""五七""五九"的纪念日序列。③ 这些日期符号尚可彼此影响，遂使得各自的诠释重点发生了些许调整。其间，"五七"或"五九"的诠释亦进一步"内"

---

① 一些学者谈到，1922 年尚有学生在北大招生考试中不知"五四运动"何意，相关材料见曹伯言整理《胡适日记全编》第 3 册，安徽教育出版社 2001 年版，第 737—738 页；嘉谟：《青年生活与常识》，《学生杂志》第 11 卷第 9 期（1924）。但其实不知"五四"之名，不等于这些学生必然未有参与民八反日运动之实，只是 1919 年 5 月 4 日北京发生何事（京外地方这一天通常是无事的），他们的记忆可能已模糊了。

② 竹园（徐旭高）：《发刊辞》，《国耻》1920 年第 1 期。

③ 季陶：《"五一""五四""五五""五七""五九"》，《民国日报》1920 年 5 月 4 日，第 2 版。

转，如 1923 年上海国民对日外交大会创办的《五九》杂志中称"愿国民毋忘五九之由来"，强调"无袁世凯则无军阀，无军阀则无卖国贼，无卖国贼则二十一条亦早无存在之地矣"，[①]即"雪外耻先雪内耻"之意。[②]"五四运动"则被认为是"国民自决的动机，是国民革命的先锋，是麻木社会的一服兴奋剂"，进而强调："假使我国在一九一八年和一九二〇年之间，合法政府成立，得全国赞助，学阀财阀们，不迷信北京政府万能，直截了当，否认北廷有对外资格，那末，承认苏联已在英、意前，早开外交新纪元，又何待加拉罕来华。"[③]加以"五一"作为劳工运动纪念日，"五五"先为马克思诞辰纪念日，后又加入 1921 年 5 月 5 日孙中山在广州出任非常大总统的意义，[④]这一纪念日序列便明确构建出 1915 年以降一段以国民党为"正统"的历史，渐形成对于该党之主义与政策的系统宣扬。

　　此种符号间的相互影响，也不仅体现在积极使用符号者的表述中。自 1920 年起，北洋政府当局就力图遏止成规模的"五四""五七"乃至 5 月间所有在日期符号下进行的纪念活动。对此《民国日报》曾讽刺道："军警与官场方面，是从五月一日起要如临大敌到五月九日的了。"[⑤]1925 年，《现代评论》亦刊文称："'五四'和'五七'这两个纪念，从性质上讲，本来是绝对不同的两回事。""五四运动"本即侧重对内，当局的反应尚可理解，但将"五七"纪念也发令禁止，"那就不免令人疑他害起了神经过敏的病了"。[⑥]"五

---

① 天工：《发刊词》，《五九》1923 年第 1 期。

② 沈选千：《究竟什么是真正的国耻》，《五九》1923 年第 2 期。

③ 《"五四"纪念会宣言》，《国民对日外交大会〈五九〉特刊周年纪念号》（1924）。

④ 这一序列在 1925 年后又加入"五卅"纪念，1928 年后又加入"五三"济南惨案纪念；而国共分裂后，"五五"对于国民党就只余下孙中山就任非常大总统的意义。

⑤ 《北京专电》，《时事新报》1920 年 5 月 4 日，第 1 张第 1 版；湘（叶楚伧）：《替谁遏止爱国运动》，《民国日报》1920 年 5 月 4 日，第 7 版。

⑥ 皓：《"五四"和"五七"纪念》，《现代评论》第 1 卷第 22 期（1925）。

四"连带"五七"纪念被中央政府明令压制,这等于反向助长了"五四"诠释的反当局倾向,以至将该倾向进一步"传染"给了对于"五七"的诠释。

除却意义的调整,尚有各符号在情感色彩上的明确"分工"。当时虽有论者称"五一""五四""五九"均是"纪念痛苦","劳工屈于资本家,学生屈于政府,中国屈于强邻,所屈之事不同,其无公理则同",①但更多论者以为这几个日期符号意义或偏积极或偏消极,可引发纪念者不同的情绪反应。如曾有清华学生谓:"只有五四的精神,可以消灭五七的国耻。"②复有人称:"'五四'的运动可以说是新潮的始流,'五七'的纪念可以说是亡我中华的先声!"③1926年曾琦撰文称"五四""五九""五卅"虽系同一纪念,"而有悲喜之异焉"。"五九"与"五卅"均是"奇耻",独"五四"不然,"其举动之壮烈,其影响之宏阔,与夫意义之重大,皆令人可歌可泣而复可喜","要之,五四运动实为乐观的而非悲观的,此所以吾人一谈五四则神为之旺,气为之壮;一谈五九,则心为之痛,发为之指"。④"五七"(或"五九")与"五四"一"悲"一"喜",相关的纪念日序列便可形成一个在情感上波澜起伏的有机体。此类看法之后也反映在国民党系的舆论中,如1927年一则关于"五七"的告民众书所云:"今天是我们最沉痛的国耻纪念日,在这最沉痛的当中,我们联想到'五四'和'五五'的壮烈的革命事迹,于是我们又百倍的奋兴了!"⑤

---

① 鹤年:《对于五一,五四,五九之感想》,《苏州晏成中学季刊》第 2 卷第 1 期(1922)。

② 景:《"五四"与"五七"》,《清华周刊》第 281 期(1923)。

③ 兴保:《过"五四""五七"纪念的感想》,《青声》(天津)第 41 期(1924)。

④ 曾琦:《五四纪念与五九纪念》。

⑤ 《为"五四""五五""五七"纪念告民众书》,《政治训育》1927 年第 11 期。后来李公朴也提到,"五一"和"五四"应用"红字"标识,"五九""五三"则用"黑字"标识,见李公朴:《怎样纪念四个伟大的"日子":"五一""五三""五四""五九"》,《读书生活》第 2 卷第 1 期(1935)。

总之，"五七"符号在"五四"符号诞生后仍有其生命力；[1]且因纪念主体的相对开放性，其在 1920 年代的受关注度及相关纪念活动开展的广泛程度可能也不亚于"五四"。[2] 只是对于"五七"的诠释，在一些人那里或与五四事件之前并无多少差异，但在一些同时接受"五七"与"五四"符号的论者的表述中，其诠释重点已因符号间的相互作用，而发生了些许变化。可见"五四运动"诠释的演变并非孤立事件，这一新符号的诠释脱胎于充斥着"五七"旧符号的政治运动氛围，而后新符号的诠释演变又对旧符号的诠释造成了难以忽视的影响。

结　语

"北伐成功以来，所谓吃五四饭的都飞黄腾达起来"，[3]"五四运动"的诠释继续发生变动。而约自 1920 年代末、1930 年代起，"五四新文化（运动）"的提法亦趋流行，乃至发展出"五四运动"的最广义（即该词本身大致等同于"五四新文化运动"），这便是"五四运动"这一挂钩与某些所选的悬挂物进一步合并，而统冠以挂钩之名，导致名词所指本身的继续扩展。对此后人的讨论已不胜枚举，本文不拟重复，唯须强调如上所述，1930 年代及之后开展相关论述、阐释的某些基准与套路，在 1919 年至 1920 年代前中期实已

---

① 1940 年，"五七"纪念才被"七七"国耻纪念正式取代，参见苏全有、邹宝刚《从〈申报〉的报道看"五九国耻纪念日"的兴衰》，《开封大学学报》第 25 卷第 3 期（2011）。

② 如后来 1929 年的一则消息称，该年的"五四""情形甚是冷清"，而"五七""五九"则是上海、北平、南京、汉口、清江、青岛等地均有开会纪念，情形似要更热烈一些，见《"五一""五三""五四""五七""五九"之各纪念》，《真光杂志》第 28 卷第 5 期（1929）。这或与"五七"纪念的主体较为开放有关，在国府取缔校外学生运动后，更依赖学生参与的"五四"纪念活动便易显得"冷清"。

③ 周作人：《知堂回想录》（下），北京十月文艺出版社 2013 年版，第 614 页。

出现或形成。

概括来说，对于"五四运动"一词及其诠释诞生与初期演变的过程，今人研究似乎仍显不足。若说国、共及其他（通常倾向自由主义的）知识分子的"五四"诠释之别是今人高度关注且不断予以细化的问题，①那么本文关注的就是在时序与逻辑上"前于"该问题的一个问题，即差别的建构非仅出现在国、共及其他知识分子之间，且出现在"五四运动"诠释的诞生伊始。"五四运动"的诠释自始便蕴含着某种围绕指涉的主体与活动方式的排斥机制，及与某些旧符号（如"五七"）的区隔机制（当然也不是变得与"五七"完全无关）。这正意味着对于当时复杂历史脉络的"简化"，唯在"简化"之余，又在另外的维度上发生了诠释的"再复杂化"。此类诠释之变与历史实相诚有联系，并且参与塑造了当时及后续的历史；可务必指出，话语与实相间的种种张力，亦不可一笔勾销。许多时候，此种诠释是以评述"现实"运动的口吻，表达对于"未来"的规划期许；倘将"五四运动"的诠释不假思索地视作对于它所号称要归结的过程与情境的准确归结，便将使研究者预先认可此类诠释与生俱来的倾向性与对历史内容的选择性，以部分历史中人的遮蔽为研究者自己的遮蔽。

进一步讲，本文所论尚有助于我们深化理解在现今围绕"五四"符号的叙述中某些"边缘"角色何以边缘化、"失语者"何以失语的问题。此类叙述中的"失语者"，不一定自外于实际的运动过程，相反，他们且有可能是民八反日运动的积极参与者。姑举一例，如今人已注意到的山东省议会副议长王鸿一，是 1919 年 4 月

---

① 按阵营分别论述"五四运动"阐释史的研究，见张艳《五四运动阐释史研究（1919—1949）》，浙江大学历史系博士学位论文，2005 年；欧阳哲生：《五四运动的历史诠释》，北京大学出版社 2012 年版；郭若平：《塑造与被塑造——"五四"阐释与革命意识形态建构》，社会科学文献出版社 2014 年版。

以降鲁省反日运动的重要组织者,但他对学生运动一直持保留态度,至 1920 年初,又对北大"新潮"表示怀疑,曾与蔡元培、李石曾会晤,只觉二人"莫名其妙"。① 而如蔡元培、胡适等人,同样对学生运动持保留态度,甚至对民八反日运动的参与度较王氏更为有限,却可在后来成为最广义的"五四运动"中的要角,比照"五四运动"的开初所指,这不能不说是一种深具吊诡意味的现象。对于王鸿一这些人在语词诠释与历史叙述中之形象与地位变迁,及其在"五四"时期之后言论活动状况的深入考察,或可成为五四运动研究一个后续的努力方向。

---

① 参见季剑青《地方精英、学生与新文化的再生产——以"五四"前后的山东为例》,《现代中国文化与文学》2009 年第 2 期。

近代思想全球流衍视野中的
章太炎与"五四"[*]

彭春凌

摘要：近代思想，这里指的是以西方的科学革命和进化学说为基础，所建构起来的我们今天对于宇宙自然和人类社会基本认知的那些思想，以及由于对宇宙与人认知的新旧转换，而在宗教、伦理、美学与政治思想诸领域引发的观念协商或革命。章太炎体现在《訄书》初刻本中的整个早期知识图景，受到以《论进步：其法则和原因》为代表的斯宾塞进化思想的启发。"五四"之后，英国作家约瑟夫·麦克布模仿《论进步：其法则和原因》创作的《进化：从星云到人类》，在培育一代新青年的近代教养方面，功不可没。章太炎不仅是"五四"新文化的本宗始祖，"五四"一代继承了他的精神和议题；并且，从建立在科学革命以及生物、社会进化学说之上的近代宇宙观和社会观全球流衍的角度，章太炎与"五四"一代还如同在平行空间里耕耘同一块思想土地的人，是彼此的另一个自己。

关键词：章太炎，"五四"一代，进化论，平行空间

彭春凌，中国社会科学院近代史研究所副研究员

---

* 本文原刊于《中国文化研究》2019 年夏之卷，收入本辑时有所增改。

陈平原教授在 2019 年北京大学举办的纪念"五四"大会上,发表题为《危机时刻的阅读、思考和表述——纪念五四运动一百周年》的主题讲演。他指出,就"五四"谈"五四"是不得要领的。我们需要拉长视线,来追溯晚清以降"新文化"逐步积聚能量,到最终破茧而出的过程。说到章太炎与"五四",诚如五四新文化运动的观察家、参与者曹聚仁所言,章太炎是新文学运动的"不祧之祖"。① 然而,作为祖师爷的章太炎,他与五四新文化运动的关系,在某些侧面上显而易见,在另一些层面上却颇隐而不彰。

显而易见的是,章太炎与五四新文化运动的诸位领袖有直接的师生关系。1906 年章太炎在东京主编《民报》,开设国学讲习会,前来听课受业的,包括沈士远、沈兼士兄弟,以及马裕藻、马衡、朱希祖、钱玄同、任鸿隽等人。章太炎在《民报》社进行小班授课,学生中有鲁迅、周作人、许寿裳。章太炎冲决罗网,与清廷割辫与绝,"革命之志,终不屈挠"②的精神,他融合"华梵圣哲之义谛,东西学人之所说"③"自成宗派"④的思想学术,启蒙了"五四"一代新青年。民国初年至五四运动时期,章门弟子聚集新文化运动的大本营北京大学。《新青年》杂志的主编陈独秀是清末的革命党人,与太炎本来有旧。鲁迅、周作人、钱玄同则是《新青年》的重要撰稿人。章太炎的身影,时晦时明,徘徊在新文化运动标志性的"一校一刊"背后。

① 曹聚仁:《章太炎与周作人》,《文坛五十年》,东方出版中心 1997 年版,第 190 页。
② 鲁迅:《关于太炎先生二三事》(1936),《且介亭杂文末编》,《鲁迅全集》第 6 卷,人民文学出版社 2005 年版,第 567 页。
③ 章太炎著,虞云国标点整理:《菿汉微言》,《菿汉三言》,辽宁教育出版社 2000 年版,第 61 页。
④ 侯外庐著,黄宣民校订:《中国近代启蒙思想史》,人民出版社 1993 年版,第 214—215 页。

　　反孔批儒思潮与广义上的语言文字运动(包括白话文运动、汉语拼音文字运动和国语统一运动)构成了新文化运动的核心内容。章太炎显然是造出时势的先驱。早在1899年的《儒术真论》中，他就确立了"以天为不明及无鬼神"作为真儒术的标准。[①] 矛头所向，直指康有为经今文学有宗教倾向的孔教主张。1902年《订孔》篇，抨击《论语》"晻昧"，孔子乃"支那之祸本"，孔子以"合意干系为名，以权力干系为实"，令儒术"为奸雄利器"。儒家内部，"孟、荀道术皆踊绝孔氏"。[②] 该文与梁启超《保教非所以尊孔论》一起，令孔子一时间失其故地。后续太炎还撰写了《诸子学略说》(1906)、《驳建立孔教议》(1913)、《示国学会诸生》(1913)等文，全力排击康有为主导的孔教运动。民初批孔阵营，"必如章氏之说"。[③]《新青年》批评孔教的易白沙《孔子平议》、陈独秀《驳康有为致总统总理书》，紧紧抓住"孔子之学，只能谓为儒家一家之学"，[④]"孔教"这一名词不能成立，妄人才强欲定孔教以为国教等要点来立论，逻辑上都继承了章太炎的论述。此外，正如周作人所言，"章太炎先生对于中国的贡献，还是以文字音韵学的成绩为最大，超过一切之上"。[⑤] 创作于1907年的《新方言》意味着，"小学不但可以考古，亦可以通俗致用；向来只用之以考证死文字"，太炎却用来整理活语言。"经学附庸之小学，一跃而为一种有独立精神

---

　　① 章氏学：《儒术真论》，《清议报》第23册，1899年8月17日，中华书局1991年影印本，第1507页。
　　② 章太炎：《订孔》，《章太炎全集·〈訄书〉重订本》，上海人民出版社2014年版，第132—134页。
　　③ 孤翔：《孔学非宗教议》，《雅言》第1期"论说"栏，1913年12月25日，第4页。
　　④ 易白沙：《孔子平议》下，《新青年》第2卷第1号，1916年9月1日，汲古書院1970年影印本，第27页。
　　⑤ 周作人：《〈民报〉社听讲》，《知堂回想录》，河北教育出版社2002年版，第253页。

之语言文字学,这是文字学史上的一个重要关键"。^① 除了催生现代语言学,形构"五四"时期方言调查、歌谣整理工作的雏形外,章太炎清末"取古文、篆、籀径省之形,以代旧谱"所制造的文字符号,^②成为 1913 年读音统一会所通过的"注音字母"的模型。而"注音字母"是中国由政府颁定的第一套拼音文字。太炎深刻意识到,"今夫种族之分合,必以其言辞同为大齐",^③现代民族国家建设,国语统一乃当务之急。新文化运动期间,太炎虽然对单一化的白话文运动颇有微词,但他在清末襄助《教育今语杂志》,从启蒙便俗的立场上,早就认可了白话文的合理性。

这些凸显在历史表层的人际嬗递,观念承袭,喻示着"五四"新文化和清末新思潮之间不容否定的连续性关系。新事物的开创,从筚路蓝缕走到江河奔涌、难以遏阻。然而,在历史展开的深层,并非总是呈现直线向上的发展趋势。特别是思想观念的更新,关涉政治与制度诸层面相当复杂的思想之社会化过程。怀特海(Alfred North Whitehead, 1861—1947)说,精神的建筑物,"在工人还没搬来一块石头以前就盖好了教堂,在自然因素还没有使它的拱门颓废时就毁掉了整个的结构","思想往往要潜伏好几个世纪"。^④ 从近代思想的全球流衍及其对中国的影响来看,章太炎与"五四"之间还有隐而不彰的深层次关联——他们都被人类思想近代化的命题所俘获,并且在同一片思想的土壤上进行着反复的耕耘。

---

① 沈兼士:《今后研究方言之新趋势》,《歌谣周年纪念增刊》,1923 年 12 月 17 日,第 17 页。

② 章太炎:《驳中国用万国新语说》,《章太炎全集·太炎文录初编》,上海人民出版社 2014 年版,第 362 页。

③ 章太炎:《方言》,《章太炎全集·〈訄书〉重订本》,第 205 页。

④ Alfred North Whitehead, *Science and the Modern World: Lowell lectures*, 1925, New York: New American Library, 1948, "preface", pp. viii‑xi. 译文参阅怀特海著、何钦译《科学与近代世界》,商务印书馆 2009 年版,第 2 页。

后来者对问题的体察与回应，相较于先到者，未必更加敏锐深刻。

　　所谓近代思想，这里指的是建构我们今天对于宇宙自然和人类社会基本认知的那些思想，以及由于对宇宙与人认知的新旧转换，而在宗教、伦理、美学与政治思想诸领域引发的观念协商或革命。思想的近代化，则指向接受近代思想的动态过程。16—17 世纪，欧洲发生了科学革命。它的标志就是在伽利略（Galileo Galilei，1564—1642）、笛卡尔（René Descartes，1596—1650）、惠根斯（Christiaan Huyghens，1629—1695），到牛顿（Isaac Newton，1642—1727）几代学者的"合作"中，诞生了"人类知识的成就中最伟大的和无与伦比的成果"——牛顿三大运动定律及万有引力定律。[①] 这些基本的力学原理，促进了天文动力学、工程学和物理学的发展。它表明从哥白尼以降，转变亚里士多德所建立的世界图像的工作已经到了最后阶段，近代科学开始形成。到 18 世纪中叶，在步入现代文明的地域，"万有引力确实是物质的内在性质的观点"已被普遍接受。[②] 一个物质宇宙的景象呈现在人类的眼前。而整个 19 世纪，"进化"，成为"最翻天覆地而又无处不在的观念"。[③] 19 世纪的"进化"观念，事实上是由哲学与经验上的"进步"（progress）思想，以及在西方有着漫长知识史、从宇宙星体演变逐渐导向生物种群起源的"进化"（evolution）学说结合而成。法国革命对于旧秩序的撼动，工业革命的蒸汽机车、铁路电信网络创造

---

　　① Alfred North Whitehead, *Science and the Modern World: Lowell lectures*, 1925, p. 47. 中文翻译参见怀特海《科学与近代世界》，第 53 页。

　　② 托玛斯·库恩著，金吾伦、胡新和译：《科学革命的结构》，北京大学出版社 2012 年版，第 90 页。英文原文参见 Thomas S. Kuhn, *The Structure of Scientific Revolutions*, Chicago and London, The University of Chicago Press, 1996, p. 105。

　　③ Frank M. Turner, *European Intellectual History from Rousseau to Nietzsche*, edited by Richard A. Lofthouse, New Haven and London: Yale University Press, 2014. p. 84. 译文参阅弗兰克·M·特纳著、王玲译《从卢梭到尼采：耶鲁大学公选课》，北京大学出版社 2017 年版，第 113 页。

出新的自然,人们似乎切切实实地感受到了社会进步。弥漫性的进步意识又启发了生物进化的理论,"在19世纪后期,当达尔文革命在生物学中取得了成功后,两种层次的进步观才综合成一种有关宇宙发展的贯穿性观点"。[1] 人无分东西,都开始面对"人从动物进化而来",这个令人无比震惊的、关于生命起源的事实。如果用一句话来描述近代思想所带来的惊异感,"进化:从星云到人类",是颇为贴切的。

《进化:从星云到人类》(*Evolution: A General Sketch From Nebula to Man*),是英国作家约瑟夫·麦克布(Joseph McCabe, 1867—1955,又译为"麦开柏")于1909年刊行的一本普及性的小册子。在1922年新文化运动的氛围中,由20出头的郑太朴(1901—1949)翻译,商务印书馆出版。这本书此后不断再版,直到1951年。该书在培育一代新青年的近代教养方面,功不可没。聂绀弩回忆说,相较于严复译的《天演论》《群学肄言》,马君武所译《物种原始》以及《新青年》杂志,《从星云到人类》"是最懂的、很薄的一本小书,给了我很多知识"。[2]

译者在《例言》中提到:"进化一语,传入中国亦已几十年,近来更通行为口头禅;但对于此语能有明确之观念,十分清楚其意义者,恐还不多得。"麦开柏在正文开篇则说:"进化一语……五十余年前,这种科学上的真理,即在很有思想的人听了亦震惊者,现在已悬于小学生之口。"[3]将中英两种语境、不同时间点的表述,稍微进行时间换算就会发现,1850年代,"进化"亦是"震惊"欧洲知识

① Peter J. Bowler, *Evolution: The History of an Idea*, (Revised edition), Berkeley and Los Angeles: University of California Press, 1983, 1989, pp. 90-91.
② 聂绀弩:《我的"自学"》,王存诚编注:《大家小集·聂绀弩集》上,花城出版社2016年版,第10页。
③ 麦开柏著,郑太朴译:《进化:从星云到人类》,商务印书馆1951年版,"例言"第2页、正文第1页。

界的新锐话题，但到了 50 年后的 1900 年左右，"进化"作为常识，已"悬于小学生之口"。中国在距"五四""几十年"前的清末虽已传入进化学说，严复《天演论》也名噪一时，"进化"逐渐"通行为口头禅"。但新文化运动如火如荼之际，普通知识阶级对于"进化"的意义还不"十分清楚"。这和胡适 1914 年旅美后的观察是一致的，"达尔文《物种由来》之出世也，西方之守旧者争驳击之，历半世纪而未衰；及其东来，乃风靡吾国，无有拒力，廿年来，'天择''竞存'诸名词乃成口头禅语"，然"今之昌言'物竞天择'者，有几人能真知进化论之科学的根据"。① 换言之，五四新文化运动的重要工作，就包括普及关于宇宙自然、人类社会由来与演化的近代思想。并且在此基础上，中国人和全世界一起，开始以科学的方式，探索宇宙自然、生命与文明的奥秘。因为，"进化"观念之后，"无论那个学者，没有不把他作为研究之南针。古物学者要渐渐的把原人之进化史发见出来；言语学者，亦想把世界上所有各种言语编成系统表，明起进化之来源；至宗教艺术、社会制度各方面，亦均可从之看出其进化之点"。② 而这一块思想的"土地"，正是章太炎毕生所耕耘、所追问的场域。换言之，章太炎早就解锁了"五四"一代要"启蒙"的核心问题；两代人的思考，或交叉或平行，但却未必处处连续。

　　麦开柏回顾进化思想的进化历程，谈到英国的斯宾塞（Herbert Spencer，1820—1903），"伟论杰作，层至叠出，把进化论推广至宇宙间所有一切"。③ 斯宾塞是 19 世纪以进化为中心的哲学运动的

---

① 胡适：《东西人士迎拒新思想之不同》（1914 年 5 月 8 日），曹伯言整理：《胡适日记》第 2 册，安徽教育出版社 2001 年版，第 128 页。
② 麦开柏著，郑太朴译：《进化：从星云到人类》，第 14—15 页。
③ 同上书，第 14 页。

知识领袖,他代表着"理论中的维多利亚时代"。① 麦开柏《进化:从星云到人类》,从原子聚合、星云谈到太阳及诸行星的诞生,由冷凝过程主导的地球进化史,讲到植物、动物从低等到高等的进化过程,人类的由来,并且展望了人类文明的未来。其布局和内容都大体模仿斯宾塞 1857 年创作、后屡经修改的《论进步:其法则和原因》(*Progress: Its Law and Cause*)。当然,该书增加了一些斯宾塞之后的知识,比如孟德尔(Gregor Mendel, 1822—1884)的遗传学说。

1898 年,章太炎与曾广铨合译的《斯宾塞尔文集》连载于《昌言报》第 1—8 册(第 7 册无)。《斯宾塞尔文集》的第一篇就是《论进步:其法则和原因》(章太炎译作《论进境之理》)。《昌言报》在几乎每一册杂志的开篇就登载《斯宾塞尔文集》,跟该杂志促进"中国进步"的宗旨有关。《昌言报》脱胎于《时务报》,《斯宾塞尔文集》也原本拟登载于《时务报》上。作为戊戌时期影响最大的中文杂志,《时务报》的英文刊名正是"*The Chinese Progress*"。以斯宾塞对"进步"(Progress)的解说来阐发刊物的宗旨,恰恰体现出戊戌以来趋新知识界的思想进程同步于进步哲学、进化学说在全球范围内的流衍。

章太炎的研究者意识到,章氏早期体现在《訄书》初刻本中的整个知识图景,都受到斯宾塞启发。其范围包括,宇宙和生物的进化,人类文明诸表象——法律与政治制度、宗教、各种礼仪风俗、语言和文字的形成与演变,以及关于变法的理论和实践等等。可以说,太炎形成早期文化观的起点是斯宾塞的学说。② 这就意味着,

---

①　约翰·麦克里兰著,彭淮栋译:《西方政治思想史》,海南出版社 2003 年版,第528 页。

②　参阅姜义华《章太炎评传》,百花洲文艺出版社 1995 年版,第 27—39 页;王天根:《章太炎对"本土经验"的强调与早期"西方社会学中国化"》,《东方丛刊》2004 年第 2 期。

青年章太炎和新青年聂绀弩相似，都在经受近代全新宇宙观和社会观震慑之后，重构自身的思想世界。从这个意义上讲，章太炎（以及晚清一代）和"五四"一代之间，就像在平行空间的同一块土地上耕耘的人，是彼此的另一个自己。

　　然而，和"五四"时期西学爆炸式地涌入中国，渠道多样，内涵混杂，难辨主次不同，章太炎接触西学的经历，明显的是和鸦片战争之后中国逐步打开国门的次序相吻合的。从中能看到近代思想的全球流衍与中国发生碰撞的较为清晰的脉络轨迹。加之，章太炎本人拥有深厚而全面的传统学问根底，博涉经史子集，精通儒、释、道三教。作为近世"第一个博学深思的人"，[①]他在新旧思想间所作的协商、整合，遍及人文、社会科学的几乎所有领域。这和"五四"之后专业化的过程中，知识人有良好的专业持执，又各有一定短板与盲见的状况是不同的。相对来讲，在章太炎那里，我们能看到近代思想未凿七窍的整体性面貌。

　　鸦片战争败于英国之后，主要来自英语世界，从科学革命以降积累了两三百年的天文学、力学、地理学、生物学的成果，借助于传教士的出版机构如 1846 年在上海设立的墨海书馆，在中国开埠的第一波浪潮中，齐齐涌入中国。比如，伟烈亚力（Alexander Wylie，1815—1887）、李善兰 1851 年译述了英国天文学家侯失勒（John Herschel，1792—1871）的《天文学纲要》（*Outlines of Astronomy*），命名为《谈天》。李善兰和艾约瑟（Edkins Joseph，1823—1905）还合译了《重学》，将牛顿三大运动定律第一次完整介绍到中国。1873年玛高温（Daniel Jerome，1814—1893）与华蘅芳（1833—1902）译出了查尔斯·赖尔（Charles Lyell，1797—1875）的《地质学原理》（*Principles of Geology*），定名为《地学浅释》。这些书构成包括章太

①　侯外庐：《中国近代启蒙思想史》，第 215 页。

炎在内的江浙一带青年学子基本的西学素养。《斯宾塞尔文集》之所以能够如此深地影响太炎,也是因为斯宾塞本人的进化论说,综合了牛顿以降科学革命诸领域的成果。斯宾塞提炼出从宇宙地球的生成,到生命的诞生,人类文明及诸表象的演进,从同质走向异质的、整一性的进化脉络。太炎将自己之前所涉猎的西学知识,都投射到译介、理解《斯宾塞尔文集》的工作中。总的说来,章太炎早年的知识蓝图,建立在斯宾塞力荐的、基于机械论(mechanic)的宇宙图景之上,并嫁接以儒学中荀学一派的观念。

甲午海战败于日本之后,"步武日本"成为知识界吸纳西学的大宗渠道。章太炎 1898 年底避祸日本殖民地台湾,后于 1902 年、1906—1910 年,两次寓居东京。章太炎阅读了东京帝国大学、东京专门学校(早稻田大学)周边学人的大量著作。东京的学术圈构成他清末十年知识更新的主要推手。1902 年旅日期间,他"日读各种社会学书",[1]深受吸引,并将岸本能武太(1866—1928)《社会学》翻译成中文出版。伴随着全球文化权势的变迁,东京的知识圈彼时也处于各种力量相角逐的过渡阶段。和中国类似,明治维新初期的日本,英学盛行。斯宾塞几乎全部的著作都被翻译成日文,他也成为自由民权运动时期最受欢迎的外国思想家。甚至有将斯宾塞视为日本"学界之母"的说法。[2] 松岛刚(1854—1940)译斯宾塞《社会平权论》(1881—1883)(即《社会静力学》,*Social Statics*),更成为推动自由民权运动的不朽名著。19 世纪 80 年代之后,美国、德国的崛起,撼动了英帝国的文化权势,留美、留德学人陆续返回日本,也带来了新的时代问题和知识视野。

----

① 《章太炎来简》,《新民丛报》第 13 号,1902 年 8 月 4 日,第 58 页。

② 雪广:《大哲斯宾塞略传》,《新民丛报》第 38、39 号,署 1903 年 10 月 4 日(该刊有拖期,此文实际作于癸卯十一月斯宾塞逝后第 29 天,即 1904 年 1 月 6 日),第 112 页。

　　一方面,19 世纪后半叶的英美"社会学"在整体继承斯宾塞理念的基础上,以心理的进化主义、强调人的主观能动性对于社会进步的价值,来纠正斯宾塞遵循宇宙自然法则的自由放任主义。章太炎彼时阅读的社会学著作多少都受到这波潮流的影响。比如他阅读过角田柳作翻译的英国社会学家本杰明・基德(Benjamin Kidd, 1858—1919)的《社会之进化》(*Social Evolution*)、远藤隆吉所译美国社会学家弗兰克林・吉丁斯(Franklin H. Giddings, 1855—1931)《社会学》(*The Principles of Sociology*)。而留学美国哈佛大学的岸本能武太,其所撰《社会学》主要参考了美国社会学家莱斯特・F・沃德(Lester F. Ward, 1841—1913)的《动态社会学》(*Dynamic Sociology*, 1883)。通过拥有大量汉字的日译社会学著论,章太炎更真切地理解了生物、社会进化论关于人、社会起源与演变的论说。这促使他重新思考儒家依据"五伦"的社会性关系对人的定义,在承认斯宾塞式的个人主义之立场上,规划婚姻、家庭和政治制度。此外,心理的进化主义也辅助他反思近代科学所构造的物质宇宙,从理论和革命实践两个层面来思索社会的动员和再造。

　　另一方面,如西田几多郎(1870—1945)所言,明治日本的哲学界,有一个从"穆勒、斯宾塞等的英国哲学风靡"到"在德国哲学用了很深的力"的转向。[①] 井上哲次郎 1890 年留德归国,担任东京帝国大学哲学科教授,为日本确立了输入德国哲学的方向。章太炎彼时阅读、征引了大量出自井上哲次郎一系的日本哲学文献。如《读佛典杂记》(1905)直接与井上的学生森内政昌之著述,以及井上所编《哲学丛书》相关。《訄书》重订本援引最多的日本学者

---

　　① 参阅渡边和靖《明治思想史：儒教的伝統と近代認識論》(増補版),ぺりかん社 1985 年版,第 94—95 页。

姊崎正治,同样留德归国,并且是井上哲次郎的学生兼女婿。姊崎正治翻译出版了叔本华《作为意志和表象的世界》。章太炎《民报》时期文献中屡次提及的哈特曼(Eduard Von Hartmann, 1842—1906,太炎译为"赫尔图门")《宗教哲学》,也出自姊崎正治的翻译。整体来讲,井上哲次郎一系的著论,构成太炎"转俗成真",衔接佛学与叔本华哲学的重要中介。德国"直觉派"的哲学、叔本华"意欲的盲动",以及唯识佛学将森罗万象的世界视作"阿赖耶识"这一本体幻出的世界,诸项资源促使他根本怀疑物质宇宙的实存性。哪怕在"随顺进化"的变通立场上,他也对进化的结果必达于至善至乐的终局进行了批判。"俱分进化",善恶、苦乐永远的并存,意味着否定悬置"黄金时代"来召唤心灵归宿的宗教倾向,也意味着人们必须面对惨淡的过去未来、社会人生,以不齐为齐,拿出切实地解决具体问题的政治和社会方案。章太炎对近代思想的理解,逐渐掘进深层。

从章太炎 1898 年翻译《斯宾塞尔文集》之《论进步:其法则和原因》,到 1922 年《进化:从星云到人类》中译本的出版,张开双眼、无比惊异地获悉宇宙与社会由来、演变的"真相",始终是趋新知识人推开近代思想之门的首堂必修课。以至于类似的译作,一浪又一浪涌来,重复但又新鲜。1911 年 11 月中华基督教青年会在上海创刊《进步》杂志。到 1917 年与《青年》杂志合并为《青年进步》杂志为止,《进步》共出版 64 册,是民初颇有影响力的综合性刊物。在发刊辞中,杂志主编范祎(号晦海)指出:"今吾国之所谓更始,所谓革新,大都属于事实,而思想之陈旧,仍为三千年老大国民之故态;宜乎十年来之进步虽有可观,要皆骛形式而乏精神。"①促进社会的思想进步,乃是杂志的根本事业。从第 1 期开始,《进步》杂志在"译著"

---

①　晦海:《进步弁言》,《进步》第 1 卷第 1 期,1911 年 11 月,"发刊辞"第 2 页。

栏分七期连载了紫宸译述、健鹤润辞的《学术进化之大要（译英国斯宾塞学术论）》。这篇所谓的斯宾塞学术论，事实上正是章太炎翻译过的斯宾塞的《论进步：其法则和原因》（*Progress: Its Law and Cause*）！限于篇幅，这里暂不讨论此篇译文与章氏译文孰优孰劣，有何瓜葛。它发出的一个强烈信号是，在《昌言报》用斯宾塞《论进步》来解说刊物题旨的 13 年后，《进步》杂志再次用该文来解说"何为进步"。如果考虑到《进化：从星云到人类》一书再版到 1951 年，那么可以说，从宇宙到人类社会的进化历程，是自 19 世纪中叶到 20 世纪 50 年代的 100 年间，知识界反复启蒙的思想主题。吴虞 1912—1914 年的日记就多次记载阅读《群学肆言》、章太炎所译《社会学》，以及《进步》杂志的讯息。① 可以说，在近代思想的接受上，章太炎与"五四"之间，并未出现断层与割裂。

由此而言，章太炎不仅是"五四"新文化的本宗始祖，"五四"一代继承了他的精神和议题，并且，从建立在科学革命以及生物、社会进化学说之上的近代宇宙观和社会观全球流衍的角度，章太炎与"五四"一代还如同在平行空间里耕耘同一块思想土地的人，是彼此的另一个自己。从这个意义上讲，在重思百年"五四"及其思想可能性时，章太炎对近代思想各个角度的接纳与开拓，是值得反复措意、一再低徊的所在。

---

① 中国革命博物馆整理，荣孟源审校：《吴虞日记》上册，四川人民出版社 1984 年版，第 22、47、126 页。

重构文学革命的前史[*]
——以胡适叙事为底本

袁一丹

摘要：关于文学革命发生史，最有意识的建构者无疑是胡适。其深知掌握了前史，无异于掌握了文学革命的叙事权。本文以文学革命的胡适叙事为底本，揭示《逼上梁山》背后的史观之争，胡适强调个别之因是回应陈独秀基于唯物史观得出的"最后之因"。回到历史现场，以清末民初留美学界的志业选择为参照，胡适文学革命的主张实际上是被科学救国、实业救国的强势话语催逼出来的。文学革命前史的另一种表现形态，是作为《尝试集》附录的《去国集》。若将视同"阑尾"的《去国集》，置于新大陆的旧文苑中，放回胡适留美时期与任鸿隽、梅光迪等友人的诗词唱和与往复辩难中，不难发现《逼上梁山》屏蔽的杂音，或可重构文学革命的前史。

关键词：文学革命，胡适，留美学界，《逼上梁山》，《去国集》

袁一丹，首都师范大学文学院副教授

***

[*] 本文曾以《新大陆的旧文苑：重构文学革命的前史》为题，刊于《文学评论》2019年第6期，收入本辑时有较大修改。

　　关于文学革命发生史,最有意识的建构者无疑是胡适。其深知掌握了前史,无异于掌握了文学革命的叙事权。因前史已暗中设置了正史的起点、主角及情节走向。与其说前史是正史的引子,不如说正史是前史的影子。

　　从作于 1919 年的《尝试集》自序,到 1922 年为《申报》作《五十年来中国之文学》,再从 1933 年作为《四十自述》一章的《逼上梁山》,到 1935 年为《中国新文学大系・建设理论集》撰写导言,并将《逼上梁山》收入集中,命名为"历史的引子",胡适完成了他对文学革命发生史的个人建构。"逼上梁山"的故事,随着新文学自身的经典化过程,被新文学的追随者及日后的文学史所采纳,成为关于文学革命的前史最通行的版本。

　　"逼上梁山"当然是有意为之的历史建构,但这篇自述是由书信、日记、打油诗、思想札记等"无意"的材料,或者说意图各异的材料编织而成。胡适以文学革命的发生为旨归,将这些散乱的原始材料,组织成 Me-first 的自叙传。其对原始材料的加工、剪辑,在某种程度上是一个去脉络化(decontextualization)、再"焊化"的建构过程。本文以胡适关于文学革命前史的个人叙事为底本,以留美学界的志业选择为参照,将有意为之的历史建构,拆解为零砖碎瓦,细察其拼接弥缝的痕迹。①

　　《尝试集》是胡适被"逼上梁山"后"实地试验"的结果,从其成书过程及编次方式亦可看出"文学革命"这个断裂点是如何被制造出来的。此前学界对《尝试集》的经典化已有诸多深入的考辨,

---

　　① 王风在《文学革命的胡适叙事与周氏兄弟路线》(《中国现代文学研究丛刊》2006 年第 1 期)这则笔谈中建议将文学革命视为"把不同的思路捆扎在一起的绳子",逐一检讨参与者此前此后的个人史。

却多少忽略了《去国集》作为附录的意义。① 《尝试集》不是单纯的白话诗集,而是新诗与旧体诗词并存的编排形式。《去国集》看似只是一个可有可无的"阑尾",其实与《尝试集》一样经过胡适的精心筛选、改编。② 收入《去国集》及《尝试集》中的诗词,最初刊发在《留美学生年报》《留美学生季报》的"文苑"栏中。③ "文苑"栏的活跃分子除了胡适,还有他的朋友任鸿隽、杨铨、唐钺、江亢虎、陈衡哲,及日后加入学衡派,与新文化运动唱对台戏的吴宓、胡先骕等。如若将被经典化的《尝试集》及被视同"阑尾"的《去国集》,按写作时序放回新大陆的旧文苑中,放回到胡适的朋友圈及论敌当中,不难发现《逼上梁山》屏蔽的杂音,或可重构文学革命的前史。

一、"最后之因"还是个别之因

《逼上梁山》为何要用个人传记的形式来讲述文学革命的发生史?这种写作形式是针对新文化运动的另一位主将陈独秀,从唯物史观的立场对文学革命何以发生、何以成功所作的总结。换言之,《逼上梁山》不是单纯讲故事而已,背后隐藏着史观之争,是被陈独秀的唯物史观"逼"出来的。

1935 年胡适在《中国新文学大系·建设理论集》导言中点明《逼上梁山》可视为对陈独秀的一个答复,这篇自述"忠实"地纪载

---

① 参见陈平原《经典是怎样形成的:周氏兄弟等为胡适删诗考》,《鲁迅研究月刊》2001 年第 4、5 期。

② 参见附录一"《去国集》篇目删定。姜涛认为《去国集》不只是承载旧诗亡魂的化石,其对"尝试"态度的呈现似乎更为全面,包含着更丰富的历史可能性(《"新诗集"与中国新诗的发生》第五章,北京大学出版社 2019 年版)。

③ 《留美学生年报》1911 年 7 月创刊,由留美学生会编辑、发行,在上海出版;1914 年 3 月改为《留美学生季报》,卷期另起,逢 3、6、9、12 诸月仍在上海出版,由中华书局发行,朱起蛰、任鸿隽、胡适等历任主编。

了文学革命怎样"偶然"在国外发难的历史，间接回应了陈独秀基于经济史观得出的"必然论"。①《逼上梁山》背后的史观之争，起源于 1923 年陈独秀与胡适在"科学与人生观"论战中围绕"唯物史观"的往复辩论。胡适坚持"唯物史观至多只能解释大部分的问题"，陈独秀则希望他百尺竿头更进一步，承认"只有客观的物质原因可以变动社会，可以解释历史，可以支配人生观"。②

胡适自然不肯进这一步，成为唯物史观的忠实信徒。他与陈独秀的分歧点在于所谓"客观的物质原因"除了经济因素外，能否包括知识、思想、教育、言论等"心"的因素。如若把"心"看作"物"的一种表现，承认知识、思想、教育、言论也可以变动社会，解释历史，支配人生观，胡适以为这就是"秃头的历史观"，不必扣上"唯物史观"的帽子。③ 在他看来，陈独秀其实是一个"不彻底的唯物论者"，一面说"心即物之一种表现"，一面又把"物质的"等同于"经济的"。

以史学家自居的胡适，不赞成一元论的史观。他主张历史有多元的个别之因，"我们虽然极端欢迎'经济史观'来做一种重要的史学工具"，同时也不能不承认思想、知识也属于"客观"原因。④胡适虽不是唯物史观的忠实信徒，但统观 1920 年代前期的中国知识界，无论政治立场、思想背景有何差异，都在不同程度上受到唯物史观的熏染。1924 年陈衡哲给胡适写信称：

　　　你说我反对唯物史观，这是不然的；你但看我的那本《西

---

① 胡适：《中国新文学大系·建设理论集》导言，1935 年 9 月 3 日作，上海良友图书印刷公司 1935 年版，第 15 页。

② 陈独秀：《〈科学与人生观〉序》，1923 年 11 月 13 日作，《新青年》季刊 1923 年第 2 期。

③ 胡适：《〈科学与人生观〉序》附注《答陈独秀先生》，1923 年 11 月 29 日作于上海，《科学与人生观》，上海亚东图书馆 1923 年版，第 31 页。

④ 同上。

洋史》,便可以明白,我也是深受这个史观的影响的一个人。但我确不承认,历史的解释是 unitary(一元的)的;我承认唯物史观为解释历史的良好工具之一,但不是他的唯一工具。①

陈衡哲对唯物史观的有限度的承认,亦即胡适在科玄论战中对陈独秀的答复。陈独秀则是坚定的一元论者,站在唯物史观的立场上,所谓"客观的物质因素",自然以经济即生产方法为骨干,制度、宗教、思想、政治、道德、文化、教育,都是经济基础所决定的上层建筑。②

作为文学革命、思想革命的倡导者,陈独秀自然承认思想、知识、言论、教育是改造社会的重要工具,但他把这些"心"的因素当作经济的"儿子"。而坚持多元史观的胡适则更看重"心"的因素,将知识、思想等视为与经济平起平坐的"弟兄"。"物"与"心"之间,经济与思想、知识、言论、教育之间究竟是父子关系,还是平等相待的兄弟关系,这是陈、胡二人的根本分歧所在。

在与胡适围绕唯物史观的往复论辩中,陈独秀提出他对白话文何以在短时间内站稳脚跟的解释:

> 常有人说:白话文的局面是胡适之、陈独秀一班人闹出来的。其实这是我们的不虞之誉。中国近来产业发达,人口集中,白话文完全是应这个需要而发生而存在的。适之等若在三十年前提倡白话文,只需章行严一篇文章便驳得烟消灰灭,此时章行严的崇论宏议有谁肯听?③

---

① 陈衡哲致胡适信(1924 年 5 月 28 日),《胡适来往书信选》(上),社会科学文献出版社 2013 年版,第 184 页。

② 陈独秀:《答适之》,1923 年 12 月 9 日作,《科学与人生观》,第 37 页。

③ 同上书,第 40 页。"此时章行严的崇论宏议"是指行严(章士钊)《评新文化运动》,《新闻报》1923 年 7 月 10、11 日。

　　作为文学革命的主将,陈独秀将白话文运动的成功归结为"产业发达,人口集中"这八个字,这是胡适所不乐意的,也是刺激他写作《逼上梁山》的深层原因。1927 年胡适在纽约与美国史学家查尔斯·比尔德(Charles A. Beard)泛论历史,他提出一个见解:

> 　　历史上有许多事是起于偶然的,个人的嗜好,一时的错误,无意的碰巧,皆足以开一新局面。当其初起时,谁也不注意。以后越走越远,回视作始之时,几同隔世![①]

　　胡适随后以中西文字之起源、显微镜的发明、缠足的流行、英国下午茶的由来为例,佐证他的偶然论。比尔德教授由此得出一个公式:Accident + Imitation = History(偶然+模仿=历史)。胡适转述他的说法,认为史家求因果往往离题甚远,有许多大变迁与其归功于经济组织之类的原因,还远不如用"偶然"与"模仿"加以解释。[②] 有趣的是,这位比尔德教授的成名作是《美国宪法的经济观》,由此可知经济决定论对他的影响,未必是胡适自认为的偶然论者。[③]《逼上梁山》对文学革命发生史的阐释模式,完全可用"偶然+模仿=历史"这个公式来概括。这篇自述若换个题目,不妨名为"偶然"。但这个"偶然"是被陈独秀的唯物史观、被历史一元论

---

　　① 　1927 年 1 月 25 日胡适日记,曹伯言整理:《胡适日记全编》(四),安徽教育出版社 2001 年版,第 495—496 页。
　　② 　同上。
　　③ 　查尔斯·比尔德的成名作《美国宪法的经济观》(1913)用统计材料揭示出美国开国元勋制订宪法的动机及其代表的经济利益关系。比尔德的基本观点是宪法的制订取决于经济利益的斗争而非基于抽象的自由民主原则,这种观点被称为"经济决定论"。其与夫人合撰的《美国文明的兴起》(1927)也用经济二元论作为贯穿全书的线索。虽然比尔德从未承认马克思对他的影响,但仍有人将他归为"马克思学派"。1934 年比尔德在美国历史协会上发表题为《书写的历史是信念的行为》,转而强调观念与个人在历史中的作用,基本上放弃了经济决定论。参见罗荣渠《查尔斯·比尔德及其史学著作》,《美国历史通论》,商务印书馆 2009 年版。

"逼"出来的。

在写《逼上梁山》的前一年,胡适还在与唯物论者争辩经济一元论能否成立,历史解释能否一劳永逸,诉诸"最后之因"?胡适始终反对一元论的史观,他以为:"史家的责任在于撇开成见,实事求是,寻求那些事实的线索,而不在于寻求那'最后之因',——那'归根到底'之因。"①一元论者习惯用"归根到底"的公式为历史下结论,其倚赖的"最后之因",无论是上帝,还是经济因素,都难免走上牵强附会的路子。

在社会的物质条件可能范围内,唯物论者并不否认个人的努力及天才之活动。一般认为唯物主义取消了个人的独创性,与自由概念是不相容的。但普列汉诺夫指出个人在历史中的作用,取决于自己的活动能否构成"必然事变链条中的必然环节"。② 对必然性的认识,非但不会束缚个人自由,反而会激发最坚毅的实际行动。否认自由意志的人,往往比他的同时代人有更强大的自我意志。在唯物论者的意识构造中,自由与必然性是同一的,真正的自由是从必然性中生长出来的。③ 胡适所看重的个人的、多元的、偶然的历史因素,在唯物论者看来,只出现在各个必然过程的交会点上。伟大事变、伟大人物之所以伟大,正因其充当了某个历史时机的象征符号。抓住历史时机的人,改变的只是事变的个别样貌,而不是运动的总体趋势。从这个意义上说,因新文化运动暴得大名的胡适、陈独秀,不过是充当了历史必然性的工具。

科学与人生观的论争过去十余年后,胡适在《中国新文学大

---

① 1932 年 4 月 27 日胡适致杨尔璜函,《胡适中文书信集》2,(台北)中研院 2018 年版,第 294 页。

② 普列汉诺夫著,王荫庭译:《论个人在历史上的作用问题》,商务印书馆 2010 年版,第 6 页。

③ 同上书,第 12 页。

系·建设理论集》导言中老调重弹，针对陈独秀的唯物史观，提出文学史上的变迁"其中各有多元的、个别的、个人传记的原因，都不能用一个'最后之因'去解释说明"。[1] 为了强调个人在历史中的重要性，胡适援引南宋理学家陆九渊的话说："且道天地间有个朱元晦、陆子静，便添得些子。无了后，便减得些子。"[2]他认为文学革命的发难者不必妄自菲薄，把一切归功于"最后之因"。借用陆九渊的说法，胡适想说："且道天地间有个胡适之、陈独秀，便添得些子。无了后，便减得些子。"然而胡适对这句话的挪用，曲解了陆九渊的原意。把这句话放回上下文中，主张"心即理"的陆九渊恰是要消解个人在历史中的作用：

> 一夕步月，喟然而叹。包敏道侍，问曰："先生何叹?"曰："朱元晦泰山乔岳，可惜学不见道，枉费精神，遂自担阁。奈何!"包曰："势既如此，莫若各自著书，以待天下后世之自择。"忽正色厉声曰："敏道敏道，恁地没长进，乃作这般见解! 且道天地间有个朱元晦、陆子静，便添得些子? 无了后，便减得些子?"[3]

回到师徒对话的情境中，陆九渊对包敏道的呵斥，意在消解个人在历史中的重要性。"添得些子""减得些子"应是反问的口气，而非正面肯定。冯友兰对这段语录的理解，或更贴近象山原意："有了朱元晦、陆九渊，天地不添得些子，无了亦不减得些子，则朱元晦、陆子静之泰山乔岳，亦不过如太空中一点浮云，又有何骄盈

---

[1] 　胡适：《中国新文学大系·建设理论集》导言，第 15 页。
[2] 　同上，第 17 页。
[3] 　陆九渊：《象山先生全集》卷三四，商务印书馆 1935 年版，第 413 页。新式标点为笔者所加。

之可言?"①胡适将陆九渊的反问读作自我肯定,未必是有意的误读,正可见出其胸中之执念。

胡适称《逼上梁山》是用他自己保存的一些史料来记载一个思想产生的历史:

> 这个思想不是"产业发达,人口集中"产生出来的,是许多个别的,个人传记所独有的原因合拢来烘逼出来的。从清华留美学生监督处一位书记先生的一张传单,到凯约嘉湖上一只小船的打翻;从进化论和实验主义的哲学,到一个朋友的一首打油诗;从但丁(Dante)、却叟(Chaucer)、马丁路得(Martin Luther)诸人的建立意大利、英吉利、德意志的国语文学,到我儿童时代偷读的《水浒传》《西游记》《红楼梦》:——这种种因子都是独一的,个别的;他们合拢来,逼出我的"文学革命"的主张来。②

"产业发达,人口集中"是陈独秀为文学革命给出的"最后之因",胡适认为在这个"最后之因"的统摄下,无法解释个人主张的差异:陈独秀为何与林琴南不同? 胡适为何与梅光迪、胡先骕不同? 为消解陈独秀的"最后之因",胡适从个人生活史、思想史中筛选出种种个别之因来论证文学革命发生的偶然性。

胡适一辈子都坚持这个论调,在各种场合不厌其烦地讲述"逼上梁山"的故事,情节编排略有出入,但总可以归结为一句话:文学革命的发生完全是一个偶然。湖上翻船是第一个偶然,任鸿隽

---

① 冯友兰:《新世训:生活方法新论》第五编《守冲谦》,开明书店1940年版,第119页。

② 胡适:《中国新文学大系·建设理论集》"导言",第17页。

作诗是第二个偶然,招致胡适的批评是第三个偶然,任居然没有反驳是第四个偶然,梅光迪跳出来骂胡适是第五个偶然。① 文学革命的主张就是由这一个个的偶然"烘逼"出来的。"烘逼"这个动词不经意间透露出叙事者在连缀这些"偶然"事件时耗费的心力。问题在于如果说文学革命的发生纯属偶然,如何证明"五四"白话文运动的必然性? 胡适不得不在个别之因外,求助于历史进化论,用长时段的历史必然性来弥补偶然论在发生学意义上的无目的性,这是他写作《白话文学史》为文学革命寻求历史依据的动因。

为何将文学革命的前史命名为"逼上梁山"? 据《胡适口述自传》,这个成语是指"一个人为环境所迫,不得已而做出违反他本意的非常行为"。在《文学革命的结胎时期》这一章中,胡适重新讲述"逼上梁山"的故事,刻意强调自己的保守性,声称由于他的历史观念很重,总是告诉朋友们语言文字是世界上最保守的东西,甚至比宗教更保守。日后走上文学革命的道路,实非自愿之举,而是被众人所迫。② 胡适晚年试图把自己装扮成一个历史包袱很重的"保守分子",以增强"逼上梁山"的戏剧性。胡适坚称是一连串的小意外逐渐迫使他采取革命的立场,这些不可控的小意外、小插曲,比经济、色欲、上帝之类的"单因"(monistic cause) 更为重要。他始终反对历史单因论,认为经济等"单因"可以解释历史上的所有事件,也就不能解释任何事件。③

《口述自传》的译注者唐德刚劝胡适,与其把《逼上梁山》那套"陈锅粑烂豆腐"翻成英文,不如检讨一下"八不主义"的影响与得

---

① 胡适:《提倡白话文的起因》,1952 年 12 月 8 日在台北文艺协会欢迎会上讲演,《胡适演讲集》上册,台北胡适纪念馆 1970 年版。

② 唐德刚译注:《胡适口述自传》第七章《文学革命的结胎时期》,(台北)传记文学出版社 1981 年版,第 141 页。

③ 唐德刚译注:《胡适口述自传》第七章"革命的导火索",第 144 页。

失。但胡适没有接受唐的提议,还是"好汉专提当年勇"。① 唐德刚在注中指出胡适反对历史单因论,牵涉到历史哲学上必然与偶然之争。如果说陈独秀是一个不彻底的唯物论者,胡适也是一个不彻底的偶然论者,更确切地说,是夹在必然和偶然之间的实验主义者。偶然论者相信无拘无束的自然发展(natural course),而实验主义者不能听凭历史自然演变,他要"实地试验",寻出历史演变的正确方向从而引导之。② 文学革命按胡适的讲法,是他和少数"亦敌亦友者"之间往复辩难而发生的偶然事件,但这个孤单的实验主义者最终以白话诗为突破口,为文学革命觅得正确的作战方向。因而胡适才如此自信:且道天地间有个胡适之、陈独秀,便添得些子;无了后,便减得些子。

　　站在实验主义的立场上,经验不是给定的(given),而是一种改变给定的努力;不是来自过去,而是面向未来。对实验主义的信徒而言,经验是一种在新方向中获得控制的抗争,在此过程中,做(doings)和遭遇(sufferings)同步发生,期望(anticipation)比回忆(recollection)更为根本,规划未来比唤醒过去更为重要。③ 胡适将他的白话诗集命名为《尝试集》,"尝试"二字也就包含了对历史经验的这种特殊理解。实验性的(experimental)经验不是发生在真空中,它借助于最亲密和广泛的纽带,帮助和妨碍、鼓励和压抑、成功和失败都意味着相互关系中的不同模式。用胡适导师杜威的说法,历史的结果是一组关于关系的人造的谜题(artificial puzzles)。④ 因此,实

---

① 唐德刚译注:《胡适口述自传》第七章,唐德刚译注一,第 157 页。
② 同上书,唐德刚译注八,第 161 页。
③ 杜威:《哲学复兴的需要》("The Need for a Recovery of Philosophy"), *Creative Intelligence: Essays in the Pragmatic Attitude*, 1917。中译本参见《杜威全集·中期著作》第 10 卷,华东师范大学出版社 2012 年版。
④ 杜威:《哲学复兴的需要》。

验主义者必定反对历史单因论，是坚定的多元论者。

二、"文章真小技"

　　回到历史现场，与胡适追述的文学革命前史交错并行的另一条故事线索，是科学共同体的诞生史。① 胡适文学革命的主张，与其说是被偶然的个别之因"烘逼"出来的，不如说是被科学救国、实业救国的强势话语催逼出来的。以科学社的诞生史为参照，"逼上梁山"的故事或许有另一种讲法，在一个个"偶然"背后，真正起作用的结构性因素是："科学救国"与"文章／文学救国"这两种志业选择在清末民初留美学界的地位升降。

　　1917 年 6 月胡适归国前夕，作诗纪念他留美时期的一段文学因缘，诗序称其"数年来之文学的兴趣，多出于吾友之助"，若无任叔永（鸿隽）、杨杏佛（铨），定无《去国集》；若无任叔永、梅觐庄（光迪），定无《尝试集》。② 任、杨是与胡适诗词唱和的"伴当"，③任、梅则是将胡适"逼上梁山"的论敌。④ 三个朋友中任鸿隽一身兼二任，既是胡适的诗友又是他的劲敌。虽然任鸿隽在文学革命

---

　　① 科学话语共同体的诞生，参见汪晖《现代中国思想的兴起》下卷第二部《科学话语共同体》，生活·读书·新知三联书店 2015 年版。

　　② 胡适：《文学篇》（别叔永、杏佛、觐庄），1917 年 6 月 1 日，《胡适日记全编》（二），第 592—593 页。初刊于《留美学生季报》1917 年第 4 号，无"文学篇"这一诗题。收入《尝试集》第一编，文字略有出入，更口语化，如"'烟士披里纯'，大半出吾友"改为"作诗的兴味，大半靠朋友"。

　　③ 胡适《尝试集》自序称，民国成立后，任鸿隽、杨铨同来绮色佳（Ithaca），自此有了做诗的伴当。

　　④ 胡适在《新青年》上阐述自己的文学主张时，多次以南社为反例。有趣的是，杨杏佛、任鸿隽、梅光迪、胡先骕都是南社成员。

的发生史中看似只是一个友情客串，①其留美时期的活动以科学社为中心，但若回到这班朋友赋诗论文的现场，任的文学热情丝毫不输胡适，②其诗文修养甚至在胡之上。③ 胡适曾对任鸿隽夸口说："寄此学者可千人，我诗君文两无敌。"④承认任鸿隽是"留学界中第一古文家"。⑤ 若以旧风格含新意境而论，任诗的水平亦远超胡适。只是"文学"在任心目中，不过是自娱、酬人的"小技"，而非救国之正途。诚如胡适《文学篇》所云"文章真小技，救国不中用"。

与任、胡二人关系密切的陈衡哲晚年回忆，⑥留美学生受戊戌政变、庚子国难的刺激，大都有实业救国的志愿，她于 1914 年秋赴美读书，一年后逐渐熟悉留学界情形，知道那时"正激荡着两件文化革新的运动。其一，是白话文运动，提倡人是胡适之先生；其二，

----

　　① 这或与任鸿隽"无我"的人生观有关，其《题与适之觐庄杏佛合影兼呈诸子》诗云："适之淹博杏佛逸，中有老梅挺奇姿。我似长庚随日月，告人光曙欲来时。"（《留美学生季报》1916 年第 3 卷第 2 期）任鸿隽自称"生性淡泊，不慕荣名"（《五十自述》），其妻陈衡哲以为这写出他一生为人的标准，不以名利地位为怀的努力依据；在待人方面，"胸如皎月，绝无我见，也绝不以此自以为高"（《任叔永先生不朽》，《任以都先生访问纪录》附录，中研院近代史研究所 1993 年版，第 194 页）。

　　② 按《留美学生季报》1914—1918 年间发表的诗词统计，任鸿隽 41 首，胡适 36 首，杨铨 31 首。

　　③ 任鸿隽的古典诗文修养与科举时代的严格训练有关，他早年的教育经历参见《前尘琐记》（廿五岁以前的生活史片段）。据其长女任以都回忆，她幼年时，任鸿隽天天晚上教她读旧诗，还编过一本《课儿诗选》。

　　④ 胡适：《将去绮色佳留别叔永》（民国四年八月廿九夜），《胡适日记全编》（二），第 265—266 页。初刊于《留美学生季报》1917 年 9 月秋季第 3 号，题为《民国四年将去绮色佳，叔永以诗赠别。作此奉和，即以为别》，文字略有改动。

　　⑤ 《白话文言之优劣比较》，《胡适日记全编》（二），第 417 页。辛亥革命以后，任鸿隽曾任中华民国临时政府秘书处总务组秘书，为孙中山草拟《告前方将士文》《祭明陵文》等，故胡适誉之"翩翩书记大手笔"。

　　⑥ 任鸿隽、陈衡哲与胡适的交谊，参见陈平原《那些让人永远感怀的风雅》，《书城》2008 年第 4 期。

是科学救国运动,提倡人便是任叔永先生"。① 陈衡哲晚年的回忆未免有倒放电影之嫌,胡适主张白话文在朋友圈中处处碰壁,系孤军作战,更不可能在留美学界形成"运动";科学救国倒代表了大多数留美学生的心声。②

　　同为留美学界的风云人物,任鸿隽与胡适志趣各异,他们在文学上颇多交集,然而文学在二人志业规划中的位置迥然不同。③如胡适诗中所言:"君期我作玛志尼,我祝君为倭斯袜。"④自注云:"玛志尼 Mazzini 意大利文学家,世所称'意大利建国三杰'之一也。倭斯袜 Wilhelm Ostwald 德国科学大家。"⑤胡适另一位"做诗的伴当"杨铨也是科学救国、实业救国的信奉者。⑥ 他在写给胡适的赠别之作中表明自己的志向:"名山事业无分,吾志在工商。不羡大王(指托辣司)声势,欲共斯民温饱,此愿几时偿。各有千秋业,分道共翱翔。"⑦

――――――――

　　① 陈衡哲:《任叔永先生不朽》,1962 年作于上海,《任以都先生访问纪录》附录,第 192 页。
　　② 详见杨翠华《任鸿隽与中国近代的科学思想与事业》,(台湾)《中研院近代史研究所集刊》第 24 期上册,1995 年 6 月。
　　③ 任鸿隽在《五十自述》中对文学革命发生史的记述十分简要,与胡适的版本出入不大。从笔调上看,胡浓墨重彩,任则轻描淡写,把文白之争视为其留学生活的一段插曲而已。
　　④ 胡适:《民国四年将去绮色佳,叔永以诗赠别。作此奉和,即以为别》。
　　⑤ 注释见胡适《去国集》,《尝试集》再版,上海亚东图书馆 1920 年版,第 39 页。
　　⑥ 杨铨 1912 年赴美留学,就读于康奈尔大学机械工程专业,也是科学社发起人之一,任《科学》月刊编辑部长。参见许为民《杨杏佛年谱》,《中国科技史料》1991 年第 2 期。杨铨《遣兴》诗有序云:"自与同人发起科学,日用译述,不能为诗,虽间欲一读古人诗,亦不可得。每星期三有机厂工作三小时。正午放工进食,食后有暇,常得徜徉厂后实斯顿桥,观瀑布,逸性悠然,顿忘劳苦。十一月四日值肃风起,爽气袭人,乃得五绝二十字,亦见劳人之清兴耳。"(《留美学生季报》1915 年第 1 期)由诗序可知科学、实业与文学在杨铨留学生活中的占位。
　　⑦ 杨铨:《水调歌头·适之将去绮城书此赠之》,《留美学生季报》第 2 卷第 4 期,1915 年 12 月;参见 1915 年 8 月 28 日胡适日记,《胡适日记全编》(二),第 265 页。胡适作《沁园春·别杨杏佛》用对话体(dialogue)转述杨铨此言:"君言是何言欤,只壮志新来与昔殊。愿乘风役电,戤天缩地(科学目的在于征服天行以利人事)。颇思瓦特,不羡公输。户有余粮,人无菜色,此业何尝属腐儒。吾狂甚,欲与民温饱,此意何如。"

　　重实学、轻虚文，是清末民初留美学界的普遍风气。[①] 陈衡哲称那时的青年深受"实业救国"宣传的影响，总以为救国的根本不在政治，而在科学与教育、实业与学问。[②] 科学救国、远离政治是留美学生的总体取向，而文学非救国之急务，虚文更是导致中国积贫积弱的病根。以留美学界的整体氛围为参照，胡适"为大中华，造新文学"的誓言，确实是与众不同的志业选择。从"文章真小技"到"文章革命何疑"，胡适的态度转变折射出文学革命被科学救国的强势话语"烘逼"出来的前史。[③]

　　在留美出身的社会学家潘光旦看来，留学生好似园艺家用嫁接法培育出来的杂交品种，可以说是一种文化的"凑体"。作为东西方文化的媒介，留学生是一种极复杂的社会动物：明明是甲文化甲种族的产物，却不能不在乙文化乙种族内作相当之顺应。日常生活里种种琐碎的顺应功夫，比繁重的课业更难对付。不无悖论的是，当其在乙文化乙种族作顺应之际，又不能不时时返顾自身的文化母体，以免顺应过度，绝了将来的后路。[④]

　　清末民初对留学生的社会定位，不一定以学为主。[⑤] 出洋留

---

　　① 留美学界对实用知识的重视，与官方规定有关。1903 年梁启超访美时发现学技术如工程及相关科目的中国留学生太少（《新大陆游记节录》）。1908 年后清政府对留学生的科目选择有严格规定，强调实用技术的学习。该年清廷发布圣旨要求所有官费留学生学习工程、农业及自然科学等科目，自费学生如要申请官方资助也需学习这些实用科目。一年以后制订的庚款留学计划要求 80% 的庚款留学生学习工程、农业和采矿。1910 年又颁布一系列规定，要求重视实用科目，限制学习法律和政治的人数。结果，在赴美中国留学生中学习技术科目的人占大多数。参见叶维丽著、周子平译《为中国寻找现代之路：中国留学生在美国（1900—1927）》（第 2 版）第二章《专业人士：困境与希望》，北京大学出版社 2017 年版，第 59 页。
　　② 陈衡哲：《人才与政治》，《独立评论》1932 年第 29 号。
　　③ "文章革命何疑"及"为大中华，造新文学"，均出自胡适《沁园春》誓诗，1916年 4 月 13 日初稿，《胡适日记全编》（二），第 372 页。
　　④ 潘光旦：《今后之季报与留美学生》，《留美学生季报》1926 年第 11 卷第 1 号。
　　⑤ 参见罗志田《学无常师》，《读书》2010 年第 7 期。

学大都为求专门知识，然而遭逢动乱时代，学非所用。留学生归国后产生的社会影响，并不全靠从书本上或课堂上习得的专门知识。曾任《留美学生季报》总编辑的张宏祥认为留学界应担负革新思潮之责，"虽吾人分科专攻，各有所职，而革新思潮之责，实为吾人所同。以吾人寄迹异邦，见闻较广，知彼知己，优劣易判故也。"①留学生之所以成为一种"文化导力"，除了一定的知识储备，更倚赖其在留学期间与异文化接触，不知不觉所形成的种种思想观念与行为习惯。这些从日常琐碎的顺应功夫中养成的观念与习惯，不仅暗中左右着留学生自身的生活轨迹，势必波及身外之社会，形成某种新的风气或思潮。②

　　1910 年代留美学界重实学、轻虚文的风气，源于对国内形势的误判，以为民国肇始，百废待举，摧枯拉朽的破坏时代业已过去，即将迎来全方位的建设时代。建设时代亟需专门知识、实用技能，而非蹈空之学。然而民初留美学界期盼的建设时代似乎仍遥不可及，从政治、经济、思想、文化各方面看，破坏时代有方兴未艾之势，隐然有更大的破坏要来。1917 年胡适在归国日记中感叹"数月以来，但安排归去后之建设事业，以为破坏事业已粗粗就绪"；"何意日来国中警电纷至，南北之分争已成事实，时势似不许我归来作建设事"。③

　　1911 年《留美学生年报》创刊号上朱庭祺介绍美国留学界情形，强调"建设主义"是留美学界之一大特色。所谓"建设主义"有三重意涵：其一，留美学生多修实用之学，实用之学即建设之学；

----

① 　张宏祥：《留学界革新思潮之责》，《留美学生季报》第 4 卷第 4 期，1917 年 12 月。
② 　参见潘光旦《今后之季报与留美学生》。
③ 　胡适：《归国记（民国六年六月九日至七月十日）》，《胡适日记全编》（二），第 597 页。

其二,美国为"大建设之国",建设精神处处可见,在此留学不能不受此影响;其三,中国即将步入建设时代,铁路、开矿、政治、法律,莫非建设事业。① 美国为"大建设之国",是留学生抵美之初的直观认识:

> 美国新创之国也,哥仑布未至之前,美土实红人游猎之所,一自欧民移植,文化遂乃大兴。蔓草荒榛,悉成沃壤;崇岭峻谷,举作重城。举地铁轨,作龙蛇之走;连云巨厦,干霄汉而矗。若电机,若铁道,举此等等,无一非近百年内之物。②

新兴之国、新辟之土,事事待建设,不可不重实用之学。故美国人多务实,立说以致用为归,其特长不在理想之学。若论理想之学,美国不及英、德、法等老牌帝国;若论实用之学,英、德、法皆不及美国。美国既以工程实业立国,中国赴美留学者自然以选修专门工程及实业者居多。据1911年留美学界之专业统计:

1. 选修人数25人以上

通常大学科50人,③铁路工程50人,农业38人,科学34人,④矿学27人。

2. 选修人数15—25人

商业23人,机器工程23人,化学工程19人,电学工程15人,理财15人。

---

① 朱庭祺:《美国留学界》,《留美学生年报》庚戌年第1期,宣统三年辛亥六月(1911年7月)。据《留美大学学生表》(《留学学生年报》1913年1月)登记信息,作者朱庭祺,江苏上海人,毕业于北洋大学。1906年赴美就读于哈佛大学,专攻理财学,1912年毕业获硕士学位。
② 侯景飞:《康奈尔大学》,《留美学生年报》1913年1月。
③ 通常大学科之下有政治、历史、理财、教育、语言等科。
④ 科学之下有化学、格致、生理及工程等科。

3. 选修人数 5—15 人

法律 12 人，政治 11 人，教育 10 人，化学 9 人，造船 8 人，医学 6 人，语言 6 人。

4. 选修人数 1—5 人

神学 4 人，哲学 3 人，音乐 2 人，牙医 1 人，森林 1 人，建筑 1 人。[①]

此种择业取向反映出辛亥革命前后留美学生的时代认知与自我定位。胡适留美之初即发现"此间吾国学子大半习 Engineering（工程），虽亦有一二俊乂之士，然余子碌碌，无足与语者，国文根柢尤浅"。[②] 据其观察，"留美学生中好学生甚多，惟人才则极寡，能作工程师、机械匠者甚多，惟十之八九皆'人形之机器'耳"。[③] 胡适进而主张停止留学，以为"留学为吾国今日第一大患"，非但阻碍中国高等教育之进步，还将造就一非驴非马之文明。[④]

按朱庭祺的说法，当国家危急存亡之秋，选择专业只需注意两点，其一是否合于性情，其二是否紧要。性情因人而异，就国家需求而言，留美学生认定"中国今日为建设时代"，政治须建设，法律须建设，造路开矿及其他实业，莫非建设问题。以是否紧要为择业标准，铁路、矿务、农、工、商、政、法等科均为救国之急务，故学实业者十之八九。

民初留美学生与清末留日学生在精神气质、志业取向上的总体区别，在于偏重建设还是破坏。留日学生对晚清中国社会的最大冲击，为在思想界、言论界的破坏作用。当"中国似醒未醒之时，

---

①　朱庭祺：《美国留学界》第一章《留学界之学业》。

②　1911 年 3 月 7 日（辛亥二月初七日）胡适致许怡荪函，《胡适许怡荪通信集》，上海人民出版社 2017 年版，第 15 页。

③　1914 年 6 月 5 日胡适致许怡荪函，《胡适许怡荪通信集》，第 44 页。

④　1913 年 6 月 14 日胡适致许怡荪函，《胡适许怡荪通信集》，第 33 页。参见胡适《非留学篇》，《留美学生年报》第三年，1914 年 1 月。

人之从新从旧未定,有日本留学生之书报,有日本留学生之詈骂,有日本留学生之电争,而通国之人大醒"。① 留美学界认为当国人弃旧从新、思想觉醒之后,即进入全面建设时代,铁路当实行,建筑矿务当实行,以至财政、机械、化工等事,皆非报章文字或一通电报所能解决之事,亦非浅学的二道贩子所能成就之业。既然"事为建设之事,时为建设之时,欲于此时而欲有影响于国事者,非有建设之学、建设之能及建设精神不可"。② 因此重实学、轻虚文的建设主义在留美学界占主导地位。

留美学界趋重实用的风气,直至 1917 年文学革命兴起后,仍未见扭转。③ 陈寅恪与吴宓交谈中称留学生皆学工程、实业,不知实业以科学为本,舍本逐末,"充其极,只成下等之工匠"。陈寅恪认为救国经世应以形而上的精神之学为根基,"今人误谓中国过重虚理,专谋以功利机械之事输入,而不图精神之救药,势必至人欲横流、道义沦丧,即求其输诚爱国且不能得"。④

胡适赴美之初的志业选择,亦受制于留美学界重实学、轻虚文的总体氛围。若论性之所近,胡适更倾向于文学,然而受实业救国的影响,1911 年初他在给好友许怡荪的信中写道:

> 弟初志习农,后以本年所习大半属文学,且自视性与之

① 朱庭祺:《美国留学界》结论。
② 同上。
③ 据清华同学会报所载,由清华派美而已返国任事者,计 129 人。其归国后任职如下:土木工程 7 人、机械工程 10 人、电机工程 15 人、化学工程 13 人、矿物工程 16 人、卫生工程 2 人、海军建设工程 3 人、煤油工程 1 人、科学及美术(教员亦在内)28 人、农业 6 人、森林业 4 人、教育 5 人、铁路管理 1 人、铁路运输 2 人、财政 1 人、政治 1 人、医学 2 人、建筑 2 人、新闻记者 1 人、经济 2 人、科学专修 6 人、军事 1 人。参见《留美归国学生所任职务之一斑》,《留美学生季报》第 4 卷第 4 期,1917 年 12 月。
④ 1919 年 12 月 14 日吴宓日记,《吴宓日记》第 2 册,生活·读书·新知三联书店1998 年版,第 101 页。

近,颇有改习 arts 之意,今则立定志向,不再复易矣。其故盖
以弟若改科,必专习古文文字,然此是小技,非今日所
急。……"文学救国",今非其时,故不欲为。①

　　胡适违背个人性情,立志学农,因此时在他心目中"文章真小
技,救国不中用"。② 在国将不国的压力下,胡适把"文学"搁在次
之又次的位置上,申言:"今日立国,兵力为上,外交次之,内治次
之,道德教育尤为太平时之产物,非今日之急务也。"又云:"今日
第一要事,乃是海军,其次则陆军之炮弹,其次则大政治家、大演说
家,皆可以兴国,至于树人富国,皆是末事。"③在实学与虚文之间,
取实学;在实力与实业之间,取实力;在硬实力与软实力之间,取海
军及陆军炮弹代表的硬实力。这虽是胡适一时的过激之言,却也
表明"文学"被排除在救国之急务以外。④

　　以文学为志业,在清末民初鼓吹实业救国的留美学界要承受
相当大的心理压力,这从胡适的好友梅光迪身上看得尤为明显。
梅光迪性情孤傲,不善交际,始终与留美学界格格不入,其在日常
琐碎的顺应功夫上远逊于胡适。留美之初梅光迪对文学的态度亦
颇纠结,一方面以自家的诗文修养为傲,一方面又不肯以文士自
居,曾向胡适坦言,其"初来时亦欲多习文学,而老学生群笑之,以

---

① 1911 年 2 月 26 日胡适致许怡荪信(着重号为笔者所加),《胡适许怡荪通信
集》,第 17 页。
② 胡适:《文学篇》。从"救国"的角度,梅光迪起初亦赞成胡适的志业选择,谓:
"救国之策莫先于救贫,救贫尤当从振兴农业入手。自此,举国平民有所托命矣。足下
其东方之托尔斯泰乎?"(1910 年梅光迪致胡适第一函,《梅光迪文录》,辽宁教育出版
社 2001 年版,第 111 页)
③ 1911 年 5 月 19 日胡适致许怡荪信,《胡适许怡荪通信集》,第 21 页。
④ 若以紧要与否为择业标准,朱庭祺认为习农亦非最紧要之事。因精农学者与
不知农学者,在耕种上相差甚微;然而精工程者与不知工程者,实行上则有天壤之别。
文化幼稚之国,工商业不能与发达国家争胜,农业上未必输于发达国家。

为文学不切实用,非吾国所急,今始知老学生之不可靠矣"。①

　　"老学生"对文学的轻蔑,给胡、梅二人在择业上造成或明或暗的心理压力。梅光迪为文学辩护的策略是强调"文以人重",②学以文传,他声明"愿为能言能行、文以载道之文学家,不愿为吟风弄月、修辞缀句之文学家"。③ 若以古今中外之文士为参照,梅光迪愿为王安石、曾国藩,不愿为归有光、方苞;愿为托尔斯泰、萧伯纳,不愿为狄更斯、史蒂文森。因后者除文学外无道德、事功可言,前者能以文字改造社会。梅称辛亥革命的成功,章太炎、汪精卫文字鼓吹之功,实在孙中山、黄兴之上。④ 他觉察出民初受实业救国思潮的影响,胡适"年来似有轻视文人之意",故屡次在书信中为自己的文学观辩解。

　　梅光迪虽不情愿以"文士"自居,但他始终视胡适为"文士"。胡适赴美留学之际,梅于临别赠言中称文学乃余事,期待胡适日后成为共和国之缔造者,"焉知事功不能与华盛顿相映"?⑤ 当胡适决意转向哲学时,梅光迪表示竭力赞成,谓治哲学者尤当治文学,胡适之改科"乃吾国学术史上一大关键",望其"将来在吾国文学上开一新局面"。⑥

　　1915 年胡适在送梅光迪往哈佛大学的赠别诗中,第一次用"文学革命"这个词。这首送别诗引发的争论,被胡适叙述为文学革命的导火索。尤堪玩味的是,在"文学革命其时矣"这句宣言的前后,两次出现"梅生梅生勿自鄙"。胡适劝梅光迪"勿自鄙",其

　　① 《梅光迪文录》,第 149 页。
　　② 同上书,第 112 页。
　　③ 同上书,第 149 页。
　　④ 同上书,第 150 页。
　　⑤ 梅光迪:《序与胡适交谊的由来》,《胡适遗稿及秘藏书信》第 33 卷,黄山书社1994 年版,第 481 页。
　　⑥ 1912 年 3 月 5 日梅光迪致胡适函,《梅光迪文录》,第 120—121 页。

实也是给自己鼓劲打气。"文学革命其时矣"的宣言，由"梅生梅生勿自鄙"引逗出来，令其"自鄙"的压力源自民初留美学界崇尚科学、崇尚实力的风气："同学少年识时势，争言'大患弱与贫。吾侪治疾须对症，学以致用为本根'。"[1]

　　这首诗中夹杂了11个外来词，胡适自诩为"文学史上一种实地试验"。[2] 这种"破体"的形式试验，可看作开门揖盗之举。"牛顿（Newton）""客尔文（Kelvin）""爱迭孙（Edison）"等与旧诗体极不协调的外来词，出自识时务为俊杰的"同学少年"之口，代表了"科学救国"的强势话语。"自言'但愿作文士，举世何妨学培根（Bacon），我独远慕沙士比（Shakespeare）。岂敢与俗异酸咸，士各有志勿相毁'"，[3]与其说是梅光迪的心声，毋宁说是胡适的自我辩白。"士各有志勿相毁"不正暗示梅、胡二人以文学为志业，在"学以致用"的风气之下遭受的轻视、诋毁？从同时发表的唐钺给梅光迪的送别诗中亦可从旁得到印证："物质与精神，于国均有造。胡为承学士，互诉效姑嫂。"[4]

　　1916年当胡适酝酿"文学革命"之际，梅光迪宣布从今以后"与文学专业断绝关系"，只把文学当一种学问而非美术，藉之发表人生哲学以为"救世之具"。[5] 不同于胡适"为大中华，造新文学"的宏愿，梅光迪愈发趋重宗教、伦理、历史等方面，而不以纯文学家自期。[6] 至于胡适构想的文学革命，梅以为"吾辈及身决不能

---

　　① 胡适：《送梅觐庄往哈佛大学》，《留美学生季报》第2卷第4期，1915年12月。

　　② 1915年9月17日胡适日记，《胡适日记全编》（二），第284页。

　　③ 胡适日记所存诗稿，文字略有出入："自言'但愿作文士。举世何妨学培根，我独远慕萧士比。岂敢与俗殊酸咸，人各有志勿相毁。"此诗收入《去国集》，删去"岂敢与俗殊酸咸，人各有志勿相毁"。

　　④ 唐钺：《送梅觐庄之哈佛大学兼示叔永杏佛》，《留美学生季报》第2卷第4期，1915年12月。

　　⑤ 1916年3月14日梅光迪致胡适函，《梅光迪文录》，第161页。

　　⑥ 1916年3月19日梅光迪致胡适函，《梅光迪文录》，第163页。

见","欲得新文学,或须俟诸百年或二百年以后耳"。①

在"逼上梁山"的故事中,梅光迪被塑造为顽固的保守派,是与胡适在文学主张上正面冲突最激烈的角色。胡、梅之间的激烈争执,正缘于二人都以文学为志业,均为留美学界中的"异端"。不愿与胡适正面冲突的任鸿隽,其对文学与科学的看法更有代表性,符合留美学界的主流倾向。1914年任《留美学生季报》主笔的任鸿隽批评留学生"侈言建设而忘学界",其将学界比作"暗夜之烛""众瞽之相",认为学界之有无关系国运之兴衰。② 任鸿隽所言之"学界"是指"格物致知、科学的学界;而非冥心空想、哲学的学界"。③ 他的"建立学界论"中隐伏着科玄之争:

> 实质之学,譬如辟路于草莽而登高山,步步而增之,方方以进之,至其登峰造极,亦有豁然开朗之一日。玄想之学,譬犹乘轻气之球,游于天空,有时亦能达其所望,而与以清明之观,然迷离徜恍者十八九也。④

任鸿隽在《五十自述》中回顾自己的留学经历,谓东西方学术文化的差异,一言以蔽之,西方有科学,东方无科学而已。他所谓的"科学",不是指化学、物理或生物等专门之学,而是"西方近三百年来用归纳方法研究天然与人为现象所得结果之总和"。任鸿隽视科学为西方文化之泉源,主张取法西方"莫若绍介整个科学","绍介科学不从整个根本入手,譬如路见奇花,撷其枝叶而遗

---

① 1916年3月14日梅光迪致胡适函,《梅光迪文录》,第161页。
② 任鸿隽:《建立学界论》,《留美学生季报》第1卷第2号,1914年6月。
③ 任鸿隽:《建立学界再论》,《留美学生季报》第1卷第3号,1914年9月。
④ 同上。

其根株"。① 有志于科学事业者，非但要深究专门之学，更要把握
"为学之术"，术得而学在，培根首倡之归纳法即科学发生的种子。
1914年任鸿隽在康乃耳大学与胡明复、赵元任、杨杏佛诸人发起
中国科学社，随后创办《科学》杂志鼓吹科学救国。

　　作为《留美学生季报》的主笔，任鸿隽虽是"诗词栏"的顶梁
柱，但在论说文中对"文学"的态度并不友善。他笔下的"文学"，
并非 literature 的对应物，乃泛指语言文字之学。任鸿隽之所以断
言"中国无学界"，是因为"近世中国舍文人外，无所谓学者也"。
进而言之"吾国二千年来，所谓学者，独有文字而已"。② 在他看
来，中国固有之学，皆语言文字之学，都属于"文学的"范畴。"所
谓文学的，非仅策论词章之伦而已。凡学之专尚主观与理想者，皆
此之类也"。③ 从这个意义上说，中国数千年之学术思想史，不外
乎一部"文学的"历史。

　　任鸿隽认为西方学术思想之精髓，即斯宾塞所谓"学事物之
意，而不学文字之意"。中国治学之道，正与斯宾塞此言相反，专求
文字之意，不顾事物之意，"以能文为为学之唯一目的"。④ 若沉溺
于"文字之意"，非但学不如人，还会陷入"以愈重文，乃愈略质；以
愈略质，文乃愈敝"的恶性循环。未来的学术革命、思想革命，首要
任务是纠正"好文之弊"，提倡"学问上之物质主义"。⑤ "不以寻章
摘句、玩索故纸为已足，而必进探自然之奥；不以独坐冥思为求真
之极轨，而必取证于事物之实验"。⑥ "文学"作为科学的对立面，

---

① 　任鸿隽：《五十自述》(1937年12月作于庐山)，《科学救国之梦：任鸿隽文
存》，上海科技教育出版社2002年版，第683页。
② 　任鸿隽：《建立学界再论》。
③ 　任鸿隽：《吾国学术思想之未来》，《科学》第2卷第12期，1916年12月。
④ 　任鸿隽：《论学》，《科学》第2卷第5期，1916年5月。
⑤ 　任鸿隽：《吾国学术思想之未来》。
⑥ 　任鸿隽：《建立学界再论》。

在任鸿隽的建立学界论中，被认作是导致中国学术"停顿幽沉"的痼疾。

留美时期任鸿隽虽以鼓吹科学救国自任，但亦非如"老学生"那般轻视国文、国学。他认为注重科学与注重国文并不矛盾，要传播科学知识，不可不通本国文学。文学如工匠之刀锯准绳，有斲木垛石、建筑室家之用，而非所以建筑之物；建筑之物乃求真与致用之学，需借助于科学方法。① 换言之，任鸿隽对文学的肯定，是将其视为传播学术思想的工具，而非"学"之本体。

由于社会组织不完备，留学生归国后无用武之地，多随波逐流，泯然于众人。据任鸿隽调查，1915—1917 年间由康南耳大学工程科毕业者 11 人，归国后实际从事实业者 5 人，作教习者 4 人，未悉者 1 人，未归者 1 人；1907—1917 年间由麻省工科大学毕业者 47 人，归国后实际从事实业者 8 人，作官者 2 人，作教习者 13 人，无业者 4 人，未详者 2 人，未归者 18 人。② 归国留学生从事实业者，大半依附于国内已成之实业，能白手起家、自创实业者闻所未闻。回国留学生之堕落，诚如赵元任打油诗戏言：

（一）"Te-th"功程师，送俩勿行吹。转去大得法，教书。（用上海音读）

（二）实业并不难，只要在乎专。回去第一样，做官。

（三）四载苦经营，炎炎爱国诚。学成尽大义，结婚。③

留美学生专趋实业，回国后遭逢政治动乱，有实业人才而无实

① 任鸿隽：《建立学界再论》。
② 任鸿隽：《实业学生与实业》，《留美学生季报》第 4 卷第 2 期，1917 年 6 月。
③ 赵元任：《留学杂思》5"回国留学生之事业"，《留美学生季报》第 5 卷第 4 期，1918 年 12 月。

业以为用，如以杯水益巨海，泯然于若有若无之间。而一般社会对留学生的期许，不止于工程师、专门家，而是作为一种文化引导力。要形成左右社会的文化引导力，除专业知识上的权威外，还需具备传播一己学术思想之能力。学者必须把基于专业知识作出的文化诊断，"翻译"成一般社会听得懂的语言。留学生人数有限，要最大限度地发挥其社会功能，唯有通过著书立说，自达其意。就学术普及、思想流衍而言，文章非"小技"。

三、视同"阑尾"的《去国集》

1920 年底，胡适请朋友删选《尝试集》，他自己先删了一遍，把删剩的送给任鸿隽、陈衡哲夫妇过目，后又送给鲁迅及正在西山养病的周作人各删一遍，后来俞平伯到北京，又请他删削。经数人审定后，《尝试集》四版中《去国集》删去八首，添入一首，共存十五首。①

周氏兄弟对《去国集》的态度不同，鲁迅致胡适信中转述周作人的看法："《去国集》是旧式的诗，也可以不要了。"接着话锋一转："但我细看，以为内中确有许多好的，所以附着也好。"②鲁迅作旧体诗，随写随弃，从未结集出版，其主张保留《去国集》，主要是从诗本身的好坏着眼。周作人随后致信胡适，从编辑体例上补充说明他"当初以为这册诗集既纯是白话诗，《去国集》似可不必附在一起；然而豫才的意见，则以为《去国集》也很可留存，可不必

---

① 胡适：《四版自序》(1922 年 3 月 10 日作)，《尝试集》增订四版，上海亚东图书馆 1922 年版。

② 1921 年 1 月 15 日周树人致胡适信，《北京大学图书馆藏胡适未刊书信日记》四《尝试集》通信，清华大学出版社 2002 年版，第 176 页。

删去"。①

周氏兄弟的意见分歧，似未参透胡适编订《去国集》，将其作为《尝试集》附录的用意。《去国集》自序云：

> 胡适既已自誓将致力于其所谓"活文学"者，乃删定其六年以来所为文言之诗词，写而存之，遂成此集。名之曰"去国"，断自庚戌也。昔者谭嗣同自名其诗文集曰"三十以前旧学第几种"。② 今余此集，亦可谓之六年以来所作"死文学"之一种耳。③

自序作于1916年7月，胡适用"活文学"与"死文学"的二分法为自己留美时期的诗词创作划了一条分界线。若将《尝试集》初版本及增订本中附录的《去国集》篇目，与《留美学生年报》及《季报》上公开发表的胡适诗词相对照，再参照胡适留学日记中保存的诗词底稿，不难发现多次"删定"的痕迹。

谭嗣同出现在《去国集》自序中，饶有意味。谭自称"三十以后，新学洒然一变，前后判若两人。三十之年，适在甲午，地球全势忽变，嗣同学术更大变"，"故旧学之刻，亦三界中一大收束也"。④胡适援引谭嗣同之例，意在以"今日之我"作别"昔日之我"。其写定《去国集》后，宣称自1916年7月起"不再作文言诗，偶有所作，皆以白话为之，意欲以实地试验，定白话之可否为韵文之利器。拟

---

①　1921年1月18日周作人致胡适信，《北京大学图书馆藏胡适未刊书信日记》，第177页。

②　谭嗣同：《东海褰冥氏三十以前旧学四种》（包括《寥天一阁文》《莽苍苍斋诗》《远遗堂集集外文》《石菊影庐笔识》），光绪二十三年（1897年）金陵刊本。参见谭嗣同《三十自纪》，《谭嗣同集》，岳麓书社2012年版，第60页。

③　胡适：《去国集》自序，《尝试集》再版本。

④　谭嗣同：《与唐绂丞书》，《谭嗣同集》，第279页。

三年之内不作文言诗词,专作白话诗"。① 自序强调诗词的编纂方式严格按时间顺序,每首诗词之后都注明写作年月,目的是"稍存文字进退及思想变迁之迹"。此种编纂方式暗含历史进化的线索,将《去国集》与《尝试集》切割开来,作为文学革命前史的一部分。问题在于《去国集》纯然是"死文学"吗？其中是否包含着早期新诗未展开的形式可能性？

　　《去国集》只有自序,别无他序。在胡适留美时期的朋友圈中,为《去国集》作序的最佳人选,无疑是诗友兼论敌的任鸿隽。然而任却婉拒了胡适作序的请求:"大作《去国集》极愿拜读,但作序与否未敢遽诺。其理由仍如足下所云'有话说则作之,无话说不敢作应酬语'。好在足下此时尚不'刻板',序不序固无妨也。"②此时任鸿隽正就《泛湖即事》诗与胡适往复辩论,任在作序上采取拖延战术,与其说是对《去国集》有何不满,不如说是不认同胡适"死文学"与"活文学"的二分法。

　　《去国集》中多唱酬之作,如《大雪放歌》《自杀篇》《将去绮色佳,叔永以诗赠别。作此奉和,即以留别》《沁园春·别杨杏佛》《送梅觐庄往哈佛大学》都是在与友人的诗词酬对中写就的。即如胡适《文学篇》序所言,"若无叔永、杏佛,定无《去国集》"。这首作于归国前的辞别诗,道出了胡适与"文学"旧情复燃的契机:

> 明年任与杨,远道来就我。山城风雪夜,枯坐殊未可。
> 烹茶更赋诗,有倡还须和。诗炉久灰冷,从此生新火。③

---

① 1916 年 9 月 7 日胡适致许怡荪信,《胡适许怡荪通信集》,第 70 页。
② 1916 年 7 月 20 日任鸿隽致胡适信,《胡适遗稿及秘藏书信》第 26 册,第 187 页。
③ 胡适:《文学篇》(别叔永、杏佛、觐庄),1917 年 6 月 1 日。

"明年任与杨,远道来就我"两句,可用任鸿隽的《五十自述》作一注脚。1912年冬任鸿隽以稽勋生的资格赴美留学,同行者11人,唯有他与杨杏佛选择康乃耳大学。任、杨二人之所以选择康乃耳,一方面是出于科学救国的志向,康乃耳在美国以擅长科学著称;另一方面则是听从了胡适的劝诱,被康乃耳的湖光山色所吸引。任鸿隽以为出外游学,除正经功课外还应注意两事:一为彼邦之风俗人情,一为朋友之声应气求,二者于留学者能否"学成致用"有绝大关系。① 借用任鸿隽的说法,《去国集》正是"朋友之声应气求"的产物,而康乃耳周边的山水、"绮色佳"的风俗人情,也是让任、杨、胡诸人诗兴勃发的外部环境。②

胡适《文学篇》描绘的赋诗唱和场景,可上溯到1913年末,任鸿隽《岁暮杂咏》诗云:

> 凄厉岁云暮,朔风拂枯条。年年耶诞日,飞雪满山椒。
> 今年气候异,冬月无寒宵。众士趋归宁,孤客独无聊。
> 无聊那可度,良朋懋见招。烹茶细论文,聊以永今朝。③

自注曰:"癸丑耶诞前一夕,同学皆归,独坐无聊,胡君适之煮茶相邀,与杨君杏佛三人联句得七古一章。"诗文及注释中,"无聊"一词出现三次,可见"烹茶更赋诗,有倡还须和"是独处异邦之

---

① 任鸿隽:《五十自述》,《科学救国之梦:任鸿隽文存》,第682页。

② 据任鸿隽《五十自述》,康校所在地为纽约省之伊萨卡城,此城人口仅一万余人而康校之学生人数已占五六千人,即所谓大学城(College town)。其地风景既佳,民风淳朴,无贫富阶级之悬殊,故常能路不拾遗,夜不闭户。任鸿隽《别绮色佳》诗云:"如何山城小,羁我遂四秋。匪直艺圃宏,且有岩壑幽。飞瀑入梦响,明湖结清游。平生探幽兴,屡殆不能休。"同诗又云:"人言西方好,在名都大邑。安知三代风,乃存百十室。夜寝不闭户,路遗无人拾。虽乏豪华观,颇见家室给。"(《留美学生季报》1917年第1号)

③ 任鸿隽:《岁暮杂咏》四首之一,《留美学生季报》第一年春期,1914年3月。

"孤客"抱团取暖的方式。

　　任鸿隽《岁暮杂咏》发表于《留美学生季报》1914年春期上，同期诗词栏亦刊出胡适之和诗《大雪》，后改题为《大雪放歌》收入《去国集》中。从《大雪》到《大雪放歌》，不仅是诗题及文句上的微调，更有意思的是诗序的删改。发表于《季报》上的《大雪》诗序交代写作缘起：

　　　　民国三年元旦后一日，任叔永有《岁暮杂咏》之作。余谓叔永每成四诗，当以一诗奉和。明日叔永果以五古四章来索和。其诗皆老练雅洁，非余所能望其肩背，以有宿诺，不容食言。因追叙岁暮大雪景物，作七古一章，浅陋何足言诗。惟去国日久，国学荒落，偶有所吟咏，但押韵脚，辄复自喜不忍焚弃。岂所谓空谷不闻足音，见似人而喜者耶。①

　　胡适留学初期的诗词创作，处于任、杨二人的阴影下，在内容及形式层面尚欠缺自信。就诗技的纯熟程度及作诗之兴致而言，胡尤不及任，故有"叔永每成四诗，当以一诗奉和"之约。"非余所能望其肩背"云云，在在是追随者的姿态。此诗收入《去国集》中，改题为《大雪放歌》，诗序亦有较大改动：

　　　　任叔永作岁莫杂咏诗，余谓叔永"君每成四诗，当以一诗奉和"。后叔永果以四诗来，皆大佳。其状冬日景物，甚尽而工，非下走所可企及。徒以宿诺不可追悔，因作此歌，呈叔永。②

---

① 胡适：《大雪》序，《留美学生季报》第一年春期，1914年3月。
② 胡适：《大雪放歌》序，《去国集》，《尝试集》再版本，第4—5页。

　　胡适删去原序中诸如"浅陋何足言诗""国学荒落""但押韵脚"等谦辞,对任诗的评价也相应地调整分寸,用"大佳""甚尽而工"等空洞的褒扬,替换了"老练雅洁"这一诗评术语。事实上,任、胡诗风的最大差别,恰可用"老练雅洁"四字来形容,不妨用二人另一组唱和诗为例。

　　1915年胡适往哥伦比亚大学留学,任鸿隽作诗送别,回顾二人交游经过。诗中道及胡适赴美途中,两人在日本相会的场景:"秋云丽高天,横滨海如田。扣舷一握手,君往美利坚。"①任诗并未对彼此当时的心绪作过多渲染,仅借助风景素描,把怅惘之情藏于"握手"言别之际。对照胡适的和诗,描摹同一情境,几乎是任诗的扩写版:

　　　　横滨港外舟待发,徜徉我方坐斗室。柠檬杯空烟捲残,忽然人面过眼瞥。
　　　　疑是同学巴县任,细看果然慰饥渴。扣舷短语难久留,惟有相思耿胸臆。②

　　完全是"作诗如作文"的写法,胡适长于白描、铺叙,短于言情、留白。"惟有相思耿胸臆"一句,日记原稿作"惟有深情耿胸臆"。③无论"相思"还是"深情",一旦直露于纸面上,反倒稀释了"扣舷一握手"之怅然。此诗在《季报》上公开发表及收入《去国集》时,均删去了末尾自夸之辞:

────────────

　　①　任鸿隽:《送胡适之往科仑比亚大学》(乙卯八月),《留美学生季报》第2卷第4期,1915年12月。
　　②　胡适:《民国四年将去绮色佳,叔永以诗赠别。作此奉和,即以为别》(作于1915年8月29日),《留美学生季报》第4卷第3期,1917年9月。注意此诗从写作到正式发表,相隔近两年。
　　③　胡适:《将去绮色佳留别叔永》,《胡适日记全编》(二),第265页。

临别赠言止此耳，更有私意为君说：寄此学者可千人，我诗君文两无敌。

颇似孟德语豫州，语虽似夸而纪实。"秋云丽天海如田"，直欲与我争此席。①

"秋云丽天海如田"有注云："君赠别诗'秋云丽高天，横滨海如田。扣舷一握手，君往美利坚。'余极喜之。"胡适此时虽欣赏任鸿隽"老练雅洁"的笔法，但已有"我诗君文两无敌"的自信，把诗国径直纳入自己的势力范围。

就诗技而言，任鸿隽绝非保守派，他敢于以旧风格含新意境，不囿于古典诗词擅长表达的情绪及生活内容。以《岁暮杂咏》第三首为例，任鸿隽不只刻画静态的雪景，还尝试用五古来描写滑冰这一惊险运动：

踱足一纵送，飘忽逐飞翩。湖西矗高台，云是土巴庚。②
长翼直趋水，逶迤如引绳。小橇三四人，并坐屈膝肱。
一发下高瓴，余势越远嶒。绕湖成三匝，共道驭者能。③

对照胡适《大雪》表达同一主题："路旁欢呼小儿女，冰桨铁屐手提挈。昨夜零下二十度，湖水冻合坚可滑。"任鸿隽对动作、态势的捕捉，无疑要细致具体得多。就经验层面的扩容而言，任鸿隽也走在胡适的前面，不止描摹"绮色佳"一带幽寂的村居生活，还用长短不齐的古风试写现代都市景观，如《登纽约六十层楼放歌》：

① 胡适：《将去绮色佳留别叔永》，《胡适日记全编》（二），第 266 页。
② 自注：土巴庚，游戏名，其法以长桥接高台，迤斜及地，当雪积冰凝时，人自台上乘小橇滑下以为乐。
③ 任鸿隽：《岁暮杂咏》其三，《留美学生季报》第一年春期，1914 年 3 月。

纽约城中多高屋，瓴牙巑簇称天触。中有一屋尤翘特，六十层楼何兀矗。

峭如高峰起平陵，丽如鬼斧镂层冰。辘辘轻车驭流电，置身绝顶不须登。……

俯视苍茫更何有，连楅高楼覆栌斗，车马如蚁人如沙，觅隙绕地各乱走。

不知蠕蠕满地之群蠛，乃能负土成邱山。①

引得胡适与任、梅二人大打笔仗的《泛湖即事》诗，亦属于任鸿隽以古风格含新意境的大胆尝试。《泛湖即事》诗引发的争论，被胡适视作"发生《尝试集》的近因"。1916 年 7 月 8 日暑假期间，任鸿隽偕陈衡哲、梅光迪、杨铨、唐钺、廖慰慈诸友于"绮色佳"郊游荡舟。任鸿隽此次得与陈衡哲初会，"一见如故，爱慕之情与日俱深，四年后乃订终身之约焉"。② 7 月 11 日任鸿隽致信胡适，谓：

前星期六偕陈女士、梅觐庄等泛湖，傍岸舟覆，又后遇雨，虽非所以待客之道，然所历情景，亦不可忘。归作四言诗纪其事，录呈吟正。隽自不作四言诗，此诗亦自试耳。不妥处自知甚多，乞为我改削之。③

此时胡适与陈衡哲虽"订交而未晤面"，"三个朋友"的关系尚处于暧昧状态，任鸿隽此信以赋诗呈正为名，未免有近水楼台先得

---

① 任鸿隽：《登纽约六十层楼放歌》，《留美学生季报》第 1 卷第 4 期，1914 年 12 月。
② 任鸿隽：《五十自述》。
③ 1916 年 7 月 11 日任鸿隽致胡适信，《胡适遗稿及秘藏书信》第 26 册，第 183 页。

月的暗示。二人后续围绕《泛湖即事》的往复讨论，表面上都是就诗论诗，但题目中"偕陈衡哲女士"这一刺眼字样，或许起到催化剂的作用。任鸿隽用四言诗体记叙泛湖、覆舟、遇雨的波折，有较强的试验性。四言诗在表现功能上更宜于场面铺叙或抒发情感，而不适于跌宕起伏的叙事。①

　　若将《胡适遗稿及秘藏书信》中保存的任鸿隽来信，与《藏晖室札记》中以"答觐庄白话诗之起因"为题摘录的来往书信片段相对照，即发现胡适《逼上梁山》将叙述重点放在"死文字"与"活文字"之争上，遮蔽了任鸿隽《泛湖即事》真正用力经营的段落。胡适与任鸿隽最初的争执点并不在文字之死活，而聚焦于"覆舟"这一段：

　　　　行行忘远，息棹崖根。忽逢波怒，鼍掣鲸奔。
　　　　岸逼流回，石斜浪翻。翩翩一叶，冯夷所吞。②

　　7 月 12 日胡适寄书任鸿隽，质疑中间写覆舟一段，"未免小题大做"，"读者方疑为巨洋大海，否则亦当是鄱阳、洞庭，乃忽紧接'水则可揭'一句，岂不令人失望乎"？此节中，胡适以为"岸逼流回，石斜浪翻"才算"好句"，可惜为几句"大话"所误。③ 7 月 14 日任鸿隽回信解释覆舟一段"小题大做"的原由，系因布局之初"实欲用力写此一段，以为全诗中坚"，或许用力过猛，遂流于"大话"。④ 覆舟这一戏剧性的瞬间，是传统四言诗难以容纳的新经

---

　　① 参见葛晓音《四言体的形成及其与辞赋的关系》，《中国社会科学》2002 年第 6 期；《汉魏两晋四言诗的新变和体式的重构》，《北京大学学报》2006 年第 9 期。
　　② 任鸿隽：《泛湖即事》初稿，《胡适遗稿及秘藏书信》第 26 册，第 184 页。
　　③ 1916 年 7 月 12 日胡适致任鸿隽信，《胡适日记全编》（二），第 442 页。
　　④ 1916 年 7 月 14 日任鸿隽答胡适书，《胡适日记全编》（二），第 443 页。

验。此节虽是任鸿隽用力经营的得意之笔,但他还是听从了胡适的建议,把"鼍掣鲸奔"改为"万螭齐奔","冯夷"改为"惊涛",[1]以避海洋之意。[2]

对于任鸿隽的这番妥协,胡适仍不满意,7月16日回信称《泛湖》诗中写翻船一段,所用字句"皆前人用以写江海大风浪之套语",任鸿隽"避自己铸词之难,而趋借用陈言套语之易,故全段一无精彩"。任鸿隽自称"用力太过",在胡适看来,实则趋易避难,全未用力。在将任鸿隽最得意的段落全盘否定之后,胡适又祭出"死文字"与"活文字"的法宝,说诗中所用"言"字、"载"字都是"死字",又如"猜谜赌胜,载笑载言"两句,上句为20世纪之活字,下句为3 000年前之死句,殊不相称。[3]

面对胡适咄咄逼人的批评,任鸿隽的回复软中有硬,在"覆舟"一节上以退为进,虽易去胡适不喜之"大话",但未迁就胡适浅白的趣味:

> 载息我棹,于彼崖根。岸折波回,石漱浪翻。
> 翩翩一叶,横掷惊掣。进吓石怒,退惕水瘗。[4]

7月17日任鸿隽答胡适书:"足下所不喜之覆舟数句,今已大半易去,其中'进退'两句颇用力写出,足下当不谓之死语。"[5]任用

---

① 张衡《思玄赋》:"号冯夷俾清津兮,櫂龙舟以济予。"李善注《文选》引《青令传》曰:"河伯姓冯氏,名夷,浴于河中而溺死,是为河伯。"

② 两处修改见《胡适遗稿及秘藏书信》第26册,第184页。

③ 1916年7月16日胡适答任鸿隽书,《胡适日记全编》(二),第443页。

④ 任鸿隽:《七月八日偕陈衡哲女士、梅觐庄、杨杏佛、唐擘黄、廖慰慈诸友泛湖即事》,《胡适遗稿及秘藏书信》第26册,第186页。

⑤ 1916年7月17日任鸿隽答胡适书,《胡适遗稿及秘藏书信》第26册,第186页。《藏晖室札记》"答觐庄白话诗之起因"仅摘录此信开头两句客套话,未抄录全信。

力写出的"进吓石怒，退惕水瘰"，即便不被判为"死语"，从字面上看，肯定不是胡适心目中的"好句"。在"死文字"与"活文字"的问题上，任鸿隽的态度则较为强硬：

> 足下谓"言"字、"载"字为死字，则不敢谓然。如足下意，岂因《诗经》中曾用此字，吾人今日所用字典便不当搜入耶？"载笑载言"固为"三千年前之语"，然可用以达我今日之情景，即为今日之语，而非"三千年前之死语"，此君我不同之点也。①

胡适索性在任鸿隽信上直接批注，划出"岂因《诗经》中曾用此字，吾人今日所用字典便不当搜入耶"一句，旁批"笑话"二字；② 就"载笑载言"的用法，胡适于行间批注："载字究竟何义？所用之地究竟适当否？何不用今日之活语以达'今日之情景'乎？"③《逼上梁山》中，胡适进而解释其本意只是说"言"字、"载"字在文法上的作用尚不确定，不可轻易乱用，与其乱用意义不确定的死字，不如铸造今日之活语来"达我今日之情景"。④ 这一解释反而模糊了论争的焦点，不在"言"字、"载"字的意义或文法作用是否确定，而在文字是否有死活可言，死活的标准何在。

奉《诗经》为圭臬的四言诗传统，正是以"载""言"一类的虚字

---

①　1916 年 7 月 17 日任鸿隽答胡适书，《胡适遗稿及秘藏书信》第 26 册，第 186 页。

②　1916 年 7 月 20 日任鸿隽回信解释此句：所谓"字典"自是作诗之字典，非普通用之字典。"载笑载言"之"载"字亦有不作始字解者，如《诗》之"载驰载驱""载芟载柞"等是。要之吾人用此等句，固仍视为今之用法，以载字作语词可耳，不问其诗经□古义云何也。《胡适遗稿及秘藏书信》第 26 册，187 页。

③　胡适批注见 1916 年 7 月 17 日任鸿隽答胡适书，《胡适遗稿及秘藏书信》第 26 册，第 186 页。

④　胡适：《逼上梁山》，《中国新文学大系·建设理论集》，第 15 页。

为中心。"载"字、"言"字是四言诗中构词力最强的虚字,"载○载○"构成的套语系统包括:载笑载言、载驰载驱、载飞载鸣、载饥载渴、载芟载柞等。可以说"载○载○"是《诗经》中最常见的虚词结构,正是此类套语模式(formula pattern)造就了四言诗的独特风格。[①] 在四言诗的创作过程中,构成套语模式的虚字结构是先于实字的。[②] 胡适所谓的"死字""死句",恰是四言诗传统中最稳定的套语模式。胡适对《诗经》里的虚字做过专门研究,[③]任鸿隽用"载笑载言"正好撞在他枪口上。胡、任二人关于文字死活的论争,其实与四言诗的特殊风格即以虚字为中心的套语系统有关。倘若《泛湖即事》诗用五古或七古写就,文字的死活问题未必如"载笑载言"这样套语化的冗余句式凸显出来。

1916 年 12 月《泛湖即事》诗正式发表于《留美学生季报》,任鸿隽保留了"言"字、"载"字的用法,连胡适认为"殊不相称"的两句"猜谜赌胜,载笑载言"也只字未改。[④] 在围绕《泛湖即事》诗的攻防战中,任鸿隽于"覆舟"一节略有妥协,但在"死文字"与"活文字"的问题上,胡适始终未能说服任鸿隽,还引来梅光迪为任助阵。[⑤] 如若考虑到四言诗的悠久传统,与任鸿隽所要记录的现代生活经验,尤其是"覆舟"这一戏剧性的事件,不能不说胡适在字面上再三挑剔,抹杀了《泛湖即事》诗用"旧瓶装新酒"的形式试验。

----

① C. H. Wang, *The Bell and the Drum: Study of Shih Ching as Formulaic Poetry*, Berkeley and Los Angeles: University of California Press, 1974.

② 参见孙立尧《四言诗虚字中心说》,《中国韵文学刊》2006 年第 4 期。

③ 胡适:《诗经里的"虚字"的研究》(手稿),《胡适遗稿及秘藏书信》第 11 册,黄山书社 1994 年版。

④ 任鸿隽:《七月八日偕陈衡哲女士梅觐庄杨杏佛寥[廖]慰慈唐擘黄诸友泛湖即事》,《留美学生季报》第 3 卷第 4 期,1916 年 12 月。

⑤ 在《泛湖即事》诗修订稿后,任鸿隽附注:"觐庄有长书致君,□君当先讨论我诗,乃与觐庄开笔仗可耳。"见《胡适遗稿及秘藏书信》第 26 册,第 186 页。

　　史家周策纵认为胡适诗最大的缺点是欠缺挚情。胡适写诗多是有所为而作，或发布宣言，或发表意见，并非缘情而作，也就不能以情移人。就不够挚情这一点而论，胡适的诗可谓是"无心肝的月亮"。① 说理胜于言情，不仅是胡适白话诗的总趋向，在他早期文言诗词创作中，说理的成分愈发浓厚。为挣脱任、杨二人的阴影，胡适旁逸斜出，主攻说理诗，采取"立异以为高"的策略。说理压倒言情的倾向，从《去国集》中的一首长诗《自杀篇》中看得尤为明显。《自杀篇》本是伤逝之作，伤逝诗自以寄托哀思为正宗，而胡适偏要在诗中宣扬乐观主义。《自杀篇》副题为"为叔永题鹡鸰风雨集"，诗序云：

　　　　任叔永有弟季彭，居杭州。壬癸之际，国事糜烂，季彭忧愤不已，遂发狂。② 一夜，潜出，投葛洪井死。叔永时在美洲，追思逝者，乃掇季彭生时所寄书，成一集，而系以诗，有"何堪更发旧书读，断肠鹡鸰风雨声"之句。季彭最后寄诸兄诗，有"原上鹡鸰风雨声"之语，故叔永诗及之。叔永索余题辞集上，遂成此篇，凡长短五章。③

　　胡适在《尝试集》自序中提及此诗，仅强调《自杀篇》作为形式试验的意义："完全用分段作法，试验的态度更显明了。"④ 随后援引《藏晖室札记》中两段跋语，算是戏台内的喝彩：

---

　　① 周策纵：《论胡适的诗——论诗小札之一》，唐德刚：《胡适杂忆》附录，（台北）传记文学出版社 1981 年版，第 229—230 页。《无心肝的月亮》是胡适 1936 年作的白话诗，收入《尝试后集》第一编。

　　② 1914 年 7 月 7 日胡适日记云："会宋遁初被刺，政府不能自解，则以兵力胁服南中诸省，季彭忧愤不已，遂发狂。"《胡适日记全编》（一），第 331 页。

　　③ 胡适：《自杀篇》序，《去国集》，《尝试集》再版本附录，第 29 页。

　　④ 胡适：《尝试集》自序，《尝试集》再版本，第 21 页。

吾国诗每不重言外之意，故说理之作极少。求一朴蒲（Pope）已不可多得，何况华茨活（Wordsworth）、贵推（Goethe）与卜朗吟（Browning）矣。此篇以吾所持乐观主义入诗。全篇为说理之作，虽不能佳，然途径具在，他日多作之，或有进境矣。

吾近来作诗，颇能不依人蹊径，亦不专学一家。命意固无从摹仿，即字句形式亦不为古人成法所拘，盖颇能独立矣。

对照胡适日记原文，《尝试集》自序的摘引做了两处删改，末句原为"盖胸襟魄力，较前阔大，颇能独立矣"；另一处有意味的改动在"以吾所持乐观主义入诗"后，原有"以责自杀者"数字。[1]《自杀篇》在篇章结构上的试验性不容否认，然而胡适违背了伤逝诗的主旨，于生者哀恸未尽之际苛责死者。对照与《自杀篇》同期发表的任鸿隽《书鹡鸰风雨集后》，确是"至性语"：

阅历沧桑更死生，每搔短鬓意如酲。何堪更发旧书读，肠断鹡鸰风雨声。

孤山隐隐对孤坟，夕照寺前夕照曛。不为湖光能入梦，年年万里望白云。[2]

若说任鸿隽、胡适与死者有亲疏之别，且看杨铨作《贺新凉·吊季彭自溺》，词未必佳，"生愧死，死无所"，亦多沉痛语。[3]"贺新凉"词调声情沉郁苍凉，宜抒发激越之情。

---

① 1914 年 7 月 7 日胡适日记，《胡适日记全编》（一），第 332 页。
② 任季彭葬于西湖夕照寺前白云庵侧。任鸿隽：《书鹡鸰风雨集后》，《留美学生季报》第 1 卷第 3 期，1914 年 9 月。
③ 杨铨：《贺新凉·吊季彭自溺》，《留美学生季报》第一年春期，1914 年 3 月。

　　将胡适日记中保存的《自杀篇》初稿与《留美学生季报》上的初刊本及收入《去国集》中的版本对勘，除了个别字句的调整，还有一处较大的删改，《去国集》版删去了第四章中"义士有程婴，偷生存赵祀。夷吾忍囚槛，功业炳前史。丈夫志奇伟，艰巨何足齿"六句。① 删此六句的原因显而易见，违背了胡适自订的"八不主义"中"不用典"这一条。《去国集》就用典问题所作的删改不止一处，又如《沁园春·别杨杏佛》，词序云："将去绮色佳，杏佛以水调歌头赠别，有'暗惊狂奴非故，收束入名场'之句，实则杏佛亦扬州梦醒之杜樊川耳。"②《去国集》将"扬州梦醒之杜樊川"易为"狂奴"二字，并将词中"扬州梦醒，两个狂奴"换作"春申江上，两个狂奴"。③ 可见胡适删定《去国集》时，胸中时刻悬着"八不主义"之戒律。

　　《去国集》的压轴之作《沁园春》，实则是"文章革命"的"誓诗"。这首词是胡适用心经营之作，《藏晖室札记》保留了五个版本，先后作于 1916 年 4 月 12 日、4 月 14 日、4 月 16 日、4 月 18 日、4 月 26 日。第五次修改稿后，有 1934 年 5 月 7 日胡适附记：

　　　　此词修改最多，前后约有十次。但后来回头看看，还是原稿最好，所以《尝试集》里用的是最初的原稿。④

　　附记带出两个问题：一、胡适为何在半个月内反复修改此词，原稿何处令其不满？二、《尝试集》为何采用最初的原稿，放弃了

　　① 胡适：《自杀篇》，《去国集》，《尝试集》再版附录，第 30 页。
　　② 胡适：《沁园春》，《留美学生季报》第 2 卷第 4 期，1915 年 12 月。原稿参见1915 年 9 月 2 日胡适日记，《胡适日记全编》（二），第 268 页。
　　③ 胡适：《沁园春》，《去国集》，《尝试集》再版附录，第 30 页。
　　④ 《沁园春·誓诗》（四月廿六日第五次改稿），《胡适日记全编》（二），第 385 页。

屡次精心打磨的修订版？《逼上梁山》对此给出的解释是这首词下半阕的口气很狂，胡适自己觉得有点不安，所以修改了好多次。第三次修改稿，几乎重写了下半阕，删掉了"为大中华，造新文学，此业吾曹欲让谁"的狂言。①

　　下半阕的反复修改，按胡适自己的解释，是想用"文章革命"的具体主张稀释"为大中华，造新文学"的狂言。胡适改来改去，无非针对旧文学的三大病：无病呻吟、摹仿古人、言之无物。② 他在修改稿中开出的药方甚是寻常，如"文章贵有神思"、"语必由衷，言须有物"、自立门户云云。胡适对这首词的反复修改，到了"琢句雕辞"的地步，岂非违背了他崇尚自然的文学主张？第三次修改稿云"到琢句雕辞意已卑"，对照胡适强迫症式的反复修改，不无自我嘲讽的意味。回头来看，胡适还是觉得"原稿最好"，因初稿更近"自然"。初稿下半阕未言及"文章革命"的具体方案，只有"且准备搴旗作健儿"的激越姿态而已。"文章革命何疑"的空洞誓词，③反倒更贴近胡适"逼上梁山"时的真实心境，这或是《尝试集》采用初稿的原因。

　　逐句对照五个版本，最稳定的是开头两句："更不伤春，更不悲秋。"④这两句奠定了上半阕的基调，宣告与伤春悲秋的抒情传统背道而驰。初稿化用《荀子·天论》之言："从天而颂之，孰与制天命而用之。"胡适《论诗杂记》云："我爱荀卿天论赋，每作培根语诵之。"⑤将《荀子·天论》当作培根语录，说明"制天命"之古训在胡适看来，等同于培根所代表的近代科学话语。胡适倡导的"文章革

---

① 胡适：《逼上梁山》，《中国新文学大系·建设理论集》，第12页。
② 《吾国文学三大病》（四月十七日），《胡适日记全编》（二），第376页。
③ 《逼上梁山》援引《沁园春·誓诗》，将"文章革命何疑"改为"文学革命何疑"。见《中国新文学大系·建设理论卷》，第12页。
④ 参见附录二：胡适《沁园春·誓诗》逐句对校。
⑤ 胡适：《论诗杂记》其一，《留美学生季报》第4卷第3期，1917年9月。

命"，首先要将伤春悲秋、无病呻吟的抒情主体，置换为"制天而用"的科学"狂奴"。"吾狂甚"之"狂"，源于科学在自然面前的高度自信。依傍近代科学的权威，文学者在"花飞叶落""春去秋来"等自然代谢面前，不再是谦卑的感应者，而化身为"鞭笞天地，供我驱驰"的征服者。①　不无反讽的是，胡适提倡"文章革命"本是被"科学救国"的强势话语"逼上梁山"之举，而其于誓诗中召唤的革命主体，却是"肠非易断，泪不轻垂"的科学狂人。②　胡适宣称"耻与天和地，作个奴隶"，③却甘愿匍匐于科学脚下，做一冷冰冰的"狂奴"。

　　删定《去国集》对胡适而言，是其告别"死文学"，制造"文学革命"这一断裂点的手段。《尝试集》的酝酿与《去国集》的编订几乎是同步进行的。1916 年 4 月胡适致信许怡荪，谓"去国以来，所作韵文，似有进境"，"近删存庚戌以来诗词一集，名之曰'去国集'，盖游子之词也"。④　胡适随信奉上《藏晖室札记》数册，记其两年来之思想变迁及文学观念。札记中关于文学的部分颇多自矜之狂言，胡适解释道："当此文学革命时代，一点剑拔弩张之气，正不可少。"胡自诩为"革命军前一健儿"，"愿为祖国人士输入一种文学上之新观念，以为后起之新文豪辟除榛莽而已"。⑤　由此可见，胡适着手编纂《去国集》，正源于"文学革命"之自觉。《去国集》看似是一个可有可无的"阑尾"，但作为文学革命前史的另一种表现形

---

　　①　"生斯世，要鞭笞天地，供我驱驰"，出自《沁园春·誓诗》第四次修改稿（1916 年 4 月 18 日），《胡适日记全编》（二），第 380 页。

　　②　"肠非易断，泪不轻垂"出自《沁园春·誓诗》第五次修改稿（1916 年 4 月 26 日），《胡适日记全编》（二），第 384 页。

　　③　出自《沁园春·誓诗》第二次修改稿（1916 年 4 月 14 日），《胡适日记全编》（二），第 374 页。

　　④　1916 年 4 月 19 日胡适致许怡荪信，《胡适许怡荪通信集》，第 61 页。

　　⑤　同上。

态,从胡适的精心编排、反复修订中,可见"阑尾"之于主体的意义。

　　本文试图用谱系学的方法对抗胡适为文学革命建构的起源神话。所谓谱系学的方法,不过是一种饾饤琐碎的文献清理工作,即通过耐心审慎的文本细读、逐字逐句的版本对勘,撕开光滑的历史叙述,恢复被删除的历史插曲,在历史的发端处,发现各人意图、志趣的分歧而非起源的同一性。① 用谱系学的方法重构文学革命的前史,需要重读的何止是《逼上梁山》或《去国集》。诸如《文学改良刍议》《文学革命论》等似乎耳熟能详的纲领性文件,都需要回到当时的思想语境中,考索其思路的形成过程、或隐或显的对手方、正反两方面的例证材源,而不仅是记取其提出的主义、口号而已。

附录一:《去国集》篇目删定

《尝试集》再版　附录《去国集》 1920 年 9 月	《尝试集》增订第四版　附录《去国集》 1922 年 10 月
去国行　二章(庚戌秋)	
翠楼吟	
水龙吟　绮色佳秋暮(元年十一月初六日)	
耶稣诞节歌(二年十二月二十六日)	耶稣诞节歌
大雪放歌(二年十二月)	大雪放歌
久雪后大风寒甚作歌(三年正月)	久雪后大风寒甚作歌
哀希腊歌(三年二月一夜/五年五月十一夜)	哀希腊歌

---

　　① 参见福柯《尼采、谱系学、历史》,杜小真编选:《福柯集》,上海远东出版社2003 年版,第 146 页。

（续表）

《尝试集》再版　附录《去国集》 1920 年 9 月	《尝试集》增订第四版　附录《去国集》 1922 年 10 月
游影飞儿瀑泉山作（三年五月十三日）	
自杀篇（三年七月七日）	自杀篇
送许肇南（先甲）归国（三年八月十四日）	
墓门行（四年四月十二日）	
	老树行（增）
满庭芳（四年六月十二日）	满庭芳
水调歌头　今别离　有序（四年八月三日）	
临江仙（四年八月二十四日）	临江仙
将去绮色佳，叔永以诗赠别。作此奉和。即以留别。（四年八月二十九夜）	将去绮色佳，叔永以诗赠别。作此奉和。即以留别。
沁园春　将之纽约，杨杏佛以词送行。……（四年九月二日）	沁园春　别杨杏佛
送梅觐庄往哈佛大学（四年九月十七日）	送梅觐庄往哈佛大学
相思	相思
秋声　有序（五年一月续成去年旧稿）	秋声
秋柳［此七年前（己酉）旧作也……五年七月］	秋柳
沁园春　誓诗（五年四月十二日）	沁园春　誓诗

附录二：胡适《沁园春·誓诗》逐句对校

初稿	更不伤春	更不悲秋	以此誓诗	任花开也好	花飞也好	月圆固好	日落何悲
二稿	更不伤春	更不悲秋	以此誓诗	任花开也好	花飞也好	月圆固好	落日尤奇
三稿	更不伤春	更不悲秋	以此誓诗	任花开也好	花飞也好	月圆固好	落日尤奇
四稿	更不伤春	更不悲秋	与诗誓之	看花飞叶落	无非乘化	西风残照	正不须悲
五稿	更不伤春	更不悲秋	与诗誓之	任花飞叶落	何关人事	莺娇草软	不为卿迟

初稿	我闻之曰	从天而颂	孰与制天而用之	更安用	为苍天歌哭	作彼奴为
二稿	春去秋来	干卿甚事	何必与之为笑啼	吾狂甚	耻与天和地	作个奴厮
三稿	春去秋来	干卿甚事	何必与之为笑啼	吾狂甚	耻与天和地	作个奴厮
四稿	无病而呻	壮夫所耻	何必与天为笑啼	生斯世	要鞭笞天地	供我驱驰
五稿	无病而呻	壮夫所耻	何必与天为笑啼	我狂甚	颇肠非易断	泪不轻垂

初稿	文章革命何疑	且准备搴旗作健儿	要前空千古	下开百世	收他臭腐	还我神奇
二稿	何须刻意雕辞	看一朵芙蓉出水时	倘言之不文	行之不远	言之无物	何以文为
三稿	文章要有神思	到琢句雕辞意已卑	定不师秦七	不师黄九	但求似我	何效人为
四稿	文章贵有神思	到琢句雕辞意已卑	更文不师韩	诗休学杜	但求似我	何效人为
五稿	文章贵有神思	到琢句雕辞意已卑	要不师汉魏	不师唐宋	但求似我	何效人为

初稿	为大中华	造新文学	此业吾曹欲让谁	诗世界	有簇新世界	供我驱驰
二稿	为大中华	造新文学	此业吾曹欲让谁	诗材料	有簇新世界	供我驱驰
三稿	语必由衷	言须有物	此意寻常当告谁	从今后	倘傍人门户	不是男儿
四稿	语必由衷	言须有物	此意寻常当告谁	从今后	倘傍人门户	不是男儿
五稿	语必由衷	言须有物	此意寻常当告谁	从今后	待划除臭腐	还我神奇

以翻译"谈政治":"五四"时期杜威与胡适的政治哲学讲演论析[*]

以翻译"谈政治":"五四"时期杜威与胡适的政治哲学讲演论析[*]

彭姗姗

摘要：本文基于新发现的杜威《社会哲学与政治哲学》系列讲演的英文原稿、当时发表的四个不同版本的中文记录稿和一个版本的英文记录稿，考察胡适在 1919—1920 年间关于杜威"社会哲学与政治哲学"系列讲演的策划和翻译。这一个案被视为胡适在"五四"时期主动"谈政治"的另一维度，揭示了胡适这一翻译行为可以被视为一种有目的的政治行为，以引领一种自由主义倾向的思想政治路向。胡适其时的主张处在以密尔为代表的自由主义与杜威的民主主义之间的某个位置之上，表现出了对于"西学"有意识的选择。同时，胡适淡化了杜威的"共同生活"理论，而突出了杜威政治哲学中的方法面向，但他最终失望地发现杜威"政治哲学"讲演基于"群"的概念来探讨社会冲突的原因在一定程度上反而与马克思主义的阶级斗争理论有所相通。

关键词：胡适，杜威，实验主义政治哲学，马克思主义，

* 拙文曾在学术会议上得到耿云志、夏春涛、王晴佳、杨念群、许纪霖、李维武、刘贵福诸位先生的批评和指点，并得到学友李政君、王波、彭春凌、王鸿莉、赵妍杰、冯淼的指教。两位匿审专家及《近代史研究》的编辑老师们亦提出了宝贵的修改的意见。谨致以诚挚谢意。

五四
彭姗姗,中国社会科学院近代史研究所助理研究员

"五四"之后,胡适接办《每周评论》,卷入了"问题与主义"之争,开始谈起政治来。但该刊旋即于 1919 年 8 月 30 日被查封,胡适关于政治的谈论不得不中断。一般认为,他再次公开谈政治,是 1920 年 8 月 1 日与蒋梦麟、陶孟和等人联名在《晨报》上发表《争自由的宣言》以及 1922 年提出"好人政府"的主张。实际上,1919 年 9 月 20 日至 1920 年 3 月 6 日,杜威在北京大学公开讲演"社会哲学与政治哲学"(十六讲,以下简称为"政治哲学"讲演),正是由胡适建议、策划和口译的。① 本文将尝试论述,胡适对"政治哲学"讲演的策划和翻译如何构成了他在"五四"时期"谈政治"的另一维度。

据胡适回忆,在每次系列讲演之前,杜威会用打字机打出一份英文讲稿,并提前交给口译者参考,口译者在讲演现场进行口译,记录人记录下来,参照原稿校对一遍后,再发表到报刊上。② 长期以来,研究者们一直认为杜威在华讲演的英文原稿已全部散佚,仅

① 据《晨报》《北京大学日刊》及 The Correspondence of John Dewey [3 Vol., edited by Larry Hickman, Barbara Levin, Anne Sharpe, and Harriet Furst Simon, Carbondale: Southern Illinois University Press, 1999–2004; Electronic edition, Charlottesville (Va.): InteLex Corporation, 1999–2004。包括 Volume 1: 1871–1918; Volume 2: 1919–1939; Volume 3: 1940—1953]。可知各讲时间为:第一讲:1919 年 9 月 20 日;第二讲:9 月 27 日;第三讲:10 月 4 日;第四讲:10 月 18 日;第五讲:10 月 25 日;第六讲:11 月 1 日;第七讲:11 月 15 日;第八讲:11 月 22 日;第九讲:12 月 6 日;第十讲:12 月 13 日;第十一讲:1920 年 1 月 17 日;第十二讲:1 月 24 日;第十三讲:1920 年 2 月 14 日;第十四讲:1920 年 2 月 18 日;第十五讲:1920 年 2 月 28 日;第十六讲:1920 年 3 月 6 日。其间,1919 年 10 月 6—14 日,杜威赴太原。11 月 2—11 日,赴奉天。12 月 24 日—1920 年 1 月 2 日,赴山东。回程在天津停留。1 月 14 日左右,回京。
② 胡适:《杜威在中国》,欧阳哲生编:《胡适文集》第 12 册,北京大学出版社 1998 年版,第 425、426 页。

有中文记录稿留存。直到前几年,江勇振才首次发现了"政治哲学"讲演八次完整的英文原稿,即第一至第四讲、第十至第十二讲、第十六讲。① 最近,笔者又新发现了第五、第六讲的四页残稿。②第五、第六讲集中论述了"共同生活"理论。这一理论反映了杜威对于民主的独特理解,是其民主思想从《民主与教育》(1916 年)发展至《公众及其问题》(1927 年)的中间阶段,对于理解杜威的政治哲学来说至关重要。

在杜威的英文原稿被发现之前,胡适是否误译了杜威一直是海外学界争论的焦点之一。③ 江勇振通过英文原稿和中文记录稿的对比,首次为胡适误译杜威提供了确凿的证据。他解释说,由于未臻成熟的白话文本身在词汇和句型结构方面的限制,无法精确传达英文的原意,也由于"翻译不是胡适之所长",导致胡适译得不够精当,有不少误译、漏译。此外,胡适误译的另一个原因是他未能真正理解杜威的思想,"是一个进入了杜威门槛,但一直未能窥其堂奥的实验主义者"。④

---

① 原稿名"Social Pol Phil",收入 Articles and Manuscripts, Surname Remain to be verified,中国社会科学院近代史研究所胡适档案(以下简称为胡适档案)藏,E0087 - 001。美国最权威的《杜威全集》[*The Collected Works of John Dewey*, 38 Vol., edited by Jo Ann Boydston, electronic resource, Charlottesville (Va.): InteLex Corporation, 1996]也未收录这份讲演稿。

② 第五讲两页残稿,见 Articles and Manuscripts, Surname Remain to be verified,胡适档案藏,E0088 - 001。第六讲两页残稿,见胡适档案中同名文件,E0087 - 001。下引原稿,或以夹注标出"原稿第某讲",或注出英文原文。原稿有不少拼写错误和缩写,本文将拼写错误改正,缩写则一仍其旧。

③ Cecile B. Dockser, *John Dewey and the May Fourth Movement in China: Dewey's Social and Political Philosophy in Relation to His Encounter with China (1919 - 1921)*, Thesis [Ph. D.], Harvard University, 1983, pp. 91 - 98; Wang, Jessica Ching-Sze, *John Dewey in China: to Teach and to Learn*, Albany: State University of New York Press, 2007.

④ 江勇振:《舍我其谁:胡适》第 2 部《日正当中,1917—1927》上篇,浙江人民出版社 2013 年版,第 136—137 页;第 161—178 页;下篇,第 237—257 页;引自第 137、161 页。

　　胡适翻译过杜威多个系列的讲演,或多或少都存在着一些误译,"政治哲学"讲演也是如此。然而,比起语词、句型层面不够精当的误译,更值得注意的是"政治哲学"讲演的英文原稿与中文记录稿所呈现出的结构性差异,即大段的删减、明显的增添和自相矛盾的修改。[①] 无论杜威当年在现场的讲演是否完全与其英文原稿一致,也无论胡适当年在现场的口译是否完全与中文记录稿一致,换句话说,无论从英文原稿到中文记录稿经历了多少已无法确知的蜕变,仍能确知的是杜威原本打算讲述的政治哲学(英文原稿),与经胡适口译、真正在历史中以大多数中国读者所能广泛接触到的形式发表出来的政治哲学(报纸刊载的不同版本的中文记录稿)之间,存在着结构性差异。

　　双重的历史语境为揭示这种结构性差异提供了切入点。这次讲演与杜威其他讲演的关键区别在于,这次的主题是政治哲学。如同昆廷·斯金纳(Quentin Skinner)所揭示的,政治哲学的独特性就在于,关于它的言说总是与特定的历史语境结合在一起的。[②] 就本文的个案而言,其历史语境是双重的:一重是杜威的,一重是胡适的。二者并不完全一致。实验主义哲学的特性——思想的起点是现实的疑难,而解决方案亦因于特殊情境而定——使得杜威及胡适对于政治哲学的上述特征尤具自觉,这自然会反映到杜威关于政治哲学的论述及胡适的翻译之中。

―――――――――

　　① 　笔者还新发现了杜威另一讲演的英文原稿残稿,即《思想的派别》(Types of Thinking)系列讲演(1919 年 11 月 14 日至 1920 年 2 月)。英文原稿名"TT",见 Articles and Manuscripts, Surname Remain to be verified,胡适档案藏,E0087 - 001。现存 4 页残稿。这一讲演仍由胡适口译。对比原稿和发表在《新潮》上的中文记录稿(吴康、罗家伦记,《新潮》第 2 卷第 2 号,1919 年 12 月;第 2 卷第 3、4、5 号,1920 年 2、5、9 月。另一版本的记录稿由郭绍虞笔记,发表于《晨报》1920 年 11 月 16 日至 1921 年 1 月 30 日)可知,确实存在一些误译,但没有"政治哲学"讲演中的那种结构性差异。

　　② 　昆廷·斯金纳著,任军锋译:《观念史中的意涵与理解》,丁耘主编:《什么是思想史》,上海人民出版社 2006 年版,第 95—135 页。

一、讲演的缘起与胡适的策划

　　"政治哲学"讲演是杜威生平头一次就政治哲学做出系统的论述。在中国的诸多讲演中,这也是杜威唯一考虑过出版英文版的讲演。[①] 杜威选择讲这个题目,是接受了胡适的建议。胡适解释说:"杜威先生这一派的实验主义,心理学一方面有詹姆士以来的新心理学;名学一方面有杜威和失勒诸人的名学;人生哲学一方面有杜威与突夫茨(Tufts)诸人的人生哲学;教育一方面更不用说了。独有政治哲学一方面至今还不曾有系统的大著作出世。……我们至今还不曾有一部正式的'实验主义的政治哲学'。所以今年杜威先生同我商量讲演题目时,我就提出这个题目,希望他借这个机会做出一部代表实验主义的社会哲学与政治哲学。"[②]但这只是明面上的理由。

　　杜威1919年4月30日抵华,9月20日开始"政治哲学"讲演。对杜威来说,到中国做长期的讲演是一次计划外的偶然事件。因而,他对于要在中国讲些什么,并无太多准备。很大程度上,杜威是顺应着邀请者们期待和规划的主题来发表讲演。[③] 这样,他与胡适商定讲"政治哲学",当在1919年4月30日至9月20日期间。杜威抵华数日后,也即5月5日,《晨报》即推出了"马克思研

---

　　① 1920.04.22（04884）: John Dewey to John Jacob Coss, Dewey, *The Correspondence of John Dewey*, Vol. 2. 下引杜威相关英文信件,俱出于此,不再一一注明。杜威在此信中询问 John Jacob Coss 是否有兴趣出版《社会哲学与政治哲学》,得到了后者的热烈回应[1920.06.10（04885）: John Jacob Coss to John Dewey];但此书英文版最终并未出版。
　　② 高一涵记,胡适引言:《杜威博士讲演录:社会哲学与政治哲学》"引言",《新青年》第7卷第1号,1919年12月1日,第121页。
　　③ 彭姗姗:"A Journey to Mars: John Dewey's Lectures and Inquiry in China", *Journal of Modern Chinese History*, No. 1, 2018, pp. 63 – 81;《五四期间杜威与中国的一段"交互经验"》,《近代史研究》2019年第2期,第41—50页。

究"专栏,而《新青年》原本也计划在 5 月中旬推出"马克思研究"专号(第 6 卷第 5 号)。虽然由李大钊负责编辑的这期专号因故推迟至当年 9 月 10 日左右才出版,但其全面系统地介绍马克思主义的文章《我的马克思主义观》的主体部分在 5 月前已经完成了。① 7—8 月间,就发生了著名的"问题与主义"之争。如前人所论,这仍是发生在新文化阵营内部的一场朋友之间的论争。论争双方的思想虽有差异,但也不乏相近相通之处。② 但思想的分歧毕竟是存在的。据《钱玄同日记》,在 1919 年初,"《新青年》为社会主义的问题,已经内部有了赞成和反对两派的意见"。③ 新资料显示,这种思想上的分歧甚至使得胡适当时就决心去争夺"新青年"这块金字招牌,以引领不同的思想政治路向。1919 年 1 月 20 日,胡适在给挚友许怡荪的信中写到:"《新青年》事,我决意收回归我一人担任。"④同年 6 月,陈独秀入狱后,《新青年》同人公推胡适接编《每

① 参见杨琥《李大钊〈我的马克思主义观〉一文若干问题的探讨——兼谈〈新青年〉6 卷 5 号的编辑和印行》,《"五四"的历史与历史中的五四"学术讨论会论文集》(北京大学,2009 年 5 月 6 日),第 393—401 页。

② 参见罗志田《因相近而区分:"问题与主义"之争再认识之一》,《近代史研究》2005 年第 3 期,第 44—82 页。

③ 杨天石主编:《钱玄同日记》上册,1919 年 1 月 27 日,北京大学出版社 2014 年版,第 344 页。到 1921 年时,这一裂痕扩展成"冲突"。据钱 1921 年 1 月 18 日的日记:"接守常信,知仲、适两人意见冲突。盖一则主张介绍劳农,又主张谈政;一则反对劳农,又主张不谈政治。"(上册,第 371 页)

④ 梁勤峰、杨永平、梁正坤整理:《胡适许怡荪通信集》,上海人民出版社 2017 年版,第 91 页。此条材料由耿云志最早提示其重大意义,详见氏著《〈新青年〉同人分裂过程中的一个重要细节》,《广东社会科学》2018 年第 5 期。关于胡适想要独编《新青年》以及该刊同人分裂的概述,本文不做深入探讨,请参耿文。亦参欧阳哲生《〈新青年〉编辑演变之历史考辨——以 1920—1921 年同人书信为中心的探讨》,《历史研究》2009 年第 3 期。欧文因未及见上条新材料,未对沈尹默关于胡适想要独编《新青年》的回忆做深入分析(第 86 页),但两文都认为胡适与陈独秀对《新青年》"主编权"(耿文)或"控制权"(欧文)的"争夺"根源于二人"政治思想"的"分歧"。(耿文"小结",第 141 页;欧阳文"结语",第 103 页)欧文亦总结到,这种从前同道中人之间的"分歧"与"争夺",也并不妨碍他们仍然是朋友,在某些问题上仍有着较为一致的主张,在五四后相当长的一段时间内保持一定程度的合作。缘此,本文以"竞争"一词来描绘胡适与陈独秀这一时期的关系,或许比"争夺"略为贴切。

周评论》。这对胡适想要独编《新青年》来说是一个机会。他随即在《每周评论》上发表了《多研究些问题，少谈些主义！》，引发了"问题与主义"之争。8月30日，《每周评论》被封，胡适的《四论问题与主义》刚在第37号上排版，尚不及发表。9月20日，在胡适的建议下，杜威开始就"实验主义的政治哲学"展开系列讲演。1922年，胡适回忆如何谈起政治来，说是因接办《每周评论》而不得不谈，"那时正当安福部极盛的时代，上海的分赃和会还不曾散伙。然而国内的'新'分子闭口不谈具体的政治问题，却高谈什么无政府主义与马克思主义。我看不过了，忍不住了，——因为我是一个实验主义的信徒，——于是发愤要想谈政治"。① 可见，胡适开始谈政治，确实有意以实验主义与"马克思主义""无政府主义"等社会思潮竞争，并与他意图与陈独秀竞争《新青年》的主编权颇有关联。②

　　自然，"政治哲学"讲演需要面向更广大的社会，而不能局限于北大校园。在胡适心目当中，这一讲演的预期听众及读者应当是《新青年》所试图争取的广大读者群体。五四运动之后，这一群体增长迅速，而北京也随之成为了"全国学术文化中心"。③ 最终，"政治哲学"讲演被安排在北京大学法科大礼堂，自9月20日起每周六下午四时开讲，并注明为"公开的，不需听讲证，并由本校胡适之教授用国语译述"。④ 胡适显然就公开讲演与学校课程的区别与杜威进行过沟通，因为杜威在9月15日给密友的信中专门强调

---

① 胡适：《我的歧路》（1922年6月），《胡适文集》第3册，第364页。
② 此一时期，所谓"马克思主义""无政府主义""社会主义"等"主义"的内涵并不清晰。而这也正是胡适所以反对空谈主义的缘由之一。
③ 周作人：《知堂集外文·四九年以后》，岳麓书社1988年版，第27页。转引自罗志田《乱世潜流：民族主义与民国政治》，中国人民大学出版社2013年版，第101页。
④ 《杜威博士讲演之时间地点广告》，《北京大学日刊》1919年9月18日，第2版。

了这一点。① 对比作为学校课程的"思想之派别"系列讲演,二者在组织上有两大区别:其一,公开讲演不需要听讲证,而后者不仅需要听讲证,哲学系以外的本校学生及其他听众尚需报名经哲学教授会许可后才可能领到听讲证;其二,公开讲演的时间安排在周六下午,而后者在周三或周五的晚间。② 这两个讲演都是由胡适策划的。③ 由这种组织方式,亦可见出胡适期望扩大"政治哲学"讲演的社会影响。

那么,"政治哲学"讲演有多少听众? 虽然没有准确的数据,但却有一个可靠的参照。1919 年 11 月 13 日,杜威在致哥大同事的信中谈到"思想之派别"讲演时说:"尽管是这样的主题和时间,还是有 300 名学生出席——我在国内讲类似的课程,大约有 15 名学生。"④"思想之派别"讲演的地点与"政治哲学"讲演相同。考虑到主题、时间以及听讲证的限制,"政治哲学"讲演的听众应不少于 300 人,甚或远多于 300 人。

很大程度上,正是为了向这些背景迥异、人数众多的听众宣讲实验主义的政治哲学,这一系列讲演只能以一种较为通俗的语言进行"译述"(正如该讲演的广告所明言的),而不太可能用学术语言进行精确的翻译。杜威天性腼腆,不善言辞,并非一个好的讲演者。他的讲演风格是枯燥、单调而乏味的:"他边讲话边思考,'语速很慢,语调平稳,停顿很长',爱往窗户外看或看天花板。如一位学生所说的那样,'看起来,他似乎压根儿没有意

① 1919. 09. 15(04103):John Dewey to Albert C. Barnes.
② 《教务处布告》,《北京大学日刊》1919 年 10 月 23 日,第 1 版。"思想之派别"讲演后因索证人数过多,改为不需听课证的公开讲演。参见《今晚之杜威博士讲演思想之派别》,《晨报》1919 年 11 月 14 日,第 2 版。
③ Barry Keenan, *The Dewey Experiment in China*, p. 23. 资料源于秦博理(Keenan) 1968 年 5 月 2 日对陪同访华的杜威女儿露西的访谈。
④ 1919. 11. 13(05022):John Dewey to Wendell T. Bush.

识到学生的存在'。"①潘光旦回忆他听杜威英文讲演(无口译者)
的感受说：杜威"说话声音很低，又单调，不但听不清，还起了'摇
篮曲'的作用，一起讲五次，我在座入睡过四次"。② 胡适以明白、
晓畅、通俗的语言进行译述，自然为讲演增添了许多魅力，有助于
听众的理解，也有助于扩大讲演的影响。但另一方面，当杜威的演
说变得通俗、明晰时，也就过滤掉了杜威论述问题时的那种缜密、
细致、灵活、弹性以及实验主义的姿态。对于胡适而言，这层过滤
可能也是需要的，因为面向一个社会宣传时，采用某种响亮、集中、
简单、坚定的言辞无疑是更合适的。时人也注意到了杜威演说的
独特性质。《字林西报》的通讯记者当年就评论说，杜威演说最大
的优点是"宣传"。③ 梅光迪也批评杜威和罗素的讲演是"以群众
运动之法使其讲学"。④

　　"政治哲学"讲演共十六讲，其中文记录稿共有四个版本：其
一，前四讲由毋忘记录，后十二讲由伏卢(即孙伏园)记录，发表于
《晨报》，得到《国民日报》《学灯》《教育部公报》等诸多报刊转载，
并经伏卢修订后收入北京晨报社编《杜威五大讲演》(1920年)，因
而也是流传最广的版本；其二，前九讲由高一涵记录，后七讲转载
了孙伏园的记录稿，发表于《新青年》；其三，黄绍谷记录，第二讲
至第十四讲，发表于《北京大学日刊》；其四，盛势逼(间或署名为
"势逼""世弼")记录，第二讲至第十六讲(中缺第六讲)，发表于

---

　　① 斯蒂文·洛克菲勒著，赵秀福译：《杜威：宗教信仰与民主人本主义》，北京大
学出版社2010年版，第279页。
　　② 潘光旦：《清华初期的学生生活》，潘乃穆、潘乃和编：《潘光旦文集》第10卷，
北京大学出版社2000年版，第581页。
　　③ "Education in China", "Our Own Correspondent", *The North-China Herald and
Supreme Court & Consular Gazette* (1870 - 1941), 17 May, 1919. 转载于 " Prof. John
Dewey's Visit to China", *Millard's Review of the Far East* (1917 - 1919), 17 May, 1919。
　　④ 梅光迪：《评今人提倡学术之方法》，《学衡》第2期，1922年2月，第8页
(文页)。

《北京益世报》。从时间上看,《晨报》版于演讲后一日或几日即刊出,可能是即席记录稿;《北大日刊》版与《北京益世报》版稍晚;而《新青年》版是最晚出的。① 从语言上看,《北京益世报》版的文字近于浅显文言,而其余三个版本都使用了白话文。从内容上看,《北大日刊》版很可能参考了《晨报》版,《北京益世报》版是相对独立的版本,而高一涵所记录的《新青年》版最准确,是又经核校过一遍的。② 除了中文记录稿,另外还有少量的英文记录稿发表于《北京导报》(*The Peking Leader*)。

杜威进行第十次讲演,在 1919 年 12 月 13 日。《新青年》发表这一次的讲演,约在 1920 年 3 月初。③ 1920 年 2 月,陈独秀就将《新青年》带至上海编辑了。故而,这一事实似亦非偶然——自第十讲起,《新青年》所刊载的"政治哲学"讲演不再由高一涵记录,而是转载了《晨报》孙伏园的记录稿。高一涵与胡适、陈独秀是同乡,与二人关系都不错,但思想更近于胡适。在《新青年》北京同人关于编辑权的讨论中,高一涵也站在胡适一边,完全赞成胡适的意见。胡适试图收回《新青年》独办,始于 1919 年初。1919 年 10 月 5 日,编辑部开会议定《新青年》自七卷起由陈一人编辑。但胡适此时对《新青年》尚有一定影响力。1920 年 2 月陈独秀将《新青年》带至上海后,胡适与《新青年》的关系日益疏远。

在与陈独秀竞争主编权的过程中,胡适曾祭出"不谈政治"的

---

① 但最末几次讲演,《晨报》版反而晚于《北京益世报》版,这说明《晨报》对杜威政治哲学讲演的关注度逐渐降低了。

② 胡适回忆说,杜威在北京的讲演的记录稿,在发表前会由"作记录的人"对着杜威的英文原稿再"校对一番"。(胡适:《杜威在中国》,《胡适文集》第 12 册,第 426 页)杜威的许多讲演都有好几个版本的记录稿,应当不是每个版本的记录人都能拿到英文原稿去校对。胡适所指,应当仅限于"我们"所挑选的"几位很好的记录员"。就"政治哲学"讲演而言,显然《新青年》版是经过校对的。以胡适对此讲演的重视,很可能他本人亦参与了校对,或在发表前审读过校对稿。

③ 孙伏园记:《杜威讲演录》,《新青年》第 7 卷第 4 号,1920 年 3 月 1 日。

主张。实际上，胡适只是不愿谈陈独秀所试图引导《新青年》去谈的那种政治，而他本人早在走上不得不谈政治的"歧路"之前，已经以策划和翻译杜威政治哲学的方式开始向社会"谈政治"，试图去引领某种思想政治路向了。

二、与其他思潮争锋及其两难

在"政治哲学"讲演中，杜威对马克思主义和无政府主义都展开了批评。胡适较为忠实地译述了杜威对于无政府主义的批评，而在译述杜威对于马克思主义相关学说的批评时，则处理得相当微妙。在第一讲中，杜威在讨论政治哲学对于实际社会的影响时，批评"所谓关于制度和社会演变的唯物主义解释"（the so-called materialistic explanations of institutions and social changes）是说不通的。胡适的译述则多次将矛头直接指向了"唯物历史观"。《新青年》版记录为："依这派唯物历史观的眼光看来，这回欧战可以完全作经济竞争解释。"《晨报》版记录为："这一派人无论批评什么都应用惟物史观的。""这回大战，依唯物历史观的一派看去，完全不是思想的冲突，是物质上的冲突。"①而在英文原稿中，杜威从未明确使用过"唯物历史观"这个概念，虽然他的批评很可能确是对此而发。②

在第二讲中，杜威批评"政治经济科学"（science of pol[itical]

---

① 《杜威博士讲演录：社会哲学与政治哲学》，《新青年》第 7 卷第 1 号，1919 年 12 月 1 日，第 124 页；毋忘记：《杜威博士之讲演：社会哲学与政治哲学（一）》，《晨报》1919 年 9 月 21 日，第 2 版。北京《益世报》版也有记录："此亦足证明唯物历史观派之错误矣。"但北京《益世报》上的第一讲是后补的，势逼记：《杜威博士之讲演 社会哲学与政治哲学（补第一次）》，北京《益世报》1920 年 2 月 14 日，第 3 版。《北大日刊》上刊发的第一讲（1919 年 9 月 24 日，第 3 版）是转录《国民公报》，与《晨报》同。
② 早在 1915 年，杜威就批评过"极端形式"的"历史的经济解释的学说"了。参见杜威著、何克勇译《德国的哲学与政治》，《杜威全集·中期著作》第 8 卷（1915 年），华东师范大学出版社 2012 年版，第 107 页。

economy),重点在于它"并非是一门科学,而是特殊历史条件下在某一有限时期占据着主导地位的某些趋势"。① 在胡适的译述中,重点发生了偏移,变成了"这都不过是十九世纪欧洲一个地方经济的情况,不想那些经济学家拿这种情状来做成通例,说是古今中外一定不变的经济原理,说是经济学中天经地义,全世界都可以适用的"。《北京益世报》的记录中更明确地指出,此种经济学的实际研究对象是英国。② 而杜威原稿中既未提到 19 世纪的欧洲,更未提到英国。基于 19 世纪英国经济情况发展出的政治经济学指的是什么呢? 听众们应当能够心领神会了。

在第十六讲中,杜威讲到:"有时候,危险的新思想像流行病一样传播开来。但这是因为思想以外的其他情境造成的。饥饿、绝望的人会听从任何承诺能带来解脱的东西。打动人们的是绝望之中的疯狂,而非思想。情感、希望、复仇是真正的推动力,而非思想——就像布尔什维克的情形那样。"③胡适译述为:"激烈思想传

① 原稿为:"We are not dealing with a science but with certain tendencies predominating at a certain limited portion of time under peculiar historic conditions."

② 《杜威博士讲演录:社会哲学与政治哲学》,《新青年》第 7 卷第 1 号,第 128—129 页。"而如经济学在十九世纪为最盛,考其起源乃为西欧(英国)一部经济之状态,就是时出产、销路、信用等研究之而成为经济学之原质,不知此种大误即在认一时一部之状况而为各部普通之状况"。盛势逼记:《杜威博士的讲演(二):社会哲学与政治哲学》,北京《益世报》1919 年 9 月 28 日,第 2 版。《晨报》版记录为:"科学的经济学发生很近,时代是十九世纪,地域是西欧,它们把当时当地的经济状况找出条理来,做了经济学的原则,以为上下古今都可适用。"毋忘记:《昨日杜威博士之讲演:社会哲学与政治哲学(二)》,《晨报》1919 年 9 月 28 日,第 2 版。《北大日刊》版更笼统:"经济的发生,既多根据此等事实,后来也就根据此等事实而定出许多定理了。并且把这种定理当作天经地义,以为无论今古、无论西东,都是适用这种定理的。这未免太笼统了一点。"《社会哲学与政治哲学(二)》(续),《北京大学日刊》1919 年 9 月 30 日,第 2 版。

③ 原稿为:"At times new and dangerous ideas spread like an epidemic. But this is because of other conditions besides the ideas themselves. Men that are hungry and desperate will listen to anything that promises relief. It is the madness of despair that moves men rather than the ideas. Emotions, hope, revenge, not ideas are the real moving forces—as with the Bolshevik."

播所以如此迅速,其原因不在思想本身,而在思想以外的情境。例如最近俄国过激派传播这样迅速,我们可以断定,许多小百姓决不见得了解他们领袖人物列宁的主义学理;故其原因不在他的思想本身,而在俄国人没有饭吃,没有衣穿,没有屋住。他们大多数人的衣、食、住都为少数贵族资本家霸占去了,正在饥寒困苦的时候,自然只要几个字就可以使他们了解了。所以原因不在思想本身,而在旁的情境造成激烈思想传播的机会。"①如前所述,自第十讲起,《新青年》和《晨报》采用的都是孙伏园的记录稿。孙稿时有不通、难解之处。此处"自然只要几个字就可以使他们了解了"便语焉不详,《北京益世报》的记录则更清楚:"故一旦适逢激烈思想,只需风闻其主义中土地公有、财产平均等几个名词,遂乐为传播。"②

在上述几处,胡适的译述在杜威英文原稿中都有所本,并不算是篡改了杜威的意思,但通过修辞的改变显著增强了杜威对于马克思主义相关学说的批评。

胡适最为看重的一点,大概是杜威批评从前的社会政治哲学自以为是普遍适用的"通则通例",采取了一种总体性的思想作派。因为这一点恰好呼应了他此前在"问题与主义"之争中的主张,可用来批评他所反对的政治学说。杜威在论述这一点的时候,并未特别针对某一种学说,但在胡适的译述中,却特别挑明了这种笼统的学说即"社会主义""共产主义"等:"从前是笼统的、抽象的、理想的,或想出一个笼统的名词,如个人主义、社会主义、共产

①　伏卢记:《社会哲学与政治哲学(第十六讲)》,《晨报》1920 年 3 月 29 日,第 5 版;《杜威博士讲演录:社会哲学与政治哲学》,《新青年》第 8 卷第 1 号,1920 年 9 月 1 日,第 156 页。
②　世弼记:《杜威博士之讲演:社会哲学与政治哲学(十六)》,北京《益世报》1920 年 3 月 12 日,第 3 版。

主义,不是笼统说政府无用,就是笼统说政府有用,不然就笼统说私有财产制是怎样坏。"①《北京导报》的记录更直截了当:"共产主义和其他主义全都赞赏通则通例,却不关心特定形势下的特定运动。"《晨报》此一时期正着力于宣传社会主义,竟完全漏载了第二讲后半段的全部内容,包括关于"零售"式改革的阐述。稍后晨报社编辑的《杜威五大讲演》虽然重新收录了这一段演说,却仍然删去了上面这句话。② 正是为了反对其他主义所倡导的那种整体改造的思路,胡适不惜将实验主义政治哲学的阐述重点放在了"零售"式改革上面,而忽视了杜威对于改造之目的性的论述。广受诟病的"批发"(wholesale)与"零售"(retail)的比喻在杜威原稿中的确存在,但杜威将"零售"式的改革置于关于目的的论述之下。在杜威看来,实验主义的政治哲学是针对一种特殊的处境,为了达到改善现状的特定目的,而利用科学的方法去找到一种具体的变革计划,并在实践中对此计划进行不断的调整,以最终实现改善现状的目的。故而,杜威强调变革是从需要进行改组的、明确的点开始的,而不是同时到处发生的;变革计划是针对特定环境的,而不是普遍适用的;变革计划是需要经受试验的,而不是确保正确无误的;也只有这样,变革才会是真正有效的。(原稿第二讲)有目的、有针对性的变革虽然只是针对某些明确的点进行的,但其最终影响却不会囿于局部,而可能会扩展得相当广泛。如果将中文记录

---

① 《杜威博士讲演录:社会哲学与政治哲学》,《新青年》第 7 卷第 1 号,第 132 页。《北大日刊》与《北京益世报》的记录类似,见《社会哲学与政治哲学(二)》续,《北京大学日刊》1919 年 9 月 30 日,第 3 版;盛势逼记:《杜威博士之讲演(二):社会哲学与政治哲学》,北京《益世报》1919 年 9 月 29 日,第 2 版。

② 《北京导报》记录为:"Communism and other 'isms' all eulogize in general without giving attention to the specific movement on specific situations." 参见 "Social Science and New Philosophy: Scientific Revolution Gives Men New Attitude towards Life and World Prof. John Dewey", *The Peking Leader* (1918 - 1919), 10 Oct., 1919, p. 3。

稿连贯起来思考，仍能看出杜威上述思想的某些脉络。然而，胡适对"零售"式改革的过分强调，仍然极大地干扰了杜威原本所阐述的那种政治哲学。

　　胡适将杜威批判的焦点转向了"唯物史观""俄国过激派""社会主义"和"共产主义"，但实际上，杜威对从前政治哲学的批判同样包括了胡适所珍爱的自由主义政治学说。① 紧接着对政治经济科学的批评，杜威继续写到："政治科学或许亦是如此。事实上，这是对过去几个世纪中西方所发展出来的、尤其代表了十九世纪欧洲特色的某种制度形式的描述，即有一个基于某种选举权的受宪法限制的代议制政府的、民族主义的领土主权国家。考虑到人类事务的整体时，宣称这一制度形式是普遍的就属荒唐了。它不过

---

　　① 需要注意的是：（1）胡适在这一时期并未明确谈过"自由主义"，而一直是以"实验主义"自许。（2）但大体上仍可以说，"自由主义"是胡适一生政治思想的底色。作为一名实验主义者，胡适在不同时期的具体政治思想及主张会表现出不同的倾向，遵循着应时论事的"相对性原则"（杜威致胡适信，1939 年 10 月，E0176－001；1940 年 3 月 6 日，E0177－001。胡适致杜威信，1930 年 3 月 11 日，E0092－007。俱藏于胡适档案）。罗志田的《胡适与社会主义的合离》（《民族主义与中国近代思想》，台北东大图书公司 1998 年版，第 239—284 页）曾详细讨论胡适在 1926—1941 年间对"社会主义"的推崇和向往，但这种"社会主义"仍与"自由主义"关系密切（第 246 页），一度被胡适称之为"自由的社会主义"（第 273 页）；罗并认为"不过胡适对社会主义虽推崇备至，主要还是从西方文明正变为世界文明的角度出发。一旦回到中国时，他的立场还是踏在自由主义之上"（第 274 页）。（3）在自由主义思想家中，胡适尤为推崇密尔（1806—1873）。在留美后期，胡适已经接受了英国功利主义学说。参见江勇振《舍我其谁：胡适》第 1 部《璞玉成璧：1891—1817》，新星出版社 2011 年版，第 423—426 页。据前引罗文，胡适 1926 年准备编写的《西洋文明》书中，讲自由主义就拟从密尔而非洛克、斯密讲起。1940 年，胡适写作了一篇论文《作为政治概念的工具主义》，正面阐述他认为与杜威的"工具主义"（即杜威派的实验主义哲学）连贯一致的政治哲学，即政治工具主义。在其未刊草稿中，胡适将政治工具主义追溯至以边沁、密尔为代表的 19 世纪英国的功利主义者以及美国国父们，甚至直接将密尔在《论代议制政府》中提出的学说称为"政治制度的工具主义理论"。Hu Shih, "Instrumentalism as a Political Concept"，胡适档案藏，E0017－55。详细分析参见彭姗姗《政治工具主义的内在张力：胡适对杜威政治哲学的理解与阐释》，《广东社会科学》2015 年第 2 期。

是神化了一种地方的、可能是暂时的境遇罢了。"①《晨报》《北大日刊》和《北京益世报》的记录稿都完全漏译了这一段。而《新青年》的译述为:"照历史家的眼光看来,某种通例是根据某种事实发生的,历史上的事实是变迁不息的,事实变了,通例也跟着改变。譬如欧洲的国家,当初从市府制度时代渐变到封建制度时代,再从封建制度时代变到实业制度时代。市府时代的通例,到封建时代当然不能用了,封建时代的通例,到实业时代当然又成了废物了。"②杜威的意思很明白,代议制民主制乃至民族国家这一形式也并非是普遍的"通则通例"。这段话出自第二次讲演。胡适此时非常重视这一讲演,原稿下的划线也表明他并未看漏这一句。由此,《新青年》上言不及义却又委婉相通的译述恐怕并不是胡适没能读懂这段话。那么,胡适是完全不认同这一观点吗? 还是他不愿将这一观点公之于众呢? 关于前一个问题,后文将会论及。关于后一个问题,答案较为明确,胡适显然不会愿意向公众宣讲这一观点,因为在胡适看来,"有一个基于某种选举权的受宪法限制的代议制政府的、民族主义的领土主权国家"正是当时的中国所亟需建立的。师生二人的不同选择,揭示出其立身及语境的差异:杜威的原稿完全是基于学理的推演,不失为学者的本分;而胡适意图面

———————

①　第二讲原稿为:"The same may be said of <u>pol science</u>. It is in fact a description of certain forms of institutions which have been developing in the west during the last few centuries and which especially characterized the Europe of the 19th century, <u>the nationalistic, territorial state</u> with a constitutional and representative govt based on a certain kind of suffrage. Claim to universality is absurd when the whole range of human affairs is taken into account. Only a deification of local and possibly temporary circumstances."下划线为原稿所有,应为胡适所加。下同。

②　《昨日杜威博士之讲演:社会哲学与政治哲学(二)》,《晨报》1919 年 9 月 28 日,第 2 版;《社会哲学与政治哲学(二)》,《北大日刊》1919 年 9 月 29 日,第 3 版;盛势逼记:《杜威博士的讲演(二):社会哲学与政治哲学》,北京《益世报》1919 年 9 月 28 日,第 2 版;《杜威博士讲演录:社会哲学与政治哲学》,《新青年》第 7 卷第 1 号,第 129 页。

向社会宣讲，不得不有所取舍。

　　胡适对自由主义政治学说的维护异乎寻常地坚决。在第十二讲"政府的问题——英国系学者的答案"中，杜威以三分之一的篇幅论述了自由主义学说的谬误，认为其大谬有三：其一，它"认为国家起源于孤立个人的选择，其目的是为了保护他们作为个人的权利"，"它们倾向于把政治组织当作纯粹个人福利的工具，离开社会的纽带和联系来构想个人的权利，但唯有通过社会的纽带和联系，个人才能够获得一种完满的生活"；①其二，它最初（以洛克为代表）误认为政府只是一种必要的恶，是为了保障安全和财产而不得不放弃一些个人权利和自由而创建的，后来（以密尔、边沁等功利主义者为代表）又误认为政府是保障最大多数人的最大利益的工具，但在杜威看来，政府本该是一个实现公共利益的机构或工具，而公共利益并非是基于孤立的个人所能设想得知的；其三，"假定个人是其自身利益的合格评判者，并且可以指望靠着每个人的一己私利来确保顾及所有人的净福利"。然而，"现代社会是如此错综复杂、如此流动易变，以致于大多数的政治活动、立法和行政措施都超越了基于个人利益的判断所能达到的范围"。② 毫不意外，杜威对自由主义的这些批评在四个版本的中文记录稿中都消

---

　　①　原稿为："The error in liberalism in thinking that the state originated in the choice of isolated inds and aims to protect them as inds in the rights." "The great error in the theories of liberalism is they tended to make political organization a means of purely individual welfare, the rights of inds conceived apart from the social ties and connections through which alone the ind can attain a full life."

　　②　原稿为："The other great mistake of liberal philosophy was in supposing that the ind is an adequate judge of his own interest, and this self-interest of each may be counted upon to secure a regard for the net welfare of all. Modern society is so complex and so mobile, changing, that most measures of political activity, legislative and administrative are beyond the reach of judgment on the basis of personal interest."

失殆尽了。①

　　删去这些批评是简单的,但胡适仍无法避免理论上的两难:一方面,他希望利用杜威实验主义政治哲学对"通则通例"的批判来批评他的竞争对手——"马克思主义""社会主义""共产主义"等学说;但另一方面,在杜威实验主义政治哲学的理论框架之中,他所珍视的以密尔为代表的自由主义政治学说不得不循着同样的逻辑沦落为一种基于"地方境遇"的"神话",而这是他所不愿公之于众的。

三、胡适对于杜威学说的选择与扬弃

　　表面看来,胡适在译述时彻底删去了杜威对于自由主义的公开批评,但实际上,胡适"五四"时期的主张就已经部分吸收了杜威的这些意见了。首先,胡适接受了杜威对于自由主义"个人"观念的批评,同意不能离开社会联系来构想"个人",而认为个人是社会上无数势力造成的,"这个'小我'不是独立存在的,是和无量数小我有直接或间接的交互关系的;是和社会的全体和世界的全体都有互为影响的关系的;是和社会世界的过去和未来都有因果关系的"。② 胡适坦承,他阐述这一观点的重要文章《非个人主义

　　① 伏卢记:《社会哲学与政治哲学(第十二次)》,《晨报》1920 年 1 月 31 日,第 3 版;1920 年 2 月 1 日,第 3 版。孙伏园记:《杜威博士讲演录:社会哲学与政治哲学》,《新青年》第 7 卷第 4 号,1920 年,第 667—671 页。黄绍谷记:《社会哲学与政治哲学》(十二),《北京大学日刊》1920 年 1 月 27 日,第 3 版;1920 年 1 月 29 日,第 2 版;1920 年 1 月 30 日,第 2 版;1920 年 1 月 31 日,第 3 版。势逼记:《杜威博士之讲演:社会哲学与政治哲学(十二续)》,北京《益世报》1920 年 1 月 28 日,第 3 版;《杜威博士之讲演:政治哲学与社会哲学续(十二)》,北京《益世报》1920 年 1 月 30 日,第 3 版。
　　② 胡适:《非个人主义的新生活》,欧阳哲生编:《胡适文集》第 2 册,北京大学出版社 1998 年版,第 568—570 页;胡适:《不朽——我的宗教》,欧阳哲生编:《胡适文集》第 2 册,第 529 页。

的新生活》与杜威 1920 年 1 月 2 日晚上在天津的讲演《真的与假的个人主义》有着密切的关系。这样，作为政治基础的就不再是那种脱离了社会的、孤零零的个人（individual），而是与他人、与整个社会有着密切联系的个体（private）。① 新文化运动所裹挟的个人主义是一股庞杂的思想潮流，是一组既有"家族相似性"（维特根斯坦语）又彼此歧义抵触的多种理论因素的混合。其中，胡适的"个人"观念显然表现出了对那种不受任何限制的个人主义倾向的反省和警惕。但与此同时，自由主义中那种泾渭分明的公私界限就有些模糊不清了，其神圣不可侵犯的私人领域的概念也在某种程度上被削弱了。

其次，胡适同意杜威，政府并非只是必要的恶，而是一个实现公共利益的机构或工具。如前所述，公共利益不能基于孤立个人的标准来予以判断，那么，公共利益要如何才能辨识出呢？杜威的看法是，公共利益是在共同生活中，通过自由交流而逐渐被意识到的。我们将在后文看到，胡适对于"共同生活"理论在中国的适用性是颇有疑虑的。他似乎也不太在意公共利益如何才能被辨识出的问题，而只是强调国家或政府要为实现公共利益而有所作为。杜威评价德国系国家学说的优点称："值得赞扬的是，这派哲学激发了作为一个文化机构而非仅仅是一个政治秩序之工具的国家概念。"（原稿第十一讲）胡适翻译之后，又进一步发挥说："但他（指德国系的政治哲学，笔者注）有一部分真理是永远胜了，不会磨灭的：就是说国家不仅在保护财产、履行契约，还要做精神上的文化

---

① 杜威在《公众及其问题》（1927 年）中区分了"个人"（individual）与"个体"（private）的概念。Dewey, *The Public and Its Problems*, in *The Later Works of John Dewey, 1925 - 1953*, edited by Jo Ann Boydston, Vol. 2, Carbondale and Edwardsville（Ill.）: Southern Illinois University Press, 1985, pp. 244 - 245, 289 - 303. 中译本见杜威著，张奇峰、王巧贞译《杜威全集·晚期著作》第 2 卷，华东师范大学出版社 2015 年版，第 200—201、235—245 页。中译本中视情况将"private"译成"个体"或"私人"。

教育的事业,使国人有精神上的发展。我希望自由主义的政治哲学家也把此派有价值的贡献收入,成为更完美的政治哲学。"①这段杜威原稿中并不存在的话表明,胡适对国家/政府寄予厚望,并期望将德国系政治哲学的"部分真理"纳入自由主义政治哲学之中。

　　然而,假如国家发展至政治、经济、文化乃至国民的精神无所不包的程度,有什么东西能保证这种权威不会被滥用呢? 这一杜威在批评德国系国家学说时反复论及的问题似乎被胡适忘却了。一个可能的解释是,杜威及胡适对中国形势的判断使得这一问题不会被提出来。杜威认为:"现在中国的政治难题在许多方面都与变迁最剧烈时期——十七世纪——的欧洲相似,而另一个事实则让情况变得更加复杂。欧洲在十七世纪的变革和试验能够在不受其他民族干扰的情况下没有风险地进行;这些民族已经经历了政治组织的转型阶段,变成了一个一体化的国家。"(原稿第十一讲)②而"在十七世纪的欧洲,出现了制度的普遍瓦解、宗教战争和频仍内战。在这种险恶的混乱和文明的崩解之中,人们很自然地会重视秩序(order),指望依靠有能力巩固秩序的当权者(authority)。这种环境支持统一和集权(unification and centralization)"(原稿第二讲)。胡适在英文原稿的"十七世纪""秩序""当权者"这三个词下划了线,并忠实地译述了这句话。由此,胡适强调国家要在政治、经济、文化、教育等方面都有所作为,就可以理解了。换句话说,在胡适看来,中国的问题正在于国家无所作为或者说缺乏能够有所作为的权威和能力,尚无需担忧国家

---

　　①　伏卢记:《社会哲学与政治哲学(第十一次)》(续),《晨报》1920年1月23日,第3版。
　　②　大约是同一时期,杜威在给朋友的信中有类似判断。参见 1920.01.15 (04091): John Dewey to Albert C. Barnes.

权威过度发展的弊端。杜威亦有一个类似的判定："粗略而言，可以说中国苦于缺乏组织，而西方（以及受到西方影响的日本可能）则苦于过于依赖组织。"（原稿第五讲）

也正是因此，胡适所期望宣讲的政治哲学的中心是国家/政府，是既能够保障人民的自由，又能够为公共福利去积极作为的国家/政府，就像 20 年后他亲自撰写的阐述实验主义政治哲学的论文那样。[①] 国家与政府当然是两个概念。杜威指出："国家经由政府所表现出来的重要性是如此巨大，以致于总是存在着混淆这二者的倾向。"[②]胡适的译述却将重点放在区分"国家"（state）与"国"（country）之上："'国'只要有土地、人民就够了，'国家'的重要成分却不仅在土地、人民，而在行使职权和能力的机关。……这便是国家的特性。"[③]强调国家的重要成分在于政府，在于"行使职权和能力的机关"，正是出于同样的判定和考虑——中国苦于缺乏组织。1922 年，当"社会改造"已成为舆论焦点之时，胡适仍然强调政府要有作为，提出了"好政府主义"，亦是循着同样的思路。

于是，在政治哲学的中心问题上，胡适与杜威的侧重点就有所不同了。与胡适不同，杜威思考政治哲学的主要背景是美国乃至整个西方世界，而不是中国。杜威 1919 年 9 月下旬开始讲政治哲学时，对中国的情形还比较隔膜。他做出中国类似于 17 世纪的欧洲的判断时，已是 1920 年初的事了。在杜威看来，政治哲学需要

---

① 详见彭姗姗《政治工具主义的内在张力：胡适对杜威政治哲学的理解与阐释》。

② 第十一讲原稿为："The importance of the expression of the State thru Government is so great that there is tendency to confuse the two."

③ 伏卢记：《社会哲学与政治哲学（第十一次）》，《晨报》1920 年 1 月 21 日，第 3 版。另两种记录稿见《杜威博士之讲演：政治哲学与社会哲学（十一）》，北京《益世报》1920 年 1 月 18 日，第 3 版；《社会哲学与政治哲学（十一）》，《北京大学日刊》1920 年 1 月 21 日，第 2 版。

应对的主要问题是"当前世界的危机"（the present crisis of the world，原稿第十六讲），即共同生活乃至人类联合的问题。杜威阐述说："最高的社会原则即<u>联合本身</u>（association itself），即以下述方式共同生活（living together）在一起：共同生活为社会成员增添了意义、价值，增强了其情感、思想和行动的力量——合作、分享、共同体和思想及意图的交流（community and communication of ideas and purposes）、同情。"（原稿第五讲）紧接着的一段被杜威划掉的草稿揭示了他如此看重共同生活的深层关切："阶级的区分、地区的差异、文化与传统的多样性、为了地位及权力而展开的竞争限制了真正的交流和联合，使得交流和联合的边界比起公共利益的真实范围来说狭窄得多了。这些障碍造成了社会的不平等、不正义，使得个人的发展变成单面向的、偏颇的。"①（原稿第五讲）简言之，一方面，不同阶级、地区、国家的人们之间的经济联系日益增强，交流与交往也日益密切，另一方面，"国家、民族、阶级、家庭"等等却也"设置了障碍"，"使得各种群体彼此不同，彼此漠视、冷淡或敌对"（原稿第五讲），不仅限制了交流和联合的边界，甚至会引发前所未有的敌对与冲突。考虑到刚刚结束的"一战"以及战后在欧洲和美国同时蔓延的、充分暴露了工人与资本家的矛盾的"社会革命暗潮"，②就不难理解杜威为何将共同生活乃至人类联合视为政治哲学的中心问题了。

　　共同生活，实即杜威所理解的"民主"。在《民主与教育》（1916 年）中，他曾认为民主"首先是一种联合生存的模式、一种共

---

① 杜威划掉了这段草稿，随后用更加积极的笔触改写了这段话。
② 梁启超所言欧洲的情形，参见梁启超《欧游心影录》，商务印书馆 2014 年版，第 12—13 页。美国此时的骚乱，见刘祥《第一次红色恐惧研究（1919—1920）》，《近代国际关系史研究》2013 年第 2 期。

同沟通经验的模式"。① 在后来的《公众及其问题》(1927 年) 中，杜威进一步发展了"共同生活"，认为"共同体生活这一概念本身"(the idea of community life itself) 就是民主，以此来应对美国民主的危机。② 故而，"共同生活"理论可能包含有两个层次：其一，为民族国家内部的共同生活；其二，为人类联合意义上的共同生活。然而，在此时的"政治哲学"讲演中，杜威并未明确区分两种层次的"共同生活"。当胡适在 1939—1940 年间读到《公众及其问题》时，仍然认为前一层次的"共同生活"理论"太过消极和模糊"，③不适用于中国。至于后一个层次的"共同生活"，更是一个太过高远的政治理想。并且，在中国于巴黎和会外交失利不久的语境中，公开宣讲这一理想甚至是有些反讽意味的。④ 正如杜威也隐晦暗示的，中国当前的变革和试验，是在其他民族的干扰和威胁下进行的。杜威阐述以共同生活作为评判标准说："对任何社会安排、习俗、制度、法律等等的最高检测标准是它在多大程度上促进了共同生活，促进了联合、交往、交流——使得经验得以共同（共享、交流、共同体）的感情与观念的交换。"⑤胡适译述为："拿什么做标准来

---

① 杜威著，俞吾金、孔慧译：《民主与教育》，《杜威全集·中期著作》第 9 卷，华东师范大学出版社 2012 年版，第 74 页。

② Dewey, *The Public and Its Problems*, in *The Later Works of John Dewey, 1925 - 1953*, edited by Jo Ann Boydston, Carbondale and Edwardsville, Illinois: Southern Illinois University Press, 1985, Vol. 2, p. 328.

③ 胡适："The Political Philosophy of Instrumentalism"，周质平主编：《胡适英文文存》第 2 册，(台北) 远流出版公司 1995 年版，第 801—802 页。

④ 罗志田曾深刻剖析过胡适的"世界主义"主张背后隐藏着的"民族主义"的一面。见氏著《近代中国民族主义的特殊表现形式：以胡适对世界主义与反传统思想为个案》，《乱世潜流：民族主义与民国政治》，中国人民大学出版社 2013 年版，第 19—54 页。

⑤ 第六讲原稿为："The supreme test of any social arrangement, custom, institution, law etc. is its relationship to promoting living together, association, intercourse, communication—exchange of feeling and ideas that makes experiences common (common, communication, community)."

批评社会的编制组织和风俗习惯？简单的答案，就是要看这种编制风俗习惯能不能发展共同生活。共同生活便是自由交际，互相往还，交换感情，交换种种有价值的东西。"①在杜威看来，自由交往、交流仅仅是共同生活的形式，更重要的是要通过这种交换，使得感情、观念及经验得以逐渐"共同"，从而能够自然地结合成为一个"共同体"。在当时中国的语境下，胡适毅然截去了更重要的目的——自然结合成一个"共同体"，而止步于自由交往、交流的形式。

"政治哲学"讲演终结于对智识自由（intellectual freedom）的探讨（第十六讲）。杜威把这一主题放在最后，是有其深意的。在杜威看来，智识的自由才是社会生活的真正顶点。一方面，只有享有智识的自由，才可能真正形成"公共意见"（public opinion），进而识别出公共利益，从而才能为"共同生活"的真正实现奠定坚实的基础。"在世界发展的当前阶段，共同或类似的思想并不能通过抑制或直接的灌输、通过把一系列的观念勉强贴到类似观念之上的企图来实现。意见的分歧对进步来说是必须的，真实的统一只能来自基于容忍的交流"（原稿第十六讲）。而只有整个社会乃至全体人类都借助智识的交流而在精神上成为一体，才能颠覆私人、地方和阶级的利益对人们行为的统治。另一方面，只有在存在智识自由的地方，个性才能在畅通无阻的相互交流中得到最好的表达，每

---

① 《杜威博士讲演录：社会哲学与政治哲学》，《新青年》第7卷第2号，1920年1月1日，第177页。着重号为原文所有。《晨报》版为："答案就是看他能否发生共同的生活。人与人的中间互相交通一切，思想、感情、学说及种种有价值的东西都互相交换。这样的便是好的，否则不好的。"伏卢记：《杜威博士之讲演：社会哲学与政治哲学（六）》，《晨报》1919年11月2日，第1版。《北大日刊》版增加了自由交流的主体是"个人"："'我们批评社会上的制度组织和风俗的最后的标准是甚么？'这个最后的标准，自然是看他能不能够发展共同生活。——使个人与个人或一份子与他一份子间容易交通、且得自由交换情感与各种有价值之学问的生活。"《社会哲学与政治哲学（六）》，《北京大学日刊》1919年11月3日，第2版。北京《益世报》缺此讲。

个有意识的生命才能得到发展和实现,所有劳动者才能都分享到
一小群科学家和艺术家所享有的那种精神境界,社会生活也才会
在允分的自由中臻至完满,真正的社会民主才会产生。对于杜
威来说,智识的自由是达成共同生活的关键一步,也是共同生活
所能给予每个生命的最大馈赠。如前所述,中国的社会现实和
舆论状况,使胡适不能无所顾忌地大讲"共同生活",故而,他将
"智识的自由"译为"知识思想的自由",主要强调它作为一种民
主权利的重要性,实际上仍是在自由主义理论的框架下来进行
探讨。这样,前引杜威关于"公共意见"的阐述,在胡适这里,竟
变成了论述"有许多思想家、政治家,希望把全国人的思想信仰
归于统一"的问题。胡适自己展开论述说,这"事实上是在做不
到的。社会是变迁的……想用一个思想来范围全社会、全国是
做不到的"。①

　　当杜威认为交谈展示了民主的"至深之意"(the deepest thing
in democracy)时,他已经非常接近于哈贝马斯商谈民主的观念了。
对杜威来说,自由表达、自由交谈之所以重要,是因为思想的产生
与语言密切相关,思想只能活在交流之中,活在观念的施与受之
中。进而,思想/交流构成了每个有意识的生命能够发展和实现的
起点。胡译则没能传达出交流之于思想、思想之于个人的这种本
体性位置,而只是认为,思想通过交流才能变得更好,更有用。这
样,杜威关于真正的社会民主的论述也被淡化了。

　　胡适基于对中国形势的判断所选择及坚持的政治主张,处
于以密尔为代表的自由主义与杜威的民主主义之间的某个位

---

　　① 《杜威博士讲演录:社会哲学与政治哲学》,《新青年》第 8 卷第 1 号,第 156—
157 页。北京《益世报》的记录漏掉此段。世弼记:《杜威博士之讲演:社会哲学与政治
哲学(十六)》,北京《益世报》1920 年 3 月 11、12 日,第 3 版。

置上。① 重要的是,这一位置并非固定不变的,而是随着语境的不同,可能偏向于密尔——当其需要反抗强权和专制时,当其需要为个人的自由权利辩护时;又可能偏向于杜威——当其需要强调社会的重要性时,当其需要平衡不受限制的个人主义倾向时。显然,胡适并不追求理论内部的连贯一致。他接受了杜威对于自由主义哲学之"个人"概念的根本性的批评表明,他在一定程度上是认可杜威的前述主张的,即 19 世纪欧洲的政治制度只不过是一种基于"地方境遇"的"神话"。因此,中国在引入这种政治制度乃至政治文化时,必须根据中国的语境予以调整。

四、杜威政治学说的内在缺陷及 胡适的不满

杜威明确将实验主义的政治哲学定义为一种"技术"、一种"应用科学":"我们第三种理论的首要特征就是,……它旨在成为一门技术(an art)、一项应用科学(an applied science)、一种社会工程学(a form of social engineering)。""它可以变成一种性质上——如果不是程度和数量上的话——类似于工程学技术的技术(an art like the art of engineering)。工程学——铁路和桥梁的修建、运河与电动发电机的建造——不像数学或物理学。它承认人的目标和

① 杜威的政治哲学思想一般被笼统地称为"民主主义"。需注意的是,他关于自由主义的批评与当代最有影响的政治思潮之一——社群主义非常类似,并成为了后者的重要思想源泉之一。参见俞可平《社群主义》,中国社会科学出版社 1998 年版,第 21—32 页。郝大维、安乐哲从社群主义的角度对杜威的民主思想做过深入阐述,参见郝大维、安乐哲著,何刚强译《先贤的民主:杜威、孔子与中国民主之希望》,江苏人民出版社 2004 年版,尤其是第 55—73 页。

欲求的优势地位。它[是]应用科学。"①（原稿第二讲,第6—7页）它与之前所有政治哲学的根本性区别亦在于此。

胡适一方面承认社会哲学是应用科学:"社会的哲学不是纯粹科学,乃是应用科学。"但另一方面,他又自行发挥,说作为"应用科学"之一种的社会哲学对于其他作为"技术"的社会科学要起指导作用。② 这样,在杜威那里作为同义词使用的"应用科学"和"技术"在胡适这里似乎就有了区别。但这一区别是胡适硬加的,与上下文格格不入,显得自相矛盾。

胡适作此补充说明,似乎是不愿将实验主义政治哲学归为"技术",而只愿意承认它是"应用科学"。这或许是因为在中文语境中,"学"与"术"虽紧密相关,但"学"从来都处在一种更本体性的位置上,如同梁启超所言:"学者术之体,术者学之用。"③而其时北大正在进行的学科调整,又使得"学"与"术"的区别成为社会舆论的焦点之一。北大的学科调整,是为了落实蔡元培关于"学术分校"的主张,以纠正"吾国人重术而轻学"的弊病,将北大转变为研究学术之机关,澄清"全校之风气",使得文、理诸生免受法、商各

———————

① 按杜威的用法,"art"可以是一个相当广泛的概念,包括科学、美的艺术和地方艺术。如杜威所言:"曾经有过一个时期,'art'和'science'实际上是具有同一意义的两个名词。"[Dewey, *The Quest for Certainty*, *The Later Works of John Dewey, 1925 - 1953*, Vol. 4: 1929, Charlottesville, (Va.): InteLex Corporation, 2003, p. 60]胡适当年将"art"译为"技术"。今天通用的"art"译词"艺术"在中文语境中的"所指"与杜威"所指"相差甚远,反不如胡适的译法贴切。故而,笔者仍译为"技术"。关于杜威对于"技术"的理解,参见拉里·希克曼著、韩连庆译《杜威的实用主义技术》,北京大学出版社 2010年版。

② 《杜威博士讲演录:社会哲学与政治哲学》,《新青年》第7卷第1号,第131页。其他三个中文记录稿类似,见毋忘记《昨日杜威博士之讲演:社会哲学与政治哲学(二)》,《晨报》1919年9月28日,第2版;《社会哲学与政治哲学(二)》续,《北京大学日刊》1919年9月30日,第3版;《杜威博士之讲演(二):社会哲学与政治哲学》,北京《益世报》1919年9月29日,第2版。

③ 梁启超:《学与术》(1911年),《饮冰室合集》文集之十,中华书局 2015年版,第 2610页。

科求升官发财之陋习的影响。蔡元培认为:"学与术虽关系至为密切,但习之者旨趣不同。"文、理是学,而法、商、医、工为术;前者以研究真理为目的,后者以应用为目的。故而,必须"以学为基本,术为支干,不可求其相应"。① 在这样的语境中,相较于"术","学"的本体性位置进一步凸显了。于是,胡适试图在译述中对"技术"和"应用科学"进行区分,以模糊杜威关于实验主义政治哲学就是一种技术的判定。

胡适的这种努力当时即被人看出了破绽。施天侔对这"新的社会哲学"究竟是学还是术提出了质疑:博士"似乎认这种'新的社会哲学'乃一种'术'罢了。……那么,这'新的社会哲学'是立在监督—指导底地位,……当就是一种'学'了。但是博士并未说清楚"。② 经由蔡元培转达,胡适收到了施天侔质疑的文章,但并未像蔡元培所建议的那样"加以辨证"。③

胡适试图赋予作为"技术"的实验主义政治哲学以某种指导性的作用,虽然未必是经过深思熟虑而仅仅是直觉性的,却一针见血地点明了杜威政治学说的内在困境,即技术与伦理之间的疏离。换句话说,如果一项政治哲学主张没有一定的伦理目的,而仅剩下一套技术手段,岂非可以被用来为任何目的服务? 如前所述,杜威所提出的实验主义政治哲学可以被精炼地视为一种以达成共同生活为目的的技术。这种技术能够针对特定的社会情境而提出特定的革新方案。然而,在"共同生活"的目的与科学的革新方案之间并不存在着内在的、紧密的逻辑联系,故此,胡适才可能在译述中

---

① 蔡元培:《读周春岳君〈大学改制之商榷〉》(1918 年 4 月 15 日),高叔平编:《蔡元培全集》第 3 卷,中华书局 1984 年版,第 149—150 页。
② 施天侔:《杜威博士底讲演志疑——第二讲》(手稿),胡适档案藏,0307 - 002。
③ 施天侔:《杜威博士底讲演志疑——附蔡元培信》(手稿),胡适档案藏,0307 - 001。

将"共同生活"这一目的进行淡化处理而不会令人生疑。

　　胡适凸显了杜威政治哲学作为应用科学或方法的面向,但与此密切相关的,杜威关于社会冲突的原因的分析却又引发了新的难题。在第三讲中,杜威展开讨论了如何找到社会冲突的原因,以便有针对性地制定出科学的革新方案。杜威认为,造成社会不安的不是像权威与自由、个人与社会这样的抽象概念之间的对立,而是"群、阶级、派系、党派、民族之间的冲突"。简言之,是群与群之间的冲突使得社会动荡不安。在此,群成为最基本的概念。杜威阐述说:

> 　　一个群是为了某种目的而联合起来的一些人;共同的活动维系着他们。人性有着多种多样的兴趣/利益(interests)需要发展/维护,多种类型的冲动需要表达,源于本能的需求需要满足。每一种根本性的兴趣/利益、冲动和需求[都会带来]某种形式的联合、共同<u>生活</u>,以及持续、反复、有规律的共同行动(区别于只是偶然和短暂的接触)。①

最初,在《晨报》版的记录稿中,胡适将之译述为:"人群是人类有公共的目的去共同活动,小而至于一个游戏的组合,像球队;大而至于国家、种族。……有一种需要和兴趣自然会有一种人群发生。""interests"兼有兴趣和利益的意思,胡适在此将之译为"兴

---

① 第三讲原稿为:"A group is a number of people associated together for some purpose, some common activity that holds them them(原文如此). Human nature has a variety of interests to be served, a number of types of impulses that have to be expressed, or instincts that form needs to be satisfied, and about each one of the more fundamental of these some form of association, of <u>living</u> together asor(原文如此) of acting together continuously or repeatedly and regularly (as distinct from mere chance and transient contacts). "

趣"。《北京益世报》也是译为"兴趣",《北大日刊》版译作"兴趋"。① 但在《新青年》更成熟的版本中,上段改译成了:

> 群是有公共目的、公共利害团结在一块的。人类只要有一种兴趣利益的关系,自然会团结成群。譬如有打球的兴趣,自然会结成球会。社会成立的原因即是这样,所以社会上的冲突,是阶级和阶级、行业和行业、民族和民族的冲突。②

显然,这一译述更接近于杜威的原意。可能是随着杜威论述的推进和展开,胡适或高一涵意识到了,"interests"不仅仅指兴趣,也指不同人群所有的"利益"。这样,杜威将社会冲突的原因追溯到群与群之间的冲突,与马克思主义关于阶级斗争的理论就有了相通之处。虽然杜威将群的基础不仅仅奠定于利益之上,也强调兴趣、冲动、需求等因素,但利益作为构成群之基础的首要因素,仍不能不令人联想到马克思主义的"阶级"。北大学生朱谦之就明确说:"像那滑头的杜威博士,把'阶级'二字换个'社会',有人译纳[为]'群',说一个群同他个群冲突,又说甚么革命要经济,这都是骗人。"③换句话说,在社会分析的具体方法上,杜威的学说与马克思主义颇有相通之处。胡适自然不愿强调这一点,也从未在他自己的著述中引用或阐述过杜威的这一观点。

---

① 毋忘记:《杜威博士之讲演:社会哲学与政治哲学(三)》,《晨报》1919年10月5日,第2版;盛世逼记:《杜威博士讲演(三):社会哲学与政治哲学》,北京《益世报》1919年10月5日,第2版;《社会哲学与政治哲学(三)》,《北京大学日刊》1919年10月6日,第2版。

② 《杜威博士讲演录:社会哲学与政治哲学》,《新青年》第7卷第2号,第164页。

③ A·F:《为甚么反对布尔雪维克?》,原载《奋斗》第8—9号,1920年4月,收入高军等编《无政府主义在中国》,湖南人民出版社1984年版,第390页。

在杜威的理路中,这种社会分析的具体方法应从属于"共同生活"的目的。但在此时的政治哲学讲演中,这一技术方法与伦理目的之间的联系既不内在,也不紧密。试图弥合技术与伦理、工具与价值之间的裂缝,是杜威哲学的一贯思路。从哲学史的角度来看,杜威所试图挑战或回应的是休谟和康德关于事实与价值截然两分的论证。此一任务的艰巨性是可想而知的。直至杜威八十岁才出版的扛鼎之作《逻辑：探究的理论》(*Logic: the Theory of Inquiry*,1938 年)中,这一思路才得以完全展开。

1940 年 9 月 19 日,胡适在日记中写到,实验主义政治哲学"是我廿年来常在心的题目"。[1] 倒推二十年,这萦绕于心正是从杜威的"政治哲学"讲演讲完开始的。20 年后,胡适自己著文阐述工具主义的政治哲学,劈头就批评说："多年以来,我一直强烈地希望看到实验主义学派发展出一套政治哲学。遗憾的是,我的这个期望落空了。"杜威"从未有意识地去发展出一套一般的、系统的政治哲学,而这套政治哲学可以被视为一般意义上的实验主义或他本人的特殊意义上的工具主义的一个必不可少的组成部分"。[2] 可见,胡适并不满意于杜威 1919 年的"政治哲学"讲演。

结　　语

在第二讲的英文原稿中,胡适特别以波浪线划出了一句话,即"历史环境可能会使得在一个时代需要强调一种因素,在另一个时

---

① 曹伯言整理：《胡适日记全集》第 8 卷,1940 年 9 月 19 日,(台北)联经出版公司 2004 年版,第 66 页。

② 胡适："Instrumentalism as a Political Concept"(打印稿),胡适档案藏,E0017 - 55。

代又需要强调另一种因素——即,两种哲学都并非真正可以普遍、抽象言之,而要适用于特定的环境"(第9页)。哲学要适应环境的需要,正是实验主义的根本信条之一。这一点对胡适影响至深。他在《介绍我自己的思想》中把它解释为:"杜威先生教我怎样思想,教我处处顾到当前的问题,……教我处处顾到思想的结果。"①从建议杜威就"实验主义的政治哲学"这一主题发表系列讲演,到对讲演形式的精心安排,乃至关于此讲演的不拘执于原文的译述,都是胡适"处处顾到当前的问题","处处顾到思想的结果"所有意而为。胡适期望宣讲实验主义的政治哲学,与其他社会思潮竞争,以引领一种自由主义倾向的思想政治路向。基于中国的现实情境,胡适吸收了杜威政治哲学的某些观点,其政治主张处于以密尔为代表的自由主义与杜威的民主主义之间的某个位置之上。另一方面,美国及一战后的世界在杜威本人的视域中占据着更重要的位置,由此,杜威提出了"共同生活"理论。在胡适看来,这一理论与中国有些格格不入。因而,他淡化了这一理论,而突出了杜威政治哲学中方法的面向。由于"政治哲学"讲演未能真正弥合技术与伦理之间的裂缝,它基于"群"的概念来探讨社会冲突的原因在一定程度上反而与马克思主义的阶级斗争理论有了相通之处。从思想层面来看,胡适与杜威谈论政治哲学的不同语境,以及杜威"政治哲学"讲演的内在缺陷使得他的期望落空了。从传播层面来看,《每周评论》被禁后,进一步失去对《新青年》的编辑权和影响力,也使得胡适缺乏合适的渠道来传播他所试图宣讲的那种实验主义的政治哲学;②《晨报》版记录稿较为粗糙,反倒成了传播最

① 胡适:《介绍我自己的思想》,欧阳哲生编:《胡适文集》第5册,第508页。
② 《胡适口述自传》:"自第七卷以后,那个以鼓吹'文艺复兴'和'文学革命'[为宗旨]的《新青年》杂志,就逐渐变成个中国共产党的机关报;我们在北大之内反而没有个杂志可以发表文章了。"欧阳哲生编:《胡适文集》第1册,第355页。

广、影响最大的版本。

　　至少就胡适本人而言，作为新思潮之重要组成部分的"输入学理"并非不分青红皂白地"全盘西化"，而是一种处处顾到当前问题的自觉选择和尝试。即使是对于某一具体问题，胡适所公开讲出来的主张，也往往只是他全部思想的一个侧面——针对于当时情境的需要所选择的一个侧面。并且，胡适并不在乎他的全部思想是否连贯一致，他更在意的是其主张在那一情境下所产生的结果。1927 年，胡适在一次英文讲演中，将"中国的文艺复兴"定义为"按照我们自己的需要，根据我们自己的历史传承，去自觉地尝试找出解决方案，以应对我们自身的问题"。[1] 此处所谓中国的文艺复兴，包括新文化运动在内。此一定义强调自身的需要、自身的历史背景、自身的问题，与胡适一贯的思想方法是一致的，即强调特定情境之下的主动选择。再次印证了胡适思想方法的是，他实际是主张有所选择、有所扬弃地"输入学理"，却会提出一个与其相悖的"全盘西化"的口号[2]——这又是他在另一种情境下的选择了。

　　翻译是输入学理的重要方式和媒介。严复早就提出了翻译的标准为"信、达、雅"。所谓信，即忠实于原文。然而，信从来都不是胡适此次翻译的首要目标。当传统经典在近代中国逐渐丧失其地位时，在西方文明的巨大势强之下，各式各样的西学逐渐被引入，开始角逐这一位置。到 1905—1911 年间，"西方理论代表普遍真理的观念"已"深深地植根于中国知识分子的心中"了。[3] 胡适

---

　　[1]　"Forward or Backward in China? Speeches by Dr. Hu. Shih, Mr. Glover Clark, and Dr. Stanley K. Hornbeck before the Foreign Policy Association, New York City, February 26, 1927"，周质平编：《胡适英文文存》第 1 册，第 236 页。

　　[2]　胡适后来也认为这一口号并不合适，而主张以"充分世界化"取而代之。

　　[3]　余英时：《中国知识分子的边缘化》，香港《二十一世纪》1991 年 8 月号（总第 6 期），第 23 页。

的译述表明,到"五四"时期,至少部分深知西学的知识分子心中已经意识到了西学的地方性,不再把它视为理所当然的普遍真理了。① 不仅传统中国的文明秩序不再被视为当然,而且某一西学所代表的文明秩序亦不再被视为当然,而需要就此展开持续的论争了。按照艾森斯塔德关于现代性的定义,只有当一种文明的秩序不再是想当然的,而成为持续论争的目标时,这种文明才有资格被称为是现代的。② 在这个意义上,"五四"时代确实可以被视为是现代的。然而,吊诡的是,很大程度上是由于胡适等人所领导的新文化运动的影响,从整体的社会舆论来看,西学之经典地位仍然深入人心。以胡适在 1919 年前后所享有的巨大声望,当其试图向马克思主义等新引进的"西潮"挑战时,仍期望借重于杜威的名望,就可见一斑。胡适的两难亦在于此:他已经清醒而深刻地意识到了西学之于当前中国的异质性;但对于他所试图影响的普通听众和读者来说,西学之经典地位仍难以动摇。故而,他建议杜威在彼时彼刻讲演"政治哲学",又不得不在译述时做一些自认为必要的变通。

胡适在"五四"期间关于实验主义政治哲学讲演的策划和翻译本身就构成了一种广义上的政治行为。其中,本土语境、预期听众、演讲风格、修辞方式等表达维度亦构成了政治内容的一个部分。在此意义上,"社会哲学与政治哲学"系列讲演的创作者是杜威,更是胡适。

---

① 参见罗志田《西方的分裂:国际风云与五四前后中国思想的演变》,《中国社会科学》1999 年第 3 期。

② 于尔根·科卡著,庞冠群译:《多元的现代性与协商的普遍性》,《中国学术》第 10 辑,商务印书馆 2012 年版,第 283 页。

家庭革命："五四"时期婚姻、家庭制度被问题化的思想倾向[*]

赵妍杰

摘要：晚清一部分思想激进的读书人批评国家和家庭都是自私自利的表现，而主张去国、去家。传统的修身、齐家、治国、平天下裂变为修身、去家、去国、平天下。在个人主义崛起的"五四"时代，一部分时人强调以个体直接面向社会来重构理想的人群组织，其特色便是儿童公育、父老公养、不要家庭。加之西方激进女权主义、无政府主义等思潮的冲击，家庭革命者基于废家庭而不废生育的出发点，进而提倡极端的自由恋爱。对于无家庭的个体如何凝聚起来的问题，新青年期待以各式各样的"主义"来凝聚这个陌生人组成的社会。家庭革命的言说展现出部分读书人既反传统又反西化的倾向，也意味着他们对人性罪恶面、人类能力的有限性以及亲情的可替代性等根本问题有着突破古今中西的新认识。家庭成为各派人士最不喜欢的社会建制，这也进一步塑造了中国政治和社会的走向。

关键词：家庭革命，废姓，儿童公育，废婚姻，妇女解放

赵妍杰，中国社会科学院近代史研究所副研究员

* 本文系 2019 年春在北京大学人文社会研究院驻访期间成果，感谢第六期同人以及北大诸位老师的批评指正！本文曾以《去国去家：家庭在重构社会伦理中的地位》为题刊发于《清华大学学报》2020 年第 2 期，收入本辑时有较大修改。

一、引　言

国民政府定都南京后,立法院进行了民法修订工作,其中一项重要的议程就是制定亲属法。① 1930 年 4 月 18 日,立法院院长胡汉民邀请全国教育会议会员至立法院进餐一叙,胡汉民抛给诸位教育专家三个问题:

一、姓的问题。要姓? 不要姓? 如果要姓,应保父姓抑应从母姓?

二、婚姻问题。要结婚? 不要结婚? 如要结婚,早婚或迟婚有无限制?

三、家庭问题。要家庭? 不要家庭? 如果要家庭,是大家庭好,还是小家庭好?②

在场的蔡元培主张不要姓。因为用父姓不公道而用母姓也不妥当,应该"用别称符号代替"。他说:"在理想的新村里,不结婚好。因为在这新村里面有一人独宿的房间,亦有两人同居之房间,有跳舞场、娱乐室,种种设备应有尽有。两人要同居之前,应先经医生之检查,并须登记。如是则将来生下男女可有标识了。"李石曾又从进化意味着家庭从大到小、从有到无的观点出发,以为:"婚姻缩小至于不结婚,家庭缩小至于个人的生活,同时或须有合作社

---

① 胡汉民在立法院第十次会议上,任命傅秉常、焦易堂、史尚宽、林彬、王用宾等五人为民法起草委员会委员,并聘请王宠惠、戴季陶以及法国专家宝道(M. George Padoux)为顾问。1930 年前,民法起草委员会已经完成了《民法·债编》《民法·物权编》,此时正在修订《民法亲属编》,参考春杨《略评胡汉民之立法主持活动》,《法学评论》2000 年第 6 期(总第 104 期),第 152—156 页。

② 胡汉民:《民法上姓、婚姻、家庭三问题之讨论》,见中国国民党中央委员会党史委员会编《胡汉民先生文集》第 4 册,中国国民党中央党史委员会 1978 年版,第 870—871 页。

性质的组织。"蒋梦麟则认为："五十年内结婚是需要的。五十年后有人说那时性病便已截止，那末不结婚也不成问题了。"吴稚晖主张社会还是需要姓和婚姻的，但是主张废除家庭。①

几天后，胡汉民进一步指出，酒席上的讨论除了吴稚晖外都是正经话。② 姓、婚姻和家庭的有效性进入了正式的立法讨论，虽然没形成什么具体的决议，却也表明时人在认真思考新的社会组织形式，其意义远不止于废除家庭一义。从这些教育界、政界、思想界巨擘的言论中不难窥见当时的风气。钱穆后来曾说，北伐定都南京之初，诸位国民党元老关于婚姻法的讨论，无疑是受了康有为《大同书》的影响。③ 立法委员罗鼎也指出，国民政府根据党义、国情和潮流对《民法》中的"亲属继承编"重新加以修订时，立法者曾经认真思考姓氏、婚姻和家庭的存废问题。结果将新文化运动以来强调男女平等、肯定国家主义而否定家族主义的生活的原则法条化。虽然法律条文中保持了家的概念，然而此时的家庭已如"空中楼阁，毫无切实之基础"了，与昔日家庭的精神内核相去甚远。④

这些超出常轨的言说并非一时兴起之论，而是孕育在过渡时代的家庭革命洪流中。较早，康有为就详细探讨了男女无婚姻、无家庭的大同世界，⑤章太炎则提出超越一切人类组织的五无论（无政府、无聚落、无人类、无众生、无世界），⑥蔡元培曾描绘无婚姻的

---

① 《人生三事：姓氏、婚姻、家庭》，《时事新报》1930 年 4 月 21 日，第 1 张第 2—3 版。

② 胡汉民：《姓要呢不要呢、要结婚么、家庭要呢还是不要：从立法的见地作解答，胡汉民氏再发表意见》，《时事新报》1930 年 4 月 26 日，第 1 张第 2 版。

③ 钱穆：《中国学术通义》，台湾学生书局 1975 年版，第 257 页。感谢罗志田教授提示我注意这条材料！

④ 罗鼎：《亲属法纲要》，大东书局 1946 年版，第 245 页。

⑤ 康有为：《大同书》，姜义华、张荣华等编：《康有为全集》第 7 集，中国人民大学出版社 2007 年版，第 3—188 页。

⑥ 章太炎：《五无论》，《章太炎全集》第 4 卷，上海人民出版社 1985 年版，第 432—436 页。

新年梦,①刘师培则构建了人类均力的一种无家庭的世界。② 本文尽量不孤立地看待家庭革命,而是尝试从家庭与世界、个人和社会的互动中探讨家庭的存在是如何被问题化的。

二、争做无家庭的世界民

在西潮的冲击之下,过去认知中的"天下"转化成了"世界"与"中国"。③ 因此,一些读书人以国家为单位思考问题,进而提倡为国破家的家庭革命,期待青年打破家庭,个体直接效忠于国家。④然而,受天下士遗风熏染的民初读书人,往往带有几分先天的世界眼光;而西强中弱的格局,又使不少人也曾向往成为无认同的"世界民"。⑤ 谭嗣同就宣称:"以言乎大一统之义,天地间不当有国也。"⑥后来,读书人进一步注意到家庭与国家都是"私"的象征,故多言及民族主义与家族主义的共通性。刘师培曾批评,近世以来,欧美各国行帝国主义于弱小民族,故"强族对于弱族,立于绝对之不平等"。⑦ 他目睹了国与国竞争造成的恶果,故对国家背后的民

---

① 蔡元培:《新年梦》,高平叔编:《蔡元培全集》第1卷,中华书局1984年版,第230—242页。

② 刘师培:《人类均力说》,见葛懋春等编《无政府主义思想资料选》上册,北京大学出版社1984年版,第65—72页。

③ 罗志田:《天下与世界:清末士人关于人类社会认知的转变》,《近代读书人的思想世界与治学取向》,北京大学出版社2009年版,第30—54页。

④ 赵妍杰:《为国破家:近代中国家庭革命论反思》,《近代史研究》2018年第3期。

⑤ 罗志田:《理想与现实:清季民初世界主义与民族主义的关联互动》,《近代读书人的思想世界与治学取向》,北京大学出版社2009年版,第55—103页。

⑥ 谭嗣同:《仁学》,蔡尚思、方行编:《谭嗣同全集》下册,中华书局1981年版,第356页。

⑦ 申叔(刘师培):《无政府主义之平等观》,《无政府主义思想资料选》上册,第82页。

族主义有所保留。这种眼光延伸到家庭，以提倡排满革命著称的章太炎就特别批评民族主义的偏狭与家族观念无大差别，家族与国家均是私心使然，不过范围有大小之别，盖"国家者所以利一群，则与利一族也何异"？[①] 在批评民族主义和帝国主义的同时，家庭也连带附上了些许负面的色彩。换言之，家庭既要迎接民族主义挑战，但有时又和民族主义属同一战壕而面临世界主义的冲击。

　　在西方的语境中，无政府主义意味着混乱和无序，而在中国，无政府主义似乎预示着不受政府干预的一种自由状态。读书人梦想着一个在世界范围内实现了人与人绝对平等、绝对自由的未来，其特点便是去国、去家。谭嗣同较早就宣称："地球之治也，以有天下而无国也。"这样"人人能自由，是必为无国之民"。于是"父无所用其慈，子无所用其孝，兄弟忘其友恭，夫妇忘其倡随"。这一设想既与西方乌托邦"百年一觉"相似，又与"《礼运》大同之象"相近。[②] 如余英时先生所言，谭嗣同以西方的政教风俗为根据，否定中国传统的伦常秩序，这是一种相当彻底的批判，也是中国现代激进主义的滥觞。[③]

　　康有为也认为，只有无国、无家才能实现"人人能自由"。康氏便设想着化"家界"为"天民"，即"人皆天所生也，故人人皆直隶于天"。[④] 后来，汉一也宣称，"自家破，而后人类之中，乃皆公民无私民"，盖"婴孩为人类之孳生，关系于社会全体"，故称之为"世界公共之婴孩"。[⑤] 这里所谓的"世界公共之婴孩""公民""无国之

---

① 章太炎：《五无论》，《章太炎全集》第 4 卷，第 430 页。
② 谭嗣同：《仁学》，《谭嗣同全集》下册，第 367 页。
③ 余英时：《中国现代价值观念的变迁》，《现代儒学的回顾与展望》，生活·读书·新知三联书店 2004 年版，第 95 页。
④ 康有为：《大同书》，《康有为全集》第 7 集，第 92 页。
⑤ 汉一：《毁家论》，《辛亥革命前十年间时论选集》第 2 卷，生活·读书·新知三联书店 1978 年版，第 917 页。

民"其实都是囊括了人类全体的世界民。这很可能是对汉代公羊学家提出"天下远近大小若一"的新诠释。谭嗣同在《仁学》中推崇"仁"的价值,而"仁"之第一义便是"通",而"通"之第一义便是"中外通",盖"以太平世远近大小若一故也"。① 他笔下的"仁"恐怕和传统儒家的仁已大不同,而倾向于消除男女之别和人我之别。康有为也有类似的见解,盖"有国、有家、有己,则各有其界而自私之,其害公理而阻进化,甚矣"。故康氏将"大道之行也,天下为公,选贤与能,讲信修睦。故人不独亲其亲,不独子其子,使老有所终,壮有所用,幼有所长,矜寡、孤独、废疾者,皆有所养"视为"孔子之真""大同之道"。② 传统儒家思想本最重视家庭,如今"孔子之真"却是废家后的大同世界,其转变可谓天翻地覆。

　　然而,要想成为世界民,就必须打破从小我到大我之间的一切区隔,切断人与人、人与地的一切关联。那时,各式各样去界的思考与去私、去家缠绕在一起。盖"族姓者,自私之物也"。族姓产生了长幼尊卑之名分,故族姓与平等的价值相冲突。盖"有族姓则有界限",族姓带来了县界、省界、国界、种界的区隔,结果"小则为乡族之争斗,大则为国际之干戈,戕贼人道,扰乱和平,皆自此起"。③ 当思想激进的读书人意识到爱国与爱家都是出于"私"这一共通性时,军国主义、祖国主义、宗教主义、私产主义、家族主义都成了"强权"的象征。④ 从世界主义出发,打破家界便成了实现天下一家的必要环节。既然理想的世界是以实现人类全体的自由和平等为目标,那么,打破个人(小我)和世界(天下)之间的各种

---

① 谭嗣同:《仁学》,《谭嗣同全集》下册,第291页。
② 康有为:《礼运注》,《康有为全集》第5集,第554—555页。
③ 《心社趣意书》,葛懋春等编:《无政府主义思想资料选》上册,第237页。
④ 迦身:《无政府之研究》,葛懋春等编:《无政府主义思想资料选》上册,第261页。

边界和区隔便成为自然的选择。盖"同生地球，同是人类，初无畛域之可寻，有何界线之足凭"？① 所谓"由无政府之制，更进而为无国家。则世界归于大同，人类归于平等"。刘师培夫妇的战略便是由中国先实行无政府主义，进而与亚洲诸弱国联合，远交欧美无政府党，打破白人之强权，颠覆其政府。②

　　罗志田先生曾指出："清季以至民初中国读书人虽因不断的国耻和思想的西化而服膺西方近代民族主义，但最终还是暗存一种'道高于国'的观念，总向往一种在民族主义之上的'大同'境界。"③那时，身处内忧外患中的读书人一方面热切期待中国变成一个独立富强的国家，另一方面在中国知识分子的意识和心态中，乌托邦主义是不容忽视的层面。④ 盖传统道德理想主义本来就不以国家为限，而"天下一家"的传统理想在近代激变为打破国界、家界的人人平等、人人自由的新世界。所谓的网罗就是由家庭、乡土、种族、性别、国家组成的意义世界。而这类去"界"的思考恰恰是建立在近代以来读书人对未来和人类的重新认识基础之上。一方面，他们认为未来具有无限可能，过去认为是乌托邦的世界，很快可以不再是乌托邦。另一方面，由于当今科学的一切创造纯然是由"人"而起，则"人"可以无限创造及主宰，且不再有各种界限（boundary）。⑤

---

　　① 《社会党纲目说明书》，葛懋春等编：《无政府主义思想资料选》上册，第252页。

　　② 震（何震）、申叔（刘师培）：《论种族革命与无政府革命之得失》，葛懋春等编：《无政府主义思想资料选》上册，第89页。

　　③ 罗志田：《近代中国民族主义的特殊表现形式》，《乱世潜流：民族主义与民国政治》，上海古籍出版社2001年版，第24页。

　　④ 参见张灏《中国近代思想史的转型时代》，《幽暗意识与民主传统》，新星出版社2006年版，第150页。

　　⑤ 王汎森：《时间感、历史观、思想与社会——进化思想在近代中国》，《思想是生活的一种方式：中国近代思想史的再思考》，联经出版事业股份有限公司2017年版，第268页。

　　家庭一方面被认为妨碍世界大同,一方面被视为个人自我实现的障碍。蔡元培就曾说,人类应该联合起来战胜自然,像"国"和"家"这样的单位存在并互相竞争不过是在靡费人力。① 刘师培所言的以无政府的方法改造世界就是为了"合全世界之民为一大群,以谋人类完全之幸福"。② 到"五四"时期,青年傅斯年就曾历数家庭的罪恶,宣称:"我只承认大的方面有人类,小的方面有'我'是真实的,'我'和人类中间的一切阶级,若家族、地方、国家等等,都是偶像。"③他甚至在宿舍的墙上挂着一幅字:"四海无家,六亲不认。"④傅氏的老师李大钊也曾痛苦地指出:"现代的生活,还都是牢狱的生活啊!像这样的世界、国家、社会、家庭,那一样不是我们的一层一层的牢狱,一扣一扣的铁锁!"李大钊进一步指出:"中国现在的社会,万恶之原,都在家族制度。"然而要想实现"解放自由的我,和一个人人相爱的世界",那么,"介在我与世界中间的家国、阶级、族界,都是进化的障碍、生活的烦累,应该逐渐废除"。⑤ "五四"后,陈独秀也说:"中国古代的学者和现代心地忠厚坦白的老百姓,都只有'世界'或'天下'底观念,不懂得什么国家不国家。"⑥若考虑家庭曾面对民族主义、个人主义、世界主义以及

　　① 罗志田:《天下与世界:清末关于人类社会认知的转变》,《近代读书人的思想世界与治学取向》,第36页。
　　② 申叔(刘师培):《无政府主义之平等观》,葛懋春等编:《无政府主义思想资料选》上册,85页。
　　③ 傅斯年:《〈新潮〉之回顾与前瞻》,欧阳哲生主编:《傅斯年全集》第1卷,湖南教育出版社2003年版,第297页。
　　④ 王汎森著,王晓冰译:《傅斯年:中国近代历史与政治中的个体生命》,生活·读书·新知三联书店2012年版,第44页。
　　⑤ 李大钊:《牢狱的生活》,中国李大钊研究会编:《李大钊全集》第2卷,人民出版社2013年版,第348页;《万恶之原》,《李大钊全集》第2卷,第365页;《我与世界》,《李大钊全集》第2卷,第360页。
　　⑥ 陈独秀:《随感录·学生界应该排斥底日货》,任建树主编:《陈独秀著作选》第2卷,上海人民出版社1993年版,第73页。

随后社会主义的冲击，可以说家庭几乎就成了近代中国各派人士最不喜欢的社会建制。

概言之，这些去国去家的言说和思考可以看作是近代中国读书人对西方现代文明的一种反思、一个反抗。读书人对生存竞争、优胜劣败的西方世界并不满意。面对凶恶霸道的现实，他们不愿同流合污，不愿加入这浊世之中。对中、西方现实都不满意的他们将种族、国家、阶级、性别都看成是人类自私自利的表现，转而设想一个与现存中西都不同的未来世界，能真正实现自由、平等、互助、博爱。这一象征着光明的完美世界以进化论和性善论为基础，强调个人的无我与利他，以人群幸福为目标。经历五四运动洗礼，家庭革命也从思想、观念、态度走向了具体的行动。青年们一面以此为基础构建一个全新的社会模式，一面尝试废除家庭的共同生活。① 他们构建的"未来"既不同于传统中国，也不同于现代西方。因此，去家其实兼具反传统与反西化两个面相，过去的研究多看到其反传统的一面，而对其反西化的那一面关照不多。

三、构建一个无家庭的理想社会

儒家的社会理想是通过礼来实现天下的长治久安。父慈子孝、兄友弟恭、夫义妇顺的家庭关系以及由此而生的社会关系给个人提供基本的保护，也是社会秩序和国家安定的基础。然而，自晚清以来，礼的崩溃从国家开始，转而进入家庭内部，自此礼便丧失了作为社会教化和道德秩序工具的基本地位。张灏先生曾引用宋育仁的感受来说明西方人的平等、自由观念，使得中国传统"人伦

---

① 　参考赵妍杰《试验新生活——"五四"后北京工读互助团的家庭革命》，《北京社会科学》2018 年第 8 期。

无处立根"，也就是说，传统的基本社会价值取向失落。① 与之伴随，儒家人格理想和社会理想在家庭革命的冲击下彻底崩散。

　　传统强调齐家对治国、平天下的正面意义，所谓"家齐而后国治，国治而后天下平"。② 但是，这一先后次第的链条在近代中国断裂了。谭嗣同认为，修齐治平适合于"封建世"，而自秦以来，"封建久湮，宗法荡尽，国与家渺不相涉"，结果造成"家虽至齐，而国仍不治；家虽不齐，而国未尝不可治；而国之不治，则反能牵制其家，使不得齐"，故"言治国者，转欲先平天下；言齐家者，亦必先治国矣"。③ 其实，康有为也意识到"家庭/家族越发展到极致，人们似乎越不能超越私爱，《大学》所彰显的先齐家，再治国、平天下的路，也许根本走不通"。④ 这意味着在西力冲击之下，修、齐、治、平的先后次第解体了，国的重心地位似不可轻视。一方面平天下、治国为先、为要，另一方面齐家、修身也转向了竞争。

　　后来，傅斯年就指出修身与齐家的对立性。他说："在古时宗法社会，或者这样。若到现在，修身的人，必不能齐家。齐家的人，必不能修身。修身必要'率性'，齐家必要'枉己'，两件是根本不相容。"⑤换言之，传统的修、齐、治、平似演变为修身、去家、去国、平天下。那时"齐家"不但不是修身的自然延展，反而成了发展自我的一个枷锁镣铐。为了个人的尊严和自由，"家"不但不必"齐"，而且必须"反"，必须"破"。⑥ 当家庭成了个人自我实现的

---

　　① 张灏：《中国近代思想史的转型时代》，《幽暗意识与民主传统》，第 141 页。
　　② 朱熹：《四书章句集注》，中华书局 1983 年版，第 4 页。
　　③ 谭嗣同：《仁学》，《谭嗣同全集》下册，第 368 页。
　　④ 范广欣：《康有为〈大同书〉论家与孝：对"毁灭家族"说的重估》，《中国哲学史》2019 年第 1 期。
　　⑤ 傅斯年：《万恶之原》，《傅斯年全集》第 1 卷，第 106 页。
　　⑥ 周质平：《超越不了传统的"现代"——从家书看近代中国知识分子的父子情》，《胡适与中国现代思潮》，南京大学出版社 2002 年版，第 347 页。

障碍和痛苦的源泉，为了人生幸福也必须打破家庭。①

　　随着传统家、国、天下链条的解体，西方的"社会"观念引起了近代中国人的注意。经历了从群到社会的更迭后，清末"破坏旧恶之社会，另造新美者"或许恰是后来社会改造的先声。② 民初，就有时人梦想着"造成博爱之社会，合全世界为一大家庭，老有所终，壮有所用，幼有所长，矜寡孤独废疾有养"的世界。③ 家庭在儒家传统中本是被推崇的核心制度，而如今却成为被否定的对象，甚至成为社会进化的障碍，盖"社会者，当以个人为单纯之分子者也。自有家族，则以家为社会之单位。个人对于社会，不知有直接应负之责任，而惟私于其家。人人皆私其家，而社会之进化遂为之停滞"。④ 而"国家"作为偶像的坍塌，⑤又刺激了"五四"前后的新青年对政治以外的文化和社会的兴趣。傅斯年就曾思考怎样将无机体的群众转变为有机体的社会，他最终的目标是要把"以前的加入世界团体是国家的"，改变成"以后要是社会的"加入世界。⑥

　　与"五四"主题从政治、文化问题转向社会问题互相激荡，⑦清末"世界民"的想象逐渐转变为"五四"时代新青年常说的"社会之

---

① 赵妍杰：《为了人生幸福：五四时期家庭革命的个体诉求》，《华中师范大学学报》2019 年第 1 期。

② 马君武：《〈俄罗斯大风潮〉序言》，葛懋春等编：《无政府主义思想资料选》上册，第 1 页。

③ 迦身：《无政府之研究》，葛懋春等编：《无政府主义思想资料选》上册，第 261 页。

④ 师复：《废家族主义》，唐仕春编：《中国近代思想家文库·师复卷》，中国人民大学出版社 2015 年版，第 38 页。

⑤ 杨念群：《"无政府"构想："五四"前后"社会"观念形成与传播的媒介》，《开放时代》2019 年第 1 期。

⑥ 王汎森：《傅斯年早期的"造社会"论：从两份未刊残稿谈起》，《中国文化》第 14 期，1996 年 12 月。

⑦ 关于五四本身主题的转向，参考杨念群《"社会"是一个关键词："五四阐释学"反思》，《开放时代》2009 年第 4 期。

一分子"。所谓做"社会之一分子"的意味就像每个人都直接面对上帝一样,每个人都直接面向社会。为了这一理想,首先就是要打破家庭。家庭革命者认为家庭是造成人类不平等的原因,只有打破家庭才能实现人人平等。换言之,这个理想社会不是以家庭为单位,而是以个人为单位。个人不再承担家庭责任,而要对社会整体尽责任。在这个由陌生人组成的社会里,曾经由家庭承担的责任转而由公立机构承担。这种极端社会化的倾向塑造了不少时人对个体与群体的认识。"五四"后,家庭革命进一步转变为构建一种具体的、全新的社会模式。

　　一个核心问题是个人有能力塑造出无家庭的新社会吗? 陈独秀相当自信地说:"人之生也,应战胜恶社会,而不可为恶社会所征服。"①李大钊也曾鼓励新青年"打起精神,于政治、社会、文学、思想种种方面开辟一条新径路,创造一种新生活"。② 蒋梦麟则号召青年追求"从家族的生活到社会的生活"的转变。③ 黄炎培甚至给出相当具体的建议。他说:"新生活是很好的了。不过吾们要想团体解决的方法,不要想个人解决的方法。换一句话,就是要用团体的方法解决个人的问题。怎么叫做团体解决呢? 譬如照新村的办法,划一片地,集一笔资本,造一个世界,这要算是大规模了。较小些,像北京发起的工读互助团的办法。再小些就是负贩团的办法,都是好的。"④受老师们鼓励的新青年,自然就接受了一种个人似乎无所不能的观念。

　　为了理想社会而打破家庭,意味着新青年对个体的能力有着

① 陈独秀:《敬告青年》,《陈独秀著作选》上册,第 132 页。
② 李大钊:《新的! 旧的!》,《李大钊全集》第 2 卷,第 198 页。
③ 蒋梦麟:《改变人生的态度》,《新教育》第 1 卷第 5 期,1919 年 6 月,第 454 页。
④ 黄炎培:《觉悟后的青年啊!》,《时事新报》(增刊)1920 年 1 月 1 日,第 3 张 3 版。

近乎理想主义的乐观。在思想革命的氛围之下，为了打造新社会而实行家庭革命的倾向为青年提供了新的视角。新青年尝试共同生活，组织工读互助团就是在尝试一种废除家庭的社会生活。[①]曾经参加工读互助团的施存统就曾说："我们脱离家庭后，是以社会的眼光去看家庭，不再以家庭的眼光去看家庭。"他心目中的"改造社会，并不以家庭为起点"，而是以"社会全体为目标，断不能专顾一个家庭"。[②] 当社会变成"公"的象征时，家庭也变成了"私"的象征。废除家庭就成了去私存公之社会改造的题中之义。青年茅盾就曾设想，废除家庭后，"大家都是人，都是在同一社会中的人。社会即是大家庭，社会中各员，即是大家族，只有社会生活，没有家庭生活，社会生活即家庭生活"。换言之，没有独立门户的家，而仅有"夫妇共居一间或各居一间"，而其余"一切游戏、读书、娱乐"都是公共的。[③]

要打造这样的社会首先只有先脱离家庭，然后才能平等地加入社会。也就是说首先要打破亲疏，废除姓氏便是其中之义。[④] 废姓与废家的讨论和举动也并非个例，颇能反映当时激进青年的心态。[⑤] 其

① 清水贤一郎：《革命与恋爱的乌托邦——胡适的"易卜生主义"和工读互助团》，见吴俊编译《东洋文论——日本现代中国文学论》，浙江人民出版社 1998 年版，第 200—222 页。

② 存统：《"工读互助团"底实验和教训》，见张允侯等编《五四时期的社团》第 2卷，生活·读书·新知三联书店 1979 年版，第 433 页。

③ 茅盾：《致郭虞裳》(1919 年 11 月 16 日)，《茅盾全集》第 36 卷，人民文学出版社 1997 年版，第 2 页。

④ 洪喜美：《五四前后废除家族制与废姓的讨论》，《"国史馆"学术集刊》第 3期，2003 年 8 月。

⑤ 废姓在青年中一度颇有流行，天津觉悟社、北京工读互助团，以及围绕在恽代英周围、上海大学周围的青年都曾有废姓的举动。参见《业裕致际盛》，张允侯等：《五四时期的社团》第 1 卷，生活·读书·新知三联书店 1979 年版，第 169 页；《林毓兰致卢斌》，《五四时期的社团》第 1 卷，第 179—180 页；《编者说明》《觉悟社社员名单》，《五四时期的社团》第 2 卷，第 299、305 页。1922 年，上海平民女学的学生也实行废姓，见《丁玲自传》，江苏文艺出版社 1996 年版，第 33 页；郑超麟：《郑超麟回忆录》，东方出版社 2004 年版，第 369 页。

实，较早康有为设想废除姓氏之后，人的命名应该以所生之人本院
所在之位置、院室名称命名，即某度、某院、某室、某日。① 一位亲
历五四运动的人曾这样回忆："中国青年思想，以'五四运动'前后
变动得最厉害。那时的青年，大家嚷着反对家庭，反对宗教，反对
旧道德、旧习惯，打破一切的旧制度。我在南京暑期学校读书，曾
看见一个青年，把自己的名字取消了，唤做'他你我'。后来到北
京，在北大第一院门口碰见一个朋友偕了一个剪发女青年，我问
她：'你贵姓?'她瞪着眼看了我一会，嚷着说：'我是没有姓的!'还
有写信否认自己的父亲的，说'从某月某日起，我不认你是父亲了，
大家都是朋友，是平等的'。"②

　　废除婚姻的主张得到了新青年广泛的呼应。1919 年 7 月，青
年毛泽东就曾说："甚至国家要不要，家庭要不要，婚姻要不要，财
产应私有应公有，都成了亟待研究的问题。"③1919 年年底，恽代英
就曾与友人认真讨论婚姻是否可以废除的问题。曾反对多夫多妻
的恽代英此时则认为："婚姻应该废除，恋爱应该自由，男女间一切
束缚应一并解放。"④1920 年春天，既反对旧式婚姻又反对恋爱结
婚的新青年曾严肃认真地在《民国日报》公开表示，为了自由的人
格、人类的幸福应该废除婚姻。⑤

　　那时的新青年思想解放之程度，或许远远超过今人的想象，而
他们去家的倾向进一步打造了他们对理想社会的构建。家庭本来

---

　　① 参见康有为《大同书》，《康有为全集》第 7 集，第 102 页。
　　② 周策纵著，陈永明等译：《五四运动史》，岳麓书社 1999 年版，第 268 页。
　　③ 毛泽东：《健学会之成立及进行》，见中共中央文献研究室、中共湖南省委"毛
泽东早期文稿"编辑组编《毛泽东早期文稿（1912.6—1920.11）》，湖南人民出版社 1990
年版，第 364 页。亦可参考尚庆飞《短暂的启蒙与深刻的印痕：近代中国无政府主义思
潮与毛泽东的心路历程》，《现代哲学》2008 年第 2 期。
　　④ 恽代英：《废除婚姻的讨论》（1919 年 12 月 25 日），《恽代英全集》第 3 卷，人
民出版社 2014 年版，第 122 页。
　　⑤ 梁景和：《五四时期的"废婚主义"》，《二十一世纪》第 53 期，1999 年 6 月。

意味着养老、育幼的责任边界。然而在家、国、天下的链条崩溃后，形成了孤立和原子化的个人。① 考虑到年幼和年老时人类并不能独立存活，因此，原本由家庭承担的养老育幼的责任便转移到社会手中。施存统从新文化人那里继承了非孝的主张，转手将其推演到废除父母子女，希望借全社会的力量照顾老幼。当他面对垂死的母亲，施存统觉悟到："我母已无可救，我不能不救将成我母这样的人！"他希望建立"没有父母子女的关系，则无论何人都一样的亲爱，生死病痛，都随时随地有人照料，不必千百里外的人赶回去做"。② 戴季陶就笃定旧伦理依赖的社会基础已经不复存在，而理想的新伦理即"共作、共养、共济、共爱、共乐、共治"。就亲子关系而言，"我们不是不应该对父母尽孝，……我们只有'老全社会的老'，就是合全社会的力量养全社会的老"。③ 因为，家庭革命的号召者恰恰要突破人我之别，以期打破亲疏远近的社会格局。

　　教养子女的问题也体现出同样的倾向。李大钊宣称："义务教育、儿童公育等制度推行日广，亲子关系日趋薄弱，这种小家庭制度，也离崩坏的运命不远了。"④北大学生易家钺也说："自从儿童公育的学说一出，儿童是社会的一个人，不是家庭的一个人，于是儿童与家庭离婚了。"⑤在陈顾远心目中，主张废除小家族制度的方法就是废除夫妻制度。因此，一方面需要女子解放，使之有独立

　　① 许纪霖：《现代中国的家国天下与自我认同》，《复旦学报》2015 年第 5 期。

　　② 存统（施存统）：《回头看二十二年来的我》（续），《民国日报·觉悟》1920 年 9 月 23 日，第 4 张第 3 版。

　　③ 戴季陶：《旧伦理的崩坏与新伦理的建设》（1919 年 10 月 19 日—11 月 23 日），唐文权、桑兵编：《戴季陶集》，华中师范大学出版社 1990 年版，第 1051 页。

　　④ 李大钊：《物质变动与道德变动》（1919 年 12 月），《李大钊全集》第 3 卷，第 113 页。

　　⑤ 易家钺：《陶履恭与家庭问题》，《家庭研究》第 1 卷第 1 期，1920 年 8 月，第 11 页。

生活的能力;一方面需要解决儿童问题。他说:"一个人生下一个孩子,不必管他是谁底种子,反正是社会上一个'人秧子',就抱给公家去扶养。"①北大学生罗敦伟认为家庭"实无存在的价值",他曾设想社会上养老院、儿童公育所、孕妇保护会和公共食堂等必要的设备建设完成后,家庭将消亡。② 之溪也说只有废除了家庭观念"才可以废止家庭制度,也才可以实现大公的人类世界"。③ 对于他们而言,家庭革命意味着在理想社会,个体从出生就仅仅是社会的一员,而不是家庭的成员。

儿童归公教养可以实现男女生育而不必承担教养责任的设想。鲍鉁指出,家庭革命者初批评家庭"束缚过甚",继而"倡为革命之说,甚有主张废除家庭,实行自由恋爱",结果导致"无法以处置子女问题也,则昌言儿童公育"。④ 从一家之"子弟"到有集体意涵的"儿童",或许也折射出时人观念的变化,体现了家庭、社会与国家在儿童教养问题的竞争性互动。⑤ 设想若家可废而生育不能废的情况,则不得不由育婴堂、幼儿园、学校等公育机构来承担教养儿童的责任。换言之,家庭革命、自由恋爱等新观念催生了一种新型的社会结构。

四、自由恋爱对两性关系的冲击

"五四"前后主要流行着两种恋爱观念,其一是恋爱自由。其

①　陈顾远:《家庭制度底批评》,《家庭研究》第 1 卷第 1 期,1920 年 8 月,第 46 页。
②　罗敦伟:《家庭生活的"民主化"——社会的 Home》,《家庭研究》第 1 卷第 1 期,1920 年 8 月,第 39 页。
③　之溪:《人生究竟为什么?》,《民国日报·觉悟》1920 年 1 月 22 日,第 13 版。
④　鲍鉁:《论婚姻问题(上)》,《申报》1922 年 4 月 9 日,第 18 版。
⑤　陶父:《儿童问题发端》,《新女性》第 4 卷第 6 期,1929 年 6 月 1 日,第 679—707 页。

指男女在不受父母之命、媒妁之言传统束缚的情况下恋爱、自择，进而步入婚姻殿堂。由于这一婚姻观念建立在男女爱情基础之上，因此爱情的消失也意味着婚姻的解体，于是自由离婚观念甚嚣尘上。需要注意的是，自由离婚虽然是对一段婚姻关系的终结，但不是对婚姻制度本身不信任。因此，这也可以看作是欧化的一个表现。其二是自由恋爱。自晚清以来，思想激进的读书人认为两性关系应该完全不受婚姻的约束，以为理想社会的男女性关系得到极度的解放以至彻底废除一切婚姻制度。两种恋爱观念都体现出"五四"前后的新青年在情与欲交织碰撞中对社会伦理、道德和秩序的破坏。

"五四"后，西方无政府主义者、社会主义者、女权主义者、共产主义者等废除婚姻制度的思潮，通过西文、日文翻译两个途径，迅速涌进中国思想界，进一步催化了新青年废除家庭的思想和心态。其中高曼（Emma Goldman）、嘉本特（Edward Carpenter）、罗素（Bernard Russell）、倍倍尔（Auguste Bebel）等人影响深远，他们鼓动了新青年对废除婚姻、只要恋爱的"自由恋爱"（free love）为特征的两性关系的向往。更激进的自由恋爱彻底否定了先恋爱、后结婚的"新"观念。只要恋爱、不要婚姻、不要家庭的主张也逐渐从言说转变为行动，吸引着青年为之奋斗，也为之烦闷。这些相关的概念共同构成了一个家庭革命的概念群。他们对两性关系和自由的理解亦折射出不少时代的特色。

其实，在五四运动之前，蓝公武曾对纵情恣欲的自由恋爱加以批评。他说："性欲的满足，须有人的对手，若无道德的制裁，仅看作一种性欲关系的事实，不问是男是女都许把对手看作满足自己的情欲罢了，这是如今的道德意识所能容许的么？"换言之，"人有人格，夫妇虽有性欲的关系，却是人格的结合。人格结合，便是一种道德的关系。道德意识断不能许把他人的人格来满足自己的性欲。如只作性欲关系看待,那便没却他人的人格,犯了道德的罪恶"。蓝氏进一步追问:"试问不节制性欲就算自由、正确、幸福的生活么? 如果照这样的解说放任情欲是真实,抑止情欲是虚伪,把贞操根本推翻,那有什么可以叫做夫妇?"蓝氏曾严肃地批评共妻主义"表面上说是尊崇妇女,实际上是把妇女看作机械牛马,与古代主张奴隶制的一样"。①

如果说蓝公武看到了人性罪恶自私的那一面,那么胡适看到的却多是人性善良的一面。胡适提倡贞操是自动的道德,其实就是对人性的乐观估计。在给蓝公武的答复中,胡适指出:"有意识的自由恋爱,据我所见,都是尊重性欲的制裁的。无制裁的性欲,不配称恋爱,更不配称自由恋爱。"②胡适批评说:"世间固然有一种'放纵的异性生活'装上自由恋爱的美名。但是有主义的自由恋爱也不能一笔抹杀。古今正式主张自由恋爱的人,大概总有一种个性的人生观,决不是主张性欲自由的。"他举了 William Godwin 与 Mary Wollstoncraft 的关系为例,说明恋爱未必就是"淫乱"的表现,盖"人类的通性总会趋向一个伴侣,不爱杂交",若"再加上朋友的交情,自然会把粗鄙的情欲变高尚了"。退一步说,即使"承认自由恋爱容易解散,这也未必一定是最坏的事",由于"自由恋爱的离散未必全由于性欲的厌倦,也许是因为人格上有不能再同居的理由"。既然自由恋爱是"人格的结合",那么"继续同居有妨碍于彼此的人格,自然可以由双方自由解散了"。③

后来,张申府就宣称:"君宪可以改成共和,专制可以改成民

---

① 《蓝志先答胡适书》,《新青年》第 6 卷第 4 号,1919 年 4 月 15 日,第 402、404 页。

② 《论贞操问题:答蓝志先》,欧阳哲生编:《胡适文集》第 2 卷,北京大学出版社 1998 年版,第 514 页。

③ 同上书,第 516 页。

主。婚姻本也是古来传留、霸据、欺伪的制度中的一种。但使吾们明白他的真作用，把对于他的心理改改，这种作万恶源泉的制度有什么不可去，有什么不该去，有什么不能去的？"当时流行的观点认为男女关系以爱情作主，而不能以婚姻制度来维系，那么"爱情断了，还定要保留因他起的关系，那便是强迫，那便是假冒"。因此，他宣称："男女关系不严重，也不见得总有害。就要保持他的郑重切实，也只有仍就爱情想法子：想法在爱情上求纯净真洁，想法把本能之爱养成精神之爱。"因此，"夫妻的名字，自然也不必须，并且也不可要"。他宣称："看破国界、种族界的本早就很有，可是更进一步，看破男女性界，再进一步看破人与人外的自然界的却到如今不多。"而张申府恐怕恰恰是为数不多看破男女界的人——他相信，男女关系从黑暗到光明的第一步"必须就使离婚容易，说实话，就是怎么使离婚制度能够行到中国"，其次才是"结婚的真正自由"。① 那"少年男女若能自由思想，性欲足令'道德'扫地。一国的人若能自由思想，人的本性、政治的组织足令政治法律一切失其效力"。②

　　张申府诠释男女关系所用的"自由"便具有剥离社会属性的倾向，盖其寻找的自由是教育自由、工作自由和男女关系自由。③就男女关系而言："废掉男女的有意分别而扩张之，这个自由便是人间关系的自由。人间关系是要表里如一的。人间关系只有根于互相的自由的才有价值。人间关系要只以情感为缩结；情感已绝，便无值得保存之物存留。情感是要自由的，是不得勉强的，所以人间关系也必要自由。又因情感是要自由的，人以他成关系，人生乃

　　① 张申府：《男女问题》，《张申府文集》第3卷，河北人民出版社2005年版，第20—24页。
　　② 张申府：《"危险思想"》，《张申府文集》第3卷，第27页。
　　③ 张申府：《罗素与人口问题》，《张申府文集》第2卷，第15—25页。

能无不自由,而人爱情中一切创造性的东西也可得越发自由发展之地。我们要使人有关系的自由,根本固为破除那种受买卖主义最坏的影响的最难脱离的卖淫制度——嫁娶,——也就是为的交际自由,离合自由、爱情解放——与爱情以机会,等等。"①在另一文中,他进而说:"吾们期望自由,第一便要先由自己自由自己。吾们的心、吾们的精神,不但要伟大,自由更要紧。一切心里的锢蔽束缚、思想上的网罗,都须尽先解除。"盖"自由本是政治营生中最伟大最宝贵的东西",而"合乎自然的自由"才是"真正的自由"。②张申府心目中的"自由"有着强烈的虚无主义倾向,类似谭嗣同冲决网罗的理想。

要想实现自由恋爱,需要先废婚姻,而首当其冲的便是婚礼。1919年2月,张申府就从"结婚本由于各人性欲之发动,自然该以爱情作基础"这一立场出发,来说明结婚、离婚都应该自由,故"既不要什么仪式,也说不上什么道德不道德,更用不着无聊的法律来规定"。③ 1919年10月,梦想着世界大同的王光祈在答复一位读者的来信时就指出,"结婚是两性既有恋爱后所发生或种合意的事实"。既然婚姻是一种"合意"的事情,因此不容第三者的批评。因此他提议,结婚分为形式的结婚和实质的结婚两种。他极端反对订婚书、行结婚礼、有媒人、有证婚人的形式的结婚,而支持实质的结婚。他所谓的实质的结婚就是有婚姻关系而无婚礼的意思。在王光祈看来,"一纸婚约,以为将来的束缚,或在公共场所行结婚礼,以便昭示于众,永远受此束缚"。他反问道:"世界上岂有如此互相疑忌而可以称为恋爱之理?"他一方面支持"实质的结婚",另一方面又反对家庭。在他看来:"家庭系一种私利团体,对于公益

---

① 张申府:《就来的三自由》,《张申府文集》第1卷,第14—15页。
② 张申府:《自由与秩序》,《张申府文集》第3卷,第30—31页。
③ 张申府:《结婚与妇人》,《张申府文集》第3卷,第15页。

常有妨碍。实质的结婚，系两性间合意的一种事实，对于公益毫无妨碍。"[1]

　　在另一封回信中，王光祈说："我以为两性间因恋爱而有夫妻的事实，并不必发生组织家庭问题，彼此仍可以继续保持未婚以前各自在社会上原有的状态——即是没有家庭的状态。"[2]稍后，陆秋心也曾预言，"将来的婚姻是完全结成在自由上的、恋爱上的"，并且"证婚人、介绍人统统用不着"，"没有嫁娶的名目，只有结婚的名目"，"聘金、妆奁等一切取消"，"改同姓不结婚为近血统亲不结婚"。[3] 我们将恋爱、婚姻、家庭做一比较，传统中国最重家庭，而此时的王光祈最重恋爱而轻视婚姻、家庭，并且视家庭为公共团体的障碍物。对于彻底怀疑一切的激进青年而言，婚礼仪式的意义被完全否定了。其实，不仅婚礼的意义备受质疑，婚姻制度本身的存废也是问题。

　　自由恋爱既展示了青年如何理解自由，也受他们如何理解民主的塑造。那时，困扰着新青年的问题是："究竟婚姻自由是德谟克拉西呢？ 废婚是德谟克拉西呢？"陆秋心就相信："废婚是从婚姻自由再进一步的主张，是无家庭，他的对象就是从德谟克拉西再进一步的无政府。"因此，他勾勒了婚姻制度与政治制度的关联性，即君主专制时代的专制婚、君主立宪时代的同意婚、民主共和时代的自由婚以及无政府时代的废婚姻。[4] 1920 年初，有人就指出：

　　① 王光祈：《答 M. R. 女士》，敖昌群主编：《王光祈文集》第 4 辑，巴蜀书社 2009年版，第 64—66 页。
　　② 王光祈：《答 A. Y. G. 女士》，《王光祈文集》第 4 辑，第 67 页。
　　③ 陆秋心：《婚姻问题的三个时期》(1920 年 4 月 15 日)，中华全国妇女联合会妇女运动历史研究室编：《五四时期妇女问题文选》，中国妇女出版社 1981 年版，第241 页。
　　④ 陆秋心：《婚姻自由和德谟克拉西》(1920 年 6 月 15 日)，《五四时期妇女问题文选》，第 244—245 页。

"'自由恋爱''打破家庭'这两句话是带有'安那其'色彩的绝端论。"①类似的言论可见主义对于日常生活的冲击。

大体而言,传统意义世界的崩溃造成了中国思想界的真空状态,各式各样的社会思潮纷纷涌入。《中华新报》的记者就曾注意到:"近年文化运动之发起,非仅一求智问题,乃人生观问题。盖为欧潮所激,思想解放,顿觉旧有全非,乍入于一种精神的无政府状态。"②1920 年 9 月,陈独秀就曾指出:"中国底思想界,可以说是世界虚无主义底集中地;因为印度只有佛教的空观,没有中国老子的无为思想和俄国的虚无主义;欧洲虽有俄国的虚无主义和德国的形而上的哲学,佛教的空观和老子学说却不甚发达;在中国这四种都完了,而且在青年思想界,有日渐发达的趋势。"③恐怕恰恰由于空虚才出现饥不择食的状态,而兴奋的青年无法抵御自由恋爱的诱惑。

舍弃婚姻、极端自由恋爱的言说得到青年的青睐。"五四"后,胡适曾批评青年人"不去研究女子如何解放,家庭制度如何救正,却去高谈公妻主义和自由恋爱"。④ 谢觉哉也注意到自由恋爱乃"极时髦的名词"。⑤ 另一位时人也观察到:"近年一班青年肆谈恋爱自由、婚姻自由者,有若狂风怒涛、万马奔驰之概。且具有非达其目的不止之势。"结果拒婚者层出不穷。⑥ 不少青年处于狂热、无拘束的心境,思想之混乱与精神的迷茫恐怕变成了"常态"。高唱解放的声浪里,"激进派几欲废止婚姻,实行自由恋爱主

---

① 驾白:《改良婚制的成见》,《申报》1920 年 7 月 23 日,第 16 版。
② 一苇:《读学衡书后》,《中华新报》,1922 年 1 月 19 日,第 1 张第 2 版。
③ 陈独秀:《虚无主义》,《陈独秀著作选》第 2 卷,第 167 页。
④ 胡适:《问题与主义》,欧阳哲生编:《胡适文集》第 2 卷,第 251 页。
⑤ 《谢觉哉日记》上册,人民出版社 1984 年版,第 68 页。
⑥ 由甫:《凌君之婚姻谈》,《申报》1923 年 10 月 8 日,第 11 版。

义"。① 同年，一位时人曾观察到，所谓自由恋爱乃"欲举婚姻上法律之仪式之手续而否认之，但以男女情爱程度为转移之鹄的，偶起龃龉则借口个人幸福，便可自由离异，分道扬镳，是则朝秦暮楚，亦意中事"。②

简言之，婚姻制度既满足了人类性欲，又规范了性生活。与婚姻相关的生育制度更是人类繁衍的基础。在近代思想激进的读书人心目中，婚姻制度却变成了妨碍个人自由的枷锁。他们一方面将两性关系去道德化，另一方面积极控诉婚姻制度。但为了避免让人类走向灭亡，又只有将婚姻与性、生育的关系打破，构建一种有性、有生育而无婚姻的社会。

后来，谢觉哉就曾反思"自由恋爱"的主张，盖"从人种生存上观察，夫妇关系不确定，非避妊即弃儿，不肯负教养之责，亦无从负教养之任，故必采用儿童公育"。不过，儿童公育"虽说可得有学识经验之保姆，但养护终不如亲生父母之恳挚"。因此，他说要是人类"要繁荣，要向上，不可不先确定夫妇关系"；另一方面，从人生幸福的角度说，"吾人和煦甜蜜之境，大半属于和美的家庭，尤属于爱情长久的专注"。然若"恋爱自由，离合无定——结合无仪式，无约束，脱离亦可任意，换句话说同嫖娼无异——则男女都为社会之游离分子，社会被扰于不宁，本人亦觉了无乐趣"。③ 至此，谢氏指出了自由恋爱对社会、人生可能造成的负面影响。到 1925 年，伯度观察到，"自由恋爱之弊则不免假借自由之名义任意恋爱，滥行缔姻"之闹剧。④ 新青年呼吁精神的解放，呼唤真情，但他们提倡的自由恋爱强调的是欲望而非感情。其实，感情是非常复

① 恂斋：《自由结婚父母应处监察地位》，《申报》1922 年 7 月 23 日，第 18 版。
② 鲍鉁：《论婚姻问题（上）》，《申报》1922 年 4 月 9 日，第 18 版。
③ 《谢觉哉日记》上册，第 68 页。
④ 伯度：《青年对于婚姻之态度》，《申报》1925 年 8 月 12 日，第 17 版。

杂的,包括友谊、鼓励、安慰、陪伴等。如果任由人与人之间的关系彻底自由解体,那么这种自由难免失之为虚幻的、浪漫的、任意的。

五、呼吁者的思想和心态

仔细分析他们的观点,家庭革命者并不是不愿意照顾父母和子女,而是提倡一种新的养老育幼的社会模式。林振声就明确地说:"我们提倡改革,并不是将父母子女抛弃不管;乃是说不因父母子女的原故,埋没性灵,丧失人格;必当要有独立的精神,养成'一视同仁'的良心,无'尔诈我虞'的情事。为社会尽一分子的义务。使社会不虚有此人,父母不枉有此子。并且救止现在的纷争,谋将来的和平。这样一来,恐怕不只养一家的父母子女,实在是养全国的父母子女了,决对没有抛弃的话。"①

换言之,新文化人打破了孝道的迷信地位,②从旧家庭中解放出来的青年则设想着老年公养、儿童公育的社会。他们向往的是打破亲疏、打破家庭,从全社会、全人类的角度来思考养老、育幼的责任,其实是架空了家庭的责任和主体性。张东荪指出:"所有的人只对于社会借债,便不必对于父母借债了。将来还债也只还给社会,不必还给父母。所以孝是资本主义的道德,资本主义若是倒了,孝道当然消灭。"③盖"一旦实行共产制度,儿童公育与老年公养,则父子之间完全是情的关系,便[没]有权利义务的关系"。④

---

①　林振声:《家庭制度的罪恶和改革的方法》,《家庭研究》第 1 卷第 2 期,第 51 页。

②　参考赵妍杰《近代中国非孝论反思》,《社会科学研究》2018 年第 1 期。

③　东荪(张东荪):《读"非孝"》,《时事新报》1919 年 11 月 11 日,第 2 张第 1 版。

④　东荪:《讨论:孝的问题(其三)》,《时事新报》1919 年 11 月 18 日,第 3 张第 3 版。

这样"家庭所有的弊病都可免除"。[①]

　　罗家伦深信，为了实现妇女解放、支持女子从事职业，就要实行儿童公育。他的意思是区分生育与养育，而将养育的部分划归于社会。[②] 虽然向警予宣称："家庭制度不完全打破，女子是终不会解放的。"盖"生育的事，是一般女子所必不可免的，而亦必不能免的"，然而"家庭既主张破除，儿童更不能不组织公育"，盖"女子脱然一身，无所牵累，在社会工作的时间，自然增加，而社会的生产额，自然也同时增加"；其次，儿童公育可以"减少社会消费额"，盖"儿童公育，人力财力，确要经济些"；其三，可以增高儿童的幸福。盖"我国儿童都是这些无识无知的妇女保抱长养的，真可怜极了"。[③] 缪伯英也曾呼应说，废家较"各家作各家的饭，各人保育各人的子女"更为经济。她断言："家庭是女子的包办物；破坏社会组织的惟一障碍碑。家庭一天存在，女子一天不能自由，经济一天不能独立，人格一天不能恢复。换而言之，家庭就是女子身体的监狱、精神的坟墓。"在考察了人类历史上家庭的变迁之后，她深信："家庭组织在今世的破产，实实是人类进化中一种很自然的要求，女子运动中一种根本的解决，故家庭为适合过去人类的需求而创立，当也可以依现世人类的需求而破灭。"[④]

　　当家庭从保护性的社会组织变成革命者眼中压制性的存在，那么，从弱者（包括妇女和孩子）的角度出发，废除家庭制度从逻辑上说是对被压迫者的解放。易家钺曾宣称："家族制度，就是把

----

　　① 东苏（张东荪）：《非"自由恋爱"》，《时事新报》1920 年 1 月 16 日，第 4 张第 1 版。
　　② 罗家伦：《妇女解放》，《新潮》第 2 卷第 1 期，1919 年 10 月，第 16—17 页。
　　③ 向警予：《女子解放与改造的商榷》（1920 年 5 月 26 日），《五四时期妇女问题文选》，第 71、73—74 页。
　　④ 缪伯英女士：《家庭和女子》，《家庭研究》第 1 卷第 3 期，1921 年 3 月，第 59、56、60 页。

家作本位。人是家的附属品,妇女是男子的附属品,子女是父母的附属品。"他相信未来社会没有家庭。盖家庭制度是束缚妇女的铁枷,是人类的公敌。① 费哲民就观察到,那争妇人人格的女权运动表明,人们恨不得立刻推翻这样的专制家庭,而做"自由的新妇女"。② 不过,若从家庭作为保护性存在的这一角度出发,弱者、幼者实际上却可能因家庭革命而丧失了这个最重要的、最基本的保障。而家庭的保护性面相常常为家庭革命者和后来的研究者们所忽略。

家庭本身也是一个居处的生活空间。家庭革命旨在破坏家庭的同时也在建设着各式各样的新的空间。家庭革命者希望是一个放大的家庭,即整个社会来关照全社会的每一个人。用公立机构,特别是用学校来取代家庭是他们分享的思路。较早,康有为设想以公立医疾院、公立养老院、公立恤贫院、公立养病院、公立化人院等机构将"生育、教养、老病、苦死,其事皆归于公"。③ 到"五四"前后,提倡工学主义的杨溥瞻就支持以学校取代家庭,认为儿童从小就脱离家庭可以打破家族制度。④ 虚一也曾设想人类社会的居住除了公宅、公安院、老老院、公养院、公寓,更有极乐院。关于疾病医疗问题,则理想乡里设有公医院、公视院。⑤ 这一类把家庭责任外推的主张对家庭关系的瓦解作用不逊于直接的"毁家"之说。⑥

---

① 易家钺:《家族制度灭亡论的一个引子》,《家庭研究》第 1 卷第 4 期,出版日期不详,第 2、7—8 页。

② 费哲民:《妇女、青年、劳动三个问题》,《新青年》第 8 卷第 1 期,1920 年 9 月 1 日,第 4 页(栏页)。

③ 康有为:《大同书》,姜义华等编校:《康有为全集》第 7 集,中国人民大学出版社 2007 年版,第 92—93 页。

④ 杨溥瞻:《工学主义学校从何实行?》,《时事新报》1920 年 2 月 5 日,第 4 张第 2 版。

⑤ 虚一:《人生大会联乡自治法》,《学汇》第 64—67 期,1922 年 12 月 15—18 日。

⑥ 罗志田:《重访家庭革命:流通中的虚构与破坏中的建设》,《社会科学战线》2020 年第 1 期。

公立机构取代家庭的前提是家庭责任可以转交给社会，这其实是值得进一步讨论的问题。家庭革命者考虑的主要是安顿和满足人的食欲和性欲，而忽视了亲情对人的重要性。即使物质的供养可以由家庭之外的机构来履行，但是父母与子女的爱恐怕永远无法取代。参加北京工读互助团的周白棣就曾回顾，周作人在工读互助团的一次谈话中指出："我们要宣传我们最好的理想主义，与人的关系，只怕他不多；怎么把关系最亲切的家庭，反而脱离呢？"就此，周白棣反思说："感情的东西，是脱离不掉的；旧家庭虽不好，可是我脱离了他，感情之关系，终使心中万分难过。"①而否定了家庭便否定了人类最基本的感情。值得进一步反思的是，为何大讲感情的"五四"时代却又极力要去掉亲情。

在新文化运动中被唤醒的个人意识战胜了传统的人生观，反抗性的家庭革命变成了实现自我的正当手段。思想激进的青年把骨肉分离、妻离子散这样一些过去看来是反常的当作正常的，甚至正面的社会建设的基础，从而畅想一种儿童公育、父老公养、不要家庭的社会。这些倡导家庭革命的人多半面临情感与理智的煎熬。在人类的未来世界，家庭似乎已经不复存在，可是自己的家庭毕竟存在，何以能跳出家庭？家庭就像流淌在人们身体里的血液，时刻伴随着人们，成为个人生活的一部分。在这样一个旧世界，家庭革命的号召者、追随者、实践者的经历呈现出历史的复杂性。

无论是家庭革命的号召者，还是追随者，常常有一种对时间和空间的游离感。傅斯年曾观察到，今日的学生"为未来社会之人，不为现在社会之人；造成战胜社会之人格，不为社会所战胜之人

---

① 白棣：《我的工读经过谈》，《学生杂志》第 8 卷第 8 号，1921 年 8 月 5 日，第 87—88 页。

格"。① 左舜生也坦言:"我们这辈青年的眼光,一面顾着现在,一面还要望着将来。"②这一观察大体也适用于讨论家庭革命的读书人,他们时而面对现在,控诉现实中的家庭;时而又面向未来,构想未来的理想社会。现在与未来、思想与行动交织在一起,共同塑造了家庭革命的时代风貌。

　　时空的缠绕使他们的主张更为曲折而微妙。提倡小家庭的人未必反对废除家庭,主张废除家庭的人也能暂时容忍小家庭的存在。深信家庭没有未来的恽代英就认为,妇女解放的影响之一就是"家庭婚姻的完全破坏",而运动初期,所谓的"自由结婚、组织小家庭"都是"暂时的现象"。③ 有人就说,"人人各自独立,不相依赖,老幼析居,男女异处"意味着"必定废除婚姻,废除财产",那时"家庭制度,早已消灭了"。可是"这种制度,虽然简捷了当,恐怕一刻不能办到。我们现在要研究的,就是渐渐达到这种制度的一种过渡制度"。而一夫一妻以及未成年子女所组成的家庭制度正是所需的过渡。④ 支持废家的另一位青年也意识到:"目今社会主义,尚未发达;儿童公育,未能实行;不能完全废止家庭制度。于此过渡时代,自必要别想一个方法,就是权且将大家庭改组为多数的小家庭。各家庭中,只许一夫一妻及未成年的子女共同生活。"⑤换言之,革命者对现有家庭的不满和他们对未来社会的想象密切相关,这种关联处于一种现在与未来既相互对峙又相互交织的时

---

　　① 傅斯年:《〈新潮〉发刊旨趣书》,欧阳哲生主编:《傅斯年全集》第 1 卷,第 81 页。

　　② 左舜生:《小组织的提倡》,《少年中国》第 1 卷第 2 期,1919 年 8 月 15 日,第 37 页。

　　③ 恽代英:《妇女解放运动的由来和其影响》(1923 年 10 月 10 日),《恽代英全集》第 5 卷,人民出版社 2014 年版,第 92 页。

　　④ 杨昭恕:《晚婚主义和单一家庭》,《家庭研究》第 1 卷第 2 期,第 36 页。

　　⑤ 林振声:《家庭制度的罪恶和改革的方法》,《家庭研究》第 1 卷第 2 期,第 51—52 页。

间结构中,激进者希望通过否定现在而投身未来,渐进者则将家庭视为过渡时期的权宜之计,但他们未来的理想社会都是没有家庭的。

回过头来看,"五四"后,家庭革命的一个变化是从文学、哲学、伦理的新文化运动转向了强调经济制度的社会改造。对家庭的批评从围绕"私情"转向了批评社会范畴的私产制度。老师辈的沈兼士就宣称,"家族制度者,人类私有财产制度的历史上之恶性传统物"。[①] 而学生辈的恽代英也深信"家庭是私产的产物",而"要使妇女独立、儿童公育,才能由今天这种愁惨的文明的社会,得进步到彻底的解放"。[②] 青年深信,中国需要社会改造、社会革命,以实践未来的政治、未来的社会。[③]

另一个根本性的变化是青年们已经从单枪匹马反对自己的家庭走向了集体行动。处处想和旧社会宣战的新青年,视旧社会的生活为机械的生活、强盗的生活、牛马的生活,转而致力于造出他们理想的"新社会"。然而,自我是需要家庭、社会、乡土等不同的公共体来定义的。[④] 抛弃这些多重性的"自我"便很容易落入空疏与迷茫,甚至彻底丧失真正的自我。"一无所有"的"自我"恐怕也最易受到外部力量的侵入。到 20 年代中期,无"家"可归的人们开始在社会、群体及其他体制外的共同体中寻求安全感和认同感。[⑤] 不少追赶时风、随波逐流的青年,索性脱离旧家庭,废除族姓,在城

---

① 沈兼士:《儿童公育》,《新青年》第 6 卷第 6 期,1919 年 6 月,第 563 页。

② 恽代英:《再驳杨效春君"非儿童公育"》,《恽代英全集》第 4 卷,第 97—98 页。

③ 王汎森:《"主义"时代的来临——中国近代思想史的一个关键发展》,《思想是生活的一种方式:中国近代思想史的再思考》,第 209—210 页。

④ 邹小站:《清末修律中的国家主义与家族主义之争》,《中国文化研究》2017 年夏之卷。

⑤ Arthur Waldron, *From War to Nationalism: China's Turning Point, 1924 - 1925*, Cambridge: Cambridge University Press, 1995, p. 279.

市、革命、文学领域寻求他们理想的生活。可是,脱离家庭的青年却无以为生,而革命既满足了他们改造社会的家庭革命理想,又解决了现实生活的问题。一大批家庭革命者便进一步蜕变为真正的革命家。

六、拿什么来凝聚社会?

从社会的角度来看,当人们将养老、育幼等原本属于家庭的基本职能交给社会,不啻于使社会变成一个家庭,后来"社会主义大家庭"的说法恐怕就是家庭革命跨越时空的再现。问题是,原来的人群组织是以家庭为基本单位,而家庭是以血缘、情感为联系纽带;当个体成为社会的基本单位后,这个社会靠什么来凝聚起来呢? 后"五四"时代的青年青睐各式各样的"主义",包括三民主义及各式各样的社会主义、共产主义。"主义"不仅赋予个体生命的意义,也为群体找到奋斗的目标,扮演凝聚社会的角色。

当读书人向往的未来从欧化转向俄化,[1]倾向社会主义、向往革命等新因素进一步催生了家庭革命的激烈化。陈独秀曾说"革命不过是手段不是目的,除旧布新才是目的",[2]布新的现实问题与家庭革命的理想可谓一拍即合。家庭革命在苏俄实现的现实又进一步落实了其可行性,一种无家庭的社会主义取代了形形色色的其他社会主义。而"共产社会以为由社会去教育青年,实是共产社会法律和风俗的根本,新建筑的柱石"。[3] 施存统说:"把家庭制

①　周月峰:《列宁时刻:苏俄第一次对华宣言的传入与五四后思想界的转变》,《清华大学学报》2017 年第 5 期。
②　陈独秀:《随感录·革命与作乱》,《陈独秀著作选》第 2 卷,第 218 页。
③　柯伦泰著,雁冰译:《未来社会之家庭》,《东方杂志》第 17 卷第 9 号,1920 年 5 月 10 日,第 72 页。

度根本推翻,然后从而建设一个新社会。"后来"造新社会"的手段
已经转移了,从"孝道"转移到"经济制度"。① 脱离家庭的施存统
不久也走向了社会革命的洪流,成为中国共产党之一员。②

　　深信自由恋爱、打破家庭的恽代英不认为"理想的家庭是理想
的社会的起点"。在他看来,"没有理想的社会,终不能完全达到
理想的家庭的田地,而且理想的社会,每有待于没有家庭的人,多
多努力"。盖"理想的社会,必然要分子心性契合,利害一致",而
大家庭和小家庭都不是良好的组织。在他眼中,"合群意思最大的
仇敌,莫过于家庭束缚",而"人群便是人群,家庭与国家,都是人
为的、不自然的界域。我们与人群是被自然律打成一片的。断没
有为家庭与国家的利益,牺牲到人群(或说社会)的幸福的道
理"。③ 盖"个人与社会,是被宇宙大法打成一片的;只看见个人,
便个人的幸福亦图不着"。④ 受马克思主义经济学说的影响,恽氏
以为社会的重要性远远高于家庭、国家,而私产、家庭、国事都失去
了"价值",于是"打破私产,自由恋爱,儿童公育"便是"先天预定
的轨道"。⑤ 对他而言,只有打破家庭求社会的全部改造,才能实
现人群的幸福。

　　后"五四"时代一个明显的倾向是反对资本主义,以为社会主
义是"自由的、平等的、博爱的、互助的、平和的、安乐的"鲜花,是

---

　　① 施存统:《回头看二十二年来的我》(续),《民国日报·觉悟》1920 年 9 月 23
日,第 4 张第 3 版。

　　② Ye Wen-hsin, *Provincial Passage: Culture, Space, and the Origins Of Chinese
Communism*, Berkeley& Los Angles:University of California Press, 1996, Chapter 8.

　　③ 恽代英:《再驳杨效春君"非儿童公育"》(1920 年 6 月 11 日、16—21 日),《恽
代英全集》第 4 卷,第 78、77、88 页。

　　④ 恽代英:《大家为"儿童公育"努力》(1920 年 8 月 19 日),《恽代英全集》第 4
卷,第 182 页。

　　⑤ 恽代英:《儿童公育在教育上的价值》(1920 年 12 月),《恽代英全集》第 4 卷,
第 279 页。

"理想中一种最好的制度"，而这种社会主义又恰恰以否定家庭为特色。易家钺宣称："社会主义的社会下，没有家庭。"不过，社会主义者也并非支持个人主义，盖个人主义"重个人而轻社会"，而社会主义是"极端主张扩张社会的权能，在保全个人的自由上极力重视秩序，限制个人在社会中的捣乱行为"。易氏认为："社会主义就富有利他的精神，故欲求社会的进步，非有社会主义的制度不可。"因为，"社会主义的主要目的，在废止私有财产，实行财产的公有，以社会的共动代个人的自由竞争，依此而除去横亘社会根底上的不公平与不调和，自然不能不归到扑灭家族制度的结论"。①如果说社会主义象征着"公"，那么家庭便象征着"私"；如果社会主义能够扮演一种凝聚群体的角色，那么丢弃家庭这个负面的社会建制便是逻辑的选择。

他的同学朱谦之比他走得更远。朱氏所谓的破坏无所不包，家庭和伦理也不能幸免。② 朱谦之就曾批评无政府主义者克鲁泡特金保存家庭的想法，而主张："家庭非废除不可，因为家庭是妇女解放的障碍物。要是家庭不革命，那末异性的恋爱，也不能自由，我们最恨的是那卑鄙没趣的家庭生活，是那矫揉造作的婚姻制度，我们赤裸裸的旗帜是'Free love'两字，对于家庭的'天罗地网'，自然要打破他了。"③

朱谦之继续说，"情为革命心理的根本元素"，而"'情'就是本体，就是真实，就是个体自存的实体"，而"本来求精神的本体，就是求宇宙本体的唯一方法，精神变起宇宙，宇宙由吾心认识出来，

————————

①　易家钺：《社会主义与家族制度》，《民铎杂志》第 3 卷第 2 期，1922 年 2 月，第 3—4、15—16 页（文页）。

②　海青：《从朱谦之的"自杀"看其自我哲学的演进》，《开放时代》2009 年第 9 期。

③　朱谦之：《革命哲学》（1921 年），《朱谦之文集》第 1 卷，福建教育出版社 2002 年版，第 304 页。

故‘情’为精神的本体,也就是宇宙的本体了"。由于"情是变动的,是自由的,这都可见情和革命的性质恰合,因革命的趋势,不外是力向着那自然的、真实的、虚无的方面跑,而革命的本身,也正是变动的自由的一种‘行动’"。他认可的自由是绝对的自由,即无政府、无法律、无道德、无宗教的"自由",应该"消灭那一切不自然的、拘束我们自由的东西"。他认为,革命者应该有的新生活是去伪存真、去名存实,于是人造的道德都被列为破坏之列,而现代生活中的各种组织,例如家庭、社会和国家,以及三纲五常、孝弟忠信都是"名",即"神通广大的魔王",而剥夺了"实"的自由。因此,他建议将"名"根本推翻,而过"实"的、"自然"的生活。①

朱谦之热烈地要求废除政府、家庭、资本制度。② 为了实现天翻地覆、人类绝种的"宇宙革命",最终的手段只有两个:自杀和自由恋爱。而朱谦之的宇宙革命,可谓呈现了近代中国"激进思想模式"或"一种革命的意识结构"。换言之,"一旦人能发现宇宙进化的大法和归宿,人便具有改变历史巨大的潜能,以及创建造出新的、(较为)完美的社会的可能"。③ 在朱谦之的思想世界里,"真情"就像"主义"一样起到凝聚社会的目的,原本体现亲密情感的家庭反而成了与"实"对立的"名",一种不自然的制度。这样一种重情的倾向,进一步打造了"五四"后的社会构想,特别表现为废除婚姻制度、男女自由恋爱的主张。

后来,北大教授张竞生也提议说,美的社会组织法以"情人制"取代婚姻制度,盖"自有婚姻制,遂生出了无数怨偶的家庭,其

① 朱谦之:《革命哲学》,《朱谦之文集》第 1 卷,第 323、324、349、351、373 页。
② 朱谦之:《无政府革命的意义》(1920 年 5 月 23 日),《朱谦之文集》第 1 卷,第225 页。
③ 王远义:《宇宙革命论:试论章太炎、毛泽东、朱谦之和马克思四人的历史与政治思想》,许纪霖、宋宏编:《现代中国思想的核心观念》,上海人民出版社 2011 年版,第670 页。

恶劣的不是夫凌虐妻,便是妻凌虐夫,其良善的,也不过得了狭窄的家庭生活而已"。① 而情人制的推广,"必能使家人的相待,朋友的相交,不相识的相视,皆有一种情人状态的表现"。② 他认为,其他社会制度应改组以便"扶助情人制的发长",其中就包括外婚制度。③ 与传统社会强调女性作为女儿、妻子、母亲的角色不同,美的社会是以情爱、美趣、牺牲精神为主,而这恰恰建立在将女子转变为"情人""美人"和"女英雄"的基础上。④

到 1923 年,江亢虎具体探讨了"无家庭主义"存在的条件:其一,恋爱自由,盖"无家庭主义主张双方完全自由",就动机而言,"必为双方纯粹同意之结合,方无背于新道德也";其二,生计独立,"若能经济独立,才有真正之平等、自由,完全由生理与心理之要求,而无铜臭味存乎其间";其三,教养公共,盖"既无家庭,则父母及子女之关系绝少,情渐疏薄,故子女生后,即送至地方公共机关抚养;而父母年老不能工作时,则送入养老院以竟其余生";其四,遗产废除,盖"无家庭之后,遗产自可随之消灭",而"遗产之废除,可说是社会主义、共产主义、无家庭主义共同原则"。只有在四个条件同时具备时,无家庭主义方可实行。他也意识到无家庭主义大抵为"主张社会主义者及信仰社会主义者"所分享的思想观念。⑤ 换言之,主义既是国家与民族的,同时也是人生观与日常生活领域的。⑥ 作为一种新的社会力量,"主义"成了解释人生、凝聚

① 张竞生:《美的社会组织法》(1925 年 12 月),《张竞生文集》上卷,广州出版社1998 年版,第 151 页。
② 同上书,第 243 页。
③ 同上书,第 155 页。
④ 同上书,第 161—166 页。
⑤ 江亢虎主讲,高维昌编记:《社会问题讲演录》,(上海)商务印书馆 1925 年版,第 138—141 页。
⑥ 王汎森:《"烦闷"的本质是什么——近代中国的私人领域与"主义"的兴起》,《思想是生活的一种方式:中国近代思想史的再思考》,第 115 页。

社会、指明国家社会发展方向的法宝，而家庭进一步丧失了其原本的功能和价值。

简言之，家庭革命者以主义——而不是血缘和亲情——来凝聚社会。通过家庭革命建立一个公正、完美的理想社会影响了青年人的政治选择，深刻地塑造了近代中国政治和社会的走向。从心理层面，家庭革命不仅赋予中国革命之后的社会重建以道德意义，而且为政治激进化铺平了道路。一波一波的青年轻易接受了一种新的制度安排，强调整个社会是一个大家庭，政府像父母一样负责每个人从摇篮到坟墓的方方面面。这一理想社会可以说是一个废除了家庭的全新的人类组织。实际上，这样的社会虽名存而实已亡，原因在于社会的多样性和活力被主义的统一性所取代。具有吊诡意味的是，以"造社会"为起点的家庭革命却走向了可能造成了社会消亡的另一极，其间的曲折尤其值得反思。

七、一点反思

家庭革命并不是一经产生便立刻在社会层面产生影响。但这一思想有着超乎想象的生命力，在不同的时代传承、演变、产生回响，从而影响人生的日常生活。借助革命、军事胜利掌握了政治权力的国共两党都曾试图重塑整个社会。① 晚至 1950 年，熊十力还曾说过："家庭为万恶之源、衰微之本，此事稍有头脑者皆能知之，

---

① 家庭革命从思想进入立法领域的标志是 1930 年国民政府颁布《民法·亲属编》以及 1950 年的《中华人民共和国婚姻法》，相关研究请参考王新宇《民国时期婚姻法近代化研究》，中国法制出版社 2006 年版；Neil J. Diamant, *Revolutionizing the Family: Politics, Love and Divorce in Urban and Rural China, 1949–1968*, Berkeley: University of California Press, 2000。

能言之,而且无量言说也说不尽。"①1958 年 8 月,冯亦代在日记中写道:"毛主席曾说过家庭有一日将要消灭。"②联想 20 世纪 50 年代末人民公社化运动中废除家庭的种种尝试,足见家庭革命对近代中国的持续性冲击。③ 这些牵涉较多,只能另文讨论。

在反传统的思想冲击之下,儒家思想的践履性轰然解体。在家庭革命的洪流中,夫妇自由离合、父子平等的言说取代了父慈子孝、夫义妇顺的理想。承诺照顾每一个个体意味着国家站在了道德制高点上,而这一道德化的目的也将残酷的手段合理化了。虽然家庭名义尚存,但实际上,在政治意识形态中家庭是被革命的对象,这进一步催生了家庭生活的政治化。国家可以更直接地冲击家庭,干预父母和子女的关系。而父母也反过来将教养责任拱手让予国家和社会。关于养老、育幼等公立机构的讨论也反映出近代中国一个根本的改变,即在朝廷天下格局消失后,随着国家一词同时指代政府和民众共同体,社会一词也呈现出两种不同的面相,既是民众全体,也是国家(政府)管理的场域,结果国家和社会变成一种管理与被管理的行政关系。④ 所谓公立机构的设立又很可能要由政府来完成,结果原本那个尚属家庭的空间被国家所取代了。

家庭革命的影响波及了从政治到社会、从文化到艺术的方方面面,也如涓涓细流潜移默化地影响了人们的日常生活。或许我们仍生活在家庭革命所开辟的道路中而不能明辨其微妙的力量。

---

① 熊十力:《与梁漱溟》(1950 年 5 月 22 日),《熊十力全集》第 8 卷,湖北教育出版社 2001 年版,第 651 页。

② 冯亦代著,李辉整理:《悔余日录》,河南人民出版社 2000 年版,第 63 页。

③ 孟宪范:《家庭:百年来的三次冲击及我们的选择》,《清华大学学报》2008 年第 3 期。

④ 薛刚:《从朝廷天下到国家社会——辛亥革命前后的思想转折》,《清华大学学报》2016 年第 6 期。

家庭革命的成功之处不仅在于家庭实际上发生了哪些翻天覆地的变化，而且在于人们看待家庭的眼光改变了。随着一整套分析工具的进入，封建专制、一夫一妻、私有制等西来的新概念变成了我们分析家庭的词汇。特别是人们将家庭制度与私有制度联系起来，似乎也暗示家庭革命的新方向。对于感情上痛恨家庭的青年来说，主动设计一种新的生活方式和社会模式成为一种可能，这也意味着家庭革命对近代中国的影响从思想、观念逐渐转向了社会、政治领域。就像帕斯卡尔曾洞见想象所具有的不可比拟的力量，盖"想象力才具有伟大的、能说服人的本领。理性尽管在呼吁，却不能规定事物的价值"，而且想象"这位理性的敌人，是喜欢驾驭理性并统治理性的"。[①] 伴随着家庭革命的风靡，中国也步入了浪漫革命的激情时代。对于清末的家庭革命者而言，面向未来的构想尚待历史的演进，但是从甲午到"五四"时期，积极型的乌托邦思想日趋重要。人们认为应该用积极的政治行动推动历史，尽快地促其实现。[②] 家庭革命者想象了一个未来的理想社会并吸引着青年为之奋斗。这种以社会整体改造来实现废除家庭的思想，体现了家庭革命者对人的能力的乐观估计。

"五四"后，家庭革命者想象了一个未来的、无家庭的理想社会并吸引着青年为之奋斗。人有能力过一种无家庭的生活和人应该过无家庭的生活是问题的两个方面。废除家庭后，个体生活本身会遇到各式各样的问题。老幼本是人生的必经阶段，没有家庭的抚养和照顾，谁来承担这部分责任便是必须解决的问题。以公立机构取代家庭，再现了家庭革命所具有的那"建设"的一面。不过，从常态社会来看，没有父母的孩子是苦孩子，怎么要设计

---

①　帕斯卡尔著，何兆武译：《思想录》，商务印书馆 1986 年版，第 41 页。
②　张灏：《五四与中共革命：中国现代思想史上的激化》，《中研院近代史研究所集刊》第 77 期，2012 年 9 月，第 7 页。

出人人脱离父母而组成的痛苦社会呢？晚至 1930 年代，雷洁琼就观察到："近年以来讨论家庭问题的文字，见于报章杂志的甚多，惟多数为不注重家庭实况，只凭理想或主观偏见的言论。"①激进的家庭革命者相信人们愿意脱离家庭而追寻无家庭的快乐。然而，若家庭生活带来的痛苦是获得家庭快乐而不得不付出的代价，那么无家庭所带来的痛苦也许远远超过它本身所能带来的快乐。

　　家庭革命者背后的假设是人可以脱离家庭，在社会中成长，这是对人的本性的一个大挑战，对人人平等的追求恐怕恰恰以牺牲人性为基础。尽管对于无家可归的、丧失父母的儿童来说，社会能以公育机构代为教养，自然较流落街头、衣食无着为好。然这毕竟是常态之外的特例，似不能作为理想社会的基础。以整个社会为单位的儿童公育，即便解决了贫困者的育儿问题，但又明显忽略了那些有能力教养子女的社会阶层。正如潘光旦所言："家庭保养是例，机关保养是例外，例外的数量虽因特殊的情势而相对的加多，终究还是例外，不能夺通例而代之。"②换言之，理想的社会制度究竟应关照人群的部分还是整体仍值得进一步反思。家庭革命者坚信可以建立一种社会制度使得每一位儿童拥有一模一样的教养，并试图以所谓的平等来抹杀人的愿望、个性、选择与意志。其忽略了人降生之后，智愚本就不平，强迫的、后天的齐一教养也许反而造成了更大的不平等。

　　所谓的无家庭的完美社会则以无私与忘我为前提，包括忘掉父母、子女，这是对人有能力忘记家庭和父母的坚信，而这与人性

---

　　① 雷洁琼:《中国家庭问题研究讨论》,《雷洁琼文集》上册,开明出版社 1994 年版,第 26 页。

　　② 潘光旦:《写在"儿童福利会议"后》,吕文浩编:《逆流而上的鱼》,商务印书馆 2013 版,第 244 页。

是否冲突值得讨论。追求空疏、绝对的自由与平等的社会性后果不容乐观。规范、秩序迭经自由、平等观念的冲击，家庭形象一落千丈的同时，其社会功能也一再缩变。"无我"有时可以是利他主义的基础，但也可能演变为极端利己主义的伙伴。构建完美社会时所谓的"无我"首先剥离了一切社会属性，而这里所谓的"我"又很可能在现实中体现为偏狭的、内倾的为己主义。就像黑格尔定义的个人并不是孤立的，而强调家庭必须与利己的个人主义、财产和阶级的分化以及个人意识等社会后果共处。他试图强调只有那些能在各个领域（家庭、社会和国家）之间角色柔和转化的个人才是真正的个人（authentic individual）。伦理国家（ethical state）并不是一个孤立的制度，而是建立在家庭以及各种社会组织的基础上的。①

　　认为人有能力打造废除家庭的社会这一思想进入了更深层次的政治哲学问题，这更多地关涉人的意志与社会制度之间的关系。在近代中国，人本的转化意识使人们一方面相信在现代世界中人可取神而代之，主观上认为人有无限力量，不但可以控制改造自然世界，也可以控制改造社会世界。而革命就是代表人发挥自己无限的主宰力与转化力。② 例如，有时人就曾宣称："我们生在这个污浊的社会中，受种种伪道德的诱惑、恶制度的束缚，若没有坚固的团结，急谋自救救人，这个社会怎能够有改造的希望？"因此，他一面期待"各个体的互相扶助"，同时要"超越平日小部分的互助，更谋人类全体的团结"。③

---

① Joan Landes, "Hegel's Conception of the Family", *Polity*, Vol. 14, No. 1 (Autumn, 1981), pp. 1-7.

② 张灏：《五四与中共革命：中国现代思想史上的激化》，《中研院近代史研究所集刊》第 77 期，2012 年 9 月，第 10 页。

③ 益：《介绍新文化中的有力大组织》，《时事新报》1920 年 3 月 22 日，第 4 张第1 版。

　　废家不仅可欲而且可行的判断就是基于对人的能力的乐观估计。家庭革命者相信并且使人相信：在未来世界里，进步不仅是寻求物质的满足，也是道德的日臻"完美"，甚至趋于无我、忘我的境界；平等不仅意味着在一个政治团体内人与人的平等，而且指人类众生的平等；自由并不是以不侵害别人之自由为限度，而是无穷无尽、不负责任的逸乐；自我的认同是打破个人与祖先、家庭、土地、国家、种族的关联，使人直接认同人类全体。这本身就存有消除个人主体性的危险。废婚毁家的观念更多的是着眼于未来世界的一种乌托邦式的构想。在这个乌托邦里，人类的物欲和性欲似乎得到了充分的满足，但是如何安顿人类的感情是被他们忽略的问题。骨肉分离作为未来社会的常态是对人类心理的根本性挑战。他们提倡废除婚姻而提倡两性关系的极端解放，但其解放的不是感情而是欲望。以解放感情为起点的废婚论很可能造成人的无情以及人类的动物化，是人类道德的极大退化。

　　在多数人没有选择未来的权力和能力之时，人们更无法预知无家庭的社会可能的混乱和罪恶。家庭革命的号召者和支持者本来希望通过家庭革命来解决个人、社会和国家的问题，进入绝对自由、平等的美丽新世界。尽管其目的可能是一个绝对公平与绝对自由的社会，但是在否定一切社会建制的前提之下，其结果可能形成的是一个等级森严、完全丧失自由的社会。人际关系的自由以及人与团体之间的自由是两个不同的概念。如果人际关系方面走向夫妇自由离合、父子形如陌路，基本上主动将个人责任推诿给国家、社会，结果很可能是个人自主性的丧失。假如个人将自由主动让给国家，那么专制政治恐怕也是水到渠成的了。徐六几就曾观察到，一般人把"自由分作两种意义：一种是个人和个人关系的自由；一种是个人和国家关系的自由。他们以为若使各个人离开绝对的自由和无约束,结果便不是自由而是专制"。①

　　从个人成长的角度来看,家庭本是培养道德、规范和权威的基本载体。清末民初,对以君、父、师为代表的道德权威的冲击颠覆了道德规范的基础。如果传统与家庭不是道德的来源,那么时人便不得不重新思考基本的是非对错的问题。在那前后,西方激进主义者所谓本能即道德的主张影响了时人对道德的重新建构。本能冲击了传统的道德对欲望的束缚,权威的衰落、道德的困惑造成的直接后果恐怕就是社会的失序和文化的断裂。周天放就曾将与家庭革命相关的现象视为"反社会的表征"。他说:"婚姻问题现在也陷许多青年于烦恼颓唐的境地。这一个因为妻子不如意,离婚不得,认为此生已无生趣,便不再为社会奋斗。那一个因为自由恋爱不成功,生活趣味全失,亦不愿再去进取。此外猎艳、纵酒、捧角、吟诗——除了真正为文学的以外——差不多也都是反背社会的现象。"②

　　原本是为了反抗专制、寻求自由平等而倡言的家庭革命,结果却可能是政治的进一步专制以及政治对个人生活的宰制,而所谓的平等也不过是个体丧失了自由的平等,这带来的恐怕是社会的溃散和文化的中断。那么,曾经以自由和平等为号召的家庭革命究竟是通往奴役之路还是自由之路,就值得我们进一步反思。当我们把整个社会当成一个实验室,每个个体自然丧失了主体性而沦为试验品。尝试废除家庭的实践便浮现出对自我和他人生命与感情的轻率和不尊重,其余波之一便是如今重欲望而轻感情的世风。如果说家庭是普遍的、持久的、亲密的社会制度,那么,废家后

<hr />

① 六几:《基尔特社会主义原理》,《东方杂志》第 18 卷第 22 号,1921 年 11 月 25 日,第 16 页。

② 周守一:《士气与国运》,《东方杂志》第 21 卷第 12 号,1924 年 6 月 25 日,第 21 页。

的社会却可能是一个冰冷的、特殊的、难以持久的社会,这恐怕是家庭革命的号召者所始料未及的。

　　家庭一面联系着个人和社会,一面关联着天下和世界。以政治力量来推行家庭革命是一种统治方式的变革——究竟是直接统治个体还是通过家庭统治个体。社会生活所需的责任、道德、自治、自律等精神,家庭起到了重要的培育作用。家庭革命成功后的结果可能是个人的自私自利和不负责任。梁漱溟曾指出,原本以对方为重、伦理本位的社会为西洋风气所熏染,一变而为以权利观念为重、个人为本位的社会。"以自己为重,以伦理关系为轻;权利心重,义务念轻。从让变为争,从情谊的连锁变为各自离立,谦敬变为打倒,对于亲族不再讲什么和厚,敬长尊师的意味完全变了,父子、兄弟、朋友之间,都处不合适"。① 原本重家庭的习尚被抛弃,恐怕造成了轻家庭亦轻国家的结果。家庭革命不仅引起了政治文化的根本性变迁,而且进一步引发了社会的解体。或许今人应该反思的是,人类是否应该或是否有能力构建一个没有家庭的社会? 无家庭的社会值得向往吗?

---

　　① 梁漱溟:《乡村建设理论讲演录》,《梁漱溟全集》第 2 卷,山东人民出版社 1990 年版,第 204 页。

龚自知与云南文化运动

赵 帅

摘要：本文以龚自知为例，通过考察他所创办的刊物、报纸，对云南文化运动的情况作一番梳理，纠正以往研究的讹误。在分析龚氏思想脉络的同时，更为关注其文化活动与云南政局的关联。尚志学社与《尚志》杂志的经营，集合了云南文教界的力量，宣传新说因此具有扶翼文教的背景。《民觉日报》的创办则有云南军界的支持，所谓"文化运动"遂有了政治的底色。政治与文化的纠葛最终影响了龚自知的命运。

关键词：云南，龚自知，文化运动，《尚志》，《民觉日报》

赵帅，复旦大学历史学系博士研究生

近年来，学界对新文化运动在地方的发展情况多有关注，且不乏有方法论层面的省思及对未来研究思路的提示，或以"新文化"传播下渗至地方、"中心"与"边缘"发生互动为研究路径，或以地方史的视角，考虑地方自有之节奏、轨迹和地方读书人自有之关照。这些研究无疑增加了新文化运动研究的深度。① 不过就其广

① 主要论述有：王汎森：《思潮与社会条件——新文化运动中的两个例子》，收入氏著《中国近代思想与学术的系谱》，联经出版事业股份有限公司 2003 年版，第255—270 页；章清：《五四思想界：中心与边缘——〈新青〉及新文化运动的阅读个案》，《近代史研究》2010 年第 3 期；张仲民：《五四新文化运动的在地化——（转下页）

度而言,新文化运动所及边界究竟到达何处,"边隅"地区的文化运动又呈现出何等面貌,尚有探究的余地。本文即以龚自知为例,考察云南(主要以省垣昆明为主)文化运动的情况。①

　　龚自知,云南大关人,早年生平不详。1917 年自北京大学毕业后,他返回云南任教,创办具有新思潮性质的刊物《尚志》。"五四"学潮后他赴日本游历,归滇后编辑《民觉日报》,因言论激烈遭遇袭击。而后他创办《星期三》周刊,提倡国语。自 1920 年代后期,龚自知投身政界,长期居于云南教育界权力核心。② 1962 年,他撰写《五四运动在云南报刊的反应和对文体的影响》一文,对其"五四"前后的经历多有论述。这篇文章向来为研究者所重视,论及相关问题多直接援引。③ 不过,受龚自知回忆的影响,一些史事未得梳理,不免存有疏漏、错讹。因此,本文首要工作是文籍考订、史事辨别,厘清龚自知宣传新思想、新文化而后进行"文化运动"

（接上页）以舒新城为主》,收入氏著《种瓜得豆:清末民初的阅读文化与接受政治》,社会科学文献出版社 2016 年版,第 287—316 页;瞿骏:《新文化运动的"下行":以江浙地方读书人的反应为中心》,《思想史》第 6 辑,联经出版事业股份有限公司 2016 年版,第 48—87 页;袁一丹:《杂志联盟与阅读共同体——以〈新青年〉的交换广告为线索》,《中国现代文学研究丛刊》2015 年第 7 期;徐佳贵:《"五四"与"新文化"如何地方化——以民初温州地方知识人及刊物为视角》,《近代史研究》2018 年第 6 期。

　　① 过往云南新文化运动的讨论均放置于五四运动部分进行论述,可参见谢本书《"五四"运动在昆明》,原载《思想战线》1979 年第 2 期,收入氏著《谢本书学术文选》,云南大学出版社 2014 年版,第 138—152 页;刘达成:《五四时期云南人民的革命斗争》,《云南师范大学学报》1979 年第 2 期,后改写为《五四运动在云南——纪念五四运动九十周年》,《学术探索》2009 年第 4 期,其主要论点未变。

　　② 龚自知的生平,可见其后人所撰文章。龚景训、张道刚:《龚自知与中国共产党》,《五华文史资料》第 21 辑,政协昆明市五华区委员会文史资料委员会 2009 年编印,第 333—356 页。

　　③ 龚自知:《五四运动在云南报刊的反应和对文体的影响》,全国政协云南省委员会文史资料研究委员会编:《云南文史资料选辑》第 7 辑,云南人民出版社 1965 年版,第 174—183 页。此后在行文中引述此文,若非必须则不详注。

的具体情况。① 其次，新文化在地方的"运动"，不得不考虑诸多现实问题，如创办杂志所需的经费、场地资源，所依靠的销售网络从而何来，乃至杂志如何通过政府的立案、审批、检查等流程。这意味着"文化运动"的开展与地方政治有密切关系，云南更是如此。张静庐便发现云南的"文化运动"会受"云南王"唐继尧的干预。② 因此，新文化、新思潮如何借助于地方政治资源进行传播，又如何受到政治力量的操控与限制，最终影响云南"文化运动"的面貌与成效，这一文化与政治的互动过程，也将是本文考察的重点。

一、尚志学社与《尚志》的发起

1917 年，龚自知自北京大学预科第一部英文乙班毕业，③返回云南后在省立第一师范学校教授英文。④ 此时，龚自知有意"创学社，刊杂志"，便"召诸同志"，⑤首先联络到了他的同事兼校友袁丕钧。袁丕钧，云南石屏人，1916 年自北京大学文学门毕业，归滇后亦在第一师范任教。⑥ 龚自知找到袁丕钧除有学缘、交谊外，当是

① 本文在具体讨论时，避免使用"新文化运动"或"五四新文化运动"等说法，而是以时人的称谓为准，采用"文化运动"。若未加引号或特别注明，文化运动是指一般意义上的与思想、文化、教育相关的革新运动。若特指"文化运动"这个词汇或讨论词汇的特定意涵时，则加引号以示区分。

② 张静庐：《各地文化运动的调查批评》（下），《新人》第 1 卷第 6 期，1920 年 9 月 8 日，第 4—5 页。

③ 《学生一览·毕业同学录》，《国立北京大学廿周年纪念册》，1918 年版，第 38 页；《准补发毕业生龚自知回滇旅费由》，云南省档案馆藏，1106/005/00139/016。

④ 云南省政协文史委员会编：《云南文史资料选辑·杨春洲回忆录》第 62 辑，云南人民出版社 2005 年版，第 13 页。

⑤ 由云龙：《尚志杂志第二卷发刊祝辞》，《尚志》第 2 卷第 1 号，1918 年 12 月 1 日，无页码。

⑥ 《北京大学滇籍学生袁丕钧毕业函》，云南省档案馆藏，1012/004/00327/020；《北京大学文理工三科毕业学生名单》，《教育公报》第 3 年第 8 期，1916 年 7 月，第 5 页。

考虑到袁的叔父为晚清"经济特科"状元袁嘉穀。袁嘉穀在云南文教界地位举足轻重，与云南教育长官由云龙、秦光玉、钱用中等人均为经正书院同学，因此可为"创学社，刊杂志"提供便宜。①

随后，学社定名为"尚志学社"，所办杂志起名为《尚志》。是时恰值军政府秘书长章太炎作为孙中山的代表，至滇劝唐继尧早日就军政府元帅一职。② 在滇期间，袁丕钧常伴章太炎左右，章"闻其论异人，视之妍雅如吴楚士"，收为弟子。③ 有了这层关系，学社得以请章太炎为《尚志》题辞，并邀请章担任学社的名誉社长。

尚志学社于 1917 年 9 月初发起，按例呈请警察厅立案后，于 9 月 30 日在三迤总会开成立大会。学社社员多为云南文教界人士。学社共分四个部门：总务部管理全体之文牍、会计、庶务、交际及不属出版等部之事，部长由社长兼；出版部负责编辑发行《尚志》杂志；讲演部设学术讲演会、平民大学、巡行讲演团及讲演练习会；学校部负责筹设中学校、小学校、实业学校、补习学校。④ 除章太炎被推举担任名誉社长外，其他职务则经票选决定：由云龙为社长，秦光玉为副社长，钱用中为学校部长，而袁丕钧与龚自知则分别任演讲部长与出版部长。由、钱、秦三人在滇文教界位居要津，在学社中的地位不言而喻，而三人亦非徒挂虚名，而是参与学社的具体事务。更为重要的是，三人所体现的源自云南文教界的官方

---

① 云南教育机关的沿革情况，可参云南教育司编译处编印《云南教育概况》，云南开智公司 1923 年版。

② 《唐继尧恳辞元帅职与孙文往来密电·孙文密电》（1917 年 9 月 16 日），中国第二历史档案馆、云南省档案馆合编：《护法运动》，档案出版社 1993 年版，第 420 页。

③ 章太炎：《袁百举墓志铭》，上海人民出版社编：《章太炎全集·太炎文录续编》，上海人民出版社 2014 年版，第 306 页。钱玄同在日记中提及章太炎所刊刻的《弟子录》，其中就有袁丕钧之名。参见杨天石主编《钱玄同日记》（整理本），1933 年 1 月 2 日，北京大学出版社 2014 年版，第 896 页。

④ 《尚志学社简章》，《尚志》第 1 卷第 1 号，1917 年 11 月 1 日，第 4—5 页。

支持,为杂志之创办、学社活动之开展提供了便利。

尚志学社成立后,便预备创办杂志《尚志》,这需要向云南省长公署申请立案。1917 年 10 月初,龚自知联合张仁怀、秦泳洴为杂志发起人,申请《尚志》杂志立案,并附简章一纸,简章内容涵盖杂志刊行方针、内容、编辑所及发行所。云南全省警务处处长兼省会警察厅事秦光第为之呈请。秦光第原长军械局,该局对云南护国兴师的军械保障尤为重要。1917 年 7 月因唐继尧出师毕节,秦光第兼长警察厅。[①] 值得注意的是,秦光第为学社副社长秦光玉之弟,"与兄友爱备至"。[②] 凭此关系,加之由云龙此时代行云南省署事务,立案申请很快得到批准,尚志学社获拨平正街报功祠作为事务所。[③]

尽管学社有了立脚之地,学社的维持、杂志的创办与经营均需要经费。尚志学社各部的经费以同人募集为主,钱用中、秦光玉、袁丕钧、龚自知等人均为各部捐助经费。[④] 而《尚志》杂志的出版经费则由"同志认集及由公家津贴"。[⑤] 根据龚自知呈报公署的立案简章所述,"基金 600 元由各同志认集"。[⑥] 然此数是否能够筹集尚属未知,因此,"公家津贴"对《尚志》杂志的运转显得尤为关

---

① 秦光第:《澹泊斋年谱》,1924 年版,无页码。

② 佚名:《秦光第事略》,方树梅纂辑:《续滇南碑传集校补》,云南民族出版社 1993 年版,第 129—130 页。

③ 《为省警察厅呈报查明尚志学社发起人龚自知等要求组织学社案批令由》,云南省档案馆藏,1106/003/01398/002。

④ 前后收到捐款总计如下:钱用中为总务部捐款 20 元,秦光玉为出版部捐 10 元,袁丕钧、袁丕佑、张若谷、龚自知、秦继蕃(即秦光华)皆为总务部捐 10 元,梅绍武、夏光南、袁丕钧、庆汝廉、龚自知为游艺室捐 1 元。见《本社启事一》《本社启事二》,《尚志》第 1 卷第 2 号,1917 年 12 月 1 日,无页码;《尚志》第 1 卷第 3、4 号,1918 年 1 月 1 日、2 月 1 日,无页码。

⑤ 《尚志学社章程》,《尚志》第 1 卷第 1 号,1917 年 11 月 1 日,第 4、5 页。

⑥ 《为省警察厅呈报查明尚志学社发起人龚自知等要求组织学社案批令由》,云南省档案馆藏,1106/003/01398/002。

键,而向省署申请"津贴"之职落在了龚自知身上。

　　云南省署对报刊、杂志予以津贴支持确有先例,特别是在护国运动期间,为借报馆之声壮讨袁之势,唐继尧支持各报馆之运作。① 如邓质彬等人所办《中华民报》,"专以鼓吹共和、维持民主为宗旨"。② 因款项支绌,邓质彬请唐继尧本人捐助,并希望动用唐的力量致函各县及转劝各界进行捐助,并请唐继尧代为告知各县知事,帮助扩张销路,补交所欠报费。唐继尧虽对他的请求多予以拒绝,还是以个人名义"酌予捐助"。③ 不过因战争不断,军事开支过重,滇省财政至 1917 年实亏已达 1 000 多万元,军饷数月未发。④ 影响所及,百业俱废,滇省教育机关概莫能外,"所有省立中等以上各学校均奉饬暂缓开学"。⑤ 护国之役结束后,唐继尧自军饷下"腾挪巨款",以维学务,不过公署已制定限制经费的政策。⑥护国战争后的教育经费已然无法恢复至民国元年,"维学务"可谓虚辞。⑦ 讨袁结束后,各报馆之津贴同被取消。未几,各报馆俱不能支持,先后倒闭。《中华民报》亦因亏累过巨,宣告停版。⑧

　　由此观之,滇政府已停止发放各报社补助费,然而《尚志》却"破格"获得省署津贴的资助。10 月 14 日,龚自知、张仁怀致函省长,呈请自 10 月起,按月拨款百元对《尚志》进行补助。四天后,公署回复,声明经费流存并无余款,且各报社补助费早经停止。不过

---

　　① 《滇中言论界之波涛》,天津《大公报》1920 年 9 月 4 日,第 6 版。
　　② 《〈中华民报〉不日出现》,《滇声报》1916 年 1 月 2 日,第 4 页。
　　③ 《云南〈中华民报〉社请求捐助与唐继尧来往函》(1916 年 3 月),中国第二历史档案馆、云南省档案馆编:《中华民国史档案资料丛刊·护国运动》,江苏古籍出版社1988 年版,第 277—278 页。
　　④ 《滇省财政之困难》,天津《大公报》1917 年 3 月 1 日,第 7 版。
　　⑤ 《私立学校之发达》,《滇声报》1916 年 4 月 12 日,第 4 页。
　　⑥ 《云南起义后教育之大革新》,《晨钟报》1917 年 1 月 21 日,第 5 版。
　　⑦ 云南教育司编译处编印:《云南教育概况》,第 55 页。其中《云南省教育经费历年支出比较表》,见第 60 页。
　　⑧ 《滇中言论界之波涛》,天津《大公报》1920 年 9 月 5 日,第 6 版。

因《尚志》杂志以提倡道德、阐明学艺为本，宗旨正大，似与他项报社不同，故将补助费改为津贴，从经费流存项下按月照拨津贴百元，以免破格之嫌。① 于是，自 1917 年 10 月起，省公署每月拨给津贴银 100 元。② 而津贴补助、出纳款项各事，均由龚自知同公署进行对接。③

《尚志》得获政府津贴确为"破格"，而其中发挥作用的当属由云龙。除此以外，《尚志》杂志的发刊宗旨为省署所认可，同样是"破格"获取津贴的重要原因。尚志学社的宗旨为"崇德、广业、孙友、肆志"。④ 而《尚志》杂志则本尚志学社宗旨，以"阐明学艺，扶翼文教，提倡道德，促进社会"为刊行方针。⑤ 按照龚自知的回忆，《尚志》杂志获得由云龙批准补助乃是因他声称所办杂志是"搜罗地方掌故，提倡文史讲习"。就此而言，《尚志》杂志的办刊初衷，有龚自知回忆所述仿照《新青年》之处，却非完全照搬后者。⑥《尚志》受官方支持的原因意味着杂志的定位并非完全宣传新思潮，而是受官方辖制，与官方的政策相配合，革除护国运动后滇省教育停

---

① 《为尚志学社出版在即请拨款补助案批令由》，云南省档案馆藏，1106/003/01398/003。

② 《本社周年概况》，《尚志》第 2 卷第 1 号，1918 年 12 月 1 日，第 2 页。相较之下，实业改进会仅有津贴 50 元。见《训令第四九一一号》，《云南教育公报》第 1 卷第 1 期，1922 年 9 月，第 37 页。收入殷梦霞、李强选编《民国教育公报汇编》第 195 册，国家图书馆出版社 2009 年版，第 585 页。

③ 《函呈云南省长有关尚志学社出纳款项各事及对外接洽事项由袁丕佑接办》，云南省档案馆藏，1106/003/01398/0015。

④ 《来件·尚志学社简章》，《滇声》1917 年 10 月 6 日，第 4 页。

⑤ 《尚志杂志简章》，《尚志》第 1 卷第 1 号，1917 年 11 月 1 日，无页码。

⑥ 《尚志》在创刊之初，其栏目设计确有参照《新青年》之处。而自杂志第 1 卷第 1 号起，即对《新青年》文章进行转载，不过转载的一部分内容是涉及北大各学会的章程与启事，这与龚自知等人在北大的学习背景有关，而刊登这些启事也是在发挥杂志"扶翼文教"的作用。当然，《尚志》转载文章的来源并不限于《新青年》，时事新闻便多转载自《东方杂志》。

滞的弊病。① 龚自知亦明知此点,之后屡次利用杂志宗旨为官方接受这一点,为杂志谋得便利。

　　按计划,《尚志》每月出 1 册,每册售价 2 角,全年 12 册则为 2 元。② 《尚志》编辑所及发行所均附设于尚志学社内,印刷者为云南官印局。龚自知被选为出版部长,负责刊行《尚志》杂志,自然需要考虑杂志的发行与销路问题,仅靠学社一处刊发杂志,势必无法推广。按龚自知的说法,《尚志》首卷前两号,每号印 400 册,派销省内 200 册,尚剩余半数,龚拟将剩余的 200 册销往省外。按照通例,报纸的发行权牢牢掌控在唐继尧手中,由他通令派销报章。如前所述,《中华民报》邓质彬等人便请唐继尧帮助扩张报刊销路,后唐以"即由贵馆径行函达可也"搪塞之。③ 在唐继尧紧控舆论的环境下,不时有报馆被封的消息。④ 而龚自知则紧紧抓住《尚志》的宗旨进行申明以寻求帮助。1917 年 12 月 4 日,他在申请中讲道:"省外各属县,向由钧长通令派销教育、实业等报,所以启牖民智,厚利民生,为意甚盛。本社杂志以阐明学艺为主,与启牖民智之旨不谋而合,可否援照《教育公报》《实业要闻周刊》成例,由钧长通令各属县公署、劝学所一体购阅。"除此之外,龚自知希望《尚志》可以寄送至越南法属地区。按他所述,是时侨居法属安南、东京、海防等处华人均希望购订《尚志》,订函已达三四十起。向例法领安南华文报纸非经官方许可,不得在其境内寄递或购阅,因此龚自知请省署准许本省交涉员交涉妥协,以便按期寄报,免法

---

① 《尚志学社宣言书》,《尚志》第 1 卷第 1 号,1917 年 11 月 1 日,第 1—7 页。
② 《预定尚志简章》,《尚志》第 1 卷第 2 号,1917 年 12 月 1 日,无页码。
③ 《云南〈中华民报〉社请求捐助与唐继尧来往函》(1916 年 3 月),中国第二历史档案馆、云南省档案馆编:《中华民国史档案资料丛刊·护国运动》,第 277—278 页。
④ 《两报馆被封》,《滇声》1917 年 10 月 27 日,第 4 页。

人禁例。①《尚志》刊行至越南,究竟是实情还是龚自知"虚张声势"的托辞,限于资料不足,已无从证明。不过龚自知的请求还是顺利得到允准。自第1卷第3号始,《尚志》杂志增设了代派处,分别为务本堂、维新书局与各县劝学所。②其中务本堂与维新书局属单独经营的书坊,前者在书坊中营业最为发达。③后者则是《青年杂志》起初在云南的代派处,滇省新式刊物如《滇潮》、龚自知主办的《星期三》也多由其代售。④

《尚志》起初每号印400册,其后销售数并未有明确记载。不过代派处的增设,加之县劝学所代为销售,销量当有所上升。从一例略作证明:第2卷第2号杂志曾登社告表示,尚志学社社员可获赠第2卷第1号杂志1册,⑤是时学社社员有140余人,所需杂志至少100余册,可见杂志印数当有所扩充。

二、东西学派与新潮转向

《尚志》的作者群体人员繁多,若略作统计,以云南教育界人士、袁丕钧家族、北京大学文科教授、在京求学的滇籍学生及龚自知、袁丕钧等人的大学同学为主,基本未脱离龚、袁二人的交际网络。而龚、袁二人在杂志选用文章、联络作者方面发挥了主要作用,《尚志》所呈现出的面貌很大程度上与这二人的学术渊源与思想品位相关。龚自知在比较自己与袁丕钧的差异时曾说:"两人学

---

① 《为尚志学社呈刊误表派销杂志按分令由》,云南省档案馆藏,1106/003/01398/004。
② 《尚志》第1卷第3号,1918年1月1日,封底。
③ 云南昆明市政公所总务课编纂:《昆明市志》,1924年版,第146页。
④ 南公:《云南之文化运动》(1919年12月24日),《晨报》1920年1月11日,第6版;亦载《民国日报》1920年1月16日,第7版。
⑤ 《社告三》,《尚志》第2卷第2号,1919年1月1日,无页码。

业造诣不同,说到思想面貌,则他比较半封建化些,我比较半殖民地化些。"龚自知在北大预科修读英语,是时预科内部组织独立于本科,且"偏重英语"。① 龚当受此环境影响,因而在友朋看来,龚"通西文,而尤邃于国学、科学、哲学"。② 他在《尚志》初期多译介西方学说,并转载《新青年》文章,无疑"半殖民地化"。相较而言,袁丕钧虽非抵拒西学之人,只是因其家学渊源,"石屏学派,以诗家为最盛",③他与堂弟袁丕佑更有意整理滇籍前贤遗留的诗文,并在《尚志》刊登。他在北大问学于黄侃、朱希祖等人,也使得黄、朱关于诗赋、文学的文章刊于《尚志》。因此袁丕钧更偏重古诗文辞,即"半封建化"。二人的思想差异,让《尚志》呈现出"东西学派,南滇文献"的面貌。④

《尚志》偏旧文化的一面被杂志的一位忠实读者发现。他在1918 年 9 月 10 日写信给《尚志》记者,赞赏杂志之余提出了他的疑问,其中有两个最主要的问题:其一,《尚志》连载袁丕钧的《滇南文化论》,重在回溯云南古代的文化特征,在读过后他"知滇南之特色正不必以彼易此",不过认为"特吾人不当徒珍重其过去之特色,而更当发挥其未来之特色。所谓发挥其未来之特色者,谓一面当力洗从前历史上椎鲁固啬、浮浅简陋之习,一面当极力发展其精神上、物质上之文明"。因此他强调"旧文化可爱,新文化尤可

---

① 蔡元培:《我在北京大学的经历》,陈平原、夏晓虹编:《北大旧事》,生活·读书·新知三联书店 1998 年版,第 38 页。

② 缪尔纾:《读〈文章学〉》,《星期三》第 29 号,1921 年 11 月 23 日,第 1—2 版。

③ 袁嘉毅:《滇迻》,《尚志》第 1 卷第 11 号,1918 年 9 月 1 日,第 7 页。在《石屏县志》中,袁嘉毅延续"石屏学派"的说法:"诗家为盛,许燕公侍讲贺来、张月楼鸿博汉、罗琴山孝廉觐恩、朱丹木方伯腾、许五塘广文印芳、朱筱园孝廉庭珍,名家也。"袁嘉毅纂修:《民国石屏县志》(1938 年铅印本),《中国地方志集成·云南府县志辑》第 52 册,凤凰出版社 2009 年版,第 28 页。

④ 《通讯》,《尚志》第 2 卷第 3 号,1919 年 2 月 1 日,第 1 页。当然,二人思想有相近之处,如二人对同善社存有异议。见《通讯》,《尚志》第 2 卷第 4 号,1919 年 4 月 1 日,第 1—5 页。

爱"，问题在于"袁君作《滇南文化论》，何以及其旧而不及其新"？其二，《尚志》尝以"觉牖社会，矫正舆论"为标志，"而此罢癃残疾、不痛不痒之社会，从未见大针一下箴砭，且一言觉牖，似无取陈谊过高，盖理想藉事实而著，事实随理想而进，囿于事实，仅以维持现状为能事，与夫耽于理想，仅以谈空说有为能事者，厥失维均"。①《尚志》发刊辞虽有"觉牖社会，矫正舆论"一语，②然而学社与官方的关系意味着杂志不会对时局大作箴砭，故龚自知只得回复"本志岂好谈空说有无，亦不欲贻讥前贤而已"。"不欲贻讥前贤"正契合了杂志多采"南滇文献"的部分，龚自知在回信中点明：

> 原敝志发刊之意，非欲效时贤高谈大睨，各思以所学易天下，编中众说杂陈，文不嫌人，已新旧义无间高下浅深，要惟朋友讲习得所折衷而已；间采前人遗稿，则以此邦文献所关，不复问其是何旨趣，更有义等，附庸所收，自更不拘限。此敝志每期编行之微旨也。

针对读者"旧文化可爱，新文化尤可爱"的质询，龚自知解释道："敝志则对于凡富具真善美之理想者而皆爱之，初无间其为新旧。"这样的表述，自是承袭杂志《发刊辞》与《尚志学社宣言书》的论调，以"真善美"作为标准，则无分新旧。③ 而对于袁丕钧《滇南文化论》"何以及其旧而不及其新"的问题，他指出袁"论意在述往事，思来者，非略新文化不言"，况且"余杭章先生来滇尝云，云南

---

① 《通讯》，《尚志》第 1 卷第 12 号，1918 年 10 月 1 日，第 1—2 页。

② 《发刊辞》，《尚志》第 1 卷第 1 号，1917 年 11 月 1 日，第 1 页。

③ 《发刊辞》，《尚志》第 1 卷第 1 号，1917 年 11 月 1 日，第 1 页；《尚志学社宣言书》，《尚志》第 1 卷第 1 号，1917 年 11 月 1 日，第 1—8 页。

人不可不自知其历史,袁君此作殆犹章先生之意"。章氏的说法见于他早先在云南省教育会的演讲,其中谈到"爱国思想之发达,全由于历史"。[1] 他的说法确影响了云南听众,夏光南作《历史地理学与民国教育之关系》一文,援用章说,指出历史、地理两科对云南的国民教育尤为必要。[2] 不过,龚自知搬出章太炎的说法有壮声势之嫌,暗含他对"旧"处于弱势地位的认知;况且"此邦文献"是由袁丕钧昆仲负责,龚自知自是要有所回护。但自其内心而论,他并非对新旧之别熟视无睹,愿以折衷态度处之,因此当读者提出他所作"《原道》一文,具多精恉,惟何必因前人腐滥之题目",他转而强调自己有"新"的意旨:"《原道》一文意在以新观念应化旧观念,因袭前人标题,以明所诠同物而取义有殊。"[3]

相较于古体诗作在《新青年》中仅录谢无量的两首,便因胡适的意见而戛然而止,[4]"南滇文献"在《尚志》自始至终占有较大比重,这既符合杂志表彰前贤的宗旨,在一定程度上也反映了云南文教界讲究古文的风气,这也决定了袁丕钧昆仲对"文学革命"心存异议。在袁丕佑所教学生的眼中,他一贯厚古薄今,不但看不起白话文,甚至明清以来的文字也看不起,却能对《文心雕龙》背诵如流。[5] 袁丕钧则撰《文学平议》对"比者北京大学刊《新青年》杂志,乃有为文学革命之论"提出质疑。首先,他反对《新青年》持文学革命之论者多毁孔子而贱六经,因二者之间并未有联系,"若以毁

---

① 袁丕钧笔述:《章太炎先生在云南省教育会演说辞》,《滇声》1917 年 10 月 12 日,第 3 页。

② 夏光南:《历史地理学与民国教育之关系》,《尚志》第 1 卷第 3 号,1918 年 1 月 1 日,第 1—7 页。

③ 《通讯》,《尚志》第 1 卷第 12 号,1918 年 10 月 1 日,第 3 页。

④ 杨琥:《同乡、同门、同事、同道:社会交往与思想交融——〈新青年〉主要撰稿人的构成与聚合途径》,《近代史研究》2009 年第 1 期,第 60 页。

⑤ 杨春洲:《回忆"五四"》,中国人民政治协商会议云南省委员会文史资料研究委员会:《云南文史资料选辑》第 24 辑,云南人民出版社 1985 年版,第 6 页。

孔子而贱六经为改革文学之所事，此其持论，若风马牛之不相及，不待衡之名理而后见矣"。这与他推尊孔子学术地位的观点有关。① 其次，文学革命者"于中国汉魏以后之文，概斥为无足贵，而于唐宋以后之小说、词曲、语录者则甚誉之，一若可以超百家而秩诸子者，此则误以欧西文学变迁之轨辙，而强合之于中国也"。在他看来，希腊罗马文学肇始于荷马史诗，属半人半神寓言性质，而后有戏曲，"欧洲文学之大宗，不能舍小说与戏曲而言之者，则希腊、罗马之余风有以使之也"。不过"由哲学与科学之所垂示，世愈进化，则宗教与寓言益无以自立，今日言社会教育者，虽不能于小说、戏曲悉归摒弃，然意者将来最高尚之文学家，其多在于诗、文两家乎"，由此观之，"欧洲今日文学之情状，乃实渐进而近于吾国"，中国历来以诗著称，故小说不得为文学之正宗。最后他引用"文学之钜子"辜鸿铭所言"吾愈读西方之书，而愈知中国学问之不可及"，以为中国"文学之士则代有作者，似在远西之上"。② 辜鸿铭曾兼任北大国文门"世界史"一课，③袁丕钧的北大同学金毓黻在笔记中曾记辜鸿铭以为读西方史学准鹄之一即"以彼之短，愈见国学之可贵"，④与袁氏所引内容近似，可知辜氏之言当是袁丕钧在课上所得。

就在《文学平议》发表的同号中，龚自知作《述英国文学革命》一文，有与袁丕钧针锋相对之势。龚自知此前尝作《英吉利文学变迁谭》，论述文学与思想、科学之关联。而在《述英国文学革命》中，他认为，"国家之进退、强弱，率视其国人思想、性情、动作、云为

---

① 袁丕钧：《教育平议》，《谠报》第 12 期，1914 年 6 月 1 日，第 6—7 页。
② 袁丕钧：《文学平议》，《尚志》第 1 卷第 12 号，1918 年 10 月 1 日，第 1—7 页。
③ 《北京大学四年度周年概况报告书》（1917 年 5 月 26 日），《教育公报》第 4 年第 10 期，1917 年 8 月 30 日，第 30 页。
④ 金毓黻：《成均摭言》，《东北丛镌》第 4 期，1930 年 4 月 30 日，第 5 页。

之隆污高下",而文学则是"思想、性情、动作、云为之影本",自不可不革新,故"为适应进化原理、时代精神而起之文学的改革是谓文学革命"。① 这篇文章本是连载之作,却未见后续,当属急就章,显然是龚自知针对袁丕钧的观点而发。此后,《尚志》中支持文学革命的论调渐充。龚的好友秦光华同样以叙述欧洲文学之变迁来反映文学革命之必要,而他对中国文学的认知显然受陈独秀《文学革命论》的影响,强调"改革之举,刻不容待"。② 而后,《尚志》转载朱希祖在《新青年》所刊《白话文的价值》一文,相较此前朱希祖在《尚志》刊发的文章多接续章太炎的"文学"论说,这无疑是个巨大转变。③ 在同号中,龚自知更是撰文主张推行注音字母,以推广识字教育、通俗教育,并转载《北京大学月刊》中的《新式标点问题》一文。④ 白话文与句读符号在第 8 号夏光南《思想的解放合推理力的养成》一文中得到了使用。⑤ 龚自知对语体文的呼吁在他之后所办的《星期三》中也得到延续,更成为他任教于东陆大学的资本(详后)。

在前引回信中,龚自知虽强调杂志宗旨要折衷新旧,但其趋新主张已与袁丕钧等人有别。在欧战之后新思潮的影响下,自《尚志》第 2 卷起,他一改新旧无间的说法,撰文推崇新学说,明显区别新旧。

《尚志》自第 2 卷第 1 号起,首先是在杂志中增设"介绍书报"

---

① 龚自知:《述英国文学革命》,《尚志》第 1 卷第 12 号,1918 年 10 月 1 日,第 1 页。

② 秦光华:《欧洲文学变迁之大概》,《尚志》第 2 卷第 5 号,1919 年 6 月,第 1—2 页。

③ 《尚志》第 2 卷第 7 号,1919 年 9 月,第 1—13 页。

④ 龚自知:《云南推行注音字母的第一步》,《尚志》第 2 卷第 7 号,1919 年 9 月,第 1 页。原题作"注字音母",当属手民误植。

⑤ 《尚志》第 2 卷第 8 号,1919 年 10 月,第 1—10 页。

一栏,意在"将新近国内外出版各种书报内容优点略加评骘",随即在第 2 卷第 2 号对《新青年》杂志进行介绍,誉之为"中国近年主张伦理革命、文学革命唯一之杂志",①当然也有配合龚自知"文学革命"主张的意味。除此之外,在第 2 卷第 1 号刊有社告:

> 本志为涤除我国思想界之奴性、惰性起见,深愿与国人力图思想之自由与发展,傥承见惠文稿,无论何种主义、何种文字,只须确有研究之价值者即为一律刊登。②

与第 1 卷《本志征文启》"凡可进益智识,涵育兴趣者无不欢迎"相比,③此条社告虽不限文体,然趋新倾向昭然若揭,且有陈独秀式文风。同号第一篇文章为龚自知所撰《进化论上之学问思索观与我国思想界之奴性与惰性》,由题目可知,社告出自龚自知的手笔。④ 在这篇文章中,龚自知对比欧西与中国的历史,发现所异者即近数百年以来,"欧人能易思索之不自由而为自由,而国人则否;欧人能易思力之薄弱而为雄伟,而国人则否。傥言优劣,此其优劣;傥言胜败,此其胜败"。甲午之后中国虽步武欧西,却汲汲皇皇,导致"论思无间新旧,或多为陈言古义所劫持;资质无分智愚,或多为物欲惰性所戕贼。有劫持而思索之自由失,有戕贼而思力之薄弱著。自由失,薄弱著,而学问思索之道废。学问思索之道废,而修齐治平之业堕矣"。解决之道在学问思索之自由,须"眇虑澄思,穷探审论,不依傍古人,不苟随流俗,不甘居浅薄,不自堕

---

① 《书报介绍》,《尚志》第 2 卷第 2 号,1919 年 1 月 1 日,第 1 页。
② 《社告一》,《尚志》第 2 卷第 1 号,1918 年 12 月 1 日,无页码。
③ 《本志征文启》,《尚志》第 1 卷第 1 号,1917 年 11 月 1 日,无页码。
④ 龚自知在回忆中承认公告为他所撰,见龚自知《五四运动在云南报刊的反应和对文体的影响》,《云南文史资料选辑》第 7 辑,第 177 页。

迷误"。① "不依傍古人"显然是对"无间新旧"而发。

随后,他在《时代精神与历史思想》中对"不依傍古人"作一申说。他以"时代以求进步之一般的意识"为"时代精神",而"历史思想"则为前代非现今的"时代精神"。他意在强调时代精神之威力,认为"吾人生世,其生活上之唯一责任,在顺应时代精神,促进此时代精神。若受制于历史思想,而挟其一时代简陋之见解,抑一局部偏私之心理,以与时代精神相抗,其结果将犹之抛物者所抛之物,虽暂时游离空间而为地心吸力所摄,亦终复返地面而已"。龚自知再次提及海通之后,国人"漫然以历史思想为原则,而以时代精神为应用,以旧有文化为躯干,而以新兴文化为衣被,矛盾冲突,百无一当,驯至新旧交替,望实俱殒",在他看来正是新旧相杂而造成"歧路彷徨,靡所归宿"的现象。对此,龚自知提倡善用理性、科学,则"时代精神不期亲合而自能亲合,历史思想不期退灭而自能退灭"。② 问题在于,"时代精神"受制于进化论,一旦时移世易,便沦为"历史思想",况且"世界潮流,固变迁靡定"。③ 很大程度上,欧战的结果将导致思想上的大洗牌,如严复所述,"不但列国之局,将大变更",就连"哲学、政法、理财、国际、宗教、教育,皆将大受影响"。④ 龚自知虽在趋新的路上,却也"歧途彷徨,反复波动"。

---

① 龚自知:《进化论上之学问思索观与我国思想界之奴性与惰性》,《尚志》第 2 卷第 1 号,1918 年 12 月 1 日,第 1—4 页。夏光南对此并无解答方案:"晚近忧时之士,痛纲纪之隳堕,哀群黎无依,欲恢张先哲之微言大义,以辅人斯民者,实繁有徒。而鹜新之流,学步邯郸,失其故我者,亦所在多有;庸庸者则又彷徨歧路,两无所归。"夏光南:《礼教与近世伦理思想之异同》,《尚志》第 2 卷第 1 号,1918 年 12 月 1 日,第 1—6 页。

② 龚自知:《时代精神与历史思想》,《尚志》第 2 卷第 4 号,1919 年 4 月 1 日,第 1—3 页。

③ 中声:《论文治武力之消长为中国死生之大关键》,《尚志》第 2 卷第 2 号,1919 年 1 月 1 日,第 1—5 页。

④ 《致熊纯如》(1915 年 3 月 4 日),汪征鲁等主编:《严复全集》第 8 卷,福建教育出版社 2014 年版,第 298 页。

　　龚自知与严复相似，早先亦认定欧战是思想学派之战。他将当时欧洲道德思潮分为二宗，一是物竞争存、优胜劣败的自利道德，一是天生万物、爱无差等的利他道德。在他看来，自利之说较利他之说为胜，因利他主义的本质为自利主义，而"吾之生世无他，亦惟务所以自利而已"。① 不过，卢森堡、比利时在一战期间一存一残的现状令他反思物竞天择之论，他发现互助与竞争同属自我生存的手段，而"若以其效论，则积极的互助论与消极的自守实视竞争为最宜，必谓竞争而后生存，持一义而以为无对，则适以见其惑而已"。② 同号中转载《新青年》凌霜的《托尔斯泰之生平与其著作》可见其倾向。

　　欧战结果最终导致"国家主义最发达之德国亦终屈伏于揭橥人道主义协约诸国之下"，在龚自知的论述中，道德进化三阶段即"由小己主义而社会主义，由社会主义而人道主义"。从伦理方面而言，"社会主义进为人道主义之初步，适者生存之解释当不复限于强大，当而兼及弱小，此不独吾治大同说者之所乐闻，度亦举世负气含生之伦之所共喜也"。③ 欧战结果确实使得人道主义胜出，而美国总统威尔逊则成为人道主义之代表人物。龚自知将"政治上之平民主义，经济上之社会主义，伦理上之人道主义"命名为"威尔逊主义"，感叹"一九一九年以后之世局，殆将以威尔逊良心上所倡导，举世人良心上所赞同之主义宰治之"。④ 为表彰1919年于经济、政治多方面除旧布新，为"人类进化史上一新纪元"，他似仿效陈独秀的《一九一六年》，作《一九一九年》一文。⑤《尚志》

---

① 龚自知：《原道》，《尚志》第1卷第1号，1917年11月1日，第1—6页。
② 龚自知：《生存最宜论》，《尚志》第1卷第8号，1918年6月1日，第4—6页。
③ 龚自知：《短论：欧战结果与人道主义》，《尚志》第2卷第1号，1918年12月1日，第4页。
④ 龚自知：《威尔逊主义》，《尚志》第2卷第2号，1919年1月1日，第1—5页。
⑤ 龚自知：《一九一九年》，《尚志》第2卷第3号，1919年2月1日，第1—3页。

第 2 卷第 3 号更是在"国内最近思想界"栏目下转载三篇《新青年》文章,包括王星拱《去兵》、蔡元培《欧战与哲学》与李大钊的《Bolshevism 的胜利》,均与欧战有关。不过巴黎和会消息传来,"五四"学潮爆发,龚自知的"时代精神"再次更新,而《尚志》也走到了十字路口。

三、筹设大学与文化运动

尽管云南报纸迟至 5 月中下旬方对"五四"学潮进行报道,[①]省内还是很快发起了声援活动。由省议会、教育会、报界联合会、省农会、三迤总会、实业改进会、和平会、救国团、三省联合会、国民后援会等团体发起,于 1919 年 6 月 4 日在南城外公园(今金碧公园)云华茶园开云南国民大会。同其他省份学生运动相似,滇省学生以急进、激烈的形式抵制日货。[②]省垣各中学学生联络组织爱国会,以拍电报、演说、发行杂志及散发传单的形式进行宣传。[③]

尚志学社亦是国民大会的发起团体之一,龚自知等学社同人当参与其中。受此影响,第 2 卷第 5 号《尚志》于 6 月出版,较往常延期一个月。此时,对于龚自知而言,"时代精神"变成了杜威的实验主义。在第 5 号中,龚自知作《实验哲学》,文后附胡适发表在《新青年》的《实验主义》,第 6 号杂志则转录《新教育》中对杜威的两篇介绍文章。在《实验哲学》中,龚自知发现分析实验哲学无一

---

① 《北京学生焚毁□□□曹汝霖宅之详情》,《滇声》1919 年 5 月 23 日,第 3—4 页;《北京大学生焚杀卖国贼之详情》,《滇声》1919 年 5 月 26 日,第 3 页。

② 《时评:抵制之误解》,《滇声》1919 年 6 月 17 日,第 5 页。相关研究参见李达嘉《罪与罚——五四抵制日货运动中学生对商人的强制行为》,(台北)《新史学》第 14 卷第 2 期,2003 年 6 月。

③ 《学生组织爱国会》,《滇声》1919 年 6 月 9 日,第 5 页;《学生爱国会成立》,《滇声》1919 年 6 月 12 日,第 4—5 页。

固定、绝对之真理,因此"用实验法,则真理如何成立,谬误如何改正,旧时代之真理如何补苴,以适应新形势,皆可得而说明之。是谓之'真理之制造'(making of truth)",真理得以以新废旧,循环往复。① 7 月 21 日在省教育会讲演时,龚自知将实验派哲学视为新哲学、新人生观。在他看来,"新"意味着进步,就是"从古到今一条线的进步的最前一点,没有新就算是不曾进步",求新"不可拿着古人的老东西一味翻去覆来,去嚼那甘蔗的余味",理所应当要"舍旧从新"。②

　　龚自知对"时代精神"的判断是敏锐的,他很快捕捉到了"五四"学生领袖口中的用语并予以利用,"文化运动"便是其中一例。③ 1919 年 8 月,龚自知在《筹建云南大学刍议》中写道:

> 辛亥起义,颠覆虏廷。乙卯讨袁,重光日月。戊申靖国,大张挞伐。识者谓后此世界观听,国家治乱,皆将寄于吾滇;民主精神、文化运动,皆将起于吾滇。运会所期,非偶然也。④

　　这是龚自知首次提及"文化运动"。在这里"文化运动"并未有明确意涵,龚自知不过以此描述一种理想的图景,未尝不是对自己在《尚志》宣传新思潮的定位与期许。更重要的是,"文化运动"被借以说明大学对于云南的意义。所谓"识者",当指龚自知本人。

---

① 龚自知:《实验哲学》,《尚志》第 2 卷第 5 号,1919 年 6 月,第 7—8 页。
② 龚自知:《新哲学的新人生观》,《尚志》第 2 卷第 6 号,1919 年 8 月,第 1—2 页;《哲学的新人生观》,《昆明教育月刊》第 3 卷第 5 号,1919 年,第 1—5 页。
③ 对"文化运动"一词出现情况的讨论,参见周月峰《五四后"新文化运动"一词的流行与早期含义演变》,《近代史研究》2017 年第 1 期,第 30 页。
④ 《筹建云南大学刍议》,《尚志》第 2 卷第 6 号,1919 年 8 月,第 2 页。

云南筹办大学初创议于 1915 年。① 1916 年 11 月,云南当局派公署教育科科员李文清、缪尔纾参加全国教育行政会议时,在所拟计划案中有"筹设大学校"一项。筹设大学一方面可将留学归来的学生充为师资,另一方面可使省内中学生有深造之处,减少遣派留学的费用。② 随后,1918 年提议创设的滇川黔三省大学,在 1919 年 5 月传出正筹备中的消息,校舍设于成都,招生开学可待,③不过最终均因"经费无出"而搁置。

筹设大学之论,并非龚自知的"发明",而是反映了尚志学社同人的一贯主张。学社之设立,在于增添"自动研究之机会与能力",应对因云南战争不断,学校无力维持的问题。④ 尚志学社下设学校部,目的即为筹设中学校、小学校、实业学校、补习学校。⑤ 只是补习学校与文科学校或因招生未满,或因无款,无疾而终,只有一私立国民学校得以顺利经营。⑥ 不过筹设补习学校依然是学社的目标。

在《尚志》第 1 卷第 8 号刊登的袁丕钧《建设云南大学议》一文,表达了滇省筹设大学的急切。在他看来,学分致用与求是两途,大学或大学院所主的求是之学,重于致用之学,"盖今日之中国不患无赫奕之事功,而患无真正之国是;不患无匡时之良谟,而患

① 这是谢彬听东陆大学校长董泽所述,见谢彬《云南游记》,中华书局 1924 年版,第 94 页。另见董雨苍(董泽):《东陆大学创办记》,《云南文史资料选辑》第 7 辑,第 2 页。

② 《云南》,《教育公报》第 3 年增刊《全国教育行政回忆各省区报告汇录》,1916 年 11 月,第 1 页。《云南教育概况》将派员参加全国教育行政会议的时间定为 1915 年,见《云南教育概况》,第 77 页。此种说法为后来研究云南高等教育的学者所沿袭,未知依据为何,待考。

③ 《筹办滇川黔三省大学之进行》,《滇声》1919 年 5 月 5 日,第 4 页。

④ 《尚志学社宣言书》,《尚志》第 1 卷第 1 号,1917 年 11 月 1 日,第 1—7 页。

⑤ 《尚志学社简章》,《尚志》第 1 卷第 1 号,1917 年 11 月 1 日,第 4—5 页。

⑥ 《本社周年概况》,《尚志》第 2 卷第 1 号,1918 年 12 月 1 日,第 2 页。

无持久之毅力"，因此"今日吾辈而欲存远大之思想，谋将来之幸福，使东半球吾滇地理上之中心更进而为他日文明学术发达之中心，则舍求是之学外，更莫能以胜其任，而求是之学更非创建大学以为树人之计不可"。是时国立大学有北京大学、北洋大学，江浙因交通便捷而于省内未设国立大学，滇省则不然，因地域之限，"今边隅之民，其受最高教育之数，比之江浙一县，已如是其悬隔，此岂所谓平均发达之道乎"？况且，"吾滇自丙午（1906 年）以来设立学校，迄于今日中等学校毕业之士殆五千人，社会之业既未一兴，此五千人者上之既不足得求学之方，下之亦未能谋治生之道，悠悠忽忽，徒听其以悠闲、以老大，而内外国大学及高等专门毕业之士束装归来，亦惟有干禄求进之一法，是昔之所望以为有用之人才者，今悉变而为无用之平民也"。[①] 大学之设可解决回滇学子谋生问题，使省内中学生有上升之途。

袁丕钧的建议很快成为同人的共识。在《尚志》第 2 卷刊登的《本社社章摘要》中，学校部的职能除筹设各项补习学校，增加了"筹设大学"一项。[②] 而《筹建云南大学刍议》是这一倡议的延续，此文是龚自知托省议员张仁怀向省议会递交的请愿书，利用"文化运动"的流行语，当是有力渲染。[③] 龚自知沿用袁丕钧的说法，强调在云南设立大学对于学生求学、留学者就职的重要性。鉴于云南"军事倥偬，乱靡有定"，且"频年用兵，司农仰屋，救扶不给"，如此"投戈讲艺"，必须有经费支持。他参照山西大学设矿、工、文、

---

①　袁丕钧：《建设云南大学议》，《尚志》第 1 卷第 10 号，1918 年 8 月 1 日，第 1—9 页。

②　《本社社章摘要》，《尚志》第 2 卷第 1 号，1918 年 12 月 1 日，第 1 页。

③　张仁怀为省议员之情况，参见《第二届新议员题名》，《滇声》1918 年 12 月 9 日，第 5 页。请愿书为龚自知所作，可参万揆一《东陆大学始末》，全国政协云南省昆明市委员会文史资料委员会编：《昆明文史资料选辑——教育史料专辑》第 15 辑，1990 年版，第 17 页。

法等科多班,年费9万元,提议可以按照大学新制,仅筹设文理两科,并酌减门数、班数,以节省经费。① 此案呈上后,唐继尧特令赴山西全国教育会联合会代表考察山西大学。有传言称将来滇省大学校长为吴稚晖。② 另有报道称唐继尧除欲聘汪精卫或吴稚晖外,还函聘少年中国学会成员黄忏华入滇襄助大学事。③ 不过"卒以库款支绌,未能为具体之规划"。④

是时各省皆有筹办大学之议。任鸿隽于1919年提议四川筹办大学。⑤ 护法军政府更是在陈炯明动议下,于1919年末邀陈独秀、吴稚晖、李石曾、汪精卫等人筹建西南大学。⑥ 上海《中华时报》社论发现"近闻广州方面,有创办西南大学之议,并于上海组织一规模宏大之编译局。黎黄陂亦有拟办武汉大学说,均在进行中,是不可谓非文化运动也"。⑦ 可见筹设大学已被视为"文化运动"的一部分。

袁丕钧、龚自知的呼吁最终得以落实。1920年,在董泽等游美学生归滇,再次提出筹建大学之议后,唐继尧委派董泽、王九龄

---

① 《筹建云南大学刍议》,《尚志》第2卷第6号,1919年8月,第1—4页。

② 《京外学界要闻》,《晨报》1919年11月23日,第3版。

③ 《南京之文化运动》,《时事新报》1919年11月5日,第2张第1版;亦载《晨报》1919年11月10日,第2版。

④ 万揆一尝引用省长公署复云南省议会函,此函即是对龚自知请愿书的回复。参见万揆一《东陆大学始末》,全国政协云南省昆明市委员会文史资料委员会编:《昆明文史资料选辑——教育史料专辑》第15辑,第17—18页。

⑤ 王东杰:《国家与学术——四川大学国立化进程(1925—1939)》,生活·读书·新知三联书店2005年版,第23页。许肇南亦有意至四川筹办大学,"为西南最高学府,荟萃人才,发展地方事业"。见《许怡荪致高一涵》(1919年2月20日),梁勤峰等整理:《胡适许怡荪通信集》,上海人民出版社2017年版,第193页。

⑥ 陈三井:《民初西南大学之倡设与弃置》,(台北)《中研院近代史研究所集刊》第19期,1990年6月。

⑦ 詹:《文化运动》,《中华新报》1919年10月11日,第1张第2版。

等人主持其事，定大学名为"东陆大学"。① 张东荪听说云南将办大学，加之厦门必建大学，感叹不久将成为"大学竞争时代"。② 1921 年，唐继尧为顾品珍驱逐，建校筹备中止。持续关注此事的龚自知遂有《为云南大学请命！》之叹。③ 而私立东陆大学最终开学则要到 1923 年。

龚自知"文化运动"的计划不止于筹设大学，他"很想刷新《尚志》"，便邀北大的滇籍学生陈强华作文。陈强华不负所托，作《社会问题的发端》，不仅在文中介绍了《新青年》中的思想争论，还表达了与龚自知相近的趋新追求：

> 中国从前那些圣贤创下些"地纬天经"的训条，这些道理在那个时代未尝不有一部分的真理，但事过境迁。适当于这个时代、这个地方的，未必就"施诸四海而皆准，行之百世而不悖"。可怜我们的许多先辈学者，不懂得这个道理，抱着古先圣王的死法子当作活宝贝，全不想创造一个适应环境的新法子，就把我们四万万优秀民族弄得死气沉沉，全无生气。④

正是在此篇文章发表后，龚自知"准备趁早收场，让后来者来另起炉灶"，在他看来《尚志》在思想文化运动中只是"一名右翼走卒"，已跟不上时代。他的说法虽属回忆，却非虚辞，而显示其"收

---

① 其后，董泽在省教育会的学术演讲即"滇省建设大学之必要"。见《教育会开学术演讲》，《滇声》1920 年 9 月 23 日，第 5 页。唐继尧有东陆大学之设，报道见《祝东陆大学》，《滇声》1920 年 11 月 2 日，第 4 页；《云南设立大学之好消息》，《滇声》1920 年 11 月 8 日，第 4—5 页。

② 东荪：《时评一·杂言》，《时事新报》1920 年 7 月 4 日，第 2 张第 1 版。

③ 龚自知：《为云南大学请命！》，《星期三》1921 年 11 月 30 日，第 1 版。

④ 陈强华：《社会问题之发端》，《尚志》第 2 卷第 8 号，1919 年 10 月，第 6—8、2—3 页。

场"意向的是《尚志》第 2 卷第 9 号所载《新云南社章程》。新云南社由龚自知、秦光华、杨蓝春(春田)等人筹办,以"输入新文化,以应社会之需要"为宗旨,其中陈强华任编辑部主任,秦光华任庶务部主任,二人为北大学生,故二部均设于北京;杨可大任发行部主任,龚自知任社员部主任,二部设在云南。新云南社的筹办人员除杨可大外,均为尚志学社社员,杂志发行分所设在《尚志》杂志社,可见《新云南》与尚志学社的渊源。不过杂志发行地点总所设于云南学生联合会,表明龚自知意在集结"五四"后参与运动的云南学生而"另起炉灶"。① 新云南社定于 1920 年 1 月出版半月刊《新云南》,形式仿照北京出版的《新生活》,重点是"稿件限用白话,文言不登",这自是区别于《尚志》所呈现的新旧交杂。②

　　龚自知的"收场"除了其对"文化运动"的内容有重新考量外,尚有个人原因。1919 年 10 月 30 日,龚自知致函教育科科长钱用中,将《尚志》杂志出纳款项各事交由袁丕佑接办。③ 龚自知准备随由云龙前往美国。是时各省均派学生留学欧美,龚自知有此意愿,为此由云龙致电省长公署,特请补给留美学额一名,顺便携龚自知赴美,俾其就学深造。不过考虑到龚氏乃大学预科毕业,公署恐若特准留学,他人将借口要求,故建议其后赴美考察教育时再加

---

　　① 杨蓝春为省立第一中学学生,杨可大为省立第一师范学生,二人作为校代表参与 6 月 4 日的国民大会。杨春洲:《回忆"五四"》,全国政协云南省委员会文史资料研究委员会:《云南文史资料选辑》第 24 辑,第 19 页;《四日之国民大会》,《滇声》1919 年 6 月 10 日,第 5 页。杨蓝春当选学生爱国会会长,杨可大为总务科科长。见《学生爱国会成立》,《滇声》1919 年 6 月 12 日,第 4—5 页;陆复初编:《昆明市志长编》第 9 卷,昆明市志编纂委员会 1983 年编印,第 60 页。其后杨蓝春、杨可大等人又组"云南学生临时留法勤工俭学会"。见《云南学生之觉悟》,《民国日报》1920 年 2 月 13 日,第 7 版。
　　② 《新云南社章程》,《尚志》第 2 卷第 9 号,1919 年 11 月,第 1—2 页。
　　③ 《函呈云南省长有关尚志学社出纳款项各事及对外接洽事项由袁丕佑接办》,云南省档案馆藏,1106/003/01398/0015。

派龚同行。① 最终，龚自知的游学计划未能成行。② 由云龙于 11
月 5 日启程，先赴广东方面接洽，③后经由日本横跨太平洋抵加拿
大，坐火车至美国。1920 年 3 月 10 日，他写信给龚自知，介绍旅途
经历，并言："现方与教育参观团偕同视察，各处教育团体十一人，
惜吾滇未加派办学人员，失此良好机会，因来此视察一次，殊非易
易也。"想必是借此安慰龚自知。④

四、文化运动的政治底色

　　龚自知 1919 年赴美未成，便留在上海。是时唐继尧欲整顿滇
省军政，派杨蓁、陈维庚等 26 名军官赴日本学习军事，由李华英同
行照料。⑤ 李华英字小川，云南大关人。或因同乡关系，龚自知得
到李氏资助，赴日本游历。根据龚自知的回忆，以邓泰中、杨蓁为
代表的军官在日本受到"五四"新思潮的影响，回滇后主张革新云
南军政，创办报纸唤起舆论。于是，李小川请龚自知担任报纸总编
辑，龚自知邀集郑崇贤、王用予、张若谷等人担任撰述，商定报纸名
为《民觉日报》，设编辑部于省教育会，原本要创办的《新云南》便
被搁置。

　　令人意想不到的是，龚自知办《民觉日报》期间因言获罪，遇
袭被打，报纸发行仅 17 日即停。此事经《时报》报道，《大公报》转

---

　　① 《电复由云龙盐运使有关发给龚自知留学费一案碍难照准》，云南省档案馆
藏，1106/005/02219/011。
　　② 龚自知在回忆中言及曾因主权事宜而未随由云龙赴美国，并不可信。
　　③ 《由夔举君已起程》，《滇声》1919 年 11 月 6 日，第 4 页。
　　④ 《通信》，《尚志》第 2 卷第 11 号，1920 年 5 月，第 1—3 页；《由夔举致龚仲钧》，
《义声报》1920 年 5 月 7 日，第 5 页；《旅行杂诗》，见由云龙《游美笔谈》，崇文印书馆
1926 年版。
　　⑤ 真庐：《滇南杂俎》，《时报》1919 年 9 月 22 日，第 2 张第 4 版。

述,使得云南一隅之事为全国所关注。在省外报纸看来,《民觉日报》是留日军官连同教育界人士在云南开展的"文化运动",这既说明"文化运动"一词在当时已广为流传,又显示出《民觉日报》在"新潮流"传播方面的特性已为人所认可,被列入"文化运动"的范畴内。然而,与地方政治势力相纠葛的"文化运动",其"文化"属性已非纯粹。袁一丹通过《新中国》设置阎锡山专号,点出文化运动与地方自治的暧昧关系。① 而披着"文化运动"外衣的《民觉日报》,难摆脱政治、军事力量干预的命运。

因《民觉日报》现在较难寻得,龚自知的回忆成为重要史料。鉴于本章的讨论均围绕此展开,兹不避繁冗,将龚的叙述抄录于下:

> 所谓革新云南军政措施主张,主要内容是:在军事上不赞成唐继尧连年用兵,侵略邻省,弄得军阀混战,大损护国声光;而是主张他真正实行废督裁兵,作为全国倡导。在政治上不赞成唐大开鸦片烟禁,滥发富滇纸票,弄得民不聊生,三迤遍地皆匪;而是主张他缩减军事费用,厉行禁烟,兴办实业,推广教育,休养生息,与民更始。《民觉日报》即在 1920 年 5 月 24 日出版,根据上述各项主张,连日发表言论,主要反对唐继尧废小督而就大督。唐曾通电全国,主张废督裁兵,但又称七省联军总司令,企图拥兵坐大。反对唐于重掌驻粤滇军之后,准备再用以侵略广东。反对广州非常国会移滇集会,助长军阀混乱。反对财政厅长王九龄大办苛捐杂税,提倡道教迷信,公开传授所谓"道法丹宝";反对《义声报》主笔惠我春一味歌

---

① 袁一丹:《"新文化运动"发生考论》,北京大学中国语言文学系硕士学位论文,2008 年,第 32—35 页。

功颂德，吹捧唐继尧好大喜功。我并于 6 月 7 日写了《打破现状，与民更始》的时评。唐见报大为激怒，命他的伙飞军大队长龙云，指令由副官金楚泉，于 6 月 9 日深夜，带便衣兵数名，狙击龚自知于小梅园巷，打断其左右两手和右足，并即下令封闭《民觉日报》。又以警察厅长黄实取缔不严，将其撤职（时邓泰中、杨蓁已率兵出川），陈维庚、唐继虞等人也都受到严厉申斥，各自闭门思过。①

研究者对此段材料向来重视，多结合《民觉日报》编辑张若谷的回忆，考察龚自知生平事迹与"五四"后云南"新思潮"发展情况。② 问题是研究者对回忆材料多未加甄别，便据之为信史。实际上，龚自知的回忆受时代背景影响，混杂了诸多"后见之明"，错漏较多，③且叙述人称偶有变动，值得细细梳理辨析。

最需要解决的问题是《民觉日报》的创办时间。《民觉日报》确实创办仅 17 日便停刊。④ 若依龚自知的说法，出版时间为 1920 年 5 月 24 日，停刊日期当是 6 月 9 日。不过根据张若谷回忆，在报纸出版第四天，曾转载《沪报对于废督的批评》，内容包括《时事新报》张东荪的时评，批评唐继尧"废小督就大督"，从而引起了唐

---

① 龚自知：《五四运动在云南报刊的反应和对文体的影响》，全国政协云南省委员会文史资料研究委员会编：《云南文史资料选辑》第 7 辑，第 180 页。标点有改正。

② 秦正中、龚景慧：《龚自知事略》，全国政协云南省昆明市委员会文史资料委员会编：《昆明文史资料选辑》第 17 辑，1991 年版，第 80 页；李济五：《少年壮志白首酬——忆中国国民党革命委员会云南省委员会主任龚自知》，全国政协云南省委员会文史资料研究委员会编：《云南文史资料选辑》第 40 辑，云南人民出版社 1991 年版，第 47—48 页；《云南近代史》编写组：《云南近代史》，云南人民出版社 1993 年版，第 339—340 页。余例不详举。

③ 如"七省联军总司令"为 1924 年成立川、滇、黔、粤、桂、湘、鄂"建国联军总司令部"时唐继尧的头衔。

④ 《云南省教育会民国十三年度年鉴》，出版时间不详，第 5 页。

的关注。① 就笔者目力所及,此则时评刊于 1920 年 6 月 9 日的《时事新报》,题为《人民不是好欺骗的》,张东荪引述称"有人说唐的废督论,实在想废去统一省的小督,而实做统治三省的大督"。②由此可见,《民觉日报》的创办时间不可能是 5 月 24 日。

那么,《民觉日报》究竟何时创办,云南本地的报纸提供了线索。1920 年 6 月 26 日的《滇声》报以《请看云南最新出版的日报》为题刊载《民觉日报》的广告,对其略作介绍。《民觉日报》是以"输入现代思潮,阐扬民治精神"为主张,且"不含党派性质,不许个人阴私,不颂官吏德政,不受利诱威胁",稿件均用白话或浅近文言、新式标点。广告特别申明报纸"初出版的时候送看三天,送登广告三天",可见《民觉日报》是时正要出版或"初出版"。③ 随后,7月 15 日的《滇声》报刊载时评,称《民觉日报》的出版,是"平民自决、彻底觉悟之机"。④ 据此可知,迟至 7 月中旬前后,《民觉日报》或还在出版。

实际上,《民觉日报》主张"阐扬民治精神",立论多针对唐继尧废督裁兵,源于唐继尧在 1920 年 6 月 1 日通电宣布废督裁兵,趋重民治。唐继尧将云南全省军政划为三卫戍区域,由卫戍司令官分别担任;全省民权事宜则由省长主持办理,不过他仍以"联军

---

① 张若谷(张仁怀):《云南〈民觉日报〉始末概述》(1964 年),全国政协云南省委员会文史资料研究委员会编:《云南文史资料选辑》第 7 辑,第 259—260 页。
② 东荪:《人民不是好欺骗的》,《时事新报》1920 年 6 月 9 日,第 2 张第 1 版。当然,"废小督就大督"的说法渊源有自,在卢永祥提出"废督裁兵"后,基督教救国会在致电中称"废督非废其名也,尤非废小督军而改为大督军也"。见《赞成废督之意见书》,《时事新报》1920 年 5 月 18 日,第 3 张第 1 版;《基督教救国会赞成废督意见》,《申报》1920 年 5 月 18 日,第 10 版。卢永祥废督之议后因直皖战争爆发而搁置,详见冯筱才《"军阀政治"的个案考察:卢永祥与一九二〇年代的浙江废督裁兵运动》,(台北)《政治大学历史学报》第 19 期,2002 年 5 月。
③ 《请看云南最新出版的日报》,《滇声》1920 年 6 月 26 日,第 6 页。
④ 祝三:《〈民觉报〉与〈觉报〉》,《滇声》1920 年 7 月 15 日,第 5 页。

总司令"名义保卫地方，收束部队。① 这也是张东荪诟病"废小督就大督"的原因。根据报道，唐继尧决定废督实属突然，"事前毫无讨论"，6 月 3 日才在滇中发布通告，为人周知。云南督军署招牌虽被撤销，却专保留了联军总司令部的招牌，而"一切内容组织，均仍督军署之旧"。有人分析唐继尧此举意在对川，便于以总司令名义统率川军，督师亲征之际亦无须另立督军，免去内顾之忧。②倒熊风潮发生后，四川督军熊克武曾联络驻川滇军军长顾品珍，促其回滇反唐，并承诺授之以滇督之职，由此顾品珍于 5 月 26 日通电与唐继尧脱离关系。③ 唐继尧突然宣布废督裁兵确是针对这一状况。主持云南民政的省长周钟岳在 6 月 3 日呈书辞职，他劝唐继尧复任省长，"综揽民政"，以免军民分途，尤其是"大局尚未解决，川乱又复发生，此时欲劝止出兵，则为阻挠大计"，点出唐继尧的野心。④ 章太炎也看出唐继尧"欲借以博三省巡阅使之命，其中奸伪，道路皆知"。⑤

　　外部议论不断，为统一内部思想，解释废督裁兵的缘由，唐继尧于 6 月 4 日在联军总司令部召集各界要人开谈话会。⑥ 谈话会

---

　　① 《公电》，《申报》1920 年 6 月 7 日，第 6 版。亦可参东南编译社《唐继尧》，震亚图书局发行所 1925 年版，第 89 页。

　　② 《唐继尧废督之经过》，《申报》1920 年 6 月 24 日，第 7 版；《云南废督之经过》，《时事新报》1920 年 6 月 25 日，第 2 张第 2 版；《云南废督之经过》，《时报》1920 年 6 月 24、26 日，第 2 张第 4 版。

　　③ 《顾军长品珍宣言与唐告绝电》，《军政府公报》修字第 184 号，1920 年 6 月 19 日，第 15 页。

　　④ 周钟岳：《周惺庵回顾录》，王水乔、刘大伟主编：《护国运动文献史料汇编》第 7 卷，云南人民出版社 2015 年版，第 156—160 页。周钟岳此部分回忆亦整理为《惺庵回顾续录》，收入于全国政协云南省委员会文史资料研究委员会编《云南文史资料选辑》第 5 辑，1964 年版。惟整理时有误读错字，径改。

　　⑤ 《章太炎致李烈钧》（1920 年 6 月 10 日），马勇整理：《章太炎全集·书信集》，上海人民出版社 2017 年版，第 840—841 页。

　　⑥ 《唐继尧对废督之谈话》，《申报》1920 年 6 月 26 日，第 7 版；1920 年 6 月 27 日，第 8 版。

效果显著,云南军政要员联名发电表示赞同。① 6 月 6 日,云南各界
人士召开国民大会,讨论实行民治的方法,以响应唐继尧的主张,其
中邓泰中(和卿)、杨蓁(映波)等人发表演说。值得注意的是,邓泰
中在演说中谈及:"今云南既废督裁兵,人民须要研究自觉自决。"陈
维庚(荫生)亦道:"今后的根本问题,一方面在普及人民智识,一方
面望人民实行节俭。并述此次游日归来,深悟向来办事之种种错
误。"②二人均视开启民智为社会改造的重点,而这正符合《民觉日
报》"输入现代思潮,阐扬民治精神",唤起舆论的主张。

　　由此可见,《民觉日报》的出版时间并不在 5 月,而是在 6 月末
(或 7 月初),它的诞生当是为了顺应唐继尧废督裁兵、导扬民治的
主张。《时报》点出《民觉日报》创办者迎合时势,谋求升官发财的
情况,时势即指唐继尧"主张民治":

　　　　查此报为军界中之二号伟人,俱系新由日本归来,饱吸新
　　鲜空气,来滇为新文化运动者,适教育界中有教员亦同此运
　　动,彼辈遂引为同调,由二号伟人出资,教育界中人出力,遂办
　　此报。然此辈伟人,并无彻底觉悟,不过因见唐氏主张民治,
　　遂欲借此迎合时势,以图升官发财,不意教育界中一般人,则
　　与此异。彼等以为讲文化运动,即根本反对武人官僚,故无论
　　南北军人,皆在反对之例,然在平时,尚不敢言。现既有此辈
　　二号伟人仗胆,遂不怕天不怕地的大骂特骂。③

----

①　《本省各界通告唐督实行民治主义电》,《滇声》1920 年 6 月 25 日,第 3 页;《滇
人之歌颂唐继尧电》,《民意日报》1920 年 6 月 27 日,第 3 版。
②　《云南废督中之国民大会》,《申报》1920 年 6 月 26 日,第 7 版;《废督后之国民
大会》,《时报》1920 年 6 月 26 日,第 2 张第 2 版。
③　《云南要闻一束·〈民觉报〉挨打停刊》,《时报》1920 年 8 月 3 日,第 2 张第
4 版。

　　"二号伟人"为居于唐继尧之下的军政头面人物。[①] 报道虽未点明"二号伟人"指代何者，不过翌日《时报》便刊登《云南舆论界之剧战》一文，指出二号伟人为"邓某、杨某等"，其中杨"新由日本归来，自命为有觉悟者，在云南结合一新思潮党，鼓吹民治主义，对于政治上颇拟有所配置。适唐有废督之举，彼等遂拟乘此机会，勇猛进行"。[②] 邓、杨即为邓泰中、杨蓁。自此可见，邓、杨等人是顺应唐继尧废督主张，连同"教育界中人"龚自知、王用予、郑崇贤等，创办《民觉日报》。

　　不过，"二号伟人"与教育界中人并非"同调"，他们对"文化运动"的内容各存己见，这在张若谷的回忆中亦可得到证实。根据张的说法，由军政人员组成的干事部与由教育界组成的编辑部，主张是有出入的。干事各有打算，或企图利用此报监督唐继尧，或以报纸作唐继尧的"吹鼓手"；编辑则各作文章。[③] 可以想见，教育界人士言论当较为激烈，尤其是鉴于唐继尧在废督后依旧对川用兵。据前引龚自知的回忆，他的文章多针对唐继尧，更因作《打破现状，与民更始》的时评惨遭毒手。张若谷则称龚自知作《英雄政治下面的平民政治》，即指向唐继尧。当时《大公报》亦有报道：

　　　　龚自知英年气锐，评论更为激烈，不只非刺唐氏一人，凡
　　滇省各机关之黑暗处亦多被指摘。此次对于李协和就滇招兵
　　一事，尤反对不遗余力。国会议员到滇亦多为所排斥。有此

---

　　① 　张若谷（张仁怀）：《云南〈民觉日报〉始末概述》（1964 年），《云南文史资料选辑》第 7 辑，第 255 页。

　　② 　《云南舆论界之剧战》，《时报》1920 年 8 月 4 日，第 2 张第 4 版；《云南舆论界之剧战》，天津《大公报》1920 年 8 月 8 日，第 6 版。

　　③ 　张若谷（张仁怀）：《云南〈民觉日报〉始末概述》（1964 年），全国政协云南省委员会文史资料研究委员会编：《云南文史资料选辑》第 7 辑，第 257—258 页。

种种原因,自不免招尤,积怨甚深。①

国会议员自广州军政府出走后,非常国会在何处召开成了问题。国会虽早在1920年5月15日便声明移滇开会,②然而因筹措议员赴滇旅费、办理护照等状况,第一期筹备议员抵滇已是6月中旬。7月10日,国会参、众两院召开联合会议,宣告国会移滇成立。与此同时,李烈钧与部分议员于7月2日抵达昆明。7月6日,李烈钧由其代表向滇省议会提出"拟在滇各县招募壮丁,编充军队"。9日李烈钧亲赴议会,重申前由。10日滇省议会开会,此议遭到省议员的反对。③《滇声》报于7月15日亦刊登反对在滇募兵的电文。④

李烈钧在滇招兵与非常国会在滇召开,二事均在1920年7月。张若谷回忆龚自知曾组织以《国会来滇,舆论一束》为标题的稿件,以反映国会议员在昆明的无所事事,并撰写《敬告李先生》的社论,反对招兵。这又可证明《民觉日报》的出版时间当在此间。龚自知如此立论不免招怨,据《时报》报道称:

　　……大批议员抵滇后,除政府循例招待外,各界人士对之非常冷淡,并无开会欢迎者,且各报馆皆冷讥热嘲,大加攻击。……而尤以新出之《民觉》报攻击最力。此报为滇中二号伟人所创办,其目的在实行关门主义,不题国事,专图整顿云南内政,故国会议员来滇,尤与彼辈之目的相背。各报馆之攻击,各会团之不理,均为彼辈所授意。……现《民觉》报主

---

① 《滇中言论界之波涛》,天津《大公报》1920年9月6日,第6版。
② 《旧国会移滇开会宣言》,《时事新报》1920年5月16日,第1张第2版。
③ 《滇议会拒绝李烈钧征兵》,《时事新报》1920年8月2日,第2张第2版。
④ 以上论述若不详注均参见潘先林、陈启喆《滇风黔雨铸金瓯:1920年非常国会迁滇及其活动述论》,《中国边疆史地研究》2013年第1期。

笔龚自知已被打伤,该报已停,攻击之主要者既倒,国会议员
或可稍立足矣。①

实际上,唐继尧起初并不同意国会移滇,而是主张移至重
庆。② 国会在滇召开后,他亦力主移渝开会。显然,将国会置于重
庆是为配合他对川用兵,"将滇、黔、川联合一气"。③ 而李烈钧之
所以入滇,表面上是"俾国会移川不致发生影响",④实际上是为对
川作战,⑤因此抵滇不久即受唐继尧之托先行入川。⑥ 熊克武已听
闻唐继尧"有电调粤、湘、滇军来川援战消息"。⑦ 而李烈钧所谓
"尚望唐、刘二帅及三省诸公,对于国家根本,滇川黔内政之改进,
可认废督为始导,不可认废督为终事。责任重大,实随废督而开
始。(谓)三省军事,尚宜更进一步,求联合一致,使局势巩固",即
点出了这一点。⑧ 因此,唐继尧虽倡废督,却多属纵横捭阖之术,
其意仍在扩张用兵。这让鼓吹民治精神的龚自知及抱持"关门主
义"的邓泰中、杨蓁等人大失所望。⑨ 邓泰中、杨蓁对入川作战甚

---

① 《赴滇议员之现状与将来》,《时报》1920 年 8 月 3 日,第 2 张第 4 版。

② 《唐继尧对废督之谈话》,《申报》1920 年 6 月 27 日,第 8 版。

③ 《唐继尧心目中之大云南主义》,《晨报》1920 年 8 月 13 日,第 2 版。

④ 《李烈钧抵滇后之局势》,《申报》1920 年 7 月 14 日,第 6 版。

⑤ 《刘光烈致熊克武请四川各将领来电促桂援川电》(1920 年 7 月 3 日),四川文史研究馆编:《四川军阀史料》第 2 辑,四川人民出版社 1983 年版,第 459 页。

⑥ 《致徐元浩电》(1920 年 7 月 17 日),徐辉琪编辑:《李烈钧文集》,江西人民出版社 1988 年版,第 534 页。

⑦ 《熊克武致刘光烈望设法阻调粤、湘、滇军入川电》(1920 年 7 月 6 日),四川文史研究馆编:《四川军阀史料》第 2 辑,第 471 页。

⑧ 《致川滇黔各将领电》(1920 年 7 月 12 日),徐辉琪编辑:《李烈钧文集》,第 533 页。

⑨ 研究者尝引用《唐会泽言行录》"既废督并宣言闭关自治"的表述,以为唐继尧"废督"即代表"闭关自治",是受到唐继尧宣传的误导,未能辨析二者并非一事,不可一概而论。引言见魏家猷编辑《唐会泽言行录》,云南官印局 1923 年版,第 15 页。唐继尧提出"闭关自治"已在 1920 年 12 月,是时滇军在川失利,唐继尧只能闭关呈守势。见《唐继尧之闭关自治主义》,《申报》1920 年 12 月 2 日,第 7 版。

为不满,滇军在川失败后,二人迅速联合顾品珍于 1921 年驱逐唐继尧。[①] 有人在总结唐继尧失败原因时,亦将二人借《民觉日报》鼓吹"闭关自治",并"假新思潮煽惑军队"视为重要因素。[②]

由此看来,龚自知被袭确是因言获罪,不过袭击究竟由谁主使,却众说纷纭。《时报》指出是"二号伟人"所为,因其与龚自知在言语上多有抵触。[③] 而龚自知自称被袭是由唐继尧指使龙云所为。龚的学生,时就读于云南省立第一师范学校的杨春洲同持此说。[④] 是时舆论亦指出,龚自知遇袭是唐继尧"使马弁暗打"。[⑤] 事实上,以龚自知为代表的教育界人士虽与军政界在主张上有异,然而双方互为奥援,均对唐继尧扩张政策不满,张若谷回忆杨蓁在驱唐后曾看望龚自知,或可体现双方关系,因此当与"二号伟人"关系不大。相比之下,唐继尧无疑有更大的嫌疑。只是考虑到龚自知此后与唐继尧、龙云的关系,龚、杨二人立论时间之特殊,《民觉日报》批驳对象范围之广,招怨之多,实情更显得扑朔迷离。而"文化运动"虽与废督裁兵、民治主义等新潮流相关,却裹挟在西南地区的政治局势与滇省内部的政治暗涌中,运动的"政治"意味已然浓厚。

龚自知遇袭一事不仅昆明满城轰动,还引发《时报》关注,在外滇籍学生借此报道予以响应,云南旅京学会电请警厅"严缉重

---

① 金汉鼎:《唐继尧图川和顾品珍倒唐的经过》,全国政协文史资料研究委员会编:《文史资料选辑》第 30 辑,中华书局 1962 年版,第 97、99 页。
② 《唐继尧失败之原因及其离滇后之种种》,《时报》1921 年 3 月 15 日,第 2 张第 4 版。
③ 《云南要闻一束·〈民觉报〉挨打停刊》,《时报》1920 年 8 月 3 日,第 2 张第 4 版。
④ 云南省政协文史委员会编:《云南文史资料选辑·杨春洲回忆录》第 62 辑,第 23 页。
⑤ 《云南省内之秘闻种种》,《晨报》1922 年 2 月 22 日,第 6 版。

办,以平舆情"。① 在北大读书的滇籍学生王复生得知龚自知"办报被打断手折足",不免感叹"人生宜自进知退"。② 为平复滇省内部的批评声音,省长周钟岳约谈各报主笔,解释唐继尧不能即时裁兵的苦衷。③ 此后,云南警察厅会同省防司令部加紧对报纸的检查力度。自10月1日起,各报馆须在发行之前1日将报纸先行印1份,封送警务厅检阅,若"无害治安,不失偏激"则准许出版;若警厅认为不当则涂去发还,报馆需另稿送阅进行核定。④ 因外埠报纸披露此事,云南当局没收数十期外来报纸。⑤

余　　论

龚自知虽被断手断足,幸而捡得一条命。随后他因生计受困,直到在路政学校寻得教授国文的职位,生活才略有改善。是时云南本省介绍新文化的刊物渐多,如《星期日》《滇潮》《云南教育杂志》等。⑥ 龚自知自是有意继续进行"文化运动",1921年,他与缪尔纾、王孟怀、郑崇贤等旧日《民觉日报》的编辑创办《星期三》。《星期三》专注于宣传文化,研究学问,⑦也有意提升"文化运动"的质量。缪尔纾即认为,"五四"学潮后关于"文化运动"的出版物一天多似一天,质与量却不见增进,而在《星期》与《星期三》出现后,

①　《云南旅京学会之两电》,《晨报》1920年9月7日,第2版;亦见《云南军阀治下之矿产与言论》,《晨报》1920年10月12日,第3版。

②　何玉菲编选:《王复生在北京大学求学时的日记》(1920年8月9日),全国政协祥云县委员会编:《祥云文史资料》第3辑,1993年,第55页。

③　《周省长邀各报主笔演说》,《滇声》1920年7月24日,第4页。

④　《报纸实行检查》,《滇声》1920年10月2日,第4版;《云南特约通信》,《京报》1920年10月24日,第6版。

⑤　《云南省内之秘闻种种》,《晨报》1922年2月22日,第6版。

⑥　《昆明学生爱国要刊》第4期,1921年8月,无页码。

⑦　缪尔纾:《我之介绍》,《星期三》第34号,1921年12月28日,第1版。

才有点发展的气象。不过他提醒"不可但从量的方面扩充,是要从质的方面增进才好,并且要为分功的组织,有机的联络,不要叠床架屋,党同伐异,拿来做一种装饰品、敲门砖,于文化前途才没有滞碍"。①《星期三》自是以此为标准,出版后深受欢迎,销量达 700余份,②被时人称赞"短小精悍,不亚于《每周评论》",与众多刊物一同成为云南"文化运动"的曙光。③

龚自知在《星期三》中的立论虽仍有书生意气,不过渐渐不再涉及时政,更多延续了他对"文学革命"的关注,多次撰文讨论"文学"的性质、特征与价值。他呼吁学校建设"国文专修科",以顺应"文体革新运动",并"提倡新文体,提倡国语",以普及教育,促进文化。④ 为此他作《文章学》,在《星期三》辟专栏连载。他的著作而后以《文章学初编》为名于 1926 年由商务印书馆出版。尽管是书基本上译自吉能(Genung)的《实用修辞学原理》,⑤不过在云南先行教授语体文,仍属开风气之先。缪尔纾便对《文章学》评价颇高,称其为"国文教授上破天荒之产物",将未成之稿作为教材用以国文教授。⑥ 缪尔纾亦有意编订教材,而后编纂《历代文选》《模范文选》。⑦ 社员中特别组织国文教授研究会,在第 36 号专门出

---

① 缪尔纾:《对于出版物的一小点希望》,《星期三》第 6 号,1921 年 6 月 15 日,第 2 版。

② 《编辑室闲话》,《星期三》第 22 号,1921 年 10 月 5 日,第 2 版。

③ 《云南教育界消息·文化运动中的小报》,《云南教育杂志》第 10 卷第 5 期,1921 年 5 月,第 3 页。

④ 龚自知:《筹办国文专修科的一个提议》,《星期三》第 25 号,1921 年 10 月 26 日,第 1 版。

⑤ 何爵三:《中国修辞学上的几个根本问题》,《努力学报》创刊号,转引自霍四通《中国现代修辞学的建立:以陈望道〈修辞学发凡〉考释为中心》,上海人民出版社 2012 年版,第 11—12 页。

⑥ 缪尔纾:《读〈文章学〉》,《星期三》第 29 号,1921 年 11 月 23 日,第 1—2 版。

⑦ 《缪尔纾启事》,《云南教育公报》第 1 卷第 9 期,1922 年 2 月,第 6 页。收入殷梦霞、李强选编:《民国教育公报汇编》第 195 册,第 8 页。

《国文教授研究专号》。^① 只是好景不长，1922 年，《星期三》与《星期》一道被封禁。^②

同年，唐继尧返滇主政，龚自知不仅未受《民觉日报》事件的影响，反倒受到唐继尧重用，迎来了命运的转折，此中缘由耐人寻味。根据龚氏后人所述，龚的同乡张维翰在其中起了重要作用。^③此说当有所依据。1922 年 8 月 1 日，云南省政府与昆明市政公所同日成立，张维翰任公所督办，龚自知则担任公所教育课课长，负责在昆明推行义务教育，筹设学校及劝导就学。^④ 张维翰所定市政方针，以教育为基础，力图推进义务教育。^⑤ 龚自知受命主理教育，居此要职，自是得到了唐继尧的准许。1923 年，以唐继尧别号命名的东陆大学终于创立，国文教授之席聘请袁嘉毅、谢无量二人担任，而龚自知则成为唯一一名国文讲师，当和他提倡语体文有关。^⑥ 1927 年，龙云主政云南，龚自知成为其重要幕僚。^⑦ 自此，龚自知步入官场，经营云南教育多年。他在东陆大学的同事浦薛凤

① 《本社紧要启事》，《星期三》第 35 号，1922 年 1 月 4 日，第 1 版；《星期三》第 36 号，1922 年 1 月 11 日。

② 《云南省内之秘闻种种》，《晨报》1922 年 2 月 22 日，第 6 版。

③ 龚景训、张道刚：《龚自知与中国共产党》，《五华文史资料》第 21 辑，第 338 页。

④ 《令本公所教育课长龚自知予记大功二次文》（1923 年 4 月），《昆明市政月刊》第 5 期，1923 年 5 月，第 21 页。

⑤ 张维翰：《回首昆明话劫灰》（1952 年 6 月），中国国民党中央委员会党史委员会编：《张维翰先生文集》，1986 年版，第 1061 页。

⑥ 《民国十二年至十四年私立东陆大学教职员一览表》，刘兴育、王晓珠主编：《云南大学史料丛书：教职员卷（1922 年—1949 年）》，云南大学出版社 2013 年版，第 47—48 页。

⑦ 根据张维翰的说法，龚自知仍是由他推荐给龙云。见张维翰《回忆录——隙驷流萍九五年》，中国国民党中央委员会党史委员会编：《张维翰先生文集》，第 122 页。龚自知自己的叙述则未提及张维翰，或是特殊时期考虑到张维翰的"背景"。见龚自知《龙云夺取云南政权的经过》，全国政协云南省委员会文史资料研究委员会编：《云南文史资料选辑》第 2 辑，1963 年版，第 123 页。

便感叹"从前东陆同事大抵从政","均不复操粉笔生涯矣"。①

　　自滇缅铁路开通后,云南"与中原文化中心区距离缩短",②更经护国、护法之役,开始影响甚至一度主导全国局势,"世界观听,国家治乱"将寄于滇南,云南虽属边隅,已通时潮。加之滇籍读书人在外学成后多回乡发展,龚自知等人更是有在学术中心的求学经历与人际网络,对新潮可谓"预流"(对于学术中心提出的新议题如"文学革命"则有回应),云南自有接触新文化的机会,并没有预想中的"滞后"。只是云南对外战争持续不断,当地教育损耗严重,接触新文化时机之早并不意味着教育水平之高,龚自知等人作为地方教员的职责更侧重于"扶翼文教",他最初提及"文化运动"即为宣传筹设大学。龚自知虽可依仗"扶翼文教"的名义来"阐明学艺",但这也意味着"阐明学艺"要仰赖地方当局或政治势力提供经费或政策上的支持,新思潮的传播成效、读书人的生存境遇均受地方政治的左右,"文化运动"的内涵亦蒙上了一层政治的底色。伴随着文化运动的进行,龚自知在文化与政治之间左右抉择,其个人命运随之浮沉起落。

----

　　① 浦薛凤:《浦薛凤回忆录》中,黄山书社 2009 年版,第 119 页。
　　② 陈度撰,高国强校注:《昆明近世社会变迁志略校注》,云南民族出版社 2016 年版,第 1 页。

图书在版编目(CIP)数据

　　五四新文化：现场与诠释／复旦大学历史学系,复旦大学中外现代化进程研究中心编. —上海：上海古籍出版社, 2020. 11 (2023.1重印)

　　(近代中国研究集刊;第 10 辑)

　　ISBN 978−7−5325−9798−7

　　Ⅰ.①五… Ⅱ.①复… ②复… Ⅲ.①五四运动—文集 Ⅳ.①K261.107−53

　　中国版本图书馆 CIP 数据核字(2020)第 216965 号

近代中国研究集刊(10)

五四新文化：现场与诠释

复 旦 大 学 历 史 学 系
复旦大学中外现代化研究中心 编

上海古籍出版社出版发行

(上海市闵行区号景路159弄1-5号A座5F 邮政编码 201101)

(1) 网址：www.guji.com.cn

(2) E-mail：guji1@guji.com.cn

(3) 易文网网址：www.ewen.co

四川森林印务有限责任公司印刷

开本 635×965　1/16　印张 24　插页 5　字数 291,000

2020 年 11 月第 1 版　2023 年 1 月第 2 次印刷

ISBN 978−7−5325−9798−7

K · 2921　定价：98.00 元

如有质量问题,请与承印公司联系